I0874530

# Die Staatsrechtslehre des Francisco Suárez

# Die Staatsrechtslehre des Francisco Suárez

Herausgegeben von
Oliver Bach, Norbert Brieskorn und Gideon Stiening

DE GRUYTER

ISBN 978-3-11-069668-4
e-ISBN (PDF) 978-3-11-069673-8
e-ISBN (EPUB) 978-3-11-069675-2

**Library of Congress Control Number: 2020934832**

**Bibliografische Information der Deutschen Nationalbibliothek**
Die Deutsche Nationalbibliothek verzeichnet diese Publikation in der Deutschen Nationalbibliografie; detaillierte bibliografische Daten sind im Internet über http://dnb.dnb.de abrufbar

© 2020 Walter de Gruyter GmbH, Berlin/Boston
Umschlagabbildung: Francisco Suárez: Tractatvs de Legibvs, ac Deo Legislatore. Antwerpen 1613, S. 133.
Druck und Bindung: CPI books GmbH, Leck

www.degruyter.com

lex civilis est mere naturalis

# Inhalt

**Siglenverzeichnis —— XI**

## 1 Einleitung

Oliver Bach, Norbert Brieskorn S.J., Gideon Stiening
**»Quia et homo non fert legem nisi ut minister Dei«**
Das Staatsrechtsdenken des Francisco Suárez —— **3**

## 2 Grundlagen

Stefan Schweighöfer
**Der Ursprung der menschlichen Gesetzgebungsgewalt in Francisco Suárez' *De legibus ac Deo legislatore***
DL III. 1–4 —— **23**

Franz Hespe
**Über das Gesetzgebungsrecht von Papst und Kaiser und die Irrtümer des englischen Königs**
DL III. 6–8 —— **39**

## 3 Politik und Herrschaft

Dieter Hüning
**Der vernünftige Inhalt des Gesetzes: Gerechtigkeit und Gemeinwohl**
Zur Rolle des *bonum commune* in Suárez' Staatsrechtlehre (DL III. 11–12) —— **73**

Gideon Stiening
**Contra Machiavellum?**
Suárez' kritische Aufhebung der Staatsräsonlehre (DL III. 10–13) —— **99**

Frank Grunert
**Promulgatio et divulgatio**
Formale Bedingungen der Gesetzesgeltung
bei Francisco Suárez (DL III 15–18) — **125**

Kurt Seelmann
**Francisco Suárez und die Zustimmung des Volkes zu Gesetzen**
DL III. 19 — **139**

## 4 Geltung und Verpflichtung

Holger Glinka
**Intentio legislatoris seu ratio legis**
Formprinzip und translationstheoretische Voraussetzungen
des bürgerlichen Gesetzes in Suárez' *De legibus* (DL III. 20) — **157**

Tilman Repgen
**»Oboediendum est iustis praeceptis principum.«**
Die Verpflichtung des Gewissens durch das
menschliche Gesetz bei Suárez (DL III. 21–23) — **187**

Oliver Bach
**Zwischen Lebensgefahr und Todsünde**
Zur Dimension der Verpflichtung
menschlicher Gesetze bei Suárez (DL III. 28–30) — **233**

Norbert Brieskorn
**Zur Dialektik der Klerikerexemption von staatlichen Gesetzen**
Suárez über Staat und Kirche (DL III. 34) — **259**

Gideon Stiening
**»Ipse autem princeps non est subditus«**
Suárez über den Grundsatz
des *princeps legibus solutus* (DL III. 35) — **283**

## 5 Suárez' Staatstheorie im zeitgenössischen Kontext

Mariano Delgado
**Volkssouveränität und Widerstandsrecht bei Bartolomé de Las Casas und Francisco Suárez**
Konvergenzen und Divergenzen — **309**

**Ausgewählte Forschungsliteratur — 333**

**Personenregister — 340**

# Siglenverzeichnis

| | |
|---|---|
| Bach, Brieskorn, Stiening I | Francisco Suárez: De legibus. De lege in communi eiusque natura, causis et effectibus. Über die Gesetze. Über das Gesetz im Allgemeinen, seine Natur, seine Ursachen und Wirkungen. Lat./dt. Hg., eing. u. ins Deutsche übers. von Oliver Bach, Norbert Brieskorn u. Gideon Stiening. Stuttgart-Bad Cannstatt 2019. |
| Bach, Brieskorn, Stiening II | Francisco Suárez: De legibus. De lege aeterna et naturali, ac iure gentium. Über die Gesetze. Das ewige Gesetz, das natürliche Gesetz und das Völkerrecht. Lat./dt. Hg., eing. u. ins Deutsche übers. von Oliver Bach, Norbert Brieskorn u. Gideon Stiening. Stuttgart-Bad Cannstatt 2016. |
| Bach, Brieskorn, Stiening III | Francisco Suárez: De legibus. De lege humana positiva. Über die Gesetze. Über das menschliche positive Gesetz. Lat./dt. Hg., eing. u. ins Deutsche übers. von Oliver Bach, Norbert Brieskorn u. Gideon Stiening. Stuttgart-Bad Cannstatt 2014. |
| Balleoniana [S.$^{\text{Spalte}}$] | Francisco Suárez: Tractatus de legibus ac Deo legislatore in decem libros distributus. Operum tomus quintus. Venetii 1740. |
| Brieskorn [S.] | Francisco Suárez: Abhandlung über die Gesetze und Gott den Gesetzgeber. Übers., hg. u. mit einem Anhang vers. von Norbert Brieskorn. Freiburg u.a. 2002. |
| Cod. [3, 1, 14, 2] | Codex Iustinianus |
| Coimbra 1612 [S.$^{\text{Spalte}}$] | Francisco Suárez: Tractatus de legibus, ac Deo legislatore in decem libros distributus. Conimbricae 1612. |

https://doi.org/10.1515/9783110696738-001

| | |
|---|---|
| DG<br>[1. Teil: D.50 c. 11<br>2. Teil: C. 30 q. 4 c 5<br>3. Teil: D. 1 c. 5 de cons.] | Decretum Gratiani |
| Dig. [23, 1, 17] | Digesta Iustiniani |
| DL [I. 2. 5] | Francisco Suárez: Tractatus de Legibus ac Deo Legislatore |
| DM [XIX. 2. 12] | Francisco Suárez: Disputationes Metaphysicae. |
| DThA [Bd., S.] | Thomas von Aquin: Die deutsche Thomas-Ausgabe. Lat./dt. 36 Bde. übers. von Dominikanern und Benediktinern Deutschlands und Österreichs. Hg. vom Katholischen Akademikerverband. Heidelberg et. al. 1933–2004. |
| Inst. [4, 6, 4] | Institutiones Iustiniani |
| Muniozguren [Bd., S.$^{\text{Spalte}}$] | Francisco Suárez: Tratado de las leyes y de dios legislador en diez libros. Versión Española por von José Ramón Eguillor Muniozguren. Madrid 1967 f. [Zweisprachige Ausgabe mit Faksimiledruck des Conimbricenser Erstdrucks von 1612]. |
| Pereña [Bd., S.] | Franciso Suárez: De legibus ac Deo legislatore. Edicion critica bilingüe. Ed. par Luciano Pereña, Pedro Súñer, Vidal Abril, César Villanueva y Eleuterio Elorduy, 8 vol., Madrid 1971–1981. |
| STh I [q., art., ad] | Thomas von Aquin: Summa Theologiae Prima. |
| STh I–II [q., art., ad] | Thomas von Aquin: Summa Theologiae Prima Secundae. |

| | |
|---|---|
| STh II–II [q., art., ad] | Thomas von Aquin: Summa Theologiae Secunda Secundae. |
| STh III [q., art., ad] | Thomas von Aquin: Summa Theologiae Tertia. |
| deVries [S.] | Francisco Suárez: Ausgewählte Texte zum Völkerrecht. Übers. und hg. von Joseph de Vries, mit einer Einleitung v. Josef Soder S.J. Tübingen 1965. |
| Vivès [Bd., S.$^{\text{Spalte}}$] | Franciscus Suarez: Opera Omnia. Editio nova, a Carolo Berton. Parisiis 1856–1878. |
| WA | D. Martin Luthers Werke. Kritische Gesamtausgabe. Weimar 1883–2009. |

# 1 Einleitung

Oliver Bach, Norbert Brieskorn S.J., Gideon Stiening

# »Quia et homo non fert legem nisi ut minister Dei«

## Das Staatsrechtsdenken des Francisco Suárez

Im dritten Buch seiner rechtstheologischen Summe, *De legibus ac Deo legislatore* (DL) aus dem Jahre 1612, entwickelt und begründet Francisco Suárez seine Konzeption der menschlichen Gesetze. Nach der ausführlichen Darlegung eines allgemeinen, allen besonderen Gesetzesformen zugrunde liegenden Begriffs des Gesetzes in DL I sowie begründender Ausführungen zur *lex aeterna* und zur *lex divina* (DL II. 1–4), der *lex naturalis* (II. 5–16) und dem *ius gentium* (II. 17–20) als ersten besonderen Formen der *lex communis* behandelt der Conimbricenser Theologe, Philosoph und Jurist im dritten Buch seiner Rechtslehre die Staats- und Staatsrechtstheorie auf breitem Raum. Diese Theorie der *leges humanae* bildet ein konzeptionelles Zentrum der suárezischen Rechtslehre aus.

## 1 Freiheit und Gemeinwohl

Sowohl systematische als auch historische Gründe sprechen für diese zentrale Stellung der Theorie zur rechtlichen Ordnung von menschlicher Gesellschaft und Staat: Denn *einerseits* zwang die aus seiner praktischen Metaphysik sich ergebende Freiheitslehre den Conimbricenser Theologen zu einer dieses weltliche Vermögen angemessen berücksichtigenden Normativitätskonzeption.[1] Schon die spezifische Ausrichtung der Definition des allgemeinen Gesetzesbegriffes in DL I zeigt diese zentrale Stellung der leges humanae an: Denn die allgemeine Gesetzesdefinition wurde erkennbar am Modell der *lex humana* ausgebildet, weil sich schon diese Definition auf die politische Gemeinschaft *des Menschen* bezieht;[2] so heißt es in DL I. 12. 5: »Das Gesetz ist eine die Ge-

1 So Norbert Brieskorn: Francisco Suárez und sein Gesetzesbegriff im Kontext. In: Transformation des Gesetzesbegriffs im Übergang zur Moderne? Von Thomas von Aquin zu Francisco Suárez. Hg. von Manfred Walther, Norbert Brieskorn u. Kay Waechter. Stuttgart 2008, S. 105–123.

2 So auch Ernst-Wolfgang Böckenförde: Geschichte der Rechts- und Staatsphilosophie. Antike und Mittelalter. Tübingen $^{2}$2006, S. 381 f.; vgl. hierzu auch jüngst Philip Waldner: Kommt alle Macht von Gott? Zum Stellenwert staatlicher Gewalt in Suárez' Rechtsphilosophie. In: Men-

https://doi.org/10.1515/9783110696738-002

meinschaft betreffende Anordnung, die gerecht, verlässlich, beständig und auch in hinreichender Weise verkündet worden ist.«[3] Diese Gemeinschaft *ist* vor allem die von Suárez in DL III behandelte politische Gemeinschaft unter Menschen in einem innerweltlich staatlichen Gefüge, das durch Gesetze ein gerechtes und so stabiles Zusammenleben freier Individuen ermöglicht. Der allgemeine Begriff des Gesetzes selbst wurde mithin schon mit Blick auf eine Staatstheorie entworfen.

*Andererseits* hatte nicht nur die Staatstheorie seit Niccolò Machiavelli und Jean Bodin, sondern auch die politische Praxis des 16. und frühen 17. Jahrhunderts gezeigt, dass die sich entwickelnden modernen Staatsgefüge – u. a. aufgrund der konfessionellen Konflikte – zu einem säkularen Selbstverständnis drängten.[4] Politiker, wie Michel de L'Hôpital, suchten nach einer Staatsräson und staatliche Legitimität übergreifenden Position, die sich gegenüber jeglicher Religion deshalb als indifferent erweisen sollte,[5] weil deren konfessionelle Aufspaltung zu einem unbegrenzbaren Kriegszustand innerhalb und zwischen den Staaten führte.

Gegen diese Säkularisierungstendenzen in der politischen Theorie und Praxis des neuzeitlichen Staates bezieht Francisco Suárez in seinem dritten Buch von *De legibus* Stellung. Dabei entwickelt er in dieser Staatstheorie kein rückwärtsgewandtes Modell mittelalterlicher Theokratie, sondern berücksichtigt u. a. den von ihm in der Vorlesung *De voluntario et involuntario* 1578–1585[6] vorbereiteten und in der neunzehnten Disputation seiner *Disputationes metaphysicae* 1597 neu entworfenen Begriff freier Handlungen:

> Ich sage also erstens, dass es sowohl aus natürlichen Gründen als auch aus der Erfahrung der Dinge evident ist, dass der Mensch viele seiner Handlungen nicht aus Notwendigkeit,

schenrechte und Metaphysik. Beiträge zu Francisco Suárez. Hg. von Cornelius Zehetner. Göttingen 2020, S. 115–128.

3 DL I. 12. 5, Bach, Brieskorn, Stiening I, S. 280/281: »Lex est commune praeceptum, iustum ac stabile, sufficienter promulgatum.«

4 Vgl. hierzu u.a. Gideon Stiening: ›Notitiae principiorum practicorum‹. Melanchthons Rechtslehre zwischen Machiavelli und Vitoria. In: Der Philosoph Melanchthon. Hg. von Günter Frank u. Felix Mundt. Berlin, New York 2012, S. 115–146.

5 Vgl. hierzu u.a. Ernst-Wolfgang Böckenförde: Der säkularisierte Staat. Sein Charakter, seine Rechtfertigung und seine Probleme im 21. Jahrhundert. München 2007, S. 46.

6 Siehe die neue Edition Francisco Suárez: Über das Willentliche und das Unwillentliche. De voluntario et involuntario. Lateinisch - Deutsch. Übers., hg. und eing. von Stefan Schweighöfer. Freiburg, Basel, Wien 2016.

> sondern aus einem eigenen Willen und aus Freiheit vollzieht. [...] Denn es ist evident, dass wir, wenn wir willentlich handeln, nicht durch äußeren Zwang, sondern frei handeln.[7]

Suárez bedient sich mithin genuin neuzeitlicher Kategorien[8] – er hatte die Notwendigkeit umfassender Änderungen in Theorie und Praxis des Politischen erkannt, die durch die Entstehung absolutistischer Staatsgefüge entstanden war und sich weiter entwickelte; er konzipiert folglich eine politische Theologie auch und im Besonderen auf dem Felde der Staatstheorie, die den Anspruch erhebt, der Herausforderungen der Neuzeit nicht allein gewachsen zu sein, sondern besser als jedes säkulare Modell von Politik gestalten zu können. Neben Hugo Grotius' *De iure belli ac pacis* und Thomas Hobbes' *Leviathan* liefert Francisco Suárez damit eine der bedeutendsten Rechts- und Staatstheorien in der ersten Hälfte des 17. Jahrhunderts.[9]

Der sachlichen Bedeutung dieser politischen Theologie eines modernen Staatsrechts entspricht allerdings nicht in Ansätzen die Erforschung des Buches III von Suárez' *opus magnum*. Zwar gibt es ältere Arbeiten zum Thema,[10] auch lässt sich für die Jahre seit der Jahrtausendwende durchaus von einer Renaissance der Erforschung der politischen Theorie des Conimbricenser Theologen sprechen.[11] So haben sich amerikanische und europäische Naturrechtshistoriker

---

**7** DM XIX. 2. 12; Vivès 25, S. 696: »Dico ergo primo, evidens esse naturali ratione et ipso rerum experimento hominem in multis actibus suis non ferri ex necessitate, sed ex voluntate sua et libertate. [...] [C]um sit evidentissimum, nos quae voluntate agimus, non coacte, sed spontanee agere.« Übers. von uns. Siehe Salvador Castellote Cubells: Die Anthropologie des Suárez. Beiträge zur spanischen Anthropologie des XVI. und XVII. Jahrhunderts. Freiburg im Breisgau, München 1962, S. 175–178.

**8** Siehe zum vermehrt säkularen Charakter von Suárez' Freiheitsbegriff Norbert Brieskorn: Lex und ius bei Francisco Suárez. In: Lex und Ius. Hg. von Alexander Fidora, Matthias Lutz-Bachmann u. Andreas Wagner. Stuttgart-Bad Cannstatt 2010, S. 429–463, hier S. 441.

**9** Obgleich man ihn damit noch nicht zum Ideengeber der großen Revolutionen des 17. und 18. Jahrhunderts erklären kann: Vgl. José Pereira: Suárez. Between Scholasticism and Modernity. Marquette, WI, 2007, S. 91 f., der von Suárez mehrere zwar mittelbare, aber gerade Linien zieht, und zwar erstens über Francisco Velasco de Gouveia hin zur portugiesischen Revolution gegen die spanische Hoheit 1640, zweitens über Hugo Grotius und John Locke zur englischen Glorious Revolution 1688, drittens über Locke und Thomas Jefferson zur Amerikanischen Revolution 1776, viertens über Jean-Jacques Rousseau und Charles Montesquieu zur Französischen Revolution und fünftens über Miguel Hidalgo y Costilla zur lateinamerikanischen Revolution gegen die spanische Krone ab 1810. Siehe diese wirkungsgeschichtlichen Interpretationen auch im Sammelband von Maria Idoya Zorroza (Hg.): Proyecciones sistemáticas e históricas de la teoría suareciana de la ley. Pamplona 2009.

**10** Heinrich Rommen: Die Staatslehre des Franz Suárez SJ. Mönchengladbach 1926.

**11** Siehe hierfür Forschungsbibliographie im Anhang dieses Bandes.

mit der Naturrechtstheorie des Suárez beschäftigt.[12] Darüber hinaus wurde die allgemeine Obligationstheorie[13] oder das problematische Widerstandsrecht in Ansätzen erforscht.[14] Auch die Herausgeber haben 2017 einen Band zu Suárez' Naturrecht publiziert, an den die vorliegenden staatsrechtlichen Studien anschließen können.[15]

Eine differenzierte Auseinandersetzung mit der Stellung der *leges humanae* sowohl im systematischen Gefüge des Rechtslogik von *De legibus* als auch im Kontext der Staatstheorien des frühen 17. Jahrhunderts steht gleichwohl noch aus. Überhaupt ist eine die unterschiedlichen Teilaspekte dieser Staatstheorie übergreifende und vermittelnde Betrachtung ihrer Gesamtsystematik ein Desiderat der Forschung.[16] Der vorliegende Band soll in diesen, systematisch wie historisch relevanten Feldern im Hinblick auf die Staatstheorie des Francisco Suárez genuin neue Erkenntnisse liefern. Darüber hinaus steht mit der von den Herausgebern besorgten zweisprachigen und kommentierten Ausgabe des Bu-

---

**12** Siehe hierzu u. a. Knud Haakonssen: Natural Law and Moral Philosophy. From Grotius to the Scottish Enlightenment. Cambridge 1996; Erik Åkerlund: Suárez's Ideas on Natural Law in the Light of His Philosophical Anthropology and Moral Psychology. In: The Nature of Rights: Moral and Political Aspects of Rights in Late Medieval and Early Modern Philosophy. Hg. von Virpi Mäkinen. Helsinki 2010, S. 165–196; James Gordey: Suárez and Natural Law. In: The Philosophy of Francisco Suárez. Hg. von Benjamin Hill u. Henrik Lagerlund. Oxford 2012, S. 209–228; Paul Pace S.J.: Suárez and Natural Law. In: A Companion to Francisco Suárez. Hg. von Victor M. Salas u. Robert L. Fastiggi. Leiden u.a. 2014, S. 274–296.

**13** Tilmann Altwicker: Gesetz und Verpflichtung in Suárez' De Legibus. In: Transformation des Gesetzesbegriffs im Übergang zur Moderne? Von Thomas von Aquin zu Francisco Suárez. Hg. von Manfred Walther, Norbert Brieskorn u. Kay Waechter. Stuttgart 2008, S. 125–133, sowie Thomas Pink: Reason and Obligation in Suárez. In: The Philosophy of Francisco Suárez. Hg. von Benjamin Hill u. Henrik Lagerlund. Oxford 2012, S. 175–208; Manfred Walther: Facultas Moralis. Die Destruktion der Leges-Hierarchie und die Ausarbeitung des Begriffs des subjektiven Rechts durch Suárez – Ein Versuch. In: Transformation des Gesetzesbegriffes im Übergang zur Moderne? Von Thomas von Aquin zu Francisco Suárez. Hg. von Manfred Walther, Norbert Brieskorn u. Kay Waechter. Stuttgart 2008, S. 135–160.

**14** Walther, Manfred: Begründung und Beschränkung des Widerstandsrecht nach Suárez. In: Transformation des Gesetzesbegriffs im Übergang zur Moderne? Von Thomas von Aquin zu Francisco Suárez. Hg. von Manfred Walther, Norbert Brieskorn u. Kay Waechter. Stuttgart 2008, S. 161–175.

**15** Oliver Bach, Norbert Brieskorn, Gideon Stiening (Hg.): Die Naturrechtslehre des Francisco Suárez. Berlin, Boston 2017.

**16** Ansätze hierzu in Dominik Recknagel: Einheit des Denkens trotz konfessioneller Spaltung. Parallelen zwischen den Rechtslehren von Francisco Suárez und Hugo Grotius. Frankfurt am Main u.a. 2010 sowie Waldner: Kommt alle Macht von Gott? (s. Anm. 2).

ches III von *De legibus*[17] eine neue Textgrundlage zur Verfügung, deren Leistungen in diesem Band kritisch zu prüfen sein werden.

Dabei soll als Leitfrage aller die einzelnen Themen der Staatstheorie analysierenden und interpretierenden Beiträge das Verhältnis von politischer Theologie und politischer Philosophie[18] in der Begründungstheorie des Spanischen Spätscholastikers stehen. Denn gegen die gleichursprünglichen Tendenzen eines Bedeutungszuwachses des bürokratischen Zentralstaates einerseits – wie dies vor allem das Spanien Philipps II. zeigte[19] – und dessen sich aufdrängender Loslösung von theonomen Legitimations*theorien* sowie religiös motivierter politischer *Praxis* musste und wollte Francisco Suárez kraftvoll Stellung beziehen. Mit dem Buch III seiner umfassenden Rechtslehre liefert er eine Staatstheorie, die auf der Grundlage einer philosophischen Freiheitslehre – und damit unter Berücksichtigung spezifisch neuzeitlich-säkularer Erkenntnisse[20] – sowie differenzierter Reflexionen auf Problemlagen des sich entwickelnden zentralisierten Nationalstaates deren umfassende Einbindung in eine Rechts- und Staats*theologie* zu erzielen sucht.[21]

## 2 Zum Stand der Forschung

Ein Desiderat der Forschung – und zwar sowohl einer engeren Suárez-Forschung als auch einer weiteren Erforschung der politischen Philosophie und Theologie der frühen Neuzeit – besteht in einer angemessenen Rekonstruktion der gesamten Konzeption der *leges humanae*, die das Buch III von *De legibus* entfaltet. Die Autoren des vorliegenden Bandes versuchen daher, zu spezifi-

---

**17** Francisco Suárez: De legibus. De lege humana positiva. Über die Gesetze. Über das menschliche positive Gesetz. Lat./dt. Hg., eing. u. ins Deutsche übers. von Oliver Bach, Norbert Brieskorn u. Gideon Stiening. Stuttgart-Bad Cannstatt 2014.

**18** Siehe hierzu u.a. die präzise Distinktion bei Heinrich Meier: Was ist politische Theologie? Einführende Bemerkungen zu einem umstrittenen Begriff. In: Politische Theologie zwischen Ägypten und Israel. Hg. von Jan Assmann. München [3]2006, S. 7–22.

**19** Vgl. hierzu Friedrich Edelmayer: Philipp II. Biographie eines Weltherrschers. Stuttgart 2009, S. 130 ff.

**20** Vgl. hierzu auch Brieskorn: Lex und ius (s. Anm. 8), S. 441, der von einem starken Einfluss des »beginnenden Freiheitsdenkens seiner Zeit« auf Suárez spricht.

**21** Zu Suárez' politischer Theologie vgl. u. a Gerald Hartung: Die politische Theologie des Francisco Suárez. Zum Verhältnis von Religion und Politik in der Spätscholastik. In: Religion und Politik. Zu Theorie und Praxis des theologisch-politischen Komplexes. Hg. von Manfred Walther. Baden-Baden 2004, S. 113–126.

schen Aspekten der suárezischen Staatslehre beizutragen, so dass ein möglichst umfassendes und in sich differenziertes Bild der Gesamtkonzeption entstehen kann.

Zu diesen zentralen Aspekten gehört das protokontraktualistische Übertragungsargument, das Suárez in den ersten Kapiteln des Buches III entwirft. Denn legitime Herrschaft über den von Natur aus freien Menschen entsteht nach Suárez durch die Übertragung aller einzelnen Willen auf die Instanz des souveränen Herrschers. Dennoch bleibt auch dieser essentielle Vorgang, den Suárez offenbar als einen empirischen begreift, zugleich gebunden an die unabdingbare Grundlegung der weltlichen Herrschaft durch die sie gleichfalls legitimierende Gottesinstanz. Auch für Suárez gilt die Maxime aus Röm 13,1 uneingeschränkt: »Non est potestas nisi a Deo.« Wie aber lassen sich freiheitstheoretischer Kontraktualismus und theonome Herrschaftslegitimation kohärent vermitteln? Auch im Vergleich mit dem hobbesschen Modell der Willensübertragung ist diesem Theorem des Suárez in nachfolgendem Band intensiv nachzugehen.

Die Frage, in welchem Verhältnis formale und materiale Staatszweckbestimmung in der Argumentationslogik des Suárez stehen, ist ebenfalls ein Untersuchungsgegenstand des Bandes. Denn einerseits gründet Suárez seine Staatstheorie auf das rein formale Verhältnis von Freiheit und Herrschaft, andererseits entwickelt er eine differenzierte Begründung für die Bindung menschlicher Gesetze an die materialen Zwecke des Gemeinwohl und der Gerechtigkeit. Ob und, wenn ja, wie können die einerseits begriffslogische Begründung jedweden Rechts aus dem Begriff der Freiheit und die andererseits teleologische Ausrichtung des Staatsrechts auf das Gemeinwohl zusammenstimmen?

Gleiches gilt für das von Suárez auf breitem Raum entfaltete Verhältnis von rechtlicher und moralischer Verbindlichkeit. Zwar scheint ihm vollkommen klar, dass die *vis obligandi* der menschlichen Gesetze vor allem die äußeren Handlungen des Menschen zu ordnen und zu regulieren hat; gleichwohl kann und will er auf die Verpflichtung auf Staatsgesetze im menschlichen Gewissen nicht verzichten. Die Konzeption scheint pragmatische und theologische Gründe zu haben: Traut er auf der einen Seite der rein äußeren Verpflichtung menschlichen Handelns nicht genügend Wirkmacht zu, so ermöglicht ihm die Identität von *forum internum* und *forum Dei* eine Bindung seiner Theorie staatlicher Gesetze an die Gottesinstanz als deren Verbindlichkeitsgarantie. Auch auf dem Feld dieses, bis ins 18. Jahrhundert und damit bis auf Kant wirksamen Problems des Verhältnisses von Recht und Moral ist stets Suárez' zentrales Interesse an einer Vermittlung der säkularisierenden Tendenzen der Neuzeit mit theonomen Begründungsleistungen einer politischen Theologie zu berücksichtigen.

Ein weiteres Desiderat in der Auseinandersetzung mit Suárez' Staatrechtstheorie ist das Verhältnis von staatlicher und kirchlicher Macht und Herrschaft, das an unterschiedlichen Systemstellen des Buches III von *De legibus* bearbeitet wird.[22] In der strikten Trennung von kirchlicher und weltlicher Herrschaft zeigen sich nämlich durchaus moderne Züge der Staatstheorie des Suárez, deren spezifische Kontur jedoch allererst zur rekonstruieren ist. Dies betrifft nicht nur die Frage einer politischen Unterstellung des weltlichen Herrschers unter einen Supremat des Papstes und die sachlich notwendige Beratung politischer Entscheidungen durch Theologen, sondern auch die Stellung von Klerikern im säkularen Staatswesen.[23]

# 3 Pflicht zum und im Staat

Mit Blick auf Suárez' staats*rechtliches* Interesse muss der vorliegende Band den verpflichtungstheoretischen Aspekt von Vergemeinschaftung und Gemeinschaft untersuchen. Sich zu vergemeinschaften, mag zwar anthropologisch grundgelegt (animal sociale), von Gott geboten und mit Blick auf ein Überlebenskalkül pragmatisch klug sein. Wie jedoch kann aus diesen Theoremen die Verpflichtung des Menschen abgeleitet werden, sich einem diese Gemeinschaft ordnendes Gesetz und einer dessen Geltung und Verbindlichkeit garantierenden Instanz zu unterwerfen? Ist der suárezische Gemeinschaftsbegriff an ihm selbst rechtspolitisch bestimmt und damit aus ihm auch die Notwendigkeit einer Zwangsordnung herleitbar? Oder treten bei Suárez zusätzliche theoretische oder empirische Faktoren hinzu, welche die *Möglichkeit* und *Notwendigkeit* der Verpflichtung durch positive Gesetze allererst begründen? Diese Unterscheidung ist für das Vorhaben des nachfolgenden Bandes von erheblicher Bedeutung, denn allgemeine Hinweise auf Suárez' neuscholastisches Naturrecht und dessen Abkünftigkeit aus dem ewigen Gesetz (*lex aeterna*) erlauben es *zwar*, die Möglichkeit eines gerechten Staatsrechts aus ihnen abzuleiten:[24] Die suárezische Hierarchie der Gesetzesformen ewigen, natürlichen und menschlich-positiven Rechts[25] scheint nachgerade der Maßstab für die Geltung der *leges humanae* und deren Grenzen zu sein – mögliches *ius humanum* ist all das, was die *lex aeterna* und das *ius naturale* zu ge- und verbieten gestatten. Es verwun-

22 Ansätze hierzu bei Rommen: Die Staatslehre (s. Anm. 10), S. 235 ff.
23 Siehe den Beitrag von Norbert Brieskorn im vorliegenden Band.
24 Rommen: Die Staatslehre (s. Anm. 10), S. 45.
25 Brieskorn: Francisco Suárez und sein Gesetzesbegriff im Kontext (s. Anm. 1), S. 119–121.

dert daher nicht, dass der Theologe Heinrich Rommen in seiner Studie zur *Staatslehre des Francisco Suárez* 1926 diese Gesetzeshierarchie gegen den Rechtspositivismus seiner Zeit in Stellung brachte.[26] *Aber* impliziert die *leges*-Hierarchie selbst ebenso schon die Notwendigkeit staatlicher Gesetze? Denn je nachdrücklicher die Qualität des *ius naturale* als eines materialen Naturrechts herausgestellt wird und je umfassender dessen Regelungsgegenstände bestimmt werden, desto weniger scheint der menschliche Gesetzgeber noch zu tun zu finden. Im Gegenteil: Die Theorie einer *leges*-Hierarchie droht den Nachweis einer Notwendigkeit staatlichen Rechts nachgerade zu verunmöglichen, solange sie nicht auf den nur subsidiären Rechtsquellencharakter des Naturrechts besteht und damit zeigt, dass das *ius naturale* selbst keineswegs schon die hinreichende Bedingung intersubjektiver Ordnung darstellt. Andernfalls wäre die Abwehr eines metaphysiklosen Rechtspositivismus zum Preis eines unpolitischen Iusnaturalismus erkauft, der gleichfalls nicht im Sinne des Rechtstheologen aus Coimbra ist. Vielmehr schreibt Suárez der staatlichen Zwangsgewalt und der Unterwerfung des von Natur aus freien Subjekts unter dieselbe ausdrücklich Notwendigkeitscharakter zu:

> Der *zweite* Grundsatz besagt, dass in einer vollkommenen, also politischen Gemeinschaft eine politische Gewalt nötig ist, welcher die Lenkung der Gemeinschaft zusteht. Das geht aus den Begriffen bereits deutlich hervor; denn, wie der Weise sagt: »Wo kein Lenker ist, verdirbt das Volk«. Die Natur lässt es aber am Notwendigen nicht fehlen. Wie also die vollkommene Gemeinschaft von der Vernunft und dem Naturrecht her berechtigt ist, so ist es auch die Gewalt, die Gemeinschaft zu lenken, denn ohne sie w7ürde innerhalb der Gemeinschaft die höchste Verwirrung herrschen.[27]

Es mag durch diese rechtsmetaphysischen Überlegungen zwar der Nachweis der Notwendigkeit staatlicher Zwangsgewalt gelingen; dass diese Zwangsgewalt allerdings nicht nur als Exekutorin naturrechtlicher Rechtsnormen auftritt, sondern auch positivrechtliche Gesetzgebung zu leisten berechtigt und verpflichtet ist, wird Suárez in *De lege positiva humana* nachweisen. Die Herausforderung, diesen Nachweis zu erbringen und dabei das positive Recht zu stärken, ohne das Naturrecht zu schwächen, die Qualität ebenso wie den Umfang der

---

26 Rommen: Die Staatslehre (s. Anm. 10), S. 43.

27 DL III. 1. 4, Bach, Brieskorn, Stiening III/1, S. 12/13: »Secundum principium est in communitate perfecta necessariam esse potestatem ad quam spectet gubernatio communitatis, quod etiam ex terminis videtur per se notum. Nam, ut ait sapiens (Prov. 11, [14]): ›Ubi non est gubernator, corruet populus‹.21 Natura autem non deficit in necessariis. Ergo sicut communitas perfecta est rationi et naturali iuri consentanea, ita et potestas gubernandi illam, sine qua esset summa confusio in tali communitate.«

Geltung positiver Rechte zu erläutern, die Regelungsgegenstände ebenso wie die Subjekte positiver Rechte zu bestimmen, kann als ein Grund dafür gelten, dass das Buch über die positiven menschlichen Gesetze nach Buch VIII *De lege humana favorabili* und Buch V *De varietate legum humanarum* das umfangreichsten des Gesamttraktats ist. Gemeinsam mit diesen beiden Büchern sowie mit DL VI *De interpretatione, cessatione et mutatione legum humanarum* bildet es einen weltlich-positivrechtlichen Komplex aus, der einen Großteil des Gesamtwerkes einnimmt.[28]

Der vorliegende Band versucht in der Betrachtung der genannten Reflexionsfelder und Problemlagen, genuin Neues zur Erforschung des suárezischen Staatsrechts beizutragen und Erkenntnisse zu den Geltungs- und Verbindlichkeitsbedingungen weltlicher positiver Rechte zu gewinnen, die keineswegs aus einer isolierten Analyse des dritten Buches von *De legibus* hervorgehen, sondern Werkzusammenhänge und historische Kontexte berücksichtigen.

## 4 Positives menschliches Recht in Suárez' Gesetzeshierarchie

Dass die hier skizzierten Problemlagen für die Suárez-Interpretation ebenso essentiell wie komplex sind, kann ein Beispiel aus der Forschungsliteratur illustrieren: Jean-Paul Coujou hat die Problematik einer gleichzeitigen Ermöglichung und Redundanz des positiven Rechts durch das Naturrecht wie folgt zu bestimmen versucht:

> Menschliches positives Recht kann selbst mit Rücksicht auf alle relevanten Überlegungen für das ewige Recht und das natürliche zeitliche Recht unmöglich auf einen bloßen Ausdruck der Naturrechtsprinzipien reduziert werden. Obwohl es seinen Seinsgrund durch

28 Für diesen quantitativen Vergleich sei auf die Ausgabe Bertons verwiesen: In dieser nimmt DL VIII *De lege humana favorabili* 194 Seiten (Vivès 6, S. 223–417), DL V *De varietate legum humanarum* 151 Seiten (Vivès 5, S. 411–562), DL III *De lege positiva humana* 151 Seiten (Vivès 5, S. 173–324) und Buch VI *De interpretatione, cessatione et mutatione legum humanarum* 133 Seiten (Vivès 6, S. 1–133) ein: Dies ergibt 629 Seiten von insgesamt 1159 Seiten (Vivès 5: 562 Seiten; Vivès 6: 597 Seiten), womit die Erläuterungen Suárez' zum weltlichen positiven Recht eine zwar knappe, aber absolute Mehrheit des Traktatumfangs auf sich vereinigen.

> seine Konformität zu letzterem [d.i. dem Naturrecht] erhält, nimmt es nichtsdestoweniger eine spezifische Extension aufgrund seiner historischen Anwendung an.[29]

Coujous Problemerläuterung präformiert allerdings eine mögliche Lösung des Problems: *Erstens* geraten durch die Reduktion des Problems auf Seinsgründe des positiven Rechts dessen Geltungs- und Verbindlichkeitsgründe aus dem Blick. Francisco Suárez selbst jedoch – und nicht erst Erhard Weigel oder Samuel Pufendorf – hatte bereits in seinen *Disputationes Metaphysicae* 1597 die Distinktion zwischen *Entia Physica* und *Entia Moralia* eingeführt.[30] Probleme der Geltungs- und Verbindlichkeitsbegründung erübrigen sich also gerade bei Suárez nicht durch den Verweis auf ›Seinsgründe‹. *Zweitens* besteht für Coujou die Spezifik des suárezischen Staatsrechts in jedem Fall in einer »Extension«: Dass mit einer solchen quantitativen Bestimmung überhaupt ein differenzbildendes und also qualitatives Merkmal des *ius positivum humanum* aufgefunden werden kann, scheint sowohl *a priori* unmöglich als auch praktisch nicht erforderlich, denn schließlich gibt Coujou im Folgenden selbst qualitative Ursachen für die Varianz und den Umfang des positiven Rechts an: *Drittens* nämlich generiere jene »spezifische Extension« des suárezischen Staatsrechts aus der »historischen Anwendung« des Naturrechts. Diese Applikation besteht für Coujou im Wesentlichen in »ergänzenden Bestimmungen« (»complementary determinations«) der notwendigen naturrechtlichen Prinzipien vor dem Hintergrund kontingenter raumzeitlicher Umstände.[31] In der Tat gilt für Suárez selbst dieser *mo-*

---

**29** Jean-Paul Coujou: Political Thought and Legal Theory in Suárez. In: A Companion to Francisco Suárez. Hg. von Victor M. Salas u. Robert L. Fastiggi. Leiden, Boston 2015, S. 29–71, hier S. 33: »Human positive law (with respect to all the considerations relevant to the theme of eternal law and the natural temporal law) is unable to be reduced to the mere expression of the principles of the natural law. Though it receives its reason for existing by its conformity to the latter, it nevertheless assumes a specific extension because of its historic application.«

**30** Dies erläutert der hier abgedruckte Beitrag Stefan Schweighöfers. Siehe auch Theo Kobusch: Die Lehre vom moralischen Sein in der Philosophie des F. Suarez. In: Ders.: Die Entdeckung der Person. Metaphysik der Freiheit und modernes Menschenbild. Darmstadt 1993, S. 55–66. Vgl. Waldemar Voisé: Meister und Schüler: Erhard Weigel und Gottfried Wilhelm Leibniz. In: Studia Leibnitiana 3.1 (1971), S. 55–67; Theo Kobusch: Die Entdeckung der Person. Metaphysik der Freiheit und modernes Menschenbild. Freiburg, Basel, Wien 1993, S. 73; Klaus-Gert Lutterbeck: Pufendorfs Unterscheidung von physischem und moralischem Sein und seine politische Theorie. In: Naturrecht und Staatstheorie bei Samuel Pufendorf. Hg. von Dieter Hüning. Baden-Baden 2009, S. 19–35.

**31** Coujou: Political Thought (s. Anm. 29), S. 41: »Thus, positive laws imply an indirect line with the norms deduced from the precepts of the natural law, and this line manifests the introduction of complementary determinations that, in same way, reveal the circumstances that turn out to be contingent.«

*dus determinationis* für eine der staatsrechtlich bedeutendsten Situationen, nämlich für die Wahl der Regierungsform:

> Deshalb werden die Menschen vom bloßen Naturgesetz nicht verpflichtet, die politische Gewalt bei einem von ihnen oder mehreren oder gar in der politischen Gemeinschaft aller anzusiedeln. Also muss die *nähere Bestimmung* notwendigerweise durch Überlegung und Entscheidung der Menschen erfolgen.[32]

Gleichwohl lässt Suárez an dieser Stelle vollkommen offen, ob diese determinierende Entscheidung der Menschen äußeren raumzeitlichen Umständen folgt oder göttlichen Geboten. Daher gilt es zu prüfen, ob sich das Verhältnis des positiven menschlichen zum natürlichen Recht überhaupt auf Determination beschränkt:[33] Zum einen nämlich wäre diese Verhältnisbestimmung keineswegs neu, sondern zeichnet schon das frühe protestantische Naturrechtsdenken Philipp Melanchthons und Johann Oldendorps aus;[34] zum anderen generiert die Notwendigkeit von Recht überhaupt für das frühprotestantische Naturrecht aus der postlapsaren Mangelhaftigkeit des Menschen – eine Prämisse, die auch für den *modus determinationis* den Ausschlag gibt, ist doch die Aufgabe staatlichen Rechts somit die Einhegung sündhaften Handelns und *kann* daher nur aus den Bestimmungen Gottes über Sünde und Laster folgen. Obgleich auch für Suárez die Sündendimension widerrechtlichen Handelns ein wichtiges Thema darstellt,[35] teilt er gerade nicht die Annahme, dass »dem Gerechten kein Gesetz sei«; gegen diese von 1 Tim 1,9 ausgehende, von Augustinus ausgearbeitete und vom Lutheranismus erneuerte These[36] bezieht Suárez schon in DL I *De natura legis* in einem eigenen Kapitel deutlich Stellung[37] und liefert in DL IX *De lege*

---

**32** DL III. 4. 1, Bach, Brieskorn, Stiening III/1, S. 50/51: »[I]deoque ex pura lege naturae non coguntur homines habere hanc potestatem in uno vel in pluribus vel in collectione omnium. Ergo haec determinatio necessario fieri debet arbitrio humano.«

**33** So nämlich Reijo Wilenius: The Social and Political Theory of Francisco Suárez. Helsinki 1963, S. 63 f.

**34** Siehe Johann Oldendorp: Ivris Naturalis, Gentium, et Civilis εἰσαγωγη; Divinae Tabulae X praeceptorum; Leges XII tabularum; Epitome successionis ab intestato, & alia pro tyronibus Iuris. Köln 1539, f. B 6v: »Nam Ius Civile nihil aliud est quam determinatio Iuris naturalis, ut Philippus dicit.« / »Denn das Staatsrecht ist nichts anderes als die nähere Bestimmung des Naturrechts, wie Philipp [Melanchthon] sagt.«

**35** Siehe die Beiträge von Tilman Repgen und Norbert Brieskorn in diesem Band.

**36** Mathias Schmoeckel: Das Recht der Reformation. Die epistemologische Revolution der Wissenschaft und die Spaltung der Rechtsordnung in der Frühen Neuzeit. Tübingen 2014, S. 146 ff.

**37** DL I. 19, Bach, Brieskorn, Stiening I, S. 370–411; zur langanhaltenden Wirkung dieser Position bis zu Herder siehe Gideon Stiening: Von der »Natur des Menschen« zur »Metaphysik

*divina positiva veteri* den Offenbarungsbeweis, dass es auch im Stande der Unschuld Gesetze gegeben habe, nämlich vor allem das Verbot, vom Baum der Erkenntnis zu essen.[38] Da mithin für Suárez die *praemissa maxima* der Rechtslehre der »Häretiker«[39] nicht gilt, kann *mutatis mutandis* aus ihr nicht der *modus determinationis* des positiven menschlichen Rechts gefolgert werden.

Betrachtet man abschließend die Formulierung Coujous, das suárezische Staatsrecht sei im Wesentlichen eine »historische Anwendung« des Naturrechts, so ist zu bedenken, dass mit dieser Vorstellung einer bloßen Applikation des Naturrechts nicht nur dessen, sondern jedwede rechtliche Erwägung auf bloß pragmatische Praktikabilitätsmomente zu reduziert würde: Denn anders als im Falle der Determination, bei der das Naturrecht durch historische Umstände näher bestimmt würde, geriete im Falle einer Applikation das Naturrecht zum bloßen Mittel, das zur Meisterung dieser kontingenten Umstände mal produktiv mal zurückhaltend angewendet würde. Es finden sich zwar Formulierungen bei Suárez, in denen er bestimmte gesetzgeberische ebenso wie exekutive Entscheidungen ausdrücklich einem »klugen Urteil« (»prudenti arbitrio«) überlässt,[40] dennoch stellt sich diesem Band die Frage, ob Suárez im Ganzen eine solche Herleitung des Sollens aus dem Sein[41] und eine damit einhergehende Prudentialisierung seiner Staatsrechtslehre tatsächlich beabsichtigte.

der Sitten«. Zum Verhältnis von Anthropologie und Sittenlehre bei Kant und in den Rechtslehren des 17. und 18. Jahrhunderts. In: Das Verhältnis von Recht und Ethik in Kants praktischer Philosophie. Hg. von Dieter Hüning, Bernd Dörflinger u. Günter Kruck. Hildesheim 2017, S. 13–44, hier S. 28–30.

**38** DL IX. 1. 1; Vivès 6, S. 419: »[N]am videmus Deum dedisse homini in statu innocentiae specialem legem non comedendi de ligno scientiae boni et mali, Genes. 2.« / »Denn wir in Genesis 2 lesen wir, dass Gott dem Menschen im Stande der Unschuld ein besonderes Gesetz auferlegt hat, nicht vom Baum der Erkenntnis des Guten und des Bösen zu essen.«

**39** Als solche spricht Suárez nämlich die Vertreter eines rein postlapsaren und damit nur bedingten Rechtsverständnisses schon im Titel des genannten Kapitel DL I. 19 unmissverständlich an: DL I. 19, Bach, Brieskorn, Stiening I, S. 370/371: »Explicantur aliqua scripturae testimonia quibus haeretici abutuntur.« / »Erläuterung bestimmter Zeugnisse der Heiligen Schrift, die die Häretiker missbrauchen.«

**40** DL III. 30. 9, Bach, Brieskorn, Stiening III/2 S. 218/219: »Respondeo vix posse certam aliquam regulam designari sed prudenti arbitrio utendum esse.« / »Man kann hier keine allgemeine sichere Regel angeben, man muss vielmehr klug urteilen.« Siehe den Beitrag von Oliver Bach in diesem Band.

**41** George I. Mavrodes: On Deriving the Normative from the Nonnormative. In: Papers of the Michigan Academy of Science, Arts, And Letters 3 (1968), S. 353–365; Norbert Hoerster: Zum Problem der Ableitung eines Sollens aus einem Sein in der analytischen Moralphilosophie. In: Archiv für Rechts- und Sozialphilosophie 55 (1969), S. 11–39; zu dem umgekehrten Fehlschluss vom Sollen auf das Sein siehe Maximilian Herberger: Zum Methodenproblem der Methodenge-

# 5 Verbindlichkeit positiver Gesetze

In den Studien zur Obligationstheorie des Francisco Suárez wurde die Frage einer möglicherweise spezifischen Verpflichtung durch positives Recht weitgehend vernachlässigt. Im Falle naturrechtlich indifferenter Erlaubnisgesetze kann ein positives Gesetz selbst nämlich, das mit Blick auf den betreffenden Regelungsgegenstand ein Ge- bzw. Verbot formuliert, selbst keine Verpflichtungskraft generieren: Der Untertan kann in diesem Falle zunächst nur durch die Androhung äußerer Strafe zur Einhaltung angehalten werden; eine andere, nämlich innere *vis coerciva* steht dem menschlichen Gesetzgeber allein nicht zur Verfügung.[42] Dies hat Folgen sowohl für Suárez Theorie des Ursprungs und der Übertragung gesetzgeberischer Gewalt als auch für die Erfordernisse an eine angemessene Promulgation positiver menschlicher Gesetze: *Erstens* nämlich besitzt das Recht bei Suárez einen unverkennbaren Primat vor der Politik, so dass kein absoluter Herrscher für sich beanspruchen kann, durch seine positiven Gesetze und sein politisches Handeln gegen das Naturrecht verstoßen zu dürfen, ohne Konsequenzen fürchten zu müssen. Durch die gesetzeshierarchische Vorgabe, dass das *ius positivum humanum* nicht gegen das Naturrecht verstoßen darf, sind dem politischen Absolutismus zumindest legislatorisch enge Grenzen gesetzt,[43] wenngleich er in seinem Handeln selbst nicht an seine eigenen Gesetze gebunden ist. *Zweitens* macht die spezifische Normstruktur des menschlichen positiven Gesetzes dessen schrittweise Verkündung und Inkrafttreten notwendig; denn insbesondere diejenigen positiven Gesetze, die naturrechtlich indifferente Normfragen unter historischen Bedingungen entscheiden, können mit einer Kenntnis und Befolgung durch die Untertanen nicht schon zum Zeitpunkt ihrer Beschließung rechnen. Schrittweise hat die Promulgation und das Inkrafttreten solcher positiver menschlicher Gesetze mithin darum zu erfolgen, weil jedem Untertan die Gelegenheit gegeben werden muss, von ihnen Kenntnis zu erlangen. Denn »[w]ie will man dem in vernünftiger Weise zustim-

---

schichte: Einige Grundsatz-Reflexionen. In: Entwicklung der Methodenlehre in Rechtswissenschaft und Philosophie vom 16. bis zum 18. Jahrhundert. Hg. von Jan Schröder. Stuttgart 1998, S. 207–216, hier S. 211.

**42** Pink: Reason and Obligation in Suárez (s. Anm. 13), S. 190–195.

**43** Siehe Norbert Brieskorn: Die Staatsphilosophie des Francisco Suárez SJ (1548–1617). In: Von der Allegorie zur Empirie? Natur im Rechtsdenken des Spätmittelalters und der Frühen Neuzeit. Hg. von Susanne Lepsius, Friedrich Vollhardt u. Oliver Bach. Berlin 2018, S. 123–132; Stefan Schweighöfer: Die Begründung der normativen Kraft von Gesetzen bei Francisco Suárez. Münster 2018, S. 225–234, sowie den Beitrag Schweighöfers in diesem Band.

men, dass ein Gesetz, das heute in Madrid verkündet wurde, auch heute bereits die Bewohner Coimbras verpflichtet?«.[44] Suárez' genaue Bestimmung der Bedingungen des Inkrafttretens positiver Gesetze gilt es im vorliegenden Band zu erkunden wie diejenige des Zustandekommens legislatorischer Gewalt und derer möglichen Einschränkung.

## 6 Aufbau und Beiträge des Bandes

Die Beiträge des Bandes sind in vier Hauptsektionen untergliedert, die zugleich durch ihre Reihenfolge einen kooperativen Kommentar des gesamten Buches III zu ergeben versuchen.

Der Beitrag STEFAN SCHWEIGHÖFERS eröffnet die erste Sektion zu den begründungstheoretischen Grundlegungen der ersten Kapitel, wobei Schweighöfer das Problem des Ursprungs politischer Macht bei Suárez verhandelt. Denn auf den ersten Blick erscheint die gleichzeitige Herkunft dieser *Potestas* aus göttlicher Stiftung und menschlicher Freiheit nicht nur überdeterminiert, sondern auch problematisch: Weder ist es ein Determinismus im Schöpfungsplan noch ein göttlicher Konkurs, die einzelnen Menschen wirkliche und rechtmäßige Zwangsgewalt über andere gegeben haben. Unter Verweis auf den zeitgenössischen Debattenhorizont von Francisco de Vitoria über Domingo de Soto bis Luis de Molina arbeitet Schweighöfer dabei die eben nicht nur juridischen, sondern metaphysischen Bedingungen politischer Macht bei Suárez heraus.

FRANZ HESPE arbeitet in seinem Beitrag Suárez' Bestimmung des Verhältnisses zwischen der geistlichen Macht des Papstes und der weltlichen Macht souveräner Staaten heraus. Dabei spannt Hespe wichtige Bögen zwischen der sys-

44 DL III. 17. 3, Bach, Brieskorn, Stiening III/1, S. 354/355: »Quomodo enim intelligi potest ut lex hodie promulgata Matriti hodie etiam obliget habitantes Conimbricae?« Den Unterschied zwischen positivrechtlicher Verkündung und ›Promulgation‹ des Naturrechts skizziert Suárez bereits in DL I wie folgt: DL I. 11. 14, Bach, Brieskorn, Stiening I, S. 262/263: »Est praeterea observandum, hanc promulgationem aliter in naturali lege, aliter vero in positiva requiri; nam in priori invenitur vertus modus promulgationis a natura definitus; quia sicut illa lex naturalis est, ita ex se determinat conditiones legis. Promulgatur ergo eo ipso quod ex natura ipsa manat.« / »Man muss zudem beachten, dass für eine solche Promulgation im Zusammenhang des natürlichen Gesetzes anderes erforderlich ist als im Zusammenhang des positiven Gesetzes. Denn im Zusammenhang des natürlichen Gesetzes gibt es eine bestimmte, von der Natur festgelegte Art der Promulgation. Weil es als Gesetz ›natürlich‹ ist, legt es seine Bedingungen selbst fest, um Gesetz zu sein. Es wird folglich allein dadurch promulgiert, dass es aus der Natur selbst hervorgeht.«

tematisch angelegten Traktatschrift *De legibus* und der eher kasuistisch argumentierenden Fallstudie *Defensio fidei*, in der Suárez die Machtansprüche König James' I. von England analysiert und erwidert. Zwar generiert die notwendige Zweckausrichtung der weltlichen Gewalt auf das ewige Seelenheil kein aktives Gestaltungsrecht des Papstes bei weltlichen Gesetzen und weltlicher Politik; gleichwohl ist der Heilszweck hinreichend, um legislatorische und politische Entscheidungen abzulehnen und zu sanktionieren, die das *summum bonum* zu verhindern drohen.

Die zweite Sektion *Politik und Herrschaft* wird eingeleitet durch den Beitrag Dieter Hünings, der sich mit dem tugendethischen Profil der suárezischen Staatsrechtslehre befasst. Dieses erweist sich als keineswegs marginaler, sondern substanzieller Bestandteil funktionierender ebenso wie gerechter Politik. Diese nämlich besteht für Suárez nicht nur in der Herstellung und Garantie eines äußeren Rechtsfriedens, sondern auch in der auf einen Gemeinwohl- und Glückseligkeitszweck ausgerichteten inneren Harmonisierung des Menschen. Dieses Interesse des suárezischen Staates nicht nur daran, dass der Bürger pflichtgemäß handelt, sondern auch daran, inwiefern er aus Pflicht handelt, bewirkt eine Verschränkung von Recht und Moral, die Suárez nur bedingt als Modernisator der Jurisprudenz bezeichnen lässt, wie Hüning vor der Kontrastfolie der Vernunftrechtslehre Immanuel Kants und Julius Ebbinghausens zeigt.

Gideon Stiening bemüht sich in seinem anschließenden Beitrag Suárez' Stellung zur *ratio status*-Lehre der Frühen Neuzeit zu rekonstruieren. Dabei zeigt sich, dass der Conimbricener Rechtstheologe einerseits die zeitübliche Kritik an Machiavelli und dessen Nachfolger übt, andererseits einige Impulse dieser politischen Klugheitslehren aufnimmt. In einem Vergleich mit der 1604 erschienenen Konzeption des Arnold Clapmarius werden Gemeinsamkeiten und Differenzen herausgearbeitet.

Die anschließende Studie Frank Grunerts untersucht Francisco Suárez' Überlegungen zu den notwendigen und hinreichenden Bedingungen angemessener Gesetzesverkündung, d. h. die Verkündung eines Gesetzes dergestalt, dass es seine volle Verpflichtungswirkung entfaltet. Diese Bedingungen verortet Suárez sowohl auf der Objektebene, nämlich dem Gesetz selbst, als auch auf der Subjektebene, d. h. mit Blick auf den Gesetzesadressaten. So muss beispielsweise das Gesetz schon darum allgemein verkündet werden, weil Allgemeinheit den suárezischen Gesetzesbegriff auszeichnet. Die Perspektive auf den Adressaten eröffnet neben dem Postulat der Verständlichkeit des Gesetzes*textes* vor allem raumzeitliche Erwägungen: Einem neuem Gesetz muss zwischen seiner Verabschiedung und seinem Inkrafttreten eine angemessen große Zeitspanne eingeräumt werden, um auch in entlegenen Winkel seines Geltungsgebiets zur

Kenntnis zu gelangen. Die schriftliche Abfassung eines Gesetzes, so kann Grunert zeigen, ist allerdings eine zwar bewährte, doch weder notwendige noch hinreichende Bedingung gelingender Promulgation.

Nachdem Grunert in dieser Weise diese empirischen Möglichkeitsbedingungen angemessener Kenntnisnahme neuer positiver Gesetze durch das Volk behandelt hatte, beschäftigt sich KURT SEELMANN in seinem Beitrag mit der Frage einer Notwendigkeit der Zustimmung durch das Volk. Einerseits nämlich erscheint gegenüber einer *potestas absoluta* des Monarchen, dem alle gesetzgeberische Kompetenz übertragen worden ist, eine legislatorische Teilhabe der Untertanen widersprüchlich. Andererseits scheint mit Blick auf die augustinischen Prämisse, dass ein an sich ungerechtes Gesetz ohnehin des Gesetzescharakters entbehrt, die Frage seiner Zustimmungsfähigkeit je schon erledigt zu sein. Obwohl also diese Frage populärer Akzeptanz im einen Fall unerlaubt, im anderen Fall redundant erscheint, widmet Suárez ihr ein ausführliches Kapitel (DL III. 19), das letztendlich auf vordringlich klugheitstechnische Überlegungen hinausläuft: Wenn beispielsweise eine Mehrheit des Volkes ein Gesetz nicht mehr befolgt, hat diese Nicht-Akzeptanz an sich zwar keine gewohnheitsrechtliche Verbindlichkeitswirkung; der Gesetzgeber tut allerdings klug daran, die Abschaffung dieses Gesetzes (*revocatio*) zu erwägen.

Die dritte Sektion *Geltung und Verpflichtung* beginnt mit dem Beitrag von HOLGER GLINKA, der die Möglichkeitsbedingungen menschlicher Gesetzgebungs- und Zwangsgewalt behandelt: Denn deren Einführung ist nicht nur mit Blick auf die naturständliche Freiheit des Menschen problematisch, sondern auch mit Blick auf Suárez' Postulat, dass die Unterwerfung unter menschliche Gesetzgebungsgewalt keine *servitus servilis* darstellen dürfe. Dieser staatsrechtliche Ansatz macht nicht nur die Frage nach Ursprung und Begründung politischer Machtübertragung virulent, sondern auch die nach ihrer Dimension. Dass die Herrschafts- und Gesetzgebungsgewalt ursprünglich beim Volk als *corpus mysticum* liegt und verbleibt, soll einerseits die Regierung von tyrannischer Legislation und Politik abhalten, andererseits ist das *corpus mysticum* mehr als nur ein Ganzes seiner Teile und deshalb keine rechtmäßigen Handlungen einzelner Bürger gegen die Regierung denkbar.

TILMAN REPGEN eröffnet in seinem Beitrag grundlegend neue Einblicke in die moraltheologische Substanz das suárezischen Gesetzesverständnis. Denn Suárez bestimmt die *vis obligativa* des menschlichen positiven Gesetzes als moraltheologischen und erst auf dieser Grundlage als staatstheoretischen Gegenstand. Dies gilt zum einen wegen der wesentlich göttlichen Kontrolle des Gewissens als Instanz intrasubjektiver Moralität, zum anderen wegen des Seelenheils, auf welches auch das irdische Alltagsleben ausgerichtet ist. Da folglich die Moralisierung des staatsrechtlichen Diskurses mit Blick auf die nur theologisch denkbare innere Verpflichtung notwendig, mit Blick auf das jenseitige Heil zweckmäßig ist, gehen Theologie, Staatslehre und Jurisprudenz bei Suárez in einer Weise Hand in Hand, wie sie der Conimbricenser Theologe mit zahlreichen Verweisen an das Gelehrte Recht des Mittelalters anbindet. Ausschlaggebend für die Gewissensbindung selbst solcher positiver Gesetze, die naturrechtlich Indifferentes näher bestimmen, ist indessen das vom Heilszweck und von der theonomen Moralität der *conscientia* relativ unabhängige Argument der göttlichen Legitimation weltlicher Herrschaft: Diese ist es, die eine mittelbare Gewissensverpflichtung selbst im Falle rein positivrechtlicher Bestimmungen bewirkt.

Oliver Bach schließt an diese Überlegungen an, indem er die Verpflichtungswirkung der *leges humanae* bis an einen kritischen Punkt, nämlich dorthin, wo die Verpflichtung gegenüber dem Gemeinwesen – dem Feld des positiven Rechts – mit fundamentalen naturrechtlichen Pflichten und Pflichten gegenüber Gott augenscheinlich in Konflikt gerät. Dort erweist sich das Verhältnis des positiven menschlichen zum überpositiven natürlichen und göttlichen Recht als weniger durch Ausformulierung (*Determination*) als durch Abgrenzung (*Definition*) ausgezeichnet.

Norbert Brieskorn wendet sich in seinem Beitrag der von Suárez im Kapitel 34 erörterten Frage zu, ob und, wenn ja, in welcher Weise der Klerikerstand durch die Staatsgesetze verpflichtet werden können. Auf der Grundlage einer genauen Analyse der von Thomas von Aquin entwickelten Differenzierung des Obligationsbegriffes in eine *vis directiva* und eine *vis coactiva* kann Brieskorn zeigen, dass jeder Kleriker zwar im Gewissen, nicht aber durch die Zwangsgewalt der weltlichen Staaten zu Einhaltung seiner Gesetze gezwungen werden kann. Brieskorn betont ausdrücklich, dass diese Konzeption nicht zu einer vollständigen Befreiung der Kleriker von der Verpflichtung zur Einhaltung der *leges humane* führt, sondern zu einer die besonderen Stellung der Kirche in der Schöpfung berücksichtigenden spezifischen Obligation führt.

Gideon Stiening schließt in seinem Beitrag an diese Problemlage an, indem er sich mit dem aus dem römischen Recht überlieferten, durch Thomas und die Frühe Neuzeit zu einer eigentümlichen Aktualität gelangten Grundsatz des *Princeps legibus solutus* befasst, die Suárez in seinem umfangreichen Abschusskapitel reflektiert. Unter erneuter Anwendung der Distinktion zwischen einer *vis directiva* und einer *vis coactiva* zeigt Stiening, dass Suárez den Herrscher erneut nicht vollständig aus den Rechtspflichten des Staates entlässt, sondern nur von dessen Zwangsgewalt befreit.

Mariano Delgado erläutert in seinem Beitrag, der die letzte Sektion zum Kontext der suárezischen Staatrechtstheorie konstituiert, die Definitionen von Volkssouveränität und Widerstandsrecht bei Bartolomé de Las Casas und Francisco Suárez sowie deren Übereinstimmungen und Differenzen. Dabei zeigt Delgado nicht nur deren philosophiehistorische Bedeutung, insofern ihre Begriffsbestimmungen den modernen Theorien von Volkssouveränität und Widerstandsrecht entscheidende Grundlagen lieferten, sondern er weist auch auf deren ideenhistorische Wirkung auf die südamerikanischen Unabhängigkeitsbewegungen hin. Gleichwohl erweist sich Suárez als der schwierigere Autor, da er mit der seit Thomas von Aquin und Bartholus von Sassoferrato üblichen Theorie der Tyrannei bricht und der Usurpation eine Verjährungsfrist einräumt, nach welcher der *tyrannus absque titulo* eine relative Herrschaftslegitimation erlangt hat und Widerstand gegen ihn nicht mehr ohne weiteres rechtmäßig ist.

Der vorliegende Band geht auf eine Tagung zurück, die vom 8. bis 10. September 2016 an der Hochschule für Philosophie SJ München stattfand. Der besondere Dank der Herausgeber gilt der Hochschule für Philosophie. Für die Unterstützung bei der Durchführung der Tagung danken wir Hannah Michel und Michael Schwingenschlögl. Wir danken Dr. Serena Pirrotta und Dr. Marcus Böhm vom Walter De Gruyter Verlag für die kompetente Betreuung bei der Entstehung und Fertigstellung dieses Bandes.

Münster und München im Januar 2020

# 2 Grundlagen

Stefan Schweighöfer

# Der Ursprung der menschlichen Gesetzgebungsgewalt in Francisco Suárez' *De legibus ac Deo legislatore*

DL III. 1–4

## 1 Problemstellung: Gott oder Gemeinwesen als Ursprung politischer Macht

Gemeinwesen, die sich stets aus Individuen mit unterschiedlichen Interessen, Zielen und Neigungen zusammensetzen, benötigen ordnende Institutionen, die einerseits Konflikte zwischen den Individuen reduzieren und die es andererseits ermöglichen, jene Ziele zu erreichen, um derentwillen die Individuen überhaupt geneigt sind, sich einer politischen Gewalt zu unterwerfen und die sie auf sich allein gestellt nicht erreichen könnten. Eine der verschiedenen Ausprägungen solcher ordnender Institutionen stellt die Befugnis dar, Gesetze in einem Gemeinwesen erlassen zu können. Gegenüber anderen Lenkungsinstrumenten zeichnet sich die gesetzgebende Gewalt jedoch durch die Dauerhaftigkeit und die Stabilität der erlassenen Regeln aus, weshalb Francisco Suárez in der Gesetzgebungsgewalt die für ein vollkommenes Gemeinwesen vorzüglichste und ihrem Umfang nach wichtigste der unterschiedlichen Regierungsinstrumente sieht.[1] Dabei versteht Suárez, besonders in Anknüpfung an Vitoria, de Soto und Molina, das menschliche Gesetz zwar als unmittelbar vom Menschen und nicht direkt von Gott gegeben; damit dieses Gesetz aber überhaupt als moralisch verpflichtende Regel auftreten kann, muss es einen inneren Rückbezug auf die göttliche *lex aeterna* aufweisen. So wie das menschliche Gesetz seine verpflichtende Kraft durch Rückbindung an die *lex aeterna* erhält, so wird auch der Ursprung der Gesetzgebungsgewalt als in der göttlichen Ordnung begründet begriffen, ihre Nächstursache aber wird in die menschliche Gemeinschaft verlegt. Das Kernproblem, dem sich Suárez damit gegenübersieht, ergibt sich aus dem Bestreben, den Ursprung der menschlichen Gesetzgebungsgewalt ausfin-

---

1 Vgl. DL IV. 1. 6. Im Folgenden wird der Erstdruck verwendet: Francisco Suárez: De legibus ac Deo legislatore. Coimbra 1612, S. 363$^{b}$–364$^{a}$.

https://doi.org/10.1515/9783110696738-003

dig zu machen. Er muss daher widerspruchsfrei darlegen, inwieweit Gott im Schöpfungsakt und inwieweit die Menschen in einer freien Entscheidung zugleich an der Grundlegung jeglicher politischer Gewalt beteiligt sind.[2] Da einerseits zwischen Menschen von Natur aus keine hierarchischen Unterschiede bestehen,[3] da aber andererseits auch kein Mensch durch ein besonderes Eingreifen Gottes zum Herrscher über seine Mitmenschen erhoben wurde (von den auch von Suárez erwähnten biblischen Sonderfällen Sauls und Davids einmal abgesehen),[4] muss gesondert begründet werden, wie und warum ein menschlicher Gesetzgeber Gesetze erlassen sollen kann. Hier sei bereits vorweggenommen, dass Suárez nicht von einer Übertragung politischer Vollmachten von den Teilen der Gesellschaft auf den Herrscher ausgeht,[5] vielmehr besitzt das einzelne, außer- oder vorgesellschaftliche Individuum gar keine politische Macht im eigentlichen Sinne. Es wird also zu zeigen sein, wie diese politische Macht entsteht und wie sie in der göttlichen Schöpfungsordnung und zugleich in der freien Entscheidung der Menschen begründet sein kann.

## 2 Der Kontext der Staatslehre des Suárez

Ein Charakteristikum der Staatslehre der Jesuiten wird im Allgemeinen in der geschickten Trennung von weltlicher und geistlicher Macht erblickt. Geschickt ist sie deshalb, weil in ihr einerseits eine philosophische Grundlegung einer eigenständigen Sphäre weltlicher Macht enthalten ist, die auch ohne Rückbezug auf theologische Argumente funktionsfähig bleibt, die aber bei dem Versuch einer geltungstheoretischen Letztbegründung wieder auf die christliche Theologie zurückläuft. Für einen Christen bleibt damit der Bereich der politischen Gewalt immer an die göttliche Ordnung rückgebunden, woraus beispielsweise die Forderung nach einer Beratung der Fürsten mit den Geistlichen gefolgert wurde. Leopold von Ranke fasst diesen Ansatz folgendermaßen zusammen:

> Hierin liegt der vornehmste Gesichtspunkt der jesuitischen Autoren. Daß die geistliche Gewalt von Gott, die weltliche von den Menschen stamme, ist bei allen Streitigkeiten, welche zwischen Kirche und Staat vorkommen, eines ihrer Hauptargumente: damit bekämp-

2 Vgl. DL III. 2. 3–5, Coimbra 1612, S. 201$^{b}$–203$^{a}$; DL III. 4. 5, Coimbra 1612, S. 207$^{b}$–208$^{a}$.
3 Vgl. DL III. 1. 1, Coimbra 1612, S. 197$^{a-b}$; DL III. 2. 2, Coimbra 1612, S. 201$^{b}$.
4 Vgl. DL III. 4. 2, Coimbra 1612, S. 206$^{b}$–207$^{a}$.
5 Vgl. DL III. 4. 5–6, Coimbra 1612, S. 207$^{b}$–208$^{a}$.

> fen sie das englische Supremat, das sie widersinnig finden; sie leiten die Notwendigkeit der Berathung der Fürsten mit den Geistlichen daher ab; und was dem mehr ist: auf die Folgen, die sich aus ihrem Princip für den Staat herleiten, gehen sie meistens weniger ein.[6]

Der Standpunkt, nach dem menschliche Herrschaftsgewalt in ihrer konkreten Verfasstheit nicht von Gott, sondern von den Menschen her stammt, scheint in der Tat erst von den jesuitischen Autoren in letzter Konsequenz ausgearbeitet worden zu sein. Dennoch findet sich bereits bei dem Dominikanermönch Francisco de Vitoria, der gemeinhin als der Begründer der Schule von Salamanca angesehen wird, der Versuch einer Verhältnisbestimmung beider Sphären, wobei Vitoria die Verleihung der politischen Macht durch Gott noch deutlich stärker betonte als dies die jesuitischen Autoren später tun werden. Dennoch führt auch Vitoria an, dass die Nominierung des Trägers der in einem Gemeinwesen gottgegebenen politischen Gewalt den Mitgliedern der Gemeinschaft obliegt. So bezeichnet er in der Vorlesung *De potestate civili* die Schöpfungsordnung Gottes als die eigentliche Wirkursache der politischen Macht, das menschliche Gemeinwesen hingegen sei nur dessen Materialursache.[7] Diese Wirkursache beschreibt Vitoria durch Bezugnahme auf das von Gott gegebene natürliche Recht:

> Wenn wir nämlich gezeigt haben, daß die öffentliche Gewalt eine Einrichtung ist, die auf dem natürlichen Recht gründet, das natürliche Recht jedoch Gott als einzigen Urheber kennt, dann ergibt sich eindeutig, daß die öffentliche Gewalt von Gott kommt und nicht in der Verfassung des Menschen oder in irgendeinem positiven Recht beschlossen liegt.[8]

Dennoch führt er an – die jesuitischen Autoren werden diesen Gedanken später aufgreifen –, dass der Mensch seiner Natur nach im vorgesellschaftlichen Zustand keinem anderen Menschen über- oder untergeordnet sein konnte. Zwar ist in diesem Zustand jeder Einzelne frei und hat faktische Macht über sich selbst, das bedeutet aber nicht, dass er eine *politische* Macht über sich selbst hätte. Daher kann die politische Gewalt in Gemeinwesen auch nicht durch Übertra-

---

**6** Leopold von Ranke: Die Idee der Volkssouveränität in den Schriften der Jesuiten. In: Ders.: Sämmtliche Werke. Bd. 24/1: Abhandlungen und Versuche. Erste Sammlung. Leipzig 1872, S. 225–236, hier S. 230.

**7** Vgl. Francisco de Vitoria: Vorlesungen. Völkerrecht, Politik, Kirche. Bd. 1. Hg. von Ulrich Horst, Heinz-Gerhard Justenhoven u. Joachim Stüben, übers. von Joachim Stüben. Stuttgart, Berlin, Köln 1995, S. 126–128.

**8** Ebd., S. 126–127: »Si enim publicam potestatem ostendimus constitutam iure naturali, ius autem naturale Deum solum auctorem cognoscit, manifestum evadit potestatem publicam a Deo esse nec hominum conditione aut iure aliquo positivo contineri.«

gung entstehen – denn wie sollte man etwas übertragen, das man nicht besitzt?[9] Die politische Gewalt muss daher von Gott stammen und zwar derart, dass kein Gemeinwesen ohne diese existieren kann, ja dass diese noch nicht einmal durch die Mitglieder eines Gemeinwesens verhindert werden könnte: »Im Gemeinwesen wurde nämlich auch gegen den Gesamtwillen der Bürger die Vollmacht zur Selbstverwaltung eingerichtet. In dieses Amt sind die politischen Könige gestellt.«[10]

Konsequenterweise ist somit auch das menschliche Gesetz nicht, wie für Suárez, nur in seiner Form und seiner Letztbegründung über die Brücke der *synderesis* an das ewige Gesetz und damit an den Willen Gottes gebunden, sondern Gott ist zusammen mit den Menschen Urheber des menschlichen Gesetzes, weshalb Vitoria in seinem Summenkommentar schreibt: »Das göttliche und das menschliche Gesetz unterscheiden sich nur in Bezug auf den Urheber; denn jenes stammt von Gott allein, das andere von Gott und vom Menschen.«[11]

Domingo de Soto schließt sich in seinem *De iustitia et iure*[12] der Position Vitorias weitestgehend an, er unterstreicht jedoch in seinen Abhandlungen über das *dominium*[13] bezüglich der Errichtung einer Regierung deutlicher die Rolle der menschlichen Freiheit als natürlichem Recht. Jede mögliche Herrschaftsform von Menschen über Menschen muss nach Soto zumindest ohne Konflikt mit dem natürlichen Recht bestehen können: »Kein Recht kann das natürliche einschränken. Nach dem natürlichen [Recht] werden aber alle Menschen frei geboren.«[14]

Wie bei Vitoria erfordert eine politische Gemeinschaft aber immer auch eine Führung, so dass es auch Soto ohne tieferes Hinterfragen als in der natürlichen Ordnung der Dinge begründet sieht, dass es im Gemeinwesen eine politische Macht geben muss. Denn da eine menschliche Gemeinschaft aus Individuen besteht, deren Handeln sich unter Freiheit vollzieht, streben die einzelnen Teile

---

**9** Vgl. ebd., S. 128.

**10** Ebd., S. 134–135: »Constituta est enim in re publica omnibus etiam civibus invitis, potestas seipsam administrandi, in quo officio civiles reges constituti sunt.«

**11** Francisco de Vitoria: De lege. Über das Gesetz. Hg. und übers. von Joachim Stüben. Stuttgart-Bad Cannstatt 2010, S. 50 f.: »Lex divina et humana non differunt nisi penes auctores, quia una est a solo Deo, alia a Deo et ab homine.«

**12** Domingo de Soto: De iustitia et iure. Lyon 1559.

**13** Vgl. ebd., lib. 4, q. 1–2; Domingo de Soto: Releccion »De Dominio«. Edición crítica y Traducción, con Introducción, Apéndices e Indices. Übers. u. hg. von Jaime Brufeu Prats. Granada 1964.

**14** Soto: De iustitia et iure (s. Anm. 12), lib. 4, q. 2, a. 2, prooem.: »Nullum ius potest naturali derogare: naturali autem omnes homines nascuntur liberi [...].«

der Gemeinschaft nicht aus einer inneren Notwendigkeit heraus auf dasselbe Ziel hin. Zumindest auf die Ziele der Gemeinschaft müssen die Teile somit hingelenkt werden, was am effizientesten und gerechtesten durch Gesetze geschieht. Diese Gesetzgebungsgewalt ist von demjenigen auszuüben, der von der Gesellschaft bestellt wurde, Sorge für die Gemeinschaft zu tragen.[15] Das Bestellen eines derartigen Machthabers ist bei Soto ausdrücklich ein Akt des positiven Rechts, selbst in dem biblischen Sonderfall der Einsetzung König Davids durch Gott. Nur handelt es sich in diesem Sonderfall um göttliches positives Recht und nicht um menschliches positives Recht. Die Bestimmung eines politischen Herrschers aus ewigem oder natürlichem Gesetz hingegen erachtet Soto als per se unmöglich. Jedoch lassen sich andere Herrschaftsformen, etwa die der Knechtschaft, aus dem natürlichen Recht oder dem Völkerrecht herleiten.[16]

Bei Vitoria wie auch bei Soto ist deutlich, dass eine politische Macht nie aus der Übertragung individueller Befugnisse auf einen Herrscher erfolgen kann. Vielmehr entsteht die politische Macht kraft des natürlichen Rechtes dann, wenn die Menschen eine politische Gemeinschaft bilden. Luis de Molina schließt sich dieser Position unter direktem Verweis auf Vitoria und Soto an:

> Deshalb ist zu sagen, dass das Gemeinwesen seine Macht nicht aus der Vollmacht der Teile hat, aus denen es erwachsen ist, sondern durch die göttliche Vollmacht unmittelbar von Gott, genauso wie Gott der Urheber der Natur ist.[17]

Eine politische Macht findet sich damit nur *in toto corpore* der Gemeinschaft, nicht in ihren Teilen. Im Unterschied zu Vitoria und Soto verweist Molina aber bei der Suche nach dem Motiv zur Gründung eines Gemeinwesens nicht nur auf die aristotelische Konzeption des Menschen als *animal sociale*, sondern besonders auf die natürliche Bedürftigkeit des Menschen. Die menschliche Gemeinschaft entsteht nämlich in erster Linie nicht durch menschliche Wahl oder Willkür, sondern sie ist vor allem eine einfache Überlebensnotwendigkeit und damit ein Erfordernis der menschlichen Natur. Molina verweist hier auf drei Bedürfnisarten. So werde unter allen Geschöpfen nur der Mensch nackt und wehrlos zur Welt gebracht und unter allen Lebewesen mangele es nur ihm an dem nötigen Instinkt, sein Leben auch ohne die Hilfe der Gemeinschaft zu erhalten. Neben dieser einfachen Bedürftigkeit ist der Mensch aber auch seiner ganzen

**15** Vgl. ebd., lib. 1, q. 1, a. 3, solutio.

**16** Vgl. ebd., lib. 4, q. 2, a. 2, concl. 1.

**17** Luis de Molina: De iustitia et iure. Mainz 1659, 2, 22, 10: »Quare dicendum est: rempublicam non habere suam potestatem autoritate partium ex quibus coalescit, sed autoritate divina, a Deo immediate, tanquam autore naturae.«

geistigen Natur nach auf die Gemeinschaft mit anderen hin ausgerichtet. Nur der Mensch beherrscht die Sprache und nur der Mensch kann sich durch sprachlich artikulierbare moralische Urteile derart in eine Gemeinschaft einfügen, dass er praktische Tugenden erlernen kann.[18] Daneben nennt Molina aber auch im Anschluss an Soto den Sündenfall als Ursprung der politischen Gewalt. Denn der Mensch in seinem gefallenen Zustand sei derart verdorben, dass die Welt voll von »Morden, Zwist, Räuberei, Diebstählen, Betrug und Täuschungen«[19] wäre, gäbe es keine staatliche Gesetzgebungs- und Zwangsgewalt. Im Stand der Unschuld hingegen habe es kein Bedürfnis nach positiven Gesetzen gegeben, da der Mensch ohnehin dem im natürlichen Gesetz ausreichend erkennbaren Willen Gottes gefolgt sei.[20] Wo aber kein Gesetz nötig ist, dort ist auch keine politische Gemeinschaft und in der Folge keine politische Gewalt nötig – ein Punkt, den Suárez so nicht übernimmt.

## 3 Die gesetzgebende Gewalt

Die menschliche gesetzgebende Gewalt im Allgemeinen und die Frage nach der Übertragung (*translatio*) dieser Gewalt im Besonderen behandelt Suárez im dritten Buch von *De legibus ac Deo legislatore*. Ähnliche Ausführungen finden sich auch in der *Defensio fidei catholicae*,[21] sie sind dort aber in die Behandlung der Herrschaftsverhältnisse in England unter Jakob I. nach Art einer Fallstudie eingebettet.[22] Suárez entwickelt den Begriff der menschlichen Gesetzgebungsgewalt erst nach der Erörterung von Gott als Gesetzgeber. Die gesetzgeberische Gewalt Gottes stellt dabei den einfacheren Fall dar, denn Gott muss seiner Schöpfernatur nach als allen seinen Geschöpfen übergeordnet angenommen werden.[23] Damit kommt es Gott als einzigem Gesetzgeber zu, seinem Wesen

18 Vgl. ebd., 2, 22, 8.

19 Ebd., 2, 22, 8: »[U]t nulla esset publica superior potestas, quae sua potentia & autoritate eos coercere, ac comprimere posset, omnia plena esset caedibus, seditionibus, rapinis, furtis, dolis, ac fraudibus [...].«

20 Vgl. ebd., 2, 21, 5.

21 Vgl. Francisco Suárez: Defensio fidei et apostolicae adversus anglicanae sectae errores. Coimbra 1613, III, cap. 2–3.

22 Vgl. Mariano Delgado: Die Zustimmung des Volkes in der politischen Theorie von Francisco de Vitoria, Bartolomé de Las Casas und Francisco Suárez. In: Die Ordnung der Praxis. Neue Studien zur Spanischen Spätscholastik. Hg. von Frank Grunert u. Kurt Seelmann. Tübingen 2001, S. 157–181, hier S. 170.

23 Vgl. DL I. 8. 2, Coimbra 1612, S. 43[b]–44[a].

nach verpflichten zu können und einen ohne weitere Bedingungen zu befolgenden Willen zu besitzen.[24] Dieser Wille drückt sich in der *lex aeterna* aus, an der alle Gesetze teilhaben müssen und von der sie ihre Form und Verpflichtungskraft erhalten. Bei den menschlichen Gesetzgebern hingegen findet sich keinerlei Verpflichtungsmacht, die aus dem Wesen des Menschen selbst hervorginge, denn

> nicht jeder Mensch kann einem anderen befehlen und ein Gleicher [...] kann einen Gleichen nicht verpflichten, was aus sich heraus ersichtlich ist, denn es gibt keinen Grund, warum der eine gebunden sein sollte dem anderen mehr zu gehorchen als umgekehrt. Dann könnte es ja auch einen gerechten Krieg von beiden Seiten geben. Es ist also notwendig, dass es eine besondere übergeordnete Gewalt gibt, die etwas gültig und wirksam vorschreiben kann [...].[25]

Die Fähigkeit, einen anderen wirksam verpflichten zu können, kommt einzelnen Menschen damit nur als akzidentelle Eigenschaft zu, da dies nicht Teil des menschlichen Wesens ist. Es ist hingegen Teil des menschlichen Wesens, eine solche Gewalt prinzipiell benutzen zu können, so sich denn eine Situation ergibt, in der ein Mensch diese Macht übergeben bekommt.[26] Dabei ist jedoch genau zu unterscheiden, dass zwar jedes Gesetz eine Vorschrift, nicht aber jede Vorschrift ein Gesetz ist.

> Zweitens muss freilich hinzugefügt werden dass, genauso wie Vorschrift und Gesetz nicht austauschbar sind, [...] auch die vorschreibende und die gesetzgebende Gewalt nicht austauschbar sind. Die vorschreibende Gewalt ist gleichsam gattungsbildend und in zwei Arten zu unterteilen, welche die häusliche und die politische Gewalt sind.[27]

Die *potestas oeconomica* kann zwar wirksame Vorschriften erlassen, so wie die Eltern eine bestimmte Gewalt über die Kinder haben, sie entbehrt aber der Fähigkeit, Gesetze zu erlassen oder die Einhaltung der Vorschriften durch eine

---

**24** Vgl. Francisco Suárez: De bonitate et malitia humanorum actuum. Lyon 1628, 11, 2, 1.

**25** DL I. 8. 3, Coimbra 1612, S. 44$^{b}$: »[N]on omnis homo potest alteri praecipere, nec aequalis (ut sic dicam) potest aequalem obligare, ut est per se notum, quia non est ulla ratio cur unus magis teneatur parere alteri, quam e converso, essetque bellum iustum ex utraque parte: est ergo necessario specialis potestas superior ad praecipiendum valide et efficaciter [...].«

**26** Vgl. DL III. 1. 2, Coimbra 1612, S. 197$^{b}$.

**27** DL I. 8. 4, Coimbra 1612, S. 44$^{b}$–45$^{a}$: »Secundo vero addendum est quod, sicut praeceptum et lex non convertuntur, [...] ita potestas praeceptiva et legislativa non convertuntur. Potestas ergo praeceptiva quasi generica est, quae in duas species distinguenda est, quas potestatem oeconomicam et politicam.«

Zwangsgewalt zu untermauern.[28] Ursache dafür sind die speziellen Unterschiede zwischen der Hausgemeinschaft und der politischen Gemeinschaft, denn im Anschluss an Aristoteles und Thomas geht Suárez davon aus, dass die Hausgemeinschaft eine unvollkommene Gemeinschaft ist, da sie sich weder selbst erhalten kann noch zum Erreichen der naturgegebenen menschlichen Ziele ausreicht.[29] Jedoch lässt sich bereits an der Hausgemeinschaft oder der Familie zeigen, dass die vorschreibende Gewalt innerhalb dieser Gemeinschaft keinem zukommt, weil er Mensch ist, sondern deshalb, weil er eine bestimmte Stellung in der Hausgemeinschaft innehat. Die Macht etwas vorzuschreiben entsteht damit aus der Natur dieser Gemeinschaft selbst und zwar entweder gänzlich natürlich oder unter Voraussetzung eines menschlichen Vertrages.[30] Im ersten Falle denkt Suárez an die Macht über die Kinder, die naturgegeben ist, in letzterem an die Machtverhältnisse innerhalb der Ehe, die zwar im Einklang mit der Natur bestehen, die aber aus der freien Einwilligung beider Ehepartner erst hervorgehen.

Wie in der häuslichen so entsteht auch in der politischen Gemeinschaft die vorschreibende Gewalt auf natürliche Weise aus der Gemeinschaft selbst, nur ist die vorschreibende Gewalt in der politischen Gemeinschaft zur gesetzgebenden gesteigert. Dabei stammt aber die politische Gewalt nicht aus den einzelnen Menschen, sondern unmittelbar aus dem *corpus mysticum* der politischen Gemeinschaft.[31] Wie auch Vitoria, Soto und Molina geht Suárez davon aus, dass die politische Gewalt im Zusammenschluss zu einer *communitas* erst entsteht.[32] Im Folgenden ist demnach zu klären, auf welche Weise diese politische Macht entsteht und wie sie von Gott gegeben sein kann, zugleich aber auf der gemeinsamen Einwilligung der Mitglieder der Gesellschaft im Rahmen einer Art Vertragstheorie beruht.

Suárez beginnt das dritte Buch von *De legibus* mit der Erörterung der Frage, ob Menschen überhaupt im Stande sein können, Gesetze zu schaffen. Auf den ersten Blick scheint es keine solche Fähigkeit zu geben, denn von Natur aus sind alle Menschen ebenbürtig und keiner ist einem anderen übergeordnet.[33] Der suárezische Gesetzesbegriff erfordert aber, dass der Gesetzgeber die Positi-

**28** Vgl. Dominik Recknagel: Einheit des Denkens trotz konfessioneller Spaltung. Parallelen zwischen den Rechtslehren von Francisco Suárez und Hugo Grotius. Frankfurt am Main u. a. 2010, S. 108.

**29** Vgl. DL I. 6. 22, Coimbra 1612, S. 37$^{b}$.

**30** Vgl. DL I. 8. 5, Coimbra 1612, S. 45$^{a-b}$.

**31** Vgl. DL III. 2. 4, Coimbra 1612, S. 202$^{b}$–203$^{a}$.

**32** Vgl. DL III. 4. 5, Coimbra 1612, S. 207$^{b}$–208$^{a}$.

**33** Vgl. DL III. 1. 1, Coimbra 1612, S. 201$^{b}$.

on eines hierarchisch Höhergestellten einnimmt, der eben durch diese höhere Stellung überhaupt zu verpflichten im Stande ist. Auch kann Suárez nicht mit einer freiwilligen Selbstverpflichtung der einzelnen Mitglieder der Gemeinschaft argumentieren, da dies einer Art der Selbstgesetzgebung gleichkäme, die in Buch I von *De legibus* ausgeschlossen wurde. Zwar ist es möglich, freiwillig einem gesellschaftlichen Konsens zu gehorchen, eine solche Freiwilligkeit schließt aber die ein Gesetz untermauernde Zwangsgewalt der politischen Gemeinschaft nicht mit ein.

Somit sind zwei Möglichkeiten zur Begründung politischer Macht bereits zu Beginn ausgeschlossen, nämlich einmal, dass es Personen gäbe, die aus ihrer Natur heraus anderen übergeordnet wären, und ein andermal, dass die politische Macht nichts Anderes wäre als die dem Gesetzgeber übertragene Summe der Herrschaft jedes Einzelnen über sich selbst.

# 4 Die Entstehung des politischen Gemeinwesens

Zur Entwicklung seines Lösungsansatzes beginnt Suárez bei der aristotelischen Annahme, dass der Mensch ein gemeinschaftsbildendes Lebewesen ist.[34] Die erste Form der Gemeinschaft, die so entsteht, ist die Hausgemeinschaft oder die Familie. Zwar führt Suárez die Bedürftigkeit der einzelnen Familien nach einer größeren Gemeinschaft an, um ihre jeweiligen Bedürfnisse befriedigen zu können, er betont die Rolle dieser Bedürftigkeit der einzelnen Familien aber weniger als Molina.[35] Zwar sind Bedürfnisse, wie Schutz gegen äußere Feinde, Existenzsicherung, Möglichkeiten höherer Bildung usw. der Gründung eines Gemeinwesens förderlich; anders als Molina argumentiert Suárez aber in Anknüpfung an Soto, dass die eigentliche Motivation zur Bildung von Gemeinschaften der natürliche Trieb des Menschen zur Geselligkeit sei.[36]

Das Gewicht der Konzeption des Menschen als *animal sociale* für die Begründung des Gemeinwesens wird an der hypothetischen Frage nach einem Gemeinwesen vor dem Sündenfall deutlich, denn Suárez verweist darauf, dass es dem Menschen auch in jenem Zustand zwar nicht notwendig, aber doch zuhöchst angemessen war, in einer Gemeinschaft zu leben. Das Leben in einem Gemeinwesen und unter politischer Gewalt ist somit keine Strafe für den Sün-

34 Vgl. DL III. 1. 3, Coimbra 1612, S. $197^b$–$198^b$.

35 Vgl. Molina: De iustitia et iure (s. Anm. 17), 2, 22, 8.

36 Vgl. DL I. 3. 19, Coimbra 1612, S. $19^b$–$20^a$; DL III. 1. 3–4, Coimbra 1612, S. $197^b$–$198^b$.

denfall. Auch das Argument Molinas, nach dem die Schlechtigkeit des gefallenen Menschen eine politische Gewalt nötig mache, zeigt zwar deren Nützlichkeit auf, ist aber nicht ihr eigentlicher Entstehungsgrund. Dieser ist vielmehr in der menschlichen Natur zu suchen und zwar sowohl vor als auch nach dem Sündenfall.[37] Konsequenterweise sind Gesetze somit für den Menschen vor dem Sündenfall ebenfalls notwendig gewesen, wenngleich hier aufgrund der unversehrt guten Natur des Menschen eine *lex indicans* genügt hätte. Nicht das Gesetz in seiner Gesamtheit ist damit erst durch den Sündenfall nötig geworden, sondern nur die Zwangsgewalt, die *vis coactiva*, die im weltlichen Bereich allein die politische Gemeinschaft ausüben kann und darf. Die Charakterisierung des Menschen als *animal sociale* wiegt damit bei Suárez schwerer als die anderen Argumente zur Gründung eines Gemeinwesens.

Wie auch Molina betont Suárez, dass der Gründung eines Gemeinwesens immer die freie Entscheidung von Individuen zu Grunde liege. Dennoch folgt diese freie Entscheidung dem menschlichen Trieb zu Gesellschaftsbildung, was Suárez auch durch seine Begriffswahl deutlich macht. Wann immer er den Begriff des Gemeinwesens und des Menschen zusammen gebraucht, verbindet er sie durch Termini wie *connaturalis*, *conveniens*, *consentaneus* usw. Die menschliche Gemeinschaft ist damit für den Menschen seiner Natur nach nicht schlechthin notwendig, aber doch in hohem Grade angemessen. Molina verwendet hier ähnliche Begriffe. So wie er aber die praktischen Lebensnotwendigkeiten bei der Gründung des Gemeinwesens stärker unterstreicht, so verwendet er auch Begriffe, die eher auf das faktische Entstehen einer Gemeinschaft im gesellschaftlichen Handeln verweisen als auf die Natur des Menschen, wie etwa *coire*, *coniungere* usw.[38]

Das Ziel einer menschlichen Regierung wird auch von Suárez, wie traditionell üblich, mit dem Platzhalter des *bonum commune* betitelt.[39] Neben den allgemeinsten Anforderungen an das Gemeinwesen, etwa die Wahrung von Frieden nach innen und außen, ist dieser Begriff erst durch das Gemeinwesen selbst mit Inhalt zu füllen. Damit eine vollkommene Gemeinschaft ihre Ziele aber auch wirksam zu erreichen vermag, benötigt sie eine leitende und ordnende Instanz.[40] Zwar verwendet Suárez ebenfalls die Metapher der Gesellschaft als Körper, der wie jeder Körper eines leitenden Hauptes bedürfe, er bettet diese Be-

**37** Vgl. John P. Doyle: Suárez on Preaching the Gospel to People like the American Indians. In: Ders.: Collected Studies on Francisco Suárez. Leuven 2010, S. 257–313, hier S. 264.

**38** Vgl. Molina: De iustitia et iure (s. Anm. 17), 2, 22, 10.

**39** Vgl. DL III. 2. 4, Coimbra 1612, S. 202[b]–203[a].

**40** Vgl. DL III. 1. 4, Coimbra 1612, S. 198[b].

hauptung aber in einen weiteren Kontext ein, wie im folgenden Abschnitt noch gezeigt werden wird.[41] Hatte sich die Person, die die leitende Funktion in der Familie einnimmt, ebenso aus der Natur der Sache ergeben wie die vorschreibende Gewalt selbst, so kann dies in der politischen Gemeinschaft nicht der Fall sein. Im Falle einer politischen Gemeinschaft muss vielmehr ein freier Willensentschluss vorliegen, der die Gemeinschaft zuerst begründet und sodann die Person, die die Herrschaft ausüben soll, festlegt. Da eine solche Gemeinschaft aber nicht aus dem Willen eines Einzelnen hervorgehen kann, sondern nur aus dem Willen aller, folgert Suárez, dass auch die politische Gewalt nur aus dem Willen aller entstehen kann.[42]

Wie bei Vitoria, Soto und Molina entsteht damit die gesetzgeberische Gewalt in der Gründung eines Gemeinwesens unmittelbar und von selbst mit. Ebenso ergibt es sich wie bei den anderen Autoren aus der natürlichen Notwendigkeit, nach der jede Gemeinschaft der Lenkung bedarf, dass die gesetzgeberische Gewalt auf das natürliche Gesetz und damit auf Gott zurückgeführt wird,[43] dass aber die Person, die diese Macht ausüben soll, von dem Gemeinwesen erst bestimmt werden muss.[44] Die Regierungsform selbst bleibt damit auch durch Konsens der Menge oder *per aliam iustam viam* veränderbar.[45] Dabei spricht Suárez – anders als etwa Molina – hier nicht davon, wie genau die Zustimmung des Volkes zu erfolgen habe. Es scheint aber eine sinnvolle Annahme zu sein, hier eine qualifizierte Mehrheit für ausreichend zu erachten.[46]

## 5 Das *corpus mysticum* und die Lenkung des Gemeinwesens

Darin, dass jede Gemeinschaft einer Führung bedarf, deren politische Macht sich aus dem natürlichen Gesetz speist, und darin, dass der Träger dieser Macht erst vom Gemeinwesen benannt werden muss, unterscheidet sich die Darstellung, die uns Suárez bietet, nicht viel von seinen Vorgängern. Suárez setzt daneben aber einen weiteren Akzent, der in dieser Weise bei seinen Vorläufern

41 Vgl. DL III. 1. 5, Coimbra 1612, S. 198$^{b}$–199$^{a}$.
42 Vgl. DL III. 2. 3, Coimbra 1612, S. 201$^{b}$–202$^{b}$.
43 Vgl. DL III. 1. 6, Coimbra 1612, S. 199$^{a}$.
44 Vgl. DL III. 4. 5, Coimbra 1612, S. 207$^{b}$–208$^{a}$.
45 Vgl. DL III. 3. 7, Coimbra 1612, S. 205$^{b}$.
46 Vgl. Delgado: Die Zustimmung des Volkes (s. Anm. 22), S. 171.

nicht vorkommt. Auch den Autoren vor Suárez ist klar, dass die Rede vom Gemeinwesen als einem Körper ebenso wie die Rede vom Gesetzgeber als Haupt nur metaphorisch zu verstehen ist. Auch ist deutlich, dass es nur metaphorisch zu verstehen ist, wenn ausgeführt wird, dass dieses Haupt seine Glieder durch Gesetze bewegt. In Bezug auf derartige Formulierungen stellt sich aber die Frage, wie und ob eine solche Redensart in eine nicht-metaphorische Redensart überführt werden kann, also in eine, die nicht nur per Analogie operiert und daher den Sachverhalt selbst nur streift. Auch bleibt eine solche Metaphorik für die Ziele der politischen Philosophie in der christlichen Spätscholastik selbst gefährlich, denn deren Autoren wollen gerade dagegen argumentieren, dass das Haupt der Gesellschaft dem des Körpers gleich seine eigenen Glieder willkürlich gebrauchen kann – einen Punkt, den besonders die jesuitischen Autoren in ihrer Ablehnung des Absolutismus immer betont haben.[47]

Aufgrund dieser metaphorischen Redeweise bezeichnet Suárez das Gemeinwesen als *corpus mysticum*. Auch von Autoren vor Suárez wird diese Formulierung gebraucht, dort aber wie bei Thomas von Aquin meistens für den mystischen Leib Christi, d. h. für die Kirche. Durch die Verwendung dieses Begriffes wird somit bereits eine Analogie zwischen Glaubensgemeinschaft und politischer Gemeinschaft hergestellt. Noch deutlicher wird Suárez, wenn er die Möglichkeiten untersucht, auf die sich Menschen überhaupt zu einer Gemeinschaft zusammenschließen können. So kann eine Menge von Menschen, eine *multitudo*, entweder als eine einfache und ungeordnete Ansammlung von Individuen gedacht werden, oder aber als eine *multitudo*, deren individuelle Mitglieder eine noch näher zu bestimmende verbindende Relation zueinander aufweisen. In ersterem Falle lässt sich von keiner inneren Einheit der Menge sprechen. Soll in zweiterem Falle hingegen von irgendeiner Menschenmenge eine Einheit ausgesagt werden können, so kann dies nach Suárez auf zwei Weisen geschehen, nämlich entweder dadurch, dass sie eine physische oder dass sie eine moralische Einheit bilden. Ganz offensichtlich bilden verschiedene Menschen aber keine physische Einheit. Somit bleibt nur die Möglichkeit einer moralischen Einheit:

> Die andere Art, auf die eine Menge von Menschen also zu betrachten ist, ist wie sie sich durch einen besonderen Willen oder durch eine gemeinsame Übereinstimmung in einem politischen Körper durch das Band einer Gemeinschaft zusammengeschlossen haben und

47 Wilhelm Schmidt-Biggemann: Die politische Philosophie der Jesuiten. Bellarmin und Suárez als Beispiel. In: Politischer Aristotelismus und Religion in Mittelalter und Früher Neuzeit. Hg. von Luise Schorn-Schütte, Matthias Lutz-Bachmann, Johannes Fried u. Alexander Fidora. Berlin 2007, S. 163–178, hier S. 177.

> wie sie sich gegenseitig in Hinordnung auf ein politisches Ziel helfen. Auf diese Weise bringen sie einen mystischen Körper hervor, der auf moralische Weise eins genannt werden kann [...].[48]

Wie aber ist dieses »auf moralische Weise« bzw. der Ausdruck *moraliter* zu verstehen? Und wie ist es zu verstehen, dass in dieser moralischen Einheit der Form nach (*formaliter*) die politische Gewalt grundgelegt sein soll, während sie aber ihrer Wurzel nach (*radicaliter*) in den Individuen liegt?

Der Begriff *moraliter* wird von Suárez das erste Mal in den *Disputationes metaphysicae* verwendet, besonders dort, wo er die freien Ursachen behandelt.[49] Als freie Ursachen kommen entweder der Wille Gottes oder der des Menschen in Frage, beide verfügen über ihre je eigene Art der Freiheit. Eine unfreie Ursache hingegen wäre eine Ursache, die ihre Wirkung mit strenger Notwendigkeit nach sich zieht, so wie etwa das Fallen einer Kugel unter gegebenen Voraussetzungen notwendig erfolgt. Ursache menschlicher Handlungen ist der freie Wille, der aus sich heraus virtuell und spontan wirkt. Was jedoch, wenn eine Handlung erfolgt, nur weil bspw. ein Gesetz sie vorschreibt? Ist hier nicht das Gesetz selbst auf gewisse Weise Ursache der Handlung, wie Suárez fragt? *Physice loquendo*, so also, wie man in einer streng positivistischen Wissenschaft spricht, ist und bleibt der Wille allein Ursache der Handlung, denn er wird ja nicht mit Notwendigkeit dazu gezwungen, dem Gesetz Folge zu leisten. Dennoch ist aber offensichtlich, dass eine Handlung, die ohne ein Gesetz nicht ergriffen worden wäre, gewissermaßen durch dieses verursacht wurde. Nur geschieht diese Verursachung nicht wie durch eine physische Wirkursache:

> Diese Ursächlichkeit aber, welche [nur] *per accidens* physisch ist, ist moralisch oder zuschreibend betrachtet [eine Ursächlichkeit] *per se*. Über die auf diese Weise aufgefasste moralische Ursache ist von uns also nicht mehr zu sagen, denn insofern sie [nur] *per accidens* physisch ist, gehört sie nicht zur Wissenschaft; soweit sie aber als *per se* in der Gattung der Moral aufgefasst wird, gehört sie zur Moralwissenschaft und nicht zur Metaphysik.[50]

---

**48** DL III. 2. 4, Coimbra 1612, S. 202^b: »Alio ergo modo consideranda est hominum multitudo, quatenus speciali voluntate seu communi consensu in unum corpus politicum congregantur uno societatis vinculo, et ut mutuo se juvent in ordine ad unum finem politicum, quomodo efficiunt unum corpus mysticum, quod moraliter dici potest per se unum [...].«

**49** DM XIX. 3, Vivès 25, S. 700–706.

**50** DM XVII. 2. 6, Vivès 25, S. 585: »Haec vero causalitas, quae physice est per accidens, moraliter et imputative reputatur per se. De causa ergo morali hoc modo sumpta, nihil amplius a nobis dicendum est, quia, quatenus est per accidens physice, non cadit sub scientiam; quate-

Da somit Entitäten wie Gesetze reale Wirkungen hervorrufen können, folgert Suárez in der Vorlesung *De bonitate et malitia humanorum actuum*, dass moralischen Dingen ein reales, wenn auch ein nicht physisches Sein zukommen muss. Moralische Dinge sind somit keineswegs nur Gedankendinge, sondern sie sind echte Seiendheiten, die Suárez als *entia moralia* beschreibt.[51] Damit eröffnet Suárez die Möglichkeit einer Metaphysik der Moral – wenngleich Suárez in seiner Wortwahl gegen diesen kantischen Terminus steht, denn der Begriff der Metaphysik bezeichnet bei Suárez das Gegenstück zur Moralphilosophie.

Spricht Suárez von einer moralischen Einheit der Menschen in einem mystischen Körper der Gemeinschaft, so ist diese Gemeinschaft als etwas zu verstehen, dem ein wirkliches Sein zukommt, nur eben kein physisches, sondern ein moralisches Sein. In dem Abgeben einer Willenserklärung zur Gründung einer Gemeinschaft ist die Wirkursache dieses *ens morale* zu erblicken, wobei diese Willenserklärung nicht zwingend faktisch erfolgen muss, sondern auch durch konkludentes Verhalten erfolgen kann, was bei Suárez nicht so deutlich wird wie bei Molina, der in dem gesellschaftlichen Handeln oder auch nur im Genuss der Vorteile der Staatsbürgerschaft die stillschweigende Zustimmung zum Gemeinwesen und damit auch zur politischen Gewalt erblicken möchte.[52] Eine solche politische Gewalt ist dabei selbst ein *ens morale*, das aus der Gründung des Gemeinwesens folgt. Fehlt diese Verursachung, dann ist auch eine menschliche Herrschaft illegitim. Deshalb schreibt Suárez bei der ersten Erwähnung des *regimen humanae* im dritten Buch von *De legibus* nicht, dass jede Gemeinschaft eine politische Führung nötig habe, sondern er dreht dieses Verhältnis bewusst um: Einer menschlichen Regierung sei es angemessen, dass ihr eine Gemeinschaft zu Grunde liege.[53] Ebenso sei es aber ein Widerspruch, ein Gemeinwesen ohne Lenkungsgewalt denken zu wollen,[54] denn dies würde bedeuten, eine wirksame Ursache ohne deren Folge zu denken. Damit ist aber auch der Zusammenschluss zu einer Gemeinschaft nicht mehr wie bei Vitoria nur die Materialursache der politischen Gewalt, sondern vielmehr auch die Wirkursache, während das durch Gott bewirkte natürliche Gesetz wohl richtiger als Formursache bezeichnet werden muss. Daher kann Suárez sagen, dass der Form nach die moralische Einheit aller Menschen die Ursache der gesetzgebenden

nus vero est per se, in genere moris, ad scientiam moralem spectat eius consideratio, non ad metaphysicam.«

**51** Vgl. Suárez: De bonitate et malitia (s. Anm. 24), 1, 2, 1.

**52** Vgl. Johann Kleinhappl S. J.: Der Staat bei Ludwig Molina. Innsbruck 1935, S. 72.

**53** Vgl. DL III. 1. 2, Coimbra 1612, S. 197[b].

**54** Vgl. DL III. 2. 4, Coimbra 1612, S. 202[b]–203[a].

Gewalt ist, während sie ihren unmittelbar wirkursächlichen Hervorgang aus den Willensbekundungen der Individuen nimmt.

## 6 Fazit

In seiner wesentlichen Konzeption der gesetzgebenden Gewalt bleibt Suárez der Traditionslinie seit Vitoria treu. Daher bezeichnet Suárez es auch als *communis et vera sententia*,[55] dass die gesetzgebende Gewalt indirekt von Gott stammt und die Tatsache, dass sie entsteht und durch wen sie wirken kann, hingegen von menschlicher Seite verursacht wird. Eine gesetzgebende Gewalt entsteht dann, wenn sich einzelne Individuen zu einer Gesellschaft zusammenfügen, was bei Suárez als eine Art Vertragsschluss ausgedeutet wird. Die eigentliche Triebfeder zur moralischen Vereinigung in einem Gemeinwesen bildet im aristotelischen Sinne die gesellige Natur des Menschen. Das Gemeinwesen soll darüber hinaus aber politische Ziele erreichen, die das auf sich gestellte Individuum alleine nicht verwirklichen könnte. Damit diese Ziele erreicht werden, bedarf es der Koordination. In einem Zusammenschluss um dieser Ziele willen ist somit immer bereits der Wille zur Begründung einer gesetzgebenden Gewalt mit intendiert und zwar derart, dass es widersprüchlich wäre, ein rechtmäßiges *regimen humanae* ohne politische Macht zu denken. Da die politische Macht aber ohne ein politisches Gemeinwesen nirgendwo vorliegt, können die einzelnen Individuen diese auch nicht an das Gemeinwesen abtreten. Vielmehr liegt es in der Natur der Sache und kommt daher mittelbar von Gott, dass diese Macht bei einem Zusammenschluss mitentsteht. Die Verbindlichkeit, dieser Macht in den ihr gesetzten Grenzen auch gehorchen zu müssen, ergibt sich damit gleichzeitig mit der Einwilligung in die Gründung einer Gemeinschaft.

An der Rekursion auf die moralische Einheit der Menschen eines Gemeinwesens wird die enge Verquickung des suárezischen Gesamtwerkes deutlich. Suárez kann auf nicht-metaphorische Weise von der realen Einheit der Teile eines Gemeinwesens sprechen, weil er die Gesellschaft weder als physisches Sein noch als reines Gedankending behandeln muss, sondern sie als moralisches Sein verstehen kann. Moralische Seiendheiten, die in der suárezischen Philosophie die Objekte der Moralwissenschaft darstellen, sind aber solche, die nicht durch eine notwendige Ursache-Wirkung-Relation verknüpft sind, sondern durch eine Beziehung zwischen Sollen und Wollen. Das politische Ge-

55 Vgl. DL III. 3. 2, Coimbra 1612, S. 204[a].

meinwesen und alle Dinge, die es moralisch verursacht, werden damit ebenfalls in diesen Kontext eingeordnet und genau auf diese Weise ist auch die Verursachung der gesetzgebenden Gewalt im Zusammenschluss von Menschen zu einem Gemeinwesen zu verstehen. Es liegt auf der Hand, dass ein solches Gemeinwesen sich auch nur durch Sätze des Sollens koordinieren kann.

Eine der zentralen Leistungen der suárezischen Philosophie ist es, im Bereich der Moralphilosophie einen eigenen, von der physischen Welt getrennten Seinsbereich zuzuweisen, ohne das Moralische zugleich zu beliebigen Gedankendingen zu degradieren oder es vollständig aus der Reichweite einer kritischen und wissenschaftlichen Erkenntnis zu verbannen. Dieser Ansatz liegt dem gesamten Spätwerk von Suárez zu Grunde, zu dem auch das *De legibus ac Deo legislatore* und damit ebenfalls die Erörterung der menschlichen Gesetzgebungsgewalt gehören.

Franz Hespe

# Das Gesetzgebungsrecht von Papst und Kaiser und die Irrtümer des englischen Königs

DL III. 6–8

Mit der Frage der Gesetzgebungsgewalt von Kaiser und Papst, und dem Vorwurf des Irrtums der englischen Krone über das Verhältnis dieser Gewalten, scheint es sich zunächst um rein empirische, zeitbedingte Fragestellungen zu handeln. Meine Überlegungen gehen jedoch dahin, dass der *Tractatus de legibus ac Deo legislatore* und selbst die in Auseinandersetzung mit James I. entstandene Schrift *Defensio fidei*[1] als Ganzes auf eine theologisch geprägte, auf die christliche Welt orientierte Ordnungsvorstellung hinausläuft, die von einer Pluralität autonomer Königreiche (bzw. Republiken) ausgeht, die in geistlichen Fragen allesamt unter dem Primat des Papstes bzw. des Hl. Stuhles stehen.

Ich möchte das zunächst an der Definition des Gesetzes, dann an der Herleitung der Gesetzgebungsgewalt aus Gott und schließlich an der konkreten Ordnungsvorstellung für die Christenheit zeigen.

## 1 Die Definition des Gesetzes

Im zwölften Kapitel des ersten Buches von *De legibus* fasst Suárez die in den vorangegangenen elf Kapiteln erfolgte Erörterung der Eigenschaften des Gesetzes in seiner bekannten Gesetzesdefinition wie folgt zusammen:

1 Verwendet wird Vivès 24. Deutsche Zitate nach eigener Übersetzung. Mit dieser Schrift griff Suárez 1613 auf Bitten des Papstes in die Kontroverse um die von James I. beanspruchten *divine rights of Kings* und den von seinen Untertanen geforderten Treueeid ein, der auf päpstlicher Seite bis dahin vor allem von Kardinal Robert Bellarmin geführt worden war. Die Schrift wurde wegen ihrer Polemik gegen den Absolutismus und der Rechtfertigung des Tyrannenmordes 1613 in London und 1614 in Paris öffentlich verbrannt.

https://doi.org/10.1515/9783110696738-004

> Das Gesetz ist eine die Gemeinschaft betreffende Anordnung, die gerecht, verlässlich, beständig und in genügender Weise verkündet worden ist. / Lex est commune praeceptum, iustum ac stabile, sufficienter promulgatum.[2]

Syntaktisch lässt sich der Satz so interpretieren, dass es sich bei *commune praeceptum* um die Substanz des Gesetzes handelt, bei dem folgenden um die wesentlichen Eigenschaften. Gemeinwohl und Anordnung sind demnach die Substanz des Gesetzes. Das Gesetz ist darum das richtige Urteil in Sachen des Gemeinwesens, Aufgabe des Gesetzgebers ist mithin »die Reflexion des Verstandes auf die Frage, welches Gesetz gerecht bzw. angemessen für die politische Gemeinschaft ist«.[3]

Diese Unterscheidung knüpft an die generelle Auseinandersetzung in DL I. 5 an, wo Suárez sich mit der in der Scholastik heftig umstrittenen Frage, ob ein Gesetz verbindet, weil es Richtiges vorschreibt, oder weil es der Wille eines Gesetzgebers ist, die Gesetzesadressaten durch das Gesetz zu verpflichten. Suárez eigener – in DL I. 5. 20–25 ausgeführten[4] – These zufolge, ist beides notwendig, dass ein Gesetz die richtige Regel für einen bestimmten Sachverhalt ist und dass diese Regelung durch den Willen eines Gesetzgebers die Gesetzesadressaten verpflichtet.

Deswegen verdienen den Namen ›eigentliche Gesetze‹ nur diejenigen, die uneingeschränkt richtig sind, bzw. sittlich gute Regel beinhalten, weshalb das ungerechte Gesetz des Gesetzescharakters entbehrt.[5] Die Richtigkeit eines Gesetzes ist aber allein nicht ausreichend, ihm verbindende Kraft zu geben, sonst würde es sich vom bloßen Rat, der nicht verbindet, oder einem Urteil, dass etwas sittlich gut ist, nicht unterscheiden.[6] Verbindliche Kraft erhält das Gesetz nach Suárez darum erst durch den Willen des autorisierten Gesetzgebers, die Adressaten zu diesem Tun zu verpflichten. Das Gesetz erfordert darum »zweierlei: eine bewegende und eine leitende Kraft, moralische Gutheit und Wahrheit, d. h. einerseits das rechte Urteil über das, was zu tun ist, und andererseits einen zu jenen Handlungen wirkungsvoll bewegenden Willen«.[7]

---

**2** DL I. 12. 5, Bach, Brieskorn, Stiening I, S. 280/281.

**3** DL I. 4. 6, Bach, Brieskorn, Stiening I, S. 82/83: »[S]equitur in intellectu consultatio de hac vel illa lege, quae sit iusta, vel conveniens reipublicae.«

**4** Bach, Brieskorn, Stiening I, S. 114–123.

**5** DL I. 1. 6, Bach, Brieskorn, Stiening I, S. 18–21.

**6** DL I. 12. 4, Bach, Brieskorn, Stiening I, S. 276–279; DL I. 14. 4, Bach, Brieskorn, Stiening I, S. 294–297.

**7** DL I. 5. 20, Bach, Brieskorn, Stiening I, S. 114/115: »Sic ergo lex duo requirit: motionem et directionem, bonitatem (ut sic dicam) et veritatem, id est iudicium rectum de agendis et voluntatem efficacem movendi ad illa«. Vgl. DL I. 1. 5, Bach, Brieskorn, Stiening I, S. 18/19; DL I. 1. 7,

Beide Elemente bedürfen allerdings einer Konkretisierung. Die Richtigkeit eines Gesetzes bezieht sich offensichtlich auf das Wohl der Adressaten bzw. auf das Gemeinwohl. Schon in der oben zitierten Phrase aus DL I. 4. 6 heißt es darum, dass es eine der wesentlichen Akte der Gesetzgebung sei zu überlegen, »ob ein Gesetz gerecht bzw. angemessen für die politische Gemeinschaft ist«.[8] Diese Ausführung greifen die Kapitel 7 und 8 des ersten Buches von *De legibus* mit der These wieder auf, dass es zum Wesen des Gesetzes gehöre, für die Gemeinschaft und zum Wohle der Gemeinschaft erlassen worden zu sein.

In den zweiten Aspekt, dass es sich beim Gesetz um eine Anordnung (*praeceptum)* handelt, gehen offenbar mehrere Eigenschaften ein, die in jüngerer Zeit unter dem Stichwort von Suárez Obligationstheorie verhandelt werden. Mir geht es dabei um einen Aspekt, dass ein Gesetz die Willensbekundung eines »Oberen«, d. h. eines zur Gesetzgebung autorisierten und bemächtigten Herrschers ist: Gesetz ist nur dasjenige, was den Willen des autorisierten Gesetzgebers ausdrückt; d. i. eines Willens, der von seinem Herrschaftsrecht Gebrauch macht.[9] Gesetz ist hingegen nicht das Urteil eines Rechtsgelehrten (oder im Prinzip jeder beliebigen Person), dass dieses oder jenes rechtlich richtig oder falsch sei, auch wenn dieses Urteil der Sache nach richtig ist.

---

Bach, Brieskorn, Stiening I, S. 20/21; DL I. 4. 7 f., Bach, Brieskorn, Stiening I, S. 82–85. Vgl. dazu Tilmann Altwicker: Gesetz und Verpflichtung in Suárez' *De Legibus*. In: Transformation des Gesetzesbegriffs im Übergang zur Moderne? Von Thomas von Aquin zu Francisco Suárez. Hg. von Manfred Walther, Norbert Brieskorn u. Kay Waechter. Stuttgart 2008, S. 125–133, hier S. 126–128: Diese Überlegungen finden eine Fortsetzung in der Auseinandersetzung mit Gabriel Vásquez im Kapitel 5 und 6 des zweiten Buches von *De legibus* über die Frage, ob der gesetzgebende Wille Gottes oder die sittliche Richtigkeit seines Inhalts dem natürlichen Gesetz Gesetzescharakter verleiht. Suárez referiert dort die Ansicht des Vásquez, dass gewisse Handlungen aus ihrer Natur heraus derart in sich schlecht sind, dass sie in keiner Weise in ihrer Schlechtigkeit von einem äußeren Verbot abhängen, auch nicht von einem göttlichen Urteil oder Willensakt, und dass dementsprechend andere Handlungen so in sich gut und ehrenvoll sind, dass sie mit dieser Ausstattung gleichfalls in keiner Weise von einer äusseren Ursache dazu bestimmt sind. Suárez stimmt der Aussage zu, dass gewisse Handlungen intrinsisch gut oder schlecht sind, er wird aber nicht zustimmen, dass darin der Grund normativen Geboten- und Verbotenseins liegt. Vgl. dazu Rainer Specht: Zur Kontroverse von Suárez und Vásquez über den Grund der Verbindlichkeit von Gesetzen. In: Archiv für Rechts- und Sozialphilosophie 45 (1959), S. 235–255; ders.: Über den Sinn des sogenannten Voluntarismus in der Gesetzestheorie des Suárez. In: Jahrbuch für Christliche Sozialwissenschaften 07/08 (1966/67), S. 247–256.

**8** Siehe Anm. 3.

**9** DL I. 4. 8, Bach, Brieskorn, Stiening I, S. 84/85. DL I. 5. 15, Bach, Brieskorn, Stiening I, S. 106–109. vgl. auch DL II. 2. 9, Bach, Brieskorn, Stiening II, S. 30–33.

## 2 Gemeinwohl und Gerechtigkeit

Dass es »zum Wesen und zur Substanz des Gesetzes [gehört], für das Gemeinwohl erlassen zu werden, so dass wegen dieses Wohls die Gesetzgebung vornehmlich erfolgt«,[10] ist insbesondere Gegenstand des Kapitels I. 7 von *De legibus*. Die enge Verknüpfung von Gesetz und Allgemeinwohl ergibt sich auch dadurch, dass ein Gesetz nach Kapitel I. 6 von *De legibus* »für eine politische Gemeinschaft« erlassenes sein muss und keine singuläre Anordnung ist. Deswegen muss das Gesetz sich zuallererst »die Sorge um deren Wohl uneingeschränkt zur Aufgabe machen«.[11] Während es für Gott unmöglich ist, ungerechtes zu gebieten, ist dies dem menschlichen Gesetzgeber durchaus möglich.[12] Einer solchen Gesetzgebung mangeln jedoch die Gesetzeskraft und damit der Charakter, sittlich zu verbinden.[13] Deswegen darf man einem solchen Gesetz auch nicht gehorchen.[14]

Die Gemeinwohlorientierung des Gesetzes ergibt sich ferner auch aus dem Staatszweck wie aus dem Grund der Einsetzung eines Herrschers:

> Das Gemeinwohl bzw. das Glück des Staates ist der letzte Zweck in dieser Ordnung; folglich muss es auch das erste Prinzip des Gesetzes sein. Das Gesetz ist also zum Zwecke des Gemeinwohls zu erlassen.[15]

Zweck der Einsetzung eines Herrschers ist daher seine Aufgabe, auf das Gemeinwohl zu achten und das Mittel dazu ist das Gesetz.[16] Der Inhalt des Gemeinwohls wird von Suárez mit Frieden und Gerechtigkeit und einem ausrei-

---

**10** DL I. 7. 1, Bach, Brieskorn, Stiening I, S. 158/159: »[O]mnium commune axioma est de ratione et substantia legis esse ut pro communi bono feratur, ita ut propter illud praecipu tradatur.«

**11** DL I. 7. 4, Bach, Brieskorn, Stiening I, S. 162/163: »[C]um lex pro communitate feratur illius bonum per se primo procurare debet.«. Vgl. auch DL I. 6. 3, Bach, Brieskorn, Stiening I, S. 124–127. DL I. 9. 2, Bach, Brieskorn, Stiening I, S. 198–201.

**12** DL I. 9. 3, Bach, Brieskorn, Stiening I, S. 200–203.

**13** DL I. 9. 4, Bach, Brieskorn, Stiening I, S. 202–205.

**14** DL I. 9. 11, Bach, Brieskorn, Stiening I, S. 214–217.

**15** DL I. 7. 4, Bach, Brieskorn, Stiening I, S. 162/163: »Bonum autem commune seu felicitas civitatis est ultimus finis eius in suo ordine; ergo illud debet esse primum principium legis. Debet ergo esse lex propter commune bonum.« Vgl. auch DL I. 13. 7, Bach, Brieskorn, Stiening I, S. 288/289.

**16** DL I. 3. 20, Bach, Brieskorn, Stiening I, S. 70–73; DL I. 8. 7, Bach, Brieskorn, Stiening I, S. 192–195; DL III. 1. 3, Bach, Brieskorn, Stiening III/1, S. 10–13; DL III. 1. 12, Bach, Brieskorn, Stiening III/1, S. 24/25. Suárez: Defensio fidei, III. 1. 4, Vivès 24, S. 204[a].

chenden Maß an lebenswichtigen und der Annehmlichkeit dienenden Gütern recht vage umschrieben,[17] ist sogar historischen Bedingungen unterworfen:

> Zum Wert und zum Wesen des Gesetzes ist lediglich erforderlich, dass die Regelung des gesetzlichen Tatbestandes für eine bestimmte Zeit, einen bestimmten Ort, ein bestimmtes Volk und eine bestimmte Gemeinschaft nützlich und ihrem Gemeinwohl angemessen ist.[18]

Allerdings führt Suárez DL III. 11. 7 aus, dass auch im »ehrlichen, echten Umgang miteinander, der zu diesem äußeren Frieden und zum Glück des Gemeinwesens sowie zur Erhaltung der menschlichen Natur notwendig ist«,[19] das Wesen des *bonum commune* bestehe. Diese Bestimmungen des Gemeinwohls stehen aber von Anfang an unter der Prämisse, dass »die ewige Seligkeit [...] für sich genommen das Gemeinwohl schlechthin ist und von jedem Individuum mit ihrer Kraft und um ihrer selbst willen angestrebt wird«.[20] Genau in dieser Überordnung der ewigen Seligkeit als Zweck des Gemeinwesens über die zeitlichen Güter des irdischen Glücks, Frieden und Gerechtigkeit, gründet Suárez, wie wir weiter sehen werden, die Suprematie des Papstes über die weltlichen Fürsten in geistlichen Angelegenheiten.

## 3 Die Gesetzgebungsautorität

Dass Gesetze[21] nur Anordnungen solcher Personen sind, die Kompetenz zur Gesetzgebung haben, und folglich nicht »die Vernunft jeder Person ein Gesetz

---

17 DL III. 11. 7, Bach, Brieskorn, Stiening III/1, S. 200–203. Vgl. DL III. 12. 3, Bach, Brieskorn, Stiening III/1, S. 212–215.

18 DL I. 7. 9, Bach, Brieskorn, Stiening I, S. 170/171: »Respondeo breviter ad valorem et substantiam legis solum esse necessarium ut res illa, de qua fertur lex, hoc tempore, hoc loco, in hac gente et communitate sit utilis et conveniens ad bonum commune illius.«

19 DL III. 11. 7, Bach, Brieskorn, Stiening III/1, S. 200/201: »[C]um ea probitate morum quae ad hanc externam pacem et felicitatem reipublicae et convenientem humanae naturae conservationem necessaria est.«

20 DL I. 7. 3, Bach, Brieskorn, Stiening I, S. 162/163: »[L]eges divinae praesertim referuntur ad felicitatem aeternam, quae secundum se commune bonum est et in unoquoque individuo est per se et propter se intenta etiam sine ordine ad aliam communitatem.«

21 Suárez unterscheidet zwischen dem ewigen bzw. dem davon für die Menschen abgeleiteten natürlichen Gesetz, dem göttlichen positiven Gesetz und dem menschlichen positiven Gesetz. Wenn im Folgenden von Gesetz und Gesetzgebung die Rede ist, dann vom menschlichen positiven Gesetz, wenn auch manches davon für die anderen Gesetzesarten zutrifft. Vgl. Norbert Brieskorn: Francisco Suárez und sein Gesetzesbegriff im Kontext. In: Transformation des Ge-

konstituieren könne«,[22] ist Gegenstand des 8. Kapitels im ersten Buch von *De legibus*. Unter »Gesetz« versteht man demnach

> eine Vorschrift [...], die von jenem auferlegt wird, dem Zwangsgewalt zusteht. Folglich gehört es zum Wesen des Gesetzes, von demjenigen erlassen zu sein, der die öffentliche Gewalt innehat.[23]

Ein Gesetz ist also nur die Anordnung von jemandem, der zur Gesetzgebung die Kompetenz hat, nicht etwa das Urteil des Rechtsgelehrten oder Juristen, dass dieses oder jenes mit der Vernunft übereinstimme, was man ja annehmen könnte, wenn allein die moralische Richtigkeit einer Verhaltensregel ihre Verbindlichkeit begründete. Im Falle der menschlichen Gesetze, um die es sich hier handelt, muss man daher annehmen, dass »eine Vorschrift ihrem Wesen nach notwendigerweise eine höhere Gewalt erfordert, die dem Befehlenden zusteht, und sich an den richtet, dem er befiehlt«.[24]

Ein Gesetz unterscheidet sich damit von einem Rat, einer Bitte oder auch einem Versprechen dadurch, dass jemand einem andere einseitig eine Verbindlichkeit auferlegt. Weil aber nicht jeder Mensch jedem anderen Menschen etwas vorschreiben kann, »ist es notwendig, dass er (sc. der Gesetzgeber) ihm (sc. dem Gesetzesadressaten) gegenüber ein Recht und eine übergeordnete Macht besitzt«.[25] Suárez bezeichnet diesen auch als einen »Oberen«. Der Grund dafür liegt in der natürlichen Gleichheit der Menschen, denn »Gleichgestellte können sich nicht gegenseitig verpflichten«.[26]

---

setzesbegriffs im Übergang zur Moderne? Von Thomas von Aquin zu Francisco Suárez. Hg. von Manfred Walther, Norbert Brieskorn u. Kay Waechter. Stuttgart 2008, S. 105–123, hier S. 119–121.

**22** DL I. 8. 1, Bach, Brieskorn, Stiening I, S. 182/183: »[A]n ratio cuiuslibet sit factiva legis.«

**23** DL I. 8. 2, Bach, Brieskorn, Stiening I, S. 182/183: »Dicendum nihilominus est legem esse praeceptum ab eo impositum qui vim habeat cogendi ac subinde de ratione legis esse ut ab habente publicam potestatem feratur.«

**24** DL I. 8. 3, Bach, Brieskorn, Stiening I, S. 184/185: »[S]upponimus primo praeceptum, ut tale est, necessario postulare aliquam superiorem potestatem in praecipiente respectu eius cui praecipit.«

**25** DL I. 8. 3, Bach, Brieskorn, Stiening I, S. 186/187: »[I]deo necesse est ut in illum habeat ius et superiorem potestatem.«

**26** DL I. 8. 3, Bach, Brieskorn, Stiening I, S. 186/187: »[N]ec aequalis (ut sic dicam) potest aequalem obligare.«

# 4 Der göttliche Ursprung der menschlichen Gewalt

Gesetzgebungskompetenz setzt eine entsprechende Gewalt voraus, diese kann, so die weitere These von Suárez, letztlich nur in Gott gründen, der die menschlichen Gewalthaber an seiner Gewalt teilhaben lässt.[27] Deswegen bezieht das menschliche positive Gesetz seine Verpflichtungskraft »aus jener Vollmacht, die Gott verleiht, da ›ausnahmslos jede Gewalt von Gott stammt‹«,[28] wie Suárez mit Röm 13,1 argumentiert.

Dass die Autorität des Gesetzgebers zur Gesetzgebung diesem von Gott gegeben wurde, daran besteht nach Suárez kein Zweifel, schon im Vorwort zu *De legibus* heißt es:

> Wir müssen anerkennen, dass, so wie jede Vaterschaft auch, jedes Amt als Gesetzgeber sich von Gott herleitet und die Autorität aller Gesetze letztlich auf Gott zu gründen ist. Wenn das Gesetz nämlich göttliches ist, so geht es unmittelbar von Gott selbst aus; ist es ein menschliches Gesetz, so wird es zwar vom Menschen erlassen, doch von ihm nur als Diener und Stellvertreter Gottes, wie Paulus im Römerbrief bezeugt.[29]

Schon im ersten Buch von *De legibus* macht Suárez auf einen wichtigen Unterschied in der Einsetzung in diese Gewalt aufmerksam. Die Inhaber können in diese Gewalt entweder unmittelbar von Gott eingesetzt sein (wie im Fall des Papstes)[30] oder vermittelst des Volkes: »Die regierende Macht, die die Menschen ausüben, entstammt entweder unmittelbar von Gott, so im Falle geistlicher Gewalt, oder unmittelbar vom Menschen, wie im Falle rein zeitlicher Gewalt.«[31] Dieser Unterschied hat weitreichende Konsequenzen, wovon die wichtigste diejenige ist, dass die Gewalt des Papstes, da unmittelbar von Gott eingesetzt,

---

**27** DL I. 8. 8, Bach, Brieskorn, Stiening I, S. 194/195.

**28** DL I. 3. 17, Bach, Brieskorn, Stiening I, S. 68/69: »[Q]uoad vim obligandi manat a potestate Deo data, quia ›non est potestas, nisi a Deo‹ (Rom. 13,[1]).«

**29** DL I. Prooemium, Bach, Brieskorn, Stiening I, S. 4/5: »[C]onsiderando sicut omnem paternitatem, ita etiam omnem legislatorem a Deo derivari omniumque legum auctoritatem in eum esse ultimo refundendam. Si namque lex sit divina, ab ipso proxime dimanat, sin humana, ab homine certe, ut Dei ministro et vicario, sancitur, ut testatur Apostolus *ad Romanos*.«

**30** DL I. 6. 18 f., Bach, Brieskorn, Stiening I, S. 148–153.

**31** DL I. 7. 5, Bach, Brieskorn, Stiening I, S. 164/165: »[P]otestas gubernativa, quae est in hominibus vel est immediate a Deo, ut contingit in potestate spirituali, vel est immediate ab ipsis hominibus, ut in potestate pure temporali.« Vgl. DL I. 8. 9, Bach, Brieskorn, Stiening I, S. 194–197; DL IV. 8. 5, Vivès 5, S. 359$^{b}$.

notwendigerweise bei ihm und seinen Nachfolgern verbleibt und von Menschen nicht geändert werden kann.[32]

Die unmittelbare Übertragung geschieht durch einen Akt positiven göttlichen Rechts, wie die Übertragung der geistlichen Schlüsselgewalt durch Christus auf Petrus.[33] Für einen solchen Akt der Übertragung gibt es im Falle der weltlichen Macht jedoch kein überliefertes Zeugnis.[34] Auch die Berufung auf die vermeintliche Abstammung der Könige von Adam[35] wäre kein Beweis der unmittelbaren Übertragung der Gewalt durch Gott, denn Adam hatte über seine Nachkommen die väterliche Gewalt, keineswegs aber die davon unterschiedene politische Gewalt.[36] Aufgrund dieses Unterschieds im Ursprung der Gewalt weist Suárez dann den Anspruch James' I. zurück, seine Gewalt rühre unmittelbar von Gott.[37]

In einer komplexen Argumentation versucht Suárez aber in den ersten Kapiteln des dritten Buches von *De legibus* zu begründen, dass auch die weltliche Herrschaft ihre Macht von Gott herleitet. Zunächst begründet er im ersten Kapitel, dass Menschen überhaupt über andere Menschen herrschen und ihnen durch Gesetze Verbindlichkeit auferlegen dürfen. Daran könne Zweifel aufkommen, weil Menschen von Natur aus frei und niemandem als ihrem Schöpfer unterworfen seien. Zudem werde durch das Mittel zur Lenkung der Gemeinschaft, dem Gesetz im eigentlichen Sinne, das Gewissen anderer gebunden. Das Gewissen zu binden stehe aber keinem Menschen zu.[38] Später fügt Suárez dem noch das Argument hinzu, die politische Macht ermächtige zu Handlungen, zu denen kein Privater ermächtigt ist, wie die Strafgerichtsbarkeit – einschließlich der Gewalt, die Todesstrafe zu verhängen.[39] Diese Einwände werden mit dem Argument widerlegt, dass der Mensch von Natur aus auf die politische Gemein-

---

**32** DL III. 2. 1, Bach, Brieskorn, Stiening III/1, S. 26/27.

**33** Suárez: Defensio fidei, III. 2. 2, Vivès 24, S. 206[b]. Vgl. auch DL I. 6. 18, Bach, Brieskorn, Stiening I, S. 148–151; DL III. 2. 1, Bach, Brieskorn, Stiening III/1, S. 26/27; DL III. 6. 4, Bach, Brieskorn, Stiening III/1, S. 94–97.

**34** DL III. 3. 5, Bach, Brieskorn, Stiening III/1, S. 40–43.

**35** Diese Auffassung, die Suárez dem Ioannes Chrysostomus (*Homilia 34, in epistolam I ad Corinthios*) zuschreibt, wird später das Kernargument, mit dem Filmer in seinem *Patriarcha* (postum 1680 erschienen) die unmittelbaren Einsetzung der Könige durch Gott begründete, was Locke seinerseits zur Abfassung seiner *Two Treatises of Government* (1689) veranlasste.

**36** DL III. 2. 3, Bach, Brieskorn, Stiening III/1, S. 28–31.

**37** Suárez: Defensio fidei, III. 3. 13, Vivès 24, S. 216[b].

**38** DL III. 1. 1, Bach, Brieskorn, Stiening III/1, S. 6–9.

**39** DL III. 3. 3, Bach, Brieskorn, Stiening III/1, S. 38–41.

schaft hin orientiert ist,[40] diese aber einer Gewalt bedürfe, der die Lenkung der Gemeinschaft zustehe.[41]

Im zweiten Kapitel benutzt Suárez dann das Argument von der natürlichen Freiheit und Gleichheit, das vordergründig gegen die Möglichkeit von Herrschaft überhaupt sprach, für seine Argumentation, dass diese Gewalt nicht vom Menschen ausgehen könne, weder vom Einzelnen noch von der Gesamtheit als bloßer Menge. Denn weil die Menschen frei und gleich geboren sind, hat keiner eine politische Rechtsgewalt über andere. Auch könne nicht jeder der Obere aller anderen sein, noch könne irgendeinem Besonderen von Natur diese Gewalt zukommen, kein Einzelner ist m. a. W. von Natur aus zur Herrschaft berechtigt.[42] Systematisch begründet Suárez damit seine Argumentation gegen den Absolutismus und den Anspruch der absolutistischen Fürsten auf ein Königtum von Gottes Gnaden. Denn wenn niemanden von Natur, und somit auch nicht durch Geburt, ein Recht auf Herrschaft zukommt, es andererseits keine direkte Einsetzung durch Gott gab, kann es von Gottes Gnaden kein Königtum geben.

Die Gewalt könne aber auch nicht bei der Menge der Einzelnen liegen, denn die Einzelnen können der Menge nicht geben, was sie selbst nicht haben. Also müsse die Gewalt durch die Natur der Sache unmittelbar mit der politischen Vereinigung entstehen.[43] Zum Verständnis dieser subtilen Argumentation gibt Suárez zwei Erläuterungen, die eine betrifft den Unterschied einer bloßen Menge von einer politischen Vereinigung. Weil durch das ungeordnete Zusammenkommen einer Menge von Menschen noch kein abgegrenzter politischer oder moralischer Körper entsteht, bedarf diese keines Hauptes oder eines Fürsten, noch besteht überhaupt in ihr eine politische Gewalt. Erst durch den Willen zu einer politischen Vereinigung entsteht eine Gemeinschaft, die zu Ihrer Lenkung eines Oberhauptes bedarf. Suárez geht sogar so weit zu behaupten, an einen politischen Körper könne ohne eine Regierung gar nicht gedacht werden, denn dieser entstehe erst durch die Unterwerfung aller unter eine, sämtlichen ande-

**40** DL III. 1. 3, Bach, Brieskorn, Stiening III/1, S. 10–13.

**41** DL III. 1. 4, Bach, Brieskorn, Stiening III/1, S. 12–15.

**42** DL III. 2. 1, Bach, Brieskorn, Stiening III/1, S. 26/27; DL III. 2. 3, Bach, Brieskorn, Stiening III/1, S. 28–31; DL III. 3. 1, Bach, Brieskorn, Stiening III/1, S. 36–39; DL III. 3. 6, Bach, Brieskorn, Stiening III/1, S. 42–45.

**43** DL III. 2. 3 f., Bach, Brieskorn, Stiening III/1, S. 28–35. Dieses Argument wiederholt er in Suárez: Defensio fidei, III. 2. 3, Vivès 24, S. 206$^{b}$–207$^{a}$.

ren Gewalten übergeordnete Macht; noch könne dieser Körper ohne eine Regierung *ein* Ziel, das Gemeinwohl, verfolgen.[44]

Hobbes wird genau dieses Argument später für seine Behauptung gebrauchen, nur durch Unterwerfung unter ein Oberhaupt entsteht erst eine politische Gemeinschaft, deswegen sind die politische Gemeinschaft und das Oberhaupt keine verschiedenen Rechtssubjekte. Suárez hält aber genau an dieser Unterscheidung fest. Durch die politische Vereinigung der Menge zu einer Gemeinschaft entsteht der Natur der Sache gemäß unmittelbar die politische Gewalt, die ursprünglich bei der Gemeinschaft liegt, ohne dass die sich Vereinigenden dies explizit wollen müssen noch gar verhindern können. Man kann keine politische Vereinigung wollen, ohne die politische Gewalt zu wollen.[45] Dies ist Gegenstand der anderen Erläuterung, die Suárez am Beispiel der Ehe verdeutlicht. Mit der Ehe entsteht – nach der Vorstellung von Suárez und seiner Zeit – die Herrschaft des Mannes über die Frau, ohne dass die Frau in einem eigenen Willensakt darin einstimmen müsste.[46] Gleiches gilt auch für die politische Vereinigung, mit ihr entsteht unmittelbar und ohne einen gesonderten Willensakt die politische Gewalt. Der Wille, sich zu einem politischen Körper zusammenschließen zu wollen, ohne Untertan der mit ihr entstehenden politischen Gewalt werden zu wollen, wäre ein Widerspruch und bliebe daher folgenlos.[47]

Erst im dritten Kapitel zieht Suárez dann aus den Ergebnissen der beiden vorherigen den Schluss, wenn die politische Gewalt ursprünglich nicht bei den einzelnen noch bei der Gesamtheit lag, dann muss sie notwendig von Gott stammen. Nochmals weist er ausdrücklich den Gedanken zurück, wenn die politische Gewalt mit der Vereinigung zur politischen Gemeinschaft entsteht, so müssten die Urheber der Vereinigung und die Urheber der politischen Gewalt dieselben sein:

> Aus dem Gesagten scheine zu folgen, dass die Gewalt, die in der ganzen Gemeinschaft aus jener Vereinigung liege, von den einzelnen Menschen und ihrem eigenen Konsens abgeleitet werden müsste. Denn der Ursprung der Gewalt wie der der Gemeinschaft, in der sie ruht, ist derselbe. Insofern die Gemeinschaft sich durch den Willen und dem Konsens der Einzelnen vereinigt, so geht auch aus ihrem Willen die Gewalt hervor. Der Obersatz ist klar: ist einmal die Gemeinschaft entstanden, so folgt aus ihr die Gewalt. Wer aber das

**44** DL III. 2. 4, Bach, Brieskorn, Stiening III/1, S. 30–35. Vgl. bereits DL I. 6. 19, Bach, Brieskorn, Stiening I, S. 150–153.

**45** DL III. 2. 4, Bach, Brieskorn, Stiening III/1, S. 30–35.

**46** DL III. 3. 2, Bach, Brieskorn, Stiening III/1, S. 38/39.

**47** DL III. 2. 4, Bach, Brieskorn, Stiening III/1, S. 30–35 . Vgl. auch DL III. 2. 2, Bach, Brieskorn, Stiening III/1, S. 28/29; DL III. 3. 6, Bach, Brieskorn, Stiening III/1, S. 42–45.

> Wesen schafft, schafft auch die Folgen dieses Wesens. Wer also der erste Urheber einer solchen Gemeinschaft, der ist folglich Urheber ihrer Gewalt.[48]

Den Schlusssatz weist Suárez mit dem schon bekannten Argument zurück, dass

> die Gewalt, bevor die Menschen zu einem politischen Körper vereinigt sind, nicht im Einzelnen ist, weder in ihrer Gesamtheit noch auf sie verteilt, auch nicht in einer bloßen Ansammlung von Menschen.[49]

Da aber der Obersatz, dass die politische Gewalt unmittelbar mit der politischen Vereinigung entstehe, von Suárez selbst eingeführt, und im obigem Zitat auch noch einmal bekräftigt wurde, muss offenbar die Minor, dass wer das Wesen schafft auch die Folgen schafft, falsch sein, die Urheber der Gemeinschaft und der politischen Gewalt also verschieden sein. Wenn also nicht die Menschen die politische Gewalt schaffen, muss sie offensichtlich von Gott kommen, und so folgert Suárez, dass

> die Gewalt [...] unmittelbar von Gott [ist], als dem Urheber der Natur gegeben, so dass die Menschen gleichsam über ihre Materie disponieren und das zu jener Gewalt fähige Subjekt hervorbringen, Gott aber das Wesen zuteilt, indem er diese Gewalt gibt.[50]

Die politische Macht stammt also von Gott, allerdings nicht direkt durch einen positiven Gesetzesakt Gottes, wie die Einsetzung Petri und seiner Nachfolger als geistliche Gewalt, sondern mittels der Naturordnung, deren Urheber Gott ist.[51]

---

**48** DL III. 3. 1, Bach, Brieskorn, Stiening III/1, S. 36–39: »[E]x dictis sequi videtur a singulis hominibus per proprium eorum consensum derivari hanc potestatem in totam communitatem ex eis coactam; nam idem est principium talis potestatis et ipsius communitatis in qua residet. Sed ipsa communitas coalescit medio consensu et voluntate singulorum. Ergo ab eisdem etiam voluntatibus manat potestas. Maior patet, quia posita communitate, sequitur haec potestas. Sed qui dat formam dat consequentia ad formam. Ergo qui est proximus auctor talis communitatis videtur etiam esse auctor et collator potestatis eius.« Übersetzung F. H.

**49** DL III. 3. 1, Bach, Brieskorn, Stiening III/1, S. 38/39: »[Q]uia priusquam homines in unum corpus politicum congregentur, haec potestas non est in singulis, nec totaliter, nec partialiter, immo nec in ipsa rudi (ut sic dicam) collectione vel aggregato hominum existit.« Übersetzung F. H. Der gleiche Gedanke wird wiederholt in DL III. 3. 6, Bach, Brieskorn, Stiening III/1, S. 42–45.

**50** DL III. 3. 2, Bach, Brieskorn, Stiening III/1, S. 38/39: »[V]idetur esse hanc potestatem dari immediate a Deo ut auctore naturae, ita ut homines quasi disponant materiam et efficiant subiectum capax huius potestatis, Deus autem quasi tribuat formam dando hanc potestatem.« Übersetzung F. H.

**51** DL III. 3. 4 f., Bach, Brieskorn, Stiening III/1, S. 40–43. Dass Gott Urheber der politischen Gewalt *mittels* der Natur ist, ist Gegenstand von DL III. 3. 4, Bach, Brieskorn, Stiening III/1,

## 5 Die Übertragung (*translatio*) der politischen Gewalt

Da die politische Gewalt kraft natürlicher Vernunft unmittelbar mit der Vereinigung zur politischen Gemeinschaft entsteht,[52] liegt sie zuerst auch bei der politischen Gemeinschaft. Anders als die Gewalt des Papstes, die, weil von Gott durch einen positiven Akt der Gesetzgebung eingesetzt, unveränderbar eine Alleinherrschaft ist und dem Papst, einmal gewählt, auch nicht wieder genommen werden kann, ist die politische Gewalt eine von Gott nur indirekt durch die natürliche Vernunft gegebene, und ist daher veränderlich; denn das, was sich einer Einsetzung durch Gott verdankt, kann von Menschen nicht geändert werden.[53] Die aus der Natur der Sache entspringende Gewalt kann aber so gebraucht werden, wie es vernünftiger Einsicht entspricht. Die natürliche Vernunft legt daher verpflichtend fest, dass diese Gewalt nicht bei der ganzen Gemeinschaft verbleiben kann, weil sie auf diese Weise kaum verwendet werden kann.[54] Die Notwendigkeit einer *translatio* ist daher naturrechtlich abgeleitet,[55] in der Macht der Menschen steht allerdings die konkrete Ausgestaltung des

S. 40/41: »Et praeterea, quia potestas haec est aliquid in rerum natura et sive sit res physica sive moralis, est simpliciter res bona et magnae aestimationis ac necessitatis ad bonam consuetudinem humanae naturae. Ergo necessario manare debet ab eius auctore.« / »Außerdem kann man anführen, dass diese Gewalt etwas ist, was in der Natur der Dinge liegt. Sie mag nun physischer oder moralischer Art sein, so stellt sie doch eine uneingeschränkt gute Sache dar, verdient große Wertschätzung und ist notwendig, um die menschliche Natur zu einer guten gewohnheitsmäßigen Umgangsweise zu führen, folglich muss besagte Gewalt notwendigerweise auch vom Urheber der menschlichen Natur ausgehen.«

52 DL III. 3. 6, Bach, Brieskorn, Stiening III/1, S. 4/5: »Semel autem constituto illo corpore, statim ex vi rationis naturalis est in illo haec potestas.« / »Ist aber einmal dieser politische Körper errichtet und verfasst, so ist in ihm sofort kraft der natürlichen Vernunft die politische Gewalt vorhanden.«

53 DL III. 3. 7 f., Bach, Brieskorn, Stiening III/1, S. 44–49.

54 DL III. 3. 8, Bach, Brieskorn, Stiening III/1, S. 46–49.

55 Dies wird auch bestätigt durch eine Ausführung in *De bello*, wo Suárez Privatpersonen das Recht zu strafen abspricht, denn sonst würde folgen, dass »von den Menschen, von denen die Hoheitsgewalt ausgeht, einzelne nicht die ganze Gewalt an einen Amtsträger übertragen müssten, sondern sie für sich selber zurückbehalten könnten. Das würde aber offensichtlich dem Naturrecht und einer guten Leitung des Menschengeschlechts zuwider sein« (Francisco Suárez: De bello. Über den Krieg. In: Ders.: De pace – De bello. Über den Frieden – Über den Krieg. Hg. von Markus Kremer. Stuttgart-Bad Cannstatt 2013, S. 60–193, hier S. 104 f. [IV.7]: »[V]el certe cum potestas iurisdictionis dimanet ab ipsis hominibus, potuissent singuli non transferre talem potestatem in magistratum, sed eam sibi conservare; quod est aperte contra

Organs, das Träger dieser Gewalt sein soll. Die politische Gemeinschaft kann diese Gewalt auf einen Fürsten oder ein kleineres Organ übertragen, genau genommen muss sie diese Gewalt übertragen, damit sie zur Lenkung der Gemeinschaft praktikabel ist. Dabei bleibt aber die Art dieses Lenkungsorgans, ob es eine Monarchie, eine kleinere Versammlung oder eine Mischung aus diesen Formen ist, ob sie erblich oder ein Monarch nach dem Tode des vorherigen wieder neu gewählt wird, positiver menschlicher Gesetzgebung überlassen.[56] Auch dort, wo die Herrschaft erblich ist, ist sie dies durch positive menschliche Gesetzgebung und leitet sich nicht direkt von Gott ab, ist nicht von Gottes Gnaden, sondern von Menschen verliehen. Wo immer die Staatsgewalt bei einem Monarchen liegt, kann er sie nicht anders erworben haben als durch den Konsens der Gemeinschaft.[57]

In seiner Streitschrift gegen James I. benutzt Suárez dieses Argument dann insbesondere, um die Erhabenheit der geistlichen über die weltliche Gewalt zu demonstrieren. Die fürstliche Gewalt ist nicht unmittelbar von Gott, sondern entsteht mit der vollkommenen Gesellschaft und wird dem Fürsten daher durch menschliches Gesetz gegeben.[58]

---

ius naturae, et contra bonam gubernationem generis humani«). Suárez behauptet offensichtlich, es widerspricht dem Naturecht und der guten Regierung der Menschheit, die Rechtsgewalt, die von den Menschen ausgeht, nicht zu übertragen, weder als Ganze, noch Teile von ihnen. Wenn Soder glaubt, dieser Text stehe seiner These, dass die politisch Gemeinschaft die Gewalt nicht notwendig übertragen müsse, sondern auch für sich behalten könne, nicht entgegen, weil Suárez sich hier nur gegen eine Teilübertragung unter Rückbehalt der richterlichen Gewalt ausspreche (Josef Soder: Francisco Suárez und das Völkerrecht: Grundgedanken zu Staat, Recht und internationalen Beziehungen. Frankfurt am Main 1973, S. 96), so ist dies wenig sinnvoll: Denn sich Teile vorzubehalten, widerspricht ja nur dann dem Naturrecht, wenn es demselben widerspricht, sie insgesamt für sich zu behalten. Im Übrigen erlaubt Suárez ja durchaus, sich ein Widerstandsrecht als Notwehrrecht gegen einen tyrannischen Fürsten vorzubehalten, hält es sogar für notwendig. Auch ist an dieser Stelle von der richterlichen Gewalt gar nicht die Rede, denn *jurisdictio* meint bei Suárez immer die gesamte Rechtsgewalt (Staatsgewalt). Auch die von Soder angeführten Stellen, in denen Suárez von Fällen spricht, in denen das Volk die Gewalt nicht übertragen, sondern für sich behalten habe, widerspricht keineswegs einer naturrechtlichen Verpflichtung, die Gewalt zu übertragen; denn hier ist die Rede von solchen Republiken, die ihre Gewalt nicht auf einen König übertragen haben, namentlich genannt werden Venedig und Genua, die sicherlich keine Demokratien, erst recht keine direkten waren.

**56** Suárez: Defensio fidei, III. 2. 18, Vivès 24, S. 212[a].

**57** DL III. 4. 1–3, Bach, Brieskorn, Stiening III/1, S. 48–55. Vgl. auch Suárez: Defensio fidei, III. 2. 9, Vivès 24, S. 209[a–b].

**58** Suárez: Defensio fidei, III. 2. 5, Vivès 24, S. 207[b]. Suárez: Defensio fidei, III. 2. 10, Vivès 24, S. 209[b]. Suárez: Defensio fidei, III. 2. 13, Vivès 24, S. 210[a–b].

Die Übertragung der politischen Gewalt setzt mithin zwei Rechtssubjekte voraus, die politische Gemeinschaft und denjenigen, auf den die politische Gemeinschaft die Gewalt überträgt. Diese Übertragung ist an sich unumkehrbar,[59] solange der Herrscher die im Übertragungsvertrag vereinbarten Bedingungen einhält, sie kann ihm allerdings bei Verstoß gegen diese Bedingungen wieder genommen werden, insbesondere wenn er das Staatsziel, die Realisierung des *bonum commune*, verfehlt, und fällt dann wieder an die Gemeinschaft zurück.[60] Sie besteht also weiter, wenn dem Herrscher aus welchen Gründen auch immer die Herrschaft entzogen wird, und bedingt nicht die gleichzeitige Auflösung der Gemeinschaft.

Die Modalitäten eines solchen Entzugs der politischen Gewalt hat Suárez in *Defensio fidei* näher ausgeführt. Das Volk bzw. der Staat[61] kann die Fürsten aufgrund zweier Rechtstitel absetzen, einmal aufgrund des Übertragungsvertrages (*contractus*, *foedus*),[62] wenn es (er) sich dieses Recht für besonders schwerwiegende Fälle vorbehalten hat, was nach Suárez in jedem solchen Vertrag als zur Erhaltung des Staates notwendig explizit oder implizit der Fall sein muss. Ein anderer Rechtstitel ist gründet auf das naturrechtliche Notwehrrecht, wenn der Fürst seine Gewalt zur Tyrannei missbraucht.[63] Die Gewalt, ein solches Urteil zu fällen, hat entweder der Staat selbst oder aber der Papst. Ersterem ist dies nur in

**59** Dies betont Suárez insbesondere in seiner Auseinandersetzung mit James I., der behauptet hatte, die These von der Übertragung der Gewalt durch das Volk würde Aufstand und Rebellion legitimieren, weil argumentiert werden könne, wenn die Fürsten die Gewalt vom Volk hätten, könne sie ihnen vom Volk auch wieder genommen werden: Suárez: Defensio fidei, III. 3. 1, Vivès 24, S. 212$^{b}$–213$^{a}$. Suárez' Widerlegung dieser These sodann in Suárez: Defensio fidei, III. 3. 2, Vivès 24, S. 213$^{a}$; und Suárez: Defensio fidei, III. 3. 4, Vivès 24, S. 213$^{b}$–214$^{a}$.

**60** DL III. 4. 6, Bach, Brieskorn, Stiening III/1, S. 56–59. Suárez: Defensio fidei, III. 3. 1–3, Vivès 24, S. 212$^{b}$–213$^{b}$.

**61** Suárez benutzt beide Begriffe wohl synonym: Einmal benutzt er den Begriff *Volk* (*populus*; Suárez: Defensio fidei, III. 3. 3, Vivès 24, S. 213$^{a-b}$), ein andermal spricht er von *Staat* (*respublica*; Suárez: Defensio fidei, VI. 4. 15–19, Vivès 24, S. 680$^{a}$–682$^{a}$).

**62** Auch hier ist der Sprachgebrauch nicht einheitlich: Einmal spricht Suárez vom *contractus* (Suárez: Defensio fidei, III. 3. 3, Vivès 24, S. 213$^{a-b}$), ein andermal vom *foedus* (Suárez: Defensio fidei, VI. 4. 15, Vivès 24, S. 680$^{a-b}$).

**63** Suárez: Defensio fidei, III. 3. 3, Vivès 24, S. 213$^{a-b}$. Suárez: Defensio fidei, VI. 4. 15, Vivès 24, S. 680$^{a-b}$. Das Widerstandsrecht ist also in erster Linie naturrechtlich als Notwehrrecht und aus dem Staatszweck, das Gemeinwohl zu befördern, begründet und nicht nur aufgrund eines vertraglichen Vorbehalts erlaubt, wie Soder postuliert (Soder: Francisco Suárez und das Völkerrecht [s. Anm. 55], S. 94). Denn selbst für den Vertrag nimmt Suárez an, dass dieser einen solchen Vorbehalt quasi naturrechtlich enthalten müsste.

Selbstverteidigung möglich. Wenn ein legitimer König tyrannisch regiert[64] und das Reich keine andere Möglichkeit hat, sich zu verteidigen, als den König zu vertreiben oder abzusetzen, kann der ganze Staat durch einen öffentlichen und gemeinsamen Beschluss von Bürgerschaft und Adel den König absetzen. Dem Papst kommt diese Gewalt jedoch zu, weil er die übergeordnete Rechtsgewalt zur Zurechtweisung der Könige, auch der höchsten, innehat.[65]

# 6 Exkurs: Die Begründung der Rechtsgewalt aus der menschlichen Vernunft und dem menschlichen Willen bei Hobbes

Die in den beiden letzten Kapiteln erörterten Thesen Suárez', dass die politische Gewalt, da sie nicht von den Menschen stammen könne, Ihren Ursprung in Gott haben müsse, wie die aus dem Mittelalter überkommene These vom Volk als eigenem Rechtssubjekt, das die ursprünglich ihm zukommende Gewalt in einem Bund auf ein von ihm verschiedenes Rechtssubjekt überträgt, dem damit die Lenkung der politischen Gemeinschaft zukommt, musste eine Herausforderung für das säkulare Naturrecht der Neuzeit sein, als dessen Begründer zu Recht Thomas Hobbes angesehen wird. Aufgabe musste es sein, Recht und rechtliche Verbindlichkeit von seiner Begründung aus Gottes Willen zu lösen und auf die menschliche Vernunft und den menschlichen Willen zu gründen.

Hobbes Argumentation nimmt ihren Ausgang vom natürlichen Recht der Menschen auf Selbsterhaltung, das ein Recht auf jede beliebige dazu erforderliche Handlung einschließt wie ein Recht auf Inbesitznahme aller dazu erforderlichen Mittel. In der Vertragsformel des 17. Kapitels im *Leviathan*[66] bezeichnet Hobbes dieses Recht auch als das Recht, »sich selbst zu regieren« (*Right of Governing myself*), das an dieser Stelle zur Einsetzung eines Souveräns aber gerade aufgehoben werden muss. Begründet wird dieses Recht im vernünftigen Willen des Menschen. Der Mensch kann gar nicht anders wollen, als sich vor Gefahren für Leib und Leben zu schützen. Denn jeder verlangt nach dem, was

64 Ein illegitimer König, ein Usurpator also, der die Macht mit Gewalt an sich gerissen hat, ist hingegen per se ein Feind des Volks und kann nach dem Kriegsrecht von jedermann getötet werden. Vgl. den Beitrag von Mariano Delgado im vorliegenden Band.

65 Suárez: Defensio fidei, VI. 4. 16, Vivès 24, S. 680[b].

66 Thomas Hobbes: Leviathan or The Matter, Forme, & Power of a Commonwealth ecclesiasticall and civill. Hg. von Richard Tuck. Cambridge 1991.

für ihn ein Gut ist, und flieht vor dem, was für ihn ein Übel ist, am meisten aber vor dem größten natürlichen Übel, dem Tod – so die Argumentation in *De cive* I. 7.[67]

Dabei handelt es sich um ein vernünftigerweise *nicht anders wollen können*, nicht um ein faktisches, instinktmäßig bewirktes; denn natürlich kann ein Mensch aus Lebensüberdruss seinem Leben ein Ende setzten. Er kann auch sein Leben in Gefahr setzen oder sich gegen eine Tötung nicht wehren, weil er es für seine Pflicht hält, etwa der Soldat im Kriege oder Sokrates, wenn er glaubt, er müsse dem Richterspruch Folge leisten, selbst wenn er ihn für Unrecht hält. Vernünftigerweise aber kann er nicht wollen, sich gegen fremde, gewaltsame Tötungsabsicht nicht zur Wehr zu setzen. Und nur weil es sich um ein rationales Nichtwollen-Können handelt, können daran rechtliche Folgen geknüpft werden. Aus einem bloßen Naturinstinkt können – jedenfalls bei Hobbes – keine Rechte folgen, denn ein rechtsbegründender Akt ist bei Hobbes ausschließlich eine willentliche Handlung.[68]

Eine Reaktion hingegen, die einem Naturimpuls folgt, geschieht einfach. Sie kann der Mensch weder *wollen* noch *nicht wollen*, weil anders zu reagieren er nicht einmal die Möglichkeit hat. Deswegen kann er auf sie weder einen Rechtsanspruch haben, noch weitere Rechtsansprüche daraus ableiten. Ein Naturimpuls ist die Furcht vor dem Tode, sich gegen die Tötungsabsicht Fremder zu wehren, ist eine willentliche Handlung. Wenn wir aber vernünftigerweise diese Handlung gar *nicht anders wollen* können, dann, so Hobbes, muss die Vernunft auch das Recht auf diese Handlung gewähren. Wir kommen damit auf das Fundament der Hobbesschen Ableitung des (natürlichen) Rechtsbegriffs: eine Handlung, die ich bei rechtem Gebrauch der Vernunft nicht anders wollen kann, tue ich *mit Recht*.

Dieses Recht läuft unter Bedingungen des Naturzustandes auf ein Recht auf alles hinaus, das identisch mit einem Zustand des Krieges aller gegen alle, und daher nutzlos ist. Diese Rechte sind zunächst das Recht auf alle Mittel und alle Handlungen zum Schutz von Körper und Leben, da ein Recht ohne die erforderlichen Mittel nichts nützt (*De cive* I. 8), ferner das jedem in Ermanglung eines äußeren Richters zustehende Recht, über die erforderlichen Mittel und Handlungen selbst zu richten (*De cive* I. 9). In Verknüpfung beider Rechte hat jeder

---

**67** Thomas Hobbes: Elementa philosophica de cive. Hg. von Howard Warrender. Oxford 1983.

**68** So ist für Hobbes ein Vertrag auch dann gültig, wenn er unter Androhung von Gewalt zustande kommt, weil er eine willentliche Handlung betrifft. Als willentliche Handlungen bezeichnet Hobbes solche, durch die wir etwas bewirken wollen, was wir als ein Gut für uns betrachten (Hobbes: De cive [s. Anm. 67], I.2).

das Recht, alles zu tun und alles in Besitz zu nehmen, was er zu seiner Erhaltung für notwendig hält. Gegenüber anderen (oder *in foro externo*) hat er also ein Recht auf alles oder auf alle Handlungen (*De cive* I. 10), da er alles tun und nehmen kann, was er als zu seiner Erhaltung notwendig deklariert. Dieses Recht hat entgegen seinem ursprünglichen Sinn zur Folge, dass es im Naturzustand keinen Unterschied zwischen Recht und Unrecht gibt, und daher niemand niemandem Unrecht tun kann.[69]

Das Recht auf alles und zu allen Handlungen bedeutet aber gleichzeitig, jeder kann mit jedem jederzeit in beliebige Rechtskonflikte geraten, weil sich das prinzipielle Recht aller auf alles gegenseitig ausschließt. Mangels einer allgemeinen Gewalt können solche Konflikte aber nicht anders ausgetragen werden als durch private Gewalt. Das bedeutet nun nach Hobbes nicht, dass sich jeder mit jedem jederzeit in tatsächlichen Kampfhandlungen befindet, die Situation erzwingt nur, dass jeder bereit sein muss, diese Rechtskonflikte notfalls mit Gewalt auszutragen. Weil aber die prinzipielle Bereitschaft zur Gewalt von Hobbes als Kriegszustand definiert wird, ist dieser Zustand *per definitionem* ein Krieg aller gegen alle.

Im XIII. Kapitel des *Leviathan* leitet Hobbes den Kriegszustand dagegen unmittelbar aus der Konkurrenz um die Erringung möglichst großer Machtpotentiale ab. Erst zu Beginn des folgenden XIV. Kapitels folgert Hobbes daraus als *rechtliche* Konsequenz das natürliche Recht und das Recht auf alles.[70] Nicht mehr die natürliche Notwendigkeit, nicht anders wollen zu können, als Angriffe auf Leib und Leben abzuwehren, sondern die dem Menschen eigentümliche Notwendigkeit, für die Realisierungsbedingungen möglicher zukünftiger Zwecke Vorsorge tragen zu müssen, bildet nun den Deduktionsgrund für das Recht auf alles. Wenn Menschen in Verfolgung ihrer Zwecke denselben Gegenstand begehren, müssen sie notwendig in Streit miteinander geraten[71] und sich aufgrund des dadurch bedingten Misstrauens nicht nur um ihre gegenwärtigen Zwecke kümmern, sondern Vorsorge dafür treffen, diese auch in Zukunft realisieren zu können. Sie müssen daher so viel Ressourcen (Macht, power) anhäufen, dass andere sie auch in Zukunft an deren Realisierung nicht hindern kön-

---

**69** Dies wird von Hobbes in einer ausführlichen Anmerkung zum Abschnitt 10 des I. Kapitels von *De cive* aus den Argumenten der Abschnitte 7–9 nochmals ausdrücklich abgeleitet (Hobbes: De cive [s. Anm. 67], S. 82).

**70** Die Gründe für diese Konzeptionsänderung habe ich näher erläutert in Franz Hespe: Homo homini lupus – Naturzustand und Kriegszustand bei Thomas Hobbes. In: Handbuch Kriegstheorien. Hg. von Thomas Jäger u. Rasmus Beckmann. Wiesbaden 2011, S. 178–190, hier S. 183.

**71** Hobbes: Leviathan (s. Anm. 66), S. 87 (XIII).

nen.[72] Aus dieser Notwendigkeit resultiert dann ein fortwährendes und rastloses Verlangen nach immer mehr Macht (*a perpetuall and restlesse desire of Power after power*). Solange die daraus resultierenden Konfliktursachen nicht durch eine allgemeine, sie in Schranken haltende Macht, sondern durch private Gewalt entschieden werden müssen, befinden sich die Menschen in einem Krieg eines jeden gegen jeden.[73]

Nachdem schon das XIII. Kapitel des *Leviathan* einen Hinweis enthält, dass die unbeschränkte Vermehrung der eigenen Macht als ein notwendiges Mittel der Selbsterhaltung ein *erlaubtes* Verhalten ist,[74] begründet dann auch im *Leviathan* die *Vernunft* jedermanns *Recht*, seine Macht – i. e. alle zur Verfügung stehenden Mittel – nach eigenem Gutdünken zur Erhaltung des Lebens frei zu gebrauchen und alle Mittel, die nach eigenem Urteil dazu geeignet erscheinen, einzusetzen.[75] Der Kriegszustand, das Recht alles zu gebrauchen und anzueignen, was dem Schutz und der Erhaltung des Lebens dient, verbunden mit dem eigenen Urteil über dessen Ausmaß führt nun auch im *Leviathan* zum Recht auf alles, hier ausdrücklich auch auf den Körper des anderen. Um zu diesem Ergebnis zu gelangen, ist Hobbes also keineswegs auf empirisch strittige Annahmen über die Natur des Menschen angewiesen. Außer der Vernunftbegabtheit der Menschen kommt Hobbes mit den grundlegenden Annahmen aus, dass Menschen nach Dingen verlangen und für ihr Leben und den Schutz ihres Körpers sorgen müssen. Davon abgesehen, sind die natürlichen Eigenschaften der Menschen vollkommen irrelevant.

Das Recht auf alles und der Krieg aller gegen alle sind also die zwei Seiten einer Medaille, beide bedingen einander und der Krieg kann nur dadurch beendet werden, dass jeder auf das Recht auf alles verzichtet, indem alle gemeinsam sich einer allgemeinen Gewalt unterwerfen. Das subjektive Recht, auf Abwehr von Gefahren für den eigenen Körper hat daher sein Gegenstück im natürlichen Gesetz, den Frieden zu suchen und den Naturzustand zu verlassen. Wer glaubt, im Naturzustand verbleiben zu können, widerspricht sich selbst (*De cive* I. 13). Einen solchen Zustand kann man unmöglich wollen, aus ihn herauszutreten ist

72 Ebd., S. 87 f. (XIII), S. 70 (XI).
73 Ebd., S. 88 (XIII).
74 Ebd.
75 Ebd., S. 91 (XIV).

damit ein »Gebot der Vernunft«[76] oder »eine Vorschrift oder Regel der Vernunft, die dem Menschen verbietet«.[77]

Der einzige Weg zur Beendigung des Kriegszustands und zur Schaffung einer jedem Rechtssicherheit gewährleistenden Zwangsgewalt ist die Vereinigung einer Menge von Menschen durch Unterwerfung unter einen gemeinsamen Willen. Denn anders als die Gesellschaften bildenden Tiere – wie Ameisen und Bienen – können Menschen sich nicht durch bloße Übereinstimmung ihrer natürlichen Neigungen vereinigen, weil Menschen ihre Handlungen durch Entscheidungen, den Willen, und nicht durch Instinkt bestimmen.[78] Anders als die aristotelisch-scholastische Theorie behauptet, genügt daher die natürliche Neigung zur Gesellschaft, die Hobbes keineswegs bestreitet, zur spontanen Bildung einer politischen Gemeinschaft nicht. Eine menschliche Gemeinschaft bedarf, um als ein Subjekt zu handeln, eines gemeinschaftlichen Willens, und dies ist nur möglich durch die Unterwerfung aller unter den Willen eines Einzelnen oder einer Versammlung. Dadurch gilt dieser Wille, sofern er etwas betreffs des allgemeinen Friedens und der allgemeinen Sicherheit tun oder veranlassen wird, für den Willen aller einzelnen und macht dadurch die Vereinigung zu einem rechts- und handlungsfähigen Subjekt.[79] Die politische Gemeinschaft kommt also nicht naturgemäß zustande, sondern ist eine künstliche (artifizielle), die nur durch Verträge geschaffen werden kann. Der Akt nun, in dem der Staat durch Unterwerfung aller unter einen gemeinsamen Willen geschaffen wird, ist – jedenfalls in seiner paradigmatischen Form – der Sozialvertrag, in dem sich alle einzelnen gegenseitig zu dieser Unterwerfung verpflichten, dessen vielzitierte Formel lautet: »I Authorise and give up my Right of Governing my selfe, to this Man, or to this Assembly of men, on this condition; that thou give up thy Right to him, and Authorise all his Actions in like manner.«[80] Dieser Vertrag schafft in einem Akt sowohl den mit dem Herrschaftsrecht ausgestatteten Souverän wie die Vereinigung einer Menge von Menschen, das *Commonwealth* oder die *Civitas*.[81] Denn eine Vereinigung ist nichts anderes als eine Menge von Menschen unter einem Willen und kann ohne einen solchen, die Gemeinschaft repräsentierenden Willen gar nicht existieren. Vor der Unterwerfung oder mit

---

**76** »dictamen recta rationis« (Hobbes: De cive [s. Anm. 67], S. 97 (I. 15), S. 98 f. (II. 1), S. 100 (II. 2), S. 115 (III. 19).

**77** Hobbes: Leviathan (s. Anm. 66), S. 91 (XIV): »Precept, or general Rule, found out by Reason, by which a man is forbidden.«

**78** Ebd., S. 119 f. (XVII); vgl. Hobbes: De cive (s. Anm. 67), S. 131–133 (V. 4 f.).

**79** Hobbes: Leviathan (s. Anm. 66), S. 120 (XVII); Hobbes: De cive (s. Anm. 67), S. 133 (V. 6).

**80** Hobbes: Leviathan (s. Anm. 66), S. 120 (XVII).

**81** Ebd.

deren Ende (etwa in Folge von Aufruhr) bilden eine Mehrheit von Menschen keine politische Gemeinschaft, sondern eine bloße Menge.[82]

Seinem Anspruch nach hat Hobbes damit die beiden oben bezeichneten Anforderungen an das neuzeitliche Naturrecht gelöst:

1. Ausgangspunkt ist das subjektive Recht der Menschen, sich selbst zu regieren. Es wird von Hobbes allein auf die Vernunft und den Willen der Menschen gegründet. Weil es wegen des gleichen Rechts aller anderen leer läuft, korrespondiert ihm das natürliche Gesetz, den Frieden zu suchen. Es bedarf dazu keinerlei Rekurs auf eine göttliche Instanz, weder seinem Intellekt noch seinen Willen. Herrschaft leitet sich daraus ab, und zwar durch den Verzicht aller auf dieses Recht zugunsten eines einzelnen Willens. Daraus resultiert auch dessen Autorität, positive Gesetze zu geben, auch hierfür bedarf es keines Rekurses auf eine göttliche Instanz.
2. Die Vereinigung von Menschen zu einer politischen Gemeinschaft erfolgt durch die Unterwerfung aller unter diesen Willen. Deshalb gibt es ohne oder unabhängig von einem solchen Oberhaupt auch keine politische Gemeinschaft, die ihr Herrschaftsrecht auf dieses übertragen, noch diesen seiner Herrschaft entsetzen könnte.

# 7 Die Pluralität politischer Reiche und die Frage nach der Suprematie

Da die politische Macht erst mit der Vereinigung zu einer politischen Gemeinschaft entsteht, es aber historisch kein Beispiel gibt, dass die gesamte Menschheit sich zu einer Gemeinschaft vereinigt hätte, ist sie ihrer Natur nach territorial beschränkt, was eine Pluralität souveräner politischer Gemeinschaften (Königreiche) einschließt. Die Vereinigung der gesamten Menschheit in einer politischen Gemeinschaft sei bisher nicht möglich gewesen noch zu erwarten. Sachlich wird diese Annahme mit dem Argument begründet, dass eine voll-

82 Hobbes: De cive (s. Anm. 67), S. 133 f. (V. 6 f.), S. 136 f. (VI. 1) und Anmerkung. Obwohl der Gedanke, dass eine fiktive Person nur durch den Willen des Repräsentanten handelt, Gemeingut des Römischen Rechts war, scheint der Gedanke, dass das Volk als Volk nicht ohne Unterwerfung aller unter einen Willen, sei es einer natürlichen Person oder dem Mehrheitswillen einer Versammlung, Existenz haben kann, so ungewöhnlich gewesen zu sein, dass Hobbes ihn in dieser Anmerkung der zweiten Auflage noch einmal gegen seine Kritiker präzisieren musste, obwohl er bereits unmissverständlich im Text der ersten Auflage dargelegt war. Hobbes: Leviathan (s. Anm. 66), S. 114 (XVI), S. 118 f. (XVII).

kommene Gemeinschaft eine solche ist, die sich selbst genügt. Zur Erhaltung der Natur und des guten Zustands einer politischen Gemeinschaft ist es nicht nötig, dass sich die ganze Menschheit in einer solchen zusammenschließt – im Gegenteil, eine solche Gemeinschaft würde eher unregierbar, wie Suárez mit Aristoteles argumentiert.[83] Dann aber ist auch die Gewalt, menschliche Gesetze zu geben territorial begrenzt, weil kein Gesetzgeber seine Gesetzgebung über die Grenzen seiner politischen Gewalt ausdehnen kann, diese aber nicht einem einzigen zukommt, der für die ganze Menschheit zuständig ist.[84] In der gegen James I. gerichteten Schrift wird dies dahingehend präzisiert, dass jeder Fürst in seinem Herrschaftsbereich (*in eodem ordine*) keinen Höheren über sich habe, dem er unterworfen ist.[85] Dies gilt allerdings nicht nur territorial, sondern auch sachlich: Die Inhaber der höchsten weltlichen Gewalt haben in ihrem Bereich, d. h. in weltlichen Belangen, keinen Höheren über sich. Andererseits ist der weltliche Souverän in seiner Herrschaft und damit seiner Gesetzgebungskompetenz sowohl auf die Grenzen seines Territoriums beschränkt, wie auf das Ziel seiner Herrschaft, das weltliche Gemeinwohl. Er kann also in Dingen die das geistige Heil seiner Untertanen betreffen, sehr wohl jemandem anderen untergeordnet sein.

Die Mehrheit politischer Gemeinschaften wirft nun aber die Frage nach einer universalen Gewalt auf, um der gesamten Christenheit universale Gesetze zu geben und dadurch deren Einheit zu garantieren. In Frage kommen dafür zwei Gewalten mit universellem Anspruch, der Papst und der Kaiser. Dies ist der Grundgedanke der Kapitel sechs und sieben von *De legibus*: Steht dem Papst oder dem Kaiser die Macht zu, universelle bürgerliche Gesetze zu geben, die die ganze Kirche (gemeint ist die ganze Christenheit) verpflichten. Es geht also um die Macht, bürgerliche Gesetze für die gesamte christliche Welt zu erlassen, und damit um die Frage, besteht eine Suprematie der Päpste oder der Kaiser über die anderen Fürsten.

Das soeben über die territoriale und sachliche Grenze der Herrschaftsgewalt ausgeführte, gilt auch für den (römisch-deutschen) Kaiser. Niemals hatte ein Kaiser (oder ein König) die universale Gesetzgebungskompetenz inne, die ihm durch Rechtsnachfolge hätte übertragen werden können. Insbesondere kann er sie nicht als Rechtsnachfolger der römischen Kaiser haben, da diese selbst eine

---

**83** DL III. 2. 5, Bach, Brieskorn, Stiening III/1, S. 34/35. Vgl. auch Suárez: Defensio fidei, III. 5. 6, Vivès 24, S. 226$^{a-b}$.

**84** DL III. 2. 6, Bach, Brieskorn, Stiening III/1, S. 34–37; DL III. 4. 7, Bach, Brieskorn, Stiening III/1, S. 58–61. Vgl. auch schon DL I. 8. 8, Bach, Brieskorn, Stiening I, S. 194/195.

**85** Suárez: Defensio fidei, III. 5. 1 f., Vivès 24, S. 224$^{b}$–225$^{a}$.

solche Herrschaft niemals ausgeübt hatten.[86] Der Kaiser kann einen solchen Anspruch aber auch nicht aufgrund einer besonderen Einsetzung durch Christus oder den Papst erheben, weil Christus niemals einem zeitlichen Herrscher eine Rechtsgewalt über den gesamten Erdkreis verliehen hat. Auch aufgrund einer Einsetzung durch den Papst kann dem Kaiser eine solche Gewalt nicht zukommen, weil Christus Petrus niemals die weltliche Macht verliehen hat und er bzw. sein Rechtsnachfolger sie folglich auch nicht weiter verleihen kann.[87] Eine universale Gesetzgebungskompetenz des Kaisers folgt also aus keinem der möglichen Rechtstitel (Nachfolge der römischen Kaiser, besondere Übertragung durch Christus oder dem Papst), noch hat ein Kaiser eine solche Macht jemals faktisch ausgeübt. Es gab stets außerhalb des römischen Reiches Fürsten, die nicht dem Kaiser unterstanden und als unabhängig von ihm anerkannt waren – erwähnt werden der byzantinische wie die japanischen, chinesischen und indischen Kaiser oder Könige. Aber auch innerhalb der Grenzen des alten römischen Reiches gibt es christliche Fürsten, die in ihren Reichen die höchste Gewalt in weltlichen Angelegenheiten ausüben. Über sie und in ihre Reichen steht dem Kaiser folglich keine Rechtsgewalt zu, noch vermag er sie durch seine Gesetze zu verpflichten. Namentlich erwähnt werden Frankreich, Spanien, England und die Republik Venedig.[88]

Der Kaiser hat zweifellos in den ihn unterstellten Territorien die Gewalt, bürgerliche Gesetze zu erlassen; dieses Recht ist zugleich jedoch auf diese Territorien beschränkt.[89] Gesetze des Kaisers verpflichten daher nicht in Königreichen, die nicht dem Kaiser unterworfen sind; dies gilt insbesondere auch für das römische *ius civile*.[90] Ein besonderer Rang kommt dem Kaiser allerdings wegen seiner Verbindung zum apostolischen Stuhl und als dessen Schutzmacht zu.[91] In dieser Eigenschaft – als besondere Autorität – hat er dann gegebenenfalls und stets unter Mitwirkung des Papstes an dessen indirekter Gewalt teil, z. B. um zum Schutz der Kirche die katholischen Fürsten zusammenzurufen und zu einem Beschluss zu bewegen, ebenso hat er die Autorität, Zwistigkeit zwischen Königen zu schlichten, um Kriege zu vermeiden.[92]

**86** DL III. 7. 3 f., Bach, Brieskorn, Stiening III/1, S. 106–109; DL III. 7. 6, Bach, Brieskorn, Stiening III/1, S. 110–113.

**87** DL III. 7. 5, Bach, Brieskorn, Stiening III/1, S. 108–111, DL III. 7. 10, Bach, Brieskorn, Stiening III/1, S. 120/121.

**88** DL III. 7. 8 f., Bach, Brieskorn, Stiening III/1, S. 116–119.

**89** DL III. 8. 1 f., Bach, Brieskorn, Stiening III/1, S. 126–129.

**90** DL III. 8. 3–6, Bach, Brieskorn, Stiening III/1, S. 130–139.

**91** DL III. 7. 11–13, Bach, Brieskorn, Stiening III/1, S. 120–127.

**92** DL III. 7. 13, Bach, Brieskorn, Stiening III/1, S. 124–127.

Die Frage stellt sich also, ob der Papst eine universelle oder zumindest für die ganze Christenheit geltende Rechtsgewalt hat, *bürgerliche* Gesetze zu geben. Es wurde schon erwähnt, dass dem Papst eine solche durch Christus unmittelbar nicht gegeben wurde. Deshalb bejaht Suárez im sechsten Kapitel noch einmal, dass der Papst keine *direkte* weltliche Gewalt inne hat, weder über den ganzen Erdkreis, noch über die gesamte Christenheit, außer in jenen Reichen und Provinzen, über die er auch die weltliche Macht ausübt, d. h. innerhalb der Grenzen des Kirchenstaates.[93] Damit widerspricht Suárez nachdrücklich der Theorie der zwei Schwerter, die seit dem Investiturstreit zu dem Versuch führte, die weltliche Macht der geistlichen unterzuordnen. Auf diese Begründung könne sich weder die Ansicht, dass dem Papst die weltliche Gesetzgebung im gesamten Erdkreis, noch die eingeschränktere, dass er sie wenigsten über die christlichen Fürsten habe, stützen.

Die erste These, der Papst habe die Macht, auf dem ganzen Erdkreis bürgerliche Gesetze auch für Nichtchristen zu erlassen, hält Suárez für erkennbar falsch. Nichtgläubige sind den Rechtsgesetzen des Papstes nicht unterworfen; denn wenn dem Papst eine oberste irdische Gewalt zustehe, wären Könige, die dem Papst keinen Gehorsam leisteten, nach dieser These keine Könige mehr, d. h. der Papst wäre mit Recht ihr Herr und könne sie mit Recht zwingen.[94]

Auch die zweite These, dass alle Macht der christlichen Fürsten vom Papst ausgehe, der sie ihnen verliehen habe, hält Suárez für falsch. Sowohl die Begründung, der Papst habe die direkte Macht von Christus erhalten und dürfe sie auf die ganze Welt ausdehnen, soweit wie der Glaube Geltung erhalten habe, wie die, dass Christus Petrus beide Schwerter, das weltliche und das geistliche zugeteilt habe, weshalb der Papst dem Kaiser seine kaiserliche Würde zuteilt, dieser dem Papst die Treue schwört, bevor er bestätigt und gekrönt wird, ist unzutreffend, weil Christus Petrus nur die Schlüssel zur geistlichen Macht zugeteilt habe. Weder die hl. Schrift noch die Tradition gebe einen Hinweis darauf, dass Christus Petrus die weltliche Macht übertragen habe.[95]

Dennoch bejaht Suárez eine *indirekte* Gewalt des Papstes in weltlichen Angelegenheiten. Diese Gewalt kommt ihm allerdings gerade nicht wegen seiner weltlichen, sondern wegen seiner universalen geistlichen Gewalt zu. Die »wahre These« lautet nach Suárez daher: Jede Gewalt, selbst die, die in ihrem Reich die höchste ist, ist der Gewalt des höchsten Pontifex in Hinsicht »auf den letzten

---

**93** DL III. 6. 3, Bach, Brieskorn, Stiening III/1, S. 92–95.
**94** DL III. 6. 1, Bach, Brieskorn, Stiening III/1, S. 88–91.
**95** DL III. 6. 4, Bach, Brieskorn, Stiening III/1, S. 94–97.

Zweck unterworfen«.[96] Diese indirekte Gewalt impliziert aber das Recht, »weltliche Gesetze zu korrigieren oder gar für kraftlos zu erklären, wenn sie sich zum Schaden der menschlichen Seele auswirken können«.[97]

Diese Thesen knüpfen offensichtlich an die oben erörterten Ausführungen zum Gemeinwohl an, das materiell einerseits das irdische Glück und hier besonders Frieden und Gerechtigkeit beinhalte, eigentlich aber darüber hinaus die Gemeinschaft mit Gott zum letzten Zweck habe. Daran knüpft Suárez dann im vierten Buch, das vom Kanonischen Recht handelt, an. Kirche und Staat tragen auf unterschiedliche Weise zur Realisierung dieses Gemeinwohls bei:

> Denn der Zweck der kirchlichen Gewalt ist ein übernatürlicher, derjenige der bürgerlichen Gewalt besteht aber ausschließlich innerhalb der natürlichen Ordnung. Jener ist geistlich, dieser materiell; jener ist ewig, dieser zeitlich. [...] Das Ziel der bürgerlichen Gewalt und des bürgerlichen Rechts ist nicht die ewige und übernatürliche Glückseligkeit, sondern das höchste natürliche Glück in diesem Leben, nicht vollkommen, sondern in dem Maße, wie es in einer vollkommenen menschlichen Gemeinschaft erreicht werden kann.[98]

Daraus lässt sich nun, wie Suárez in *Defensio fidei* näher ausführt, eine Suprematie des Papstes über die christlichen Staaten in Fragen des geistlichen Heils ableiten. Zur Realisierung dieses Rechtsgedankens führt Suárez den Begriff einer indirekten Gewalt ein. Dem Papst steht demnach keine direkte weltliche Gewalt über die politischen Gemeinschaften zu, wohl aber eine indirekte, wenn es zum Schutz der Gläubigen nötig ist:

> Direkt wird die [Gewalt, F. H.] genannt, die innerhalb des Zweckes und der Grenzen derselben Gewalt besteht, indirekt diejenige, die nur in Hinblick auf einen höheren Zweck entsteht und einer höheren und erhabeneren Gewalt zukommt. Die bürgerliche Gewalt ist nämlich auf einen angenehmen Zustand und die irdische Glückseligkeit des menschlichen Staates im gegenwärtigen Leben ausgerichtet. Deshalb wird sie selbst auch zeitliche Gewalt genannt. Die bürgerliche Gewalt wird dann in ihrem Bereich die höchste genannt, wenn sie in diesem und hinsichtlich ihres Zwecks die letzte Instanz in ihrer Sphäre oder in der ganzen ihr untergebenen Gemeinschaft ist, so dass vom obersten Fürsten alle Magistrate abhängen, er selbst aber niemandem hinsichtlich desselben Zwecks, der bürgerlichen Regierung, unterworfen ist. Weil aber die zeitliche Glückseligkeit auf die ewige zu beziehen ist, kann es geschehen, dass der Gegenstand der bürgerlichen Gewalt hinsichtlich des

**96** DL III. 6. 3, Bach, Brieskorn, Stiening III/1, S. 92/93: »Nam illud primum verum et certum est, non tamen propter temporalem potestatem Petri sed propter spiritualem, et cui temporalis in ordine ad finem illius subicitur.«

**97** DL III. 6. 6, Bach, Brieskorn, Stiening III/1, S. 98/99: »Haec autem potestas indirecta, licet sufficiat ad corrigendas interdum vel abrogandas leges civiles quando vergere possunt in perniciem animarum.« Vgl. auch DL III. 7. 12, Bach, Brieskorn, Stiening III/1, S. 122–125.

**98** DL IV. 8. 2 , Vivès 5, S. 362$^{b}$–363$^{a}$.

geistigen Wohls in anderer Weise zu lenken ist, als es allein in Hinsicht auf die bürgerlichen Belange notwendig zu sein scheint. Dann aber ist es möglich, dass ein weltlicher Fürst, obwohl seine Gewalt in seinem Rechtsbereich nicht direkt von einer anderen der gleichen Ordnung, die dasselbe Ziel verfolgt, abhängt, doch in seinem eigenen Bereich von einer höheren Gewalt, welche die Menschen auf ein erhabeneres, ewiges Ziel hinlenkt, gelenkt, von ihr geholfen oder durch sie zurechtgewiesen werden muss. Eine solche Abhängigkeit wird eine indirekte genannt, weil jene höhere Gewalt sich um die zeitlichen Belange nicht um deretwillen, sondern indirekt und in anderer Absicht kümmert.[99]

Diese kompakten Ausführungen sollen im Folgenden näher aufgeschlüsselt werden:

- Die bürgerliche Gewalt ist auf das irdische Glück ausgerichtet. Sie wird die höchste genannt, wenn sie die höchste in ihrem Bereich und keiner anderen *weltlichen* Gewalt (Suárez sagt, keiner Gewalt, die *dasselbe* Ziel verfolgt) unterworfen ist (heißt, sie kann möglicherweise einer Gewalt unterworfen sein, die ein anderes, höheres Ziel verfolgt). In *ihrem* Bereich kommt ihr daher die direkte Gewalt zu.
- Die zeitliche Glückseligkeit ist aber, wie oben erläutert, der ewigen nachgeordnet. Dabei ist unterstellt, dass auch die Regelung zeitlicher Angelegenheiten (z. B. die Ehegesetzgebung) Einfluss auf das ewige Seelenheil haben könnte. Deswegen ist es möglich, dass in Hinsicht auf das ewige Seelenheil eine Regelung der Materie nach rein bürgerlicher Vernunft zu einem anderen Resultat führt, als es für das ewige Seelenheil erforderlich ist.

---

**99** Suárez: Defensio fidei, III. 5. 2, Vivès 24, S. 224$^{b}$–225$^{a}$: »Directa vocatur, quae est intra finem et terminos ejusdem potestatis; indirecta, quae solum nascitur ex directione ad finem altiorem, et ad superiorem ac excellentiorem potestatem pertinentem. Propria enim potestas civilis de se solum directe ordinatur ad convenientem statum, et temporalem felicitatem humanae reipublicae pro tempore vitae praesentis, et ideo etiam potestas ipsa temporalis appellatur. Quamobrem tunc civilis potestas dicitur in suo ordine suprema, quando in eodem, et respectu sui finis ad illam fit ultima resolutio in sua sphaera, seu in tota communitate, quae illi subest; ita ut a tali principe supremo omnes inferiores magistratus, qui in tali communitate, vel in parte ejus potestatem habent, pendeant, ipse vero princeps summus nulli superiori in ordine ad eumdem finem civilis gubernationis subordinetur. Quia vero felicitas temporalis et civilis ad spiritualem et aeternam referenda est, ideo fieri potest ut materia ipsa potestatis civilis aliter dirigenda et gubernanda sit, in ordine ad spirituale bonum, quam sola civilis ratio postulare videatur. Et tunc, quamvis temporalis princeps ejusque potestas in suis actibus directe non pendeat ab alia potestate ejusdem ordinis, et quae eumdem finem tantum respiciat, nihilominus fieri potest ut necesse sit ipsum dirigi, adjuvari, vel corrigi in sua materia, superiori potestate gubernante homines in ordine ad excellentiorem finem et aeternum, et tunc illa dependentia vocatur indirecta, quia illa superior potestas, circa temporalia non per se, aut propter se, sed quasi indirecte, et propter aliud interdum versatur.« Übersetzung F. H.

- In einem solchen Fall kann der Papst die weltlichen Fürsten kraft seiner *geistlichen* Gewalt in *bürgerlichen* Angelegenheiten (für die er an sich keine Rechtsgewalt hat) beraten oder zurechtweisen. Dies bezeichnet Suárez als die indirekte Gewalt des Papstes in Belangen der *bürgerlichen* Rechtsgewalt.

Suárez unterscheidet dabei drei Formen der indirekten Gewalt oder der Suprematie des Papstes über die weltlichen Fürsten und fragt *erstens*, ob die weltlichen Fürsten und Könige dem Papst als Personen geistlich unterworfen sind, *zweitens*, ob dem Papst die Könige nicht nur als Personen, sondern als Inhaber der weltliche Gewalt derart unterworfen sind, dass er deren Regierungstätigkeit durch Befehle lenken, ergänzen oder verhindern kann, und *drittens*, ob der Papst infolgedessen vermöge seiner geistlichen Gewalt die christlichen Fürsten nicht nur durch Befehle lenken, sondern auch durch Strafen zwingen kann, auch bis zum Entzug der königlichen Gewalt.[100] Alle drei Fragen sind nach Suárez zu bejahen. Die Könige sind dem Papst als Personen unterworfen, weil er ihr geistlicher Vater und Hirte ist.[101] In dieser Eigenschaft übt er direkte Gewalt in geistlichen Fragen über die Fürsten aus. So sie vom Glauben fallen, kann er sie nach einem formellen Verfahren, das ihre Häresie bestätigt, absetzen.[102] Von Interesse sind hier aber insbesondere die Antworten auf die beiden letzten Fragen. Dem Papst steht demnach

> kraft seiner geistlichen Rechtsgewalt über die weltlichen Könige und Fürsten [ein indirektes Recht zu], so dass er sie im Gebrauch ihrer weltlichen Gewalt auf das geistliche Ziel hinlenken kann, weshalb er einen solchen Gebrauch vorschreiben oder verhindern, gebieten oder verbietet vermag, wie es das geistliche Wohl der Kirche verlangt.[103]

Insbesondere steht es dem Papst zu, die Inhaber der politischen Gewalt anzuweisen, Gesetze zu erlassen oder zu ändern. Ferner kann er ungerechte Gerichtsurteile kassieren oder an sich ziehen, er kann die Fürsten zur Verteidigung der Kirche aufrufen und Auseinandersetzungen zwischen den Fürsten verschiedener Staaten schlichten. Besonders folgenreich ist, dass Suárez diese Gewalt aus der Aufgabe des Papstes, für das Seelenheil der Christen Sorge zu tragen,

**100** Suárez: Defensio fidei, III. 21. 2, Vivès 24, S. 303$^{a-b}$.
**101** Suárez: Defensio fidei, III. 21. 5, Vivès 24, S. 304$^{a-b}$.
**102** DL III. 10. 6, Bach, Brieskorn, Stiening III/1, S. 178–181.
**103** Suárez: Defensio fidei, III. 22. 1, Vivès 24, S. 308$^{b}$: »Pontificem Summum, ex vi suae potestatis seu jurisdictionis spiritualis, esse superiorem regibus et principibus temporalibus, ut eos in usu potestatis temporalis dirigat in ordine ad spiritualem finem, ratione cujus potest talem usum praecipere vel prohibere, exigere aut impedire, quantum ad spirituale bonum Ecclesiae fuerit conveniens.« Übersetzung F. H.

abzuleiten versucht, weshalb dem Papst damit die Gewalt zukommt »moralisch zu verpflichten und zu lösen« und »das Gewissen zu binden«.[104]

Weil aber die direktive Gewalt ohne Zwangsgewalt ineffektiv ist, kommt dem Papst unfügsamen Fürsten gegenüber, sofern sie der Kirche schaden, ein Zwangsrecht, ggf. bis hin zur Absetzung, zu.[105] Suárez ist überzeugt, dass James diese Gewalt fürchtet, wohingegen er die direktive Gewalt des Papstes ignoriert, weil er befürchtet, dass sein Zepter nicht sicher ist, wenn seine Untertanen glauben, dass der Papst diese Macht hat.[106] Der Grund dafür besteht darin, dass der Papst – da er die Gewalt hat, zu binden und zu lösen – mit der Absetzung des Königs die Untertanen von der Gehorsamspflicht entbindet,[107] so dass sie sich zu Recht erheben können.

Infolge eines solchen Absetzungsurteils steht dem Papst das Recht zu, andere Fürsten aufzufordern, dieses Urteil zu vollstrecken – denn für diese entsteht nun ein gerechter Kriegsgrund, weil der bisherige Herrscher nicht mehr rechtmäßig und als Tyrann zu betrachten ist[108] – und die Untertanen zum – nunmehr erlaubten – Widerstand aufzufordern. Auch kann ein tyrannisch regierender König, gegen den ein Absetzungsurteil ergangen ist, nach Erlass eines solchen Urteilsspruchs von jedem Privaten getötet werden, weil der Attentäter nicht aufgrund privater Autorität handelt, sondern infolge des Urteilsspruchs als ein Werkzeug der öffentlichen Autorität.[109]

Infolge seines indirekten Rechtes hat der Papst Suárez zufolge auch das Recht, bei einem Vorgehen der politischen Gemeinschaft gegen den König konsultiert zu werden. Das Recht, sich gegen tyrannische Könige zu verteidigen und sie gegebenenfalls abzusetzen, steht den Völkern – wie oben ausgeführt – auch von Natur aus zu, nichtsdestoweniger besteht nach Suárez auch hier eine Abhängigkeit von und Subordination unter den Papst, weil er jedem Reich vorschreiben könne, sich nicht gegen den König zu erheben oder ihn abzusetzen, ohne den Papst zu konsultieren. Wiederum wird dies mit den moralischen Ge-

---

**104** Suárez: Defensio fidei, III. 22. 1, Vivès 24, S. 308$^{b}$–309$^{a}$.

**105** Suárez: Defensio fidei, III. 23. 2, Vivès 24, S. 315$^{a}$; Suárez: Defensio fidei, VI. 4. 16, Vivès 24, S. 680$^{b}$.

**106** Suárez: Defensio fidei, III. 23. 1, Vivès 24, S. 314$^{b}$–315$^{a}$.

**107** Suárez: Defensio fidei, IV. 3. 6, Vivès 24, S. 364$^{a-b}$.

**108** Vgl. Suárez: De bello (s. Anm. 55), S. 118 f. (V.8). Suárez: Defensio fidei, VI. 4. 14, Vivès 24, S. 679$^{b}$–680$^{a}$. Suárez: Defensio fidei, VI. 4. 19, Vivès 24, S. 681$^{b}$–682$^{a}$.

**109** Suárez: Defensio fidei, VI. 4. 14, Vivès 24, S. 679$^{b}$–680$^{a}$. Suárez: Defensio fidei, VI. 4. 18, Vivès 24, S. 680$^{a-b}$.

fahren und dem Verlust des Seelenheils, die ein Volkstumult mit sich bringt, begründet.[110]

Aus demselben Grund kann der Papst auch wegen der Schäden, die der Kirche aus jeder Kriegshandlung entstehen, in zwischenstaatliche Auseinandersetzungen eingreifen und verlangen, dass die Staaten sich seinem Schiedsspruch unterwerfen. Andernfalls verlieren sie den Grund für einen gerechten Krieg; ungeachtet dessen einen Krieg zu führen, wäre dann Unrecht.[111]

# 8 Der Ordnungsgedanke des Suárez und des englischen Königs

Den Überlegungen Suárez' liegt offensichtlich die Vorstellung einer Ordnung der christlichen Welt zugrunde, die von einer Pluralität gleichberechtigter Staaten ausgeht, die gegenseitig keinen weltlichen Oberen über sich anerkennen, aber alle unter dem Schirm der *einen* Kirche vereinigt sind. Daraus leitet sich eine *direkte* Rechtsgewalt des Papstes über alle Christen in geistlichen Fragen ab, wie eine *indirekte* Rechtsgewalt über die Staaten und deren Fürsten in weltlichen Angelegenheiten, sofern deren Regelung das Wohl der Kirche wie das Seelenheil der Gläubigen betreffen. Diese Gewalt besteht sowohl hinsichtlich der inneren Angelegenheiten der Staaten, z. B. der Maßregelung eines Herrschers, dessen Regierungstätigkeit das Wohl der Kirche beeinträchtigt oder der seine Gewalt tyrannisch missbraucht. Sie besteht insofern auch im zwischenstaatlichen Verhältnis, als Suárez für den Papst das Recht auf bindendem Schiedsspruch in zwischenstaatlichen Konflikten beansprucht.

Diese Forderungen mussten zu erbitterten Auseinandersetzungen mit James I. aufgrund dessen Anspruchs führen,[112]

1. die Könige seien unmittelbar von Gott eingesetzt und keine Gewalt könne dem König seiner Gewalt berauben. Alle Beschränkung seiner Prärogative sei seine willentliche Gewährung und keine Beschränkung durch einen Vertrag, durch den er dem Volk gegenüber gebunden sei. Sein Königtum kann, weil von Gott unmittelbar eingesetzt, weder von Menschen noch vom Papst eingeschränkt oder beendet werden.

---

**110** Suárez: Defensio fidei, VI. 4. 17, Vivès 24, S. $680^{b}$–$681^{a}$.

**111** Suárez: De bello (s. Anm. 55), S. 80 f. (II.5) und S. 82–85 (II.7).

**112** Wie auch bei Suárez, und dem Zeitgeist entsprechend, begründet auch James I. seine Ansprüche vornehmlich aus der Schrift, bevorzugt allerdings aus dem Alten Testament.

2. der Kirche komme überhaupt keine Rechtsgewalt zu, diese komme auch in geistlichen Angelegenheiten nur den weltlichen Fürsten zu, d. h. den Fürsten komme in ihren Territorien beide Gewalten zu, wohingegen die geistliche Gewalt auf die Verwaltung der Sakramente und die Verkündigung des Wortes Gottes beschränkt sei.

Gegen diese Ansprüche macht Suárez z. T. die oben bereits ausgiebig erörterten Unterschiede der geistigen und weltlichen Gewalt geltend. Wohl sind Kirche und Staat beide vollkommene Gemeinschaften, sie unterscheiden sich aber in ihrem Ursprung, ihrer Organisation und ihren Zielen.[113]

Die Kirche verdankt ihren Ursprung positivem göttlichem Recht. Durch direkte Institution gründete Christus die Kirche, indem er Petrus und seinen Nachfolgern die geistliche Gewalt übertrug. Sie ist daher unveränderlich, weil der Mensch nicht lösen kann, was Gott gebunden hat. Zwar haben auch die weltlichen Reiche ihren Ursprung und den Ursprung ihrer Gewalt in Gott, unmittelbar werden sie aber von den Menschen gemäß der Vernunft und der Naturordnung durch willentliche Vereinigung zu einer politischen Gemeinschaft geschaffen und die dabei anfallende politische Gewalt auf die Fürsten übertragen. Sie verdanken ihre Gewalt daher unmittelbar positivem menschlichem Recht. Sie ist daher änderbar und kann zurückgefordert werden, zwar nicht willkürlich, aber doch als Notwehrrecht.[114]

Daraus folgt unmittelbar ein weiterer Unterschied: Während es auf Erden eine Mehrheit von politischen Gemeinschaften gibt, da die Menschheit sich niemals zu einer politischen Gemeinschaft vereinigt hat, gibt es nur *eine* Kirche, da Christus nur eine gegründet hat. Deswegen gibt es auch nicht *einen* Monarchen, bzw. Regierenden oder *einen* Gerichtshof, noch kann es moralisch *einen* geben. Dagegen ist die christliche Kirche *eine* vollkommene Gemeinschaft, und *ein* Reich breitet sich über den gesamten Erdkreis aus, und deswegen ist *eine* globale Gewalt über sie als Gesamtheit nötig. So wie jedes weltliche Reich von einem Monarchen in weltlichen Belangen regiert wird, so muss das ganze kirchliche Reich durch einen Monarchen regiert werden. Der Anspruch James' I. aber würde diese Einheit der universellen Kirche sprengen.[115]

---

**113** Suárez: Defensio fidei, III. 6. 17, Vivès 24, S. 236$^{b}$–237$^{a}$. Zum Unterschied der Ziele der weltlichen und geistlichen Macht vgl. auch DL III. 11. 3–6, Bach, Brieskorn, Stiening III/1, S. 190–201. Zum Unterschied des Ursprungs und der Form weltlicher und geistlicher Macht vgl. auch DL III. 3. 7 f., Bach, Brieskorn, Stiening III/1, S. 44–49.

**114** Suárez: Defensio fidei, III. 3. 13, Vivès 24, S. 216$^{b}$.

**115** Suárez: Defensio fidei, III. 6. 11, Vivès 24, S. 234$^{b}$–235$^{a}$. Suárez: Defensio fidei, III. 8. 3–5, Vivès 24, S. 244$^{a}$–245$^{a}$.

Geistliche und weltliche Gewalt dienen dem Zweck der Gewährleistung des Allgemeinwohls, doch haben beide Gewalten unterschiedliche Ziele. Die weltliche Gewalt ist auf den Frieden und das Wohl im diesseitigen Leben gerichtet, das Ziel der geistlichen Macht auf das überirdische Heil der unsterblichen Seele.

Da die Kirche oder die Gemeinschaft der Christen also eine vollkommene Gemeinschaft ist, die in ihrem Bereich der rechtlichen Regelung des Verhältnisses ihrer Mitglieder bedarf, hat die Kirche außer der geistlichen Gewalt zur Ordnung der geistlichen Angelegenheiten (wie des Kults und der Sakramente) auch eine Rechtsgewalt zur Lenkung der Gläubigen auf das ewige Seelenheil.[116] Als eine die Christenheit umspannende Gemeinschaft, die dem Menschen den Weg zum ewigen Frieden weist, muss sie aber auch dort, wo die Staaten das irdische Gut des Friedens nicht erreichen können, vermittelnd und schlichtend eingreift.

Die Behauptung James' I., dass die geistliche und die weltliche Macht völlig zusammenfallen, und der politischen Gewalt in ihren Grenzen auch die Rechtsgewalt in geistlichen Angelegenheiten zustünde, ist daher falsch.[117] Die geistliche Gemeinschaft ist darüber hinaus in ihrem Ursprung und ihren Zielen erhabener als die politischen Gemeinschaften. Wenn ihrem Oberhaupt, dem Papst, auch keine direkte Rechtsgewalt in weltlichen Angelegenheiten zusteht, so kann er doch, wenn es das Wohl der Kirche, die Einheit der Christenheit oder das Seelenheil der Christen erfordert, Direktive an die weltlichen Fürsten zum Gebrauch dieser Gewalt geben und notfalls auch in die inneren wie in die zwischenstaatlichen Angelegenheiten intervenieren.

Dieser Anspruch war angesichts der beinahe schon hundert Jahre dauernden Kirchenspaltung einerseits, aufgrund derer die Protestanten die Suprematie des Heiligen Stuhls nicht mehr anerkennen konnten, und der sich herausbildenden absolutistischen Monarchien andererseits, die eine geistliche Suprematie ebenso wenig akzeptieren konnten, historisch überholt.[118] Gleichwohl wurde diese Theorie, wie oben gezeigt, für das neuzeitliche Natur- bzw. Vernunftrechtsdenkens und ihrem Versuch, Recht und Staat ohne Bezug auf Gott und

**116** Suárez: Defensio fidei, III.6.1, Vivès 24, S. $231^{a-b}$. Suárez: Defensio fidei, III. 6. 6–8, Vivès 24, S. $232^{b}$–$234^{a}$. Suárez: Defensio fidei, III. 6. 17, Vivès 24, S. $236^{b}$–$237^{a}$.

**117** Suárez: Defensio fidei, III. 6. 5, Vivès 24, S. $232^{a-b}$. Suárez: Defensio fidei, III. 7. 1–5, Vivès 24, S. $238^{a}$–$240^{a}$. Suárez: Defensio fidei, III. 8. 1 f., Vivès 24, S. $243^{b}$–$244^{a}$.

**118** Außerdem widersprach dieser Anspruch dem im Augsburger Reichsabschied von 1555 (auch Augsburger Religionsfrieden) im Reich zum Gesetz gewordenen *jus reformandi*, das den Landesherren das Recht gab, das Bekenntnis seiner Untertanen zu bestimmen, 1612 von Joachim Stephni auf die prägnante Formel *cuius regio, eius religio* gebracht.

dem göttlichen Willen in der menschlichen Vernunft und dem menschlichen Willen zu begründen, eine Herausforderung, nicht nur für Hobbes, sondern auch für Grotius oder Pufendorf.

# 3 Politik und Herrschaft

Dieter Hüning

# Der vernünftige Inhalt des Gesetzes: Gerechtigkeit und Gemeinwohl

## Zur Rolle des *bonum commune* in Suárez' Staatsrechtlehre (DL III. 11–12)

Wenn das dritte Buch von *De legibus* in der Tat im »konzeptionellen Zentrum der suárezischen Rechtslehre« steht,[1] so bilden die Kapitel 11 und 12 desselben ein wichtiges Element seiner Staatsrechtskonzeption, insofern Suárez hier die rechtlich-politische Zielsetzung des Staates bzw. des staatlichen Gesetzes thematisiert. Die Leitfrage des 11. Kapitels lautet: Worin besteht die »causa finalis et efficiens legis civilis«?[2] Die allgemeinen naturrechtlichen Rahmenbedingungen über die Zielbestimmung des Gesetzes hatte Suárez schon im ersten Buch behandelt. Im dritten Buch geht es um die Zielsetzung und die Anwendungsbedingungen, denen das positive, menschliche Gesetz unterliegt. Der Staatsbegriff ist in den Kapiteln 11 und 12 vorausgesetzt, ebenso die Ausschließlichkeit der staatlichen Gesetzgebung. Im zweiten Kapitel des dritten Buches hatte Suárez erläutert, dass das Recht der Herrschaft, insbesondere der Gesetzgebung und der Bestrafung nicht schon im ursprünglichen, natürlichen Recht der einzelnen Menschen auf mögliches Glück in Gemeinschaft mit dem aller anderen enthalten ist, denn »von Natur aus werden alle Menschen frei geboren und infolgedessen hat niemand über den anderen eine staatliche Rechtssetzungsgewalt«.[3] Nur die Herrschaftsgewalt über Tiere und die unbeseelte Natur hatte Gott den Menschen ursprünglich übertragen. Die Notwendigkeit staatlicher Herrschaft entsteht erst in Folge des Sündenfalls.[4]

Folglich kann die Gesetzgebungsgewalt, also diejenige Gewalt, die darin besteht, die Freiheit der einzelnen in ihrem Verhältnis zueinander einzuschrän-

1 Oliver Bach, Norbert Brieskorn, Gideon Stiening: »Voluntas est anima et quasi substantia legis«. Suárez' Theorie der *leges humanae* in ›De legibus III‹. In: Francisco Suárez: De legibus ac Deo legislatore. Drittes Buch. 2 Bde. Hg. von Oliver Bach, Norbert Brieskorn u. Gideon Stiening. Stuttgart-Bad Cannstatt 2014, 2. Bd., S. XIII–XXVII, hier S. XIV.

2 DL III. 12. 1, Bach, Brieskorn, Stiening III/1, S. 210.

3 DL III. 2. 3, Bach, Brieskorn, Stiening III/1, S. 28/29: »[E]x natura rei omnes homines nascuntur liberi, et ideo nullus habet iurisdictionem politicam in alium.« Übersetzung D. H. Vgl. ders.: Defensio fidei catholicae. Mainz 1619. Lib. III, cap. 2, n. 9, S. 123.

4 Francisco Suárez: Defensio fidei (s. Anm. 3), lib. III, cap. 2, n. 9 / Bd. I, S. 123.

https://doi.org/10.1515/9783110696738-005

ken – wie Suárez sagt – nur »in hominum collectione«,[5] in einem menschlichen Verband, bzw. »in hominum communitate« ihren Ursprung haben.[6] Die zu einer Gemeinschaft vereinigten Menschen müssen zunächst von der bloßen Ansammlung von Menschen ohne jegliche Ordnung unterschieden werden.[7] In Bezug auf eine solche bloße Ansammlung von Menschen stellt sich die Frage der Herrschaft nicht. Anders verhält es sich dagegen im Falle dessen, dass eine Menge von Menschen sich aufgrund eines besonderen Willensaktes oder aufgrund einer gemeinschaftlichen Übereinkunft zu einem einheitlichen politischen Körper vereinigt haben, um sich wechselseitig in Bezug auf einen gemeinschaftliches politischen Zweck in ihren gesetzmäßigen Zwecken zu befördern.[8] Durch den Akt der Gemeinschaftsbildung entsteht nach Suárez auch unmittelbar eine »potestas communis«, die, wenn sie nicht auf einen Einzelnen übertragen wurde, bei der ganzen Gemeinschaft liegt.[9] Mit anderen Worten: Durch die willent-

5 DL III. 2. 3, Bach, Brieskorn, Stiening III/1, S. 28/29.

6 DL III. 2. 4, Bach, Brieskorn, Stiening III/1, S. 30/31.

7 DL III. 2. 4, Bach, Brieskorn, Stiening III/1, S. 32/33: »[A]dvertendum est multitudinem hominum duobus modis considerari. Primo solum ut est aggregatum quoddam sine ullo ordine vel unione physica vel morali, quomodo non efficiunt unum quid nec physice nec moraliter; et ideo non sunt proprie unum corpus politicum, ac proinde non indigent uno capite aut principe.« / »[Es] ist anzumerken, dass man ›Vielheit der Menschen‹ in zwei Weisen verstehen kann: *erstens* als eine gewisse Anhäufung ohne jede Ordnung oder physische oder eine sittliche Einheit. In dieser Art bilden sie also weder eine physische noch sittliche Einheit; und deshalb stellen sie im eigentlichen Sinn keinen abgrenzbaren einheitlichen politischen Körper dar, benötigen also auch kein Haupt und keinen Herrscher.«

8 Ebd.: »Alio ergo modo consideranda est hominum multitudo, quatenus speciali voluntate seu communi consensu in unum corpus politicum congregantur uno societatis vinculo et ut mutuo se iuvent in ordine ad unum finem politicum, quomodo efficiunt unum corpus mysticum, quod moraliter dici potest per se unum; illudque consequenter indiget uno capite.« / »Daher ist die Vielheit der Menschen auf eine *zweite* Weise zu betrachten, nämlich insoweit sie sich durch einen besonderen Willen bzw. durch eine gemeinschaftliche Übereinstimmung zu *einem* politischen Körper zusammenfinden, in *einer* gesellschaftlichen Verbindung, und zwar so, dass sie sich wechselseitig im Hinblick auf *einen* politischen Zweck helfen. Auf diese Art bilden sie *einen* überirdischen Körper, den wir ›in moralischer Weise durch sich selbst eins‹ nennen können: und jener Leib bedarf folgerichtig *eines* Hauptes.«

9 DL III. 2. 4, Bach, Brieskorn, Stiening III/1, S. 32–35: »[I]deo naturali rationi repugnat dari congregationem humanam quae per modum unius corporis politici uniatur et non habere aliquam potestatem communem cui singuli de communitate parere teneantur; ideoque si illa potestas non sit in aliqua persona determinate, necesse est ut in tota communitate existat.« / »Daher widerspricht es der natürlichen Vernunft, dass es einerseits eine menschliche Zusammenkunft geben könnte, welche sich nach Art eines politischen Körpers vereint hätte, und doch einer politischen, für sämtliche Mitglieder zuständigen Gewalt entbehren würde, der alle einzelnen Mitglieder zu gehorchen angehalten wären. Wenn daher jene Gewalt nicht in einer

liche Vereinigung von Menschen zu einem *corpus politicum* entsteht unmittelbar die Macht und die Herrschaft dieser Gemeinschaft über sich selbst. Der rechtliche Ursprung der staatlichen Gemeinschaft sowie ihrer politischen Gewalt wird von Suárez also aus dem vereinigten Willen des Volkes hergeleitet.

Es liegt auf der Hand, dass in dieser Konzeption die Frage entsteht, ob bzw. in welcher Weise der Staatswille an den Willen des zu einer rechtlichen Gemeinschaft konstitutierten Volkes gebunden ist. Dieser Frage will ich im Folgenden nachgehen. Im ersten Teil meines Beitrags skizziere ich daher die meiner Ansicht nach staatsrechtlich wesentlichen Positionen des 11. Kapitels, sodann im zweiten Teil diejenigen des 12. Kapitels. Im abschließenden dritten Teil stelle ich kritische Überlegungen zu diesen Positionen an.

## 1 Irdische und himmlische Glückseligkeit: Kapitel 11

Das 11. Kapitel dient der Klärung der Frage, worin der »finis potestatis et legis civilis« besteht und wie sich staatliches und kanonisches Recht zueinander verhalten und worin sich die Aufgabenstellung beider Rechte unterscheidet.

Suárez' Ausgangspunkt ist die Zurückweisung des Fortunius Garcia von der gleichgerichteten Zielsetzung des staatlichen und kanonischen Rechts, die dieser in seiner Schrift *De ultimo fine utriusque iuris* entwickelt hatte. Fortunius hatte bestritten, »dass das Ziel des bürgerlichen Rechts [...] nur im äußeren Frieden und der Gerechtigkeit des Gemeinwesens bestünde«,[10] vielmehr bezieht es sich auch auf die »wahre und übernatürliche Glückseligkeit« der Religion.[11]

Suárez würdigt dabei einerseits die Glückseligkeitslehre des Fortunius als durchaus innovativ, wirft ihr andererseits eine »gewisse verwirrende und undifferenzierte Bezeichnung« der Glückseligkeit vor.[12] Dazu nimmt Suárez im 11.

---

bestimmten Person konzentriert vorhanden wäre, so würde es notwendig sein, dass die Gewalt in der gesamten Gemeinschaft läge.«

**10** DL III. 11. 1, Bach, Brieskorn, Stiening III/1, S. 188/189: »Sentit ergo Fortunius finem iuris civilis esse non solum externam pacem et iustitiam reipublicae, sed etiam veram et internam hominis felicitatem ac salutem.«

**11** DL III. 11. 3, Bach, Brieskorn, Stiening III/1, S. 192/193: »[V]eram et supernaturalem felicitatem.«

**12** DL III. 11. 4, Bach, Brieskorn, Stiening III/1, S. 194/195: »Nihilominus haec opinio Fortunii nova est et singularis ortaque est ex quadam verborum confusa et indistincta significatione seu aequivocatione, qua sublata facile rei veritas intelligitur.« / »Nichtsdestoweniger ist diese

Kapitel in vier Schritten Stellung, wobei er von der Notwendigkeit ausgeht, »eine zweifache Glückseligkeit des Menschen an[zu]erkennen und auseinander[zu]halten, je nachdem, ob es sich um das dieseitige oder zukünftige Leben handelt«.[13]

Suárez ist *erstens* der Auffassung, dass »die weltliche Macht und das weltliche Recht [...] die ewige übernatürliche Glückseligkeit des zukünftigen Lebens nicht im Blick« haben.[14] Die irdische Gewalt hat deshalb einen eigenständigen Zweck der Gewährleistung der irdischen Glückseligkeit, aber sie selbst und die »von ihr erlassenen Gesetze berücksichtigen nicht die übernatürliche Glückseligkeit als ein letztes Ziel« und eben hierin unterscheidet sich die Staatsgewalt »am deutlichsten von der kirchlichen Gewalt«.[15] Dass der Endzweck des menschlichen Lebens die »felicitas vel beatitudo« und der Staat notwendigerweise auf diesen Endzweck des irdischen Daseins bezogen sei, hatte schon Thomas von Aquin gelehrt.[16] Suárez selbst hatte bereits im ersten Buch von *De legibus* erklärt: »[W]eil die Gesetze der Gemeinschaft auferlegt werden, müssen sie um des Wohls dieser Gemeinschaft willen erlassen werden – ansonsten wären sie ohne Ordnung.«[17]

*Zweitens* ist Suárez der Ansicht, dass die weltliche Gewalt aus ihrer immanenten Zielbestimmung heraus keinen unmittelbaren Bezug auf die ewige

Ansicht des Fortunius neu und tritt isoliert auf; sie entstand aufgrund einer gewissen verwirrenden und undifferenzierten Bezeichnung bzw. durch die Vergabe eines einzigen Wortes für zwei verschiedene Dinge, wodurch die Wahrheit der Sache selbst als völlig verdunkelt erscheinen muss.«

**13** Ebd.: »Duplex ergo felicitas hominis distinguenda est: Una est vitae praesentis, altera futurae; et utraque in naturalem et supernaturalem distingui debet secundum receptam theologicam doctrinam quam nunc supponimus.« / »Man muss nämlich eine zweifache Glückseligkeit des Menschen anerkennen und auseinanderhalten: Die erste betrifft das gegenwärtige, die zweite das zukünftige Leben; und beide sind je für sich noch einmal in die natürliche und die übernatürliche Glückseligkeit zu unterscheiden, laut der von uns empfangenen theologischen Lehre, deren Wahrheit wir hier unterstellen.«

**14** Ebd.: »Potestas civilis et ius civile per se non respiciunt aeternam felicitatem supernaturalem vitae futurae.« / »Die weltliche Macht und das weltliche Recht haben die ewige übernatürliche Glückseligkeit des zukünftigen Lebens nicht im Blick.«

**15** DL III. 11. 5, Bach, Brieskorn, Stiening III/1, S. 196/197: »Et hoc modo dicimus potestatem civilem vel leges ab illa procedentes non respicere felicitatem supernaturalem ut finem ultimum; et in hoc maxime distingui a potestate ecclesiastica.«

**16** STh I-II, qu. 90, a. 2 / DThA Bd. 13, S. 8: »Est autem ultimus finis humanae vitae felicitas vel beatitudo«; DL I. 7. 4, Bach, Brieskorn, Stiening I, S. 162–165.

**17** DL I. 7. 4, Bach, Brieskorn, Stiening I, S. 162/163: »[S]icut leges communitati imponuntur, ita propter bonum communitatis praecipue ferri debent, alioquin inordinatae essent.«

Glückseligkeit besitzt.[18] In dieser hier zum Ausdruck kommenden Trennung von irdischer und übernatürlicher Glückseligkeit und damit verbunden von den unterschiedlichen Aufgabenstellungen von Staat und Kirche liegt der Grund, warum Suárez wie schon Thomas relativ eng an die Naturrechtslehre und Staatsphilosophie der Antike anknüpfen konnte.

Wenngleich die politische Gewalt keinen immanenten Bezug auf die ewige Seligkeit besitzt bzw. nicht »von sich aus« dazu in der Lage ist, »sich auf das geistliche Ziel des irdischen Lebens« zu beziehen,[19] so ist das Verhältnis beider Arten der Glückseligkeit dennoch keines der Indifferenz. Und deshalb kann die durch den Staat bewerkstelligte irdische Glückseligkeit nicht völlig von den Bedingungen des Seelenheils abgetrennt werden, wie dies von den Verfechtern der Lehre von der Staatsräson behauptet wird:

> Das Vernunftargument lautet, dass das geistliche Gut bzw. die Glückseligkeit dieses irdischen Lebens eine von ihm selbst geleistete Vorbereitung auf das allerletzte, das übernatürliche Glück des künftigen Lebens ist, oder – besser gesagt – es ist in gewisser Weise sein Anfang.[20]

Weltliche Macht und die ihr überantwortete Herstellung der »Glückseligkeit dieses irdischen Lebens« soll als »Vorbereitung« auf das »künftige Leben« fungieren.

*Drittens* fügt Suárez noch eine weitere Präzisierung hinzu, indem er die *potestas legislativa civilis* auf die Bewirkung der »natürlichen Glückseligkeit« nicht der Menschen überhaupt, sondern auf diejenige der »vollkommenen menschlichen Gemeinschaft«, für die zu sorgen dieser Gewalt aufgetragen ist,[21] fokussiert. Zu dieser Glückseligkeit der *societas perfecta* des Staates gehört nach Suárez auch die Glückseligkeit der »einzelnen Menschen, insoweit sie Mitglie-

---

**18** DL III. 11. 6, Bach, Brieskorn, Stiening III/1, S. 198/199.

**19** Ebd.: »Ergo potestas quae non ordinatur per se ad dirigendos homines ad illam felicitatem non potest per se referri ad spiritualem finem huius vitae [...].« / »Daher kann die politische Gewalt, welche nicht mit ihren Kräften dazu bestimmt ist, die Menschen hin zu jener überirdischen Glückseligkeit zu geleiten, nicht von sich aus auf das geistliche Ziel des irdischen Lebens bezogen werden.«

**20** Ebd.: »Ratione declaratur, quia spirituale bonum seu felicitas huius vitae est dispositio per se ordinata ad ultimam felicitatem supernaturalem vitae futurae, vel potius est quaedam inchoatio eius.«

**21** DL III. 11. 7, Bach, Brieskorn, Stiening III/1, S. 200/201: »Sed eius finem esse felicitatem naturalem communitatis humanae perfectae cuius curam gerit.« / »Ihr Ziel ist vielmehr die natürliche Glückseligkeit der vollkommenen menschlichen Gemeinschaft, für die zu sorgen dieser Gewalt aufgetragen ist.« Übersetzung geändert, D. H.

der ebendieser Gemeinschaft sind«.[22] Zu diesem Anspruch der Einzelnen auf Glückseligkeit gehört dasjenige, was notwendig ist, damit sie »in Frieden und Gerechtigkeit zu leben vermögen und ausreichend mit Gütern versorgt werden, die nötig sind, um das körperliche Leben zu erhalten und angenehm zu machen« – alles unter der Voraussetzung, dass die einzelnen auch bereit sind, »einen ehrlichen, echten Umgang miteinander« zu pflegen, »der zu diesem äußeren Frieden und zum Glück des Gemeinwesens sowie zur Erhaltung der menschlichen Natur notwendig ist« – es ist der Gedanke der Hervorbringung des Glücks aller in der auf das gleiche Ziel bezogenen Glücksbestrebungen der einzelnen.[23] In der vom Staat hervorzubringenden Glückseligkeit der *societas perfecta* liegt keine Diskrepanz zwischen der Glückseligkeit der Gemeinschaft und derjenigen der einzelnen; hierdurch werden gewissermaßen nur unterschiedliche Aspekte ein und derselben Sache bezeichnet.

*Viertens* gilt die Einschränkung der *potestas civilis* auf die diesseitige Glückseligkeit auch in dem Falle eines christlichen Herrschers, denn – so Suárez – die entsprechenden sozialen Tugenden sind bei einem »Gläubigen und einem Ungläubigen [...] von nicht jeweils anderer Natur«.[24]

## 2 Kapitel 12: Was ist Gegenstand der Normierung durch die staatlichen Gesetze?

Die Überschrift des 12. Kapitels lautet: »Haben die weltlichen Gesetze einen sittlich guten Inhalt ausschließlich darin, dass sie Handlungen sämtlicher Tugenden vorschreiben, oder verbieten sie auch die diesen entgegengesetzten

---

22 Ebd.: »[E]ius finem esse felicitatem naturalem communitatis humanae perfectae cuius curam gerit, et singulorum hominum ut sunt membra talis communitatis.«

23 Ebd.: »[I]n ea [communitate], scilicet in pace et iustitia vivant et cum sufficientia bonorum quae ad vitae corporalis conservationem et commoditatem spectant; et cum ea probitate morum quae ad hanc externam pacem et felicitatem reipublicae et convenientem humanae naturae conservationem necessaria est.«

24 DL III. 11. 9, Bach, Brieskorn, Stiening III/1, S. 204/205: »Sicut virtus acquisita temperantiae in fideli et infideli, in iusto et iniusto, non est alterius naturae, nec actus suos efficere potest circa aliam materiam vel propter alium proximum finem seu motivum aut intrinsecam honestatem.« / »Gleichermaßen ist die erworbene Tugend der Mäßigung in einem Gläubigen und einem Ungläubigen, in einem Gerechten und Ungerechten, von nicht jeweils anderer Natur. Ein und dieselbe Tugend vermag nicht, Handlungen der jeweiligen Person hinsichtlich eines je anderen Inhalts zu bewirken und zwar entweder wegen eines anderen Nahziels, Motivs oder einer anderen inneren sittlichen Haltung.«

Laster?«[25] In dieser Frage geht es der Sache nach um den Normgehalt des staatlichen Gesetzes: Welches ist der Normierungsgegenstand (»materia«) der staatlichen Gesetze? Eine erste Antwort auf diese Frage gibt Suárez unter Berufung auf die Ergebnisse des ersten Buches von *De legibus*. Gegenstand der staatlichen Gesetze sind (willentliche) Handlungen, sofern sie überhaupt im Vermögen der Menschen liegen. Die Handlungen können äußere oder innere sein; die inneren Handlungen sind rein geistiger Natur.[26]

Die auf die Handlungen bezogenen Gesetze besitzen einen Doppelcharakter, sie können nämlich entweder gebietend oder verbietend sein.[27] Der präskriptive Charakter des Gesetzes, die mit den Tugenden verknüpften Handlungen vorzuschreiben, ist eher unproblematisch. Die zu klärende Frage ist vielmehr, wie weit der Sanktionscharakter des Staatsrechts reicht. Suárez selbst fragt dementsprechend im Hinblick auf den Normgehalt des weltlichen Gesetzes, ob es um die Behandlung desjenigen gehe, was es gebietet oder verbieten kann. Auch in dieser Hinsicht greift Suárez erklärtermaßen auf die Resultate zurück, die schon im ersten Buch von *De legibus* formuliert worden sind.

Der erste Aspekt ist die Handlungsbezogenheit des Gesetzes überhaupt, wobei es auf innere wie auf äußere Handlungen bezogen sein kann. Im Hinblick auf den Inhalt der weltlichen Gesetze diskutiert Suárez zwei zeitgenössische Auffassung, die nach seiner Ansicht eine ausführliche Widerlegung[28] verdienen:

---

**25** DL III. 12, Bach, Brieskorn, Stiening III/1, S. 210/211: »Utrum leges civiles in sola materia honesta versentur, virtutum omnium actus praecipiendo vel vitia contraria prohibendo.«

**26** DL III. 12. 1, Bach, Brieskorn, Stiening III/1, S. 210/211: »Item quidam sunt externi, alii mentales tantum mere interni«. / »Ebenso sind einige Handlungen nach außen gerichtet, andere rein geistig und bloß innere«.

**27** DL III. 12. 17, Bach, Brieskorn, Stiening III/1, S. 236/237: »Superest vero difficultas de actibus indifferentibus. Nam ex dictis sequitur non posse esse materiam legis humanae nec praecipientis nec vetantis.« / »Es bleibt uns noch eine Schwierigkeit zu betrachten, nämlich die der indifferenten Handlungen. Denn aus dem bisher Gesagten folgt, dass solche Akte gar nicht Gegenstand des menschlichen Gesetzes sein können, das entweder gebietend oder verbietend ist.«

**28** Dadurch, dass Suárez auf die Lehre der Staatsraison reagiert, wird deutlich, dass er die tendenziell absolutistischen Lehren Bodins und Machiavellis (wenigstens sofern es die Schrift *Il principe* betrifft) als die entscheidende Herausforderung der kirchlichen Staatslehre begriffen hat.

## 2.1 Weltliches Gesetz als Klugheitsgesetz?

Die *erste Auffassung* besagt, »dass die Laienmacht – also die weltliche Macht – und das weltliche Recht von sich aus allererst auf den politischen Zustand abzielen, und damit auf Erhalt und Mehrung des Staates«.[29] Diese »falsche und irrige« Auffassung »der gegenwärtigen Politiker« ist die Lehre von der Staatsräson,[30] als deren Urheber Suárez in erster Linie Machiavelli identifiziert.[31] Sie zeichnet sich dadurch aus, dass sie den Bezug auf die »vera honestas« für irrelevant erklärt, alle Fragen der Gerechtigkeit ausblendet und nur die Aspekte der politischen Erhaltung des weltlichen Gemeinwesens für ausschlaggebend erklärt:

> In der Hinordnung auf dieses Ziel seien die Gesetze zu erlassen und es ist ohne Bedeutung, ob man in ihnen eine echte Sittlichkeit antrifft oder ob sie nur vorgespiegelt und somit eine nur scheinbare ist, indem auch das, was ungerecht ist, verheimlicht wird, falls nur die dadurch angestrebten Güter dem Staat nützlich sind.[32]

Dabei geht es nicht um die Frage nach der faktischen Ausübung der Staatsgewalt, denn in dieser Hinsicht ist es immer möglich, dass eine »weltliche Instanz aus Irrtum etwas Ungerechtes oder Unerlaubtes« vorschreibt[33] – wobei interessant ist, dass Suárez hier als Motiv für fehlgeleitetes Staatshandeln nur den Irrtum erwähnt. Der entscheidende Punkt ist vielmehr, dass die Staatsgewalt hierzu nicht berechtigt ist; sie ist verpflichtet, dem ›wahren Wesen‹ des Gesetzes, d. h. seine Bindung an die Gerechtigkeit, Rechnung zu tragen. Letzten Endes liegt der Grund für die Zurückweisung der Lehre von der Staatsräson in Suárez' augustinischer Grundüberzeugung, dass ein naturrechtswidriges Gesetz

---

**29** DL III. 12. 2, Bach, Brieskorn, Stiening III/1, S. 210/211: »[P]otestatem laicam et ius civile per se primo intendere statum politicum eiusque conservationem et augmentum.«

**30** DL III. 12. 4, Bach, Brieskorn, Stiening III/1, S. 214/215: »Prior ex his sententiis omnino falsa et erronea est.«

**31** DL III. 12. 2, Bach, Brieskorn, Stiening III/1, S. 212/213: »Haec est doctrina politicorum huius temporis, quam praecipue persuadere conatus est principibus secularibus Machiavelus solumque fundatur in hoc: quod non potest aliter temporalis respublica conservari.« / »Das ist die Lehre der gegenwärtigen Politiker; wobei hauptsächlich Machiavelli es unternahm, von dieser Lehre die weltlichen Herrscher zu überzeugen.«

**32** Ebd.: »[I]n ordine ad hunc finem has leges ferri sive in eis vera honestas inveniatur sive tantum simulata et apparens, dissimulando etiam illa quae iniusta sunt, si reipublicae temporali sint utilia.«

**33** DL III. 12. 4, Bach, Brieskorn, Stiening III/1, S. 216/217: »Nam per errorem saepe magistratus civilis potest praecipere aliquid iniustum vel illicitum.«

kein wahres Gesetz ist und dass die weltliche Macht unmöglich im Widerspruch zu den sittlichen Geboten der *lex naturalis* etwas Verwerfliches gebieten kann:

> [A]uch wird eine solche Vorschrift nicht in sich das wahre Wesen eines Gesetzes tragen, da ein ungerechtes oder verwerfliches Gesetz eben kein Gesetz ist, wie ich hier im ersten Buch mit dem entwickelte und belegte, was Augustinus im fünften Kapitel des ersten Buches von *De libero arbitrio* schrieb. Also kann ein echtes weltliches Gesetz niemals einen verwerflichen Gegenstand beinhalten.[34]

Machiavelli und die übrigen Verfechter der Staatsräsonlehre sind Häretiker, weil sie etwas lehren, das der »wahren Religion« widerspricht, und schlimmer noch: Sie sind Atheisten:

> Deshalb steht fest, dass diejenigen Politiker, die ihre Lehrmeinung den weltlichen Herrschern andienen und dabei der Ansicht sind, dass dies ihnen erlaubt sei und man zu Recht solche Vorschriften erlassen könne, die gegen die wahre Religion verstoßen – über solche Gesetze verlieren sie aber am allermeisten Worte –, Häretiker sind oder, wofür weitaus mehr spricht, mit Sicherheit Atheisten. Denn wer glaubt, dass es Gott gibt, kann nicht leugnen, dass seine Gebote den Bestimmungen der Menschen vorzuziehen sind, steht doch Gottes Rechtsetzungsgewalt bei Weitem höher.[35]

Nicht nur bekräftigt diese Lehrmeinung nochmals die *leges*-Hierarchie, die das weltliche Gesetz dem natürlichen und göttlichen Gesetz unterordnet, sondern sie impliziert auch eine Verbindlichkeit weltlicher Gesetze, die mittelbar nur durch Gott angemessen gewährleistet ist: Die weltlichen Gesetze sind dem Vorbehalt des Naturrechts unterworfen, das wiederum seine *vis coerciva* ausschließlich Gott verdankt.

## 2.2 Weltliches Gesetz als Tugendgesetz?

Die opponierende Lehrmeinung behauptet dagegen, dass »das weltliche Recht nur mit einem sittlich guten Inhalt zu tun hat, doch grenzt es ihn auf den Inhalt

---

34 Ebd.: »[N]ec tale praeceptum poterit veram rationem legis habere, quia lex iniusta vel turpis non est lex, ut supra libro I dictum est cum Augustino (lib. I *De libero arbitrio*, cap. 5). Vera ergo lex civilis non potest esse de turpi.«

35 DL III. 12. 5/ Bach, Brieskorn, Stiening III/1, S. 218/219: »Unde constat politicos qui doctrinam illam suadent principibus saecularibus, si sentiant id eis licere et iure posse talia ferre praecepta quae sint contraria religioni verae (de his enim legibus illi potissimum loquebantur), haereticos esse vel certe atheos, quod verisimilius est. Nam qui credit Deum esse, non potest non credere praecepta eius esse praeferenda mandatis hominum, cum Dei iurisdictio sit longe superior.«

der Gerechtigkeit ein«; die Aufgabe weltlicher Legislation ist es mithin, dass sie »Gerechtes gebietet und Unrecht verbietet sowie bestraft«.[36]

Diese zweite Position enthält in der Tat einen wichtigen Aspekt, weil der Endzweck des Staates die Sicherung des Friedens und die Erhaltung des Glücks ist, so dass dem Staatszweck der Bezug auf die Gerechtigkeit immanent ist.[37] Dennoch findet auch diese zweite Ansicht, nach der die Gesetzgebung des Staates auf die mit der Tugend der Gerechtigkeit verknüpften Fragen eingeschränkt ist, nicht die völlige Zustimmung des Suárez. Aus dem Umstand, dass die staatliche Gesetzgebung primär an Gesichtspunkten der Gerechtigkeit orientiert ist, darf nämlich nicht geschlossen werden, dass der Gegenstand staatlicher Gesetze ausschließlich darauf bezogen ist:

> Die weltlichen Gesetze schreiben [...] nicht nur das Richtige in Sachen Gerechtigkeit vor, sondern auch in Sachen der anderen sittlichen Tugenden, und dementsprechend können sie auch elementare Verfehlungen gegen sämtliche Tugenden untersagen.[38]

36 DL III. 12. 2, Bach, Brieskorn, Stiening III/1, S. 212/213: »[L]icet fateatur ius civile solum versari in materia honesta, limitat tamen illam ad materiam iustitiae dicitque legem civilem solum posse ferri in materia iustitiae praecipiendo iusta et prohibendo ac puniendo iniurias,«

37 DL III. 12. 3, Bach, Brieskorn, Stiening III/1, S. 214/215: »Nam finis potestatis civilis est pax et felicitas temporalis reipublicae humanae. Ergo solum potest leges ferre in materia iustitiae ad pacem hanc et felicitatem conservandam. Sed huiusmodi est materia iustitiae et non aliarum virtutum. Ergo tantum in illa materia potest leges ferre. Minor sumi potest ex Augustino (lib. II *De civitate*, cap. 21) ubi ex Cicerone refert ›concordiam esse arctissimum atque optimum in omni republica vinculum incolumitatis eamque sine iustitia nullo pacto esse posse‹,significans cum illa esse posse et illam solam sufficere ad illum finem.« / »Denn das Ziel bürgerlich-weltlicher Macht sind Friede und Glück des weltlichen menschlichen Gemeinwesens. Also kann es nur mit Gerechtigkeit Gesetze erlassen, um diesen Frieden und das Glück zu erhalten. Diese beiden sind nichts anderes als Gegenstand der Gerechtigkeit und nicht anderer Tugenden. Also vermag das Gemeinwesen nur in Sachen der Gerechtigkeit gesetzgeberisch tätig zu werden. Den Untersatz kann man dem 21. Kapitel des zweiten Buches von *De civitate Dei* des Augustinus entnehmen, der wiederum aus Cicero anführt: ›Einträchtigkeit ist das stärkste und beste Band in einem jeden Gemeinwesen für seinen sicheren Bestand, und solche Eintracht kann nie ohne Gerechtigkeit sein, was kein Vertrag beschließen kann‹. Augustinus weist darauf hin, dass mit jener Gerechtigkeit Eintracht einhergehe und nur jene genüge, auch zu diesem Ziel zu gelangen.«

38 DL III. 12. 7, Bach, Brieskorn, Stiening III/1, S. 222/223: »Leges civiles non solum praecipiunt recta in materia iustitiae sed etiam in materia aliarum virtutum moralium, et similiter vetare possunt vitia contra omnes virtutes.«

## 2.3 Weltliches Gesetz als Vermittlung zwischen politischem Nutzen und Tugendzweck

Vor dem Hintergrund dieser wesentlich an Thomas von Aquin und Aristoteles orientierten Position[39] stellen sich nunmehr folgende Fragen: Worin liegen *erstens* die Gründe für diese Ausweitung der staatlichen Gesetzgebungskompetenz über die Fragen bloßer Gerechtigkeit hinaus? Was sind *zweitens* mit Blick auf diese Ausweitung die noch denkbaren Kriterien für eine Beschränkung der staatlichen Gesetzgebung?

### 2.3.1 Ausweitung: Der Tugendzwang des Gesetzes

Auf die *erste Frage* lautet Suárez' Antwort, dass ohne eine solche umfassende gesetzgebende Gewalt des Staates das wesentliche Ziel des weltlichen Rechts verfehlt würde, nämlich »die wahre natürliche Glückseligkeit der politischen Gemeinschaft«.[40] Dieses Ziel kann die politische Gemeinschaft genau dann nicht erreichen, »wenn sie nicht *im Gesamtbereich sämtlicher Tugenden* Vorschriften erlässt«.[41] Das war schon Suárez' Auffassung im ersten Buch von *De legibus*:

> Staatliche Gesetze, die auch als Gesetze im eigentlichen Sinne zu bezeichnen sind, bewirken tatsächlich nicht nur das bedingt Gute, sondern das unbedingt Gute, weil sie die Verwirklichung des moralisch und sittlich Guten anstreben.[42]

Die rein rationale Begründung lautet deshalb: »Das Ziel des menschlichen Gemeinwesens ist das wahre politische Glück, das allerdings ohne moralische Normen nicht zu bestehen vermag. «[43]

---

39 Ebd.; STh II-II, qu. 95, art. 3.

40 DL III. 12. 8, Bach, Brieskorn, Stiening III/1, S. 224/225: »[F]inis iuris civilis est felicitas vera naturalis politicae civitatis«

41 Ebd.: »[P]otestas legislativa civitatis non potest assequi finem suum, nisi in materia omnium virtutum praecipiat.« Hervorhebung D. H.

42 DL I. 13. 6, Bach, Brieskorn, Stiening I, S. 288/289: »Unde leges civiles quae simpliciter leges sunt, re vera non tantum faciunt bonum secundum quid in illo sensu sed simpliciter quia bonum morale et honestum intendunt.«

43 DL I. 13. 7, Bach, Brieskorn, Stiening I, S. 288/289: »Ratio autem a priori est, quia finis humanae reipublicae est vera felicitas politica, quae sine moribus honestis esse non potest.« Suárez erwähnt an dieser Stelle die aristotelische Unterscheidung des guten Menschen vom guten Bürger (Aristoteles: Politica, III, 4, 1276b 16 ff.).

Neben dieser Begründung aus der Finalursache des Staates führt Suárez entsprechende Erfahrungsurteile an. Die Praxis der Gerechtigkeit ist nämlich lebensweltlich eingebettet in eine sittliche Lebensführung insgesamt, so dass auch die Mäßigung, die Tapferkeit und die Klugheit gerechtigkeitsrelevant sind. Suárez vertritt hier gewissermaßen einen ›ganzheitlichen‹ Ansatz:[44] Er spricht von einem Zusammenhang aller moralischen Tugenden, der darauf hinausläuft, dass die Gerechtigkeit nicht befördert werden kann, wenn man nicht die Laster sanktioniert.[45] So hätte z. B. das Laster der Unmäßigkeit Auswirkungen auf den Tugendcharakter eines Menschen insgesamt und wäre auch seinen Pflichten als Bürger abträglich:

> Mäßigung ist ebenso nötig, um die Menschennatur selbst nicht einem zu starken Verderben auszuliefern oder ihre Erhaltung und Fortpflanzung nicht zu behindern. Die Sorge auch für dieses Anliegen ist Sache der weltlichen Gesetze, und aus diesem Grunde verbieten und bestrafen weltliche Gesetze die widernatürlichen Laster. Sie können auch einen zu starken Missbrauch beim Essen untersagen oder dafür Maß und Art festlegen.[46]

Wer der Völlerei bzw. – wie es in der Übersetzung heißt – einem »allzu starken Missbrauch beim Essen« zuneigt, der ist verdächtig, es auch in Sachen Gerechtigkeit nicht genau zu nehmen. Der Ausbreitung lasterhafter Einstellungen muss deshalb Einhalt geboten werden – ein politisches Programm der Moralisierung der Politik, das auch heute noch Anhänger findet.

---

**44** Deshalb behandelt Suárez im 13. Kapitel des dritten Buches von *De legibus* auch ausführlich die Frage, »an lex civilis tantum possit externos actus praecipere aut prohibere« (DL III. 13, Bach, Brieskorn, Stiening III/1, S. 246–265) Auch wenn die Gesinnungen als innere Handlungen nicht zu den Dingen gehören, »quae per se et natura sua cognoscibiles sunt humano modo« (DL III. 13. 7, Bach, Brieskorn, Stiening III/1, S. 256/257), kann es wegen des Zusammenhangs zwischen inneren und äußeren Handlungen notwendig sein, wenigstens auf indirekte Weise innere Akte zu verbieten (DL III. 13. 11, Bach, Brieskorn, Stiening III/1, S. 262/263).

**45** DL III. 12. 9, Bach, Brieskorn, Stiening III/1, S. 228/229: »Denique potest hoc declarari ex connexione harum moralium virtutum, quia saepe iustitia servari non potest nisi cohibeatur intemperantia, ut patet in adulterio.« / »Schließlich kann man eine solche Kompetenz der Gesetze auch aus dem Zusammenhang dieser sittlichen Tugenden erklären, weil man oft die Gerechtigkeit nicht einzuhalten vermag, wenn man nicht die Maßlosigkeit eindämmt, wie es beim Ehebruch offensichtlich ist.«

**46** DL III. 12. 8, Bach, Brieskorn, Stiening III/1, S. 224–227: »Temperantia vero etiam est necessaria ne natura ipsa nimium corrumpatur aut conservatio vel propagatio eius impediatur; cuius rei cura etiam spectat ad leges civiles, et hac ratione prohibent ac puniunt leges civiles vitia contra naturam. Possunt etiam prohibere nimium abusum ciborum vel in eis mensuram et modum ponere.«

Die Tugendpflichten unterscheiden sich bekanntlich im Hinblick auf ihre Bezugsobjekte je nachdem, ob sie sich auf andere Menschen, auf die Pflichten des Menschen gegenüber sich selbst oder auf Gott beziehen.[47] In Bezug auf andere Menschen spielt die Tugend der Dankbarkeit eine wichtige Rolle. Undankbares Verhalten, mangelnde Bereitschaft zur Unterstützung der Armen oder fehlende Nächstenliebe können deshalb Grund für gesetzliche Sanktionen bzw. für den Entzug von Vergünstigungen sein.[48] Was die Pflichten gegen sich selbst betrifft, so kann z. B. der Tugend der Mäßigkeit durch Vorschriften bezüglich der »Ausgaben für das Äußerliche«, bezüglich des Aufwandes für Kleidung, für das Hauswesen und für Bedienstete zur Geltung verholfen werden.[49] Weil Suárez die Religion als das entscheidende Mittel der Sozialdisziplinierung betrachtet,[50] gehört es im Hinblick auf die Pflichten gegen Gott zur Aufgabe der weltlichen Gesetze, »jene, die die Verehrung falscher Götter oder falscher Ansichten über Gott lehren, ab[zu]wehren und [zu] bestrafen«.[51] Hierin liegt die Möglichkeit der Häretikerverfolgung.

### 2.3.2 Schranken der staatlichen Gesetzgebung

Mit Blick auf die *zweite Frage* nach den möglichen Grenzen der staatlichen Gesetzgebungs- und Zwangskompetenz ist offensichtlich, dass Suárez zwar solche Grenzen thematisiert, aber dass sie nicht spezifisch *juridischer* Art sein können,

**47** DL III. 12. 9, Bach, Brieskorn, Stiening III/1, S. 226/227: »[O]mnes virtutes morales aut sunt ad alterum hominem aut sunt ad se aut ad Deum.«

**48** DL III. 12. 9, Bach, Brieskorn, Stiening III/1, S. 226/227.

**49** Ebd.: »Possunt etiam praecipere moderationem in externis sumptibus, in deliciis, in cultu vestium et nimio apparatu domorum ac servientium, etc. Quae omnia spectant ad honestatem personae in usu propriarum rerum et actionum et necessaria possunt esse reipublicae civili« / »Sie können gleichfalls das Maßhalten in den Ausgaben für das Äußerliche verbindlich machen, in den feinen Genüssen, in der Bekleidungsart und einem zu hohen Aufwand für Häuser und Bedienstete etc. Sie alle haben mit dem sittlich rechtschaffenen Verhältnis der Person im Gebrauch der eigenen Güter und ihrer Handlungen zu tun und stehen zugleich in einem notwendigen Bezug zur weltlich-politischen Gemeinschaft.«

**50** DL III. 12. 9, Bach, Brieskorn, Stiening III/1, S. 228/229: »quia observantiam religionis putarunt semper ad reispublicae maxime pertinere«. / Weil die staatlichen Gesetze der Ansicht sind, »dass die Beachtung der Religion in höchstem Maße ein Mittel für die Stabilität der politischen Gemeinschaft ist«.

**51** Ebd.: »Unde opinor in statu purae naturae, si in illo esset respublica verum Deum naturaliter colens, potuisse leges civiles prohibere et punire docentes cultum falsorum deorum aut falsas opiniones de Deo, et similia.«

mithin nicht prinzipientheoretisch fundiert sind. Denn statt solcher Prinzipien, durch welche die Ausübung der Staatsgewalt selbst gesetzlich bestimmt werden könnte, finden sich bei ihm nur pragmatische bzw. klugheitstheoretische Argumente. So kann z. B. bei den »weniger vollkommenen oder weniger notwendigen Tugenden«, wie etwa der Freigebigkeit, Großzügigkeit usw., auf staatliche Maßnahmen im Falle der Nichtbefolgung durch die Untertanen, abgesehen werden: In solchen Fällen gibt es keine unmittelbare Notwendigkeit, den Mangel solcher Tugenden zu sanktionieren, so dass in ihrem Falle der Anschein entstehen könnte, dass ihre Befolgung eher auf Ratschlägen als auf einer »sittlichen Nötigung« beruht.[52]

Selbst wenn Suárez derartige Überlegungen zum Anlass nimmt, die Frage nach den Grenzen möglicher menschlicher Gesetzgebung und der Ausgestaltung eines Ermessensspielraums aufzuwerfen,[53] illustrieren seine Antworten nur den Umstand, dass innerhalb seiner Staatslehre die Befugnis des Inhabers der Staatsgewalt gesetzlich nicht bestimmt werden kann. Eine offenbar verbreitete Antwort unter von Suárez ausnahmsweise nicht namentlich genannten Autoren auf diese Frage lautet, »dass allein jene Handlung Gegenstand des menschlichen Gesetzes sein könne, die Gegenstand des natürlichen oder des göttlichen Gesetzes ist«.[54] Diese Antwort ist in Suárez' Augen jedoch zweideutig, denn sie kann *entweder* bedeuten, »dass das menschliche Gesetz nur dasjenige

52 Ebd.: »Potest vero aliquis dubitare de quibusdam virtutibus minus perfectis minusve necessariis, ut sunt liberalitas, magnificentia et similes. De actibus enim harum virtutum non videntur ferri posse leges ecclesiasticae, nedum civiles, quia necessariae non sunt, immo videntur extraordinariae et ex se postulare carentiam obligationis, quia usus earum videtur esse consilii potius quam necessitatis.« / »Man kann allerdings Anfragen in Bezug auf weniger vollkommene oder weniger notwendige Tugenden haben, wie es die Freigebigkeit, die Großzügigkeit und ähnliche Tugenden sind. In Bezug auf Handlungen solcher Tugenden scheinen nicht einmal die kirchlichen Gesetze erlassen zu werden und auch nicht weltliche. Solche Handlungen sind der Sache nach nicht nötig; sie scheinen außerordentliche zu sein und sogar von ihrer Natur her zu verlangen, der Handlung den Verpflichtungscharakter abzusprechen. Die Ausübung solcher Handlungen scheint eher einem Rat als einer sittlichen Nötigung zu folgen.«

53 DL III. 12. 13, Bach, Brieskorn, Stiening III/1, S. 232/233: »[U]nus est legem humanam nihil posse praecipere nisi quod est aliqua lege naturali vel divina praeceptum, ita ut humana lex solum sit nova explicatio et propositio legis naturalis aut divinae.« / »Den einen [Sinn; D. H.] nämlich, dass das menschliche Gesetz nur dasjenige verordnen darf, was auch durch irgendein natürliches oder göttliches Gesetz vorgeschrieben ist; sodass das menschliche Gesetz lediglich eine neue bloße Erklärung und sprachliche Wiedergabe des Naturgesetzes oder des göttlichen Gesetzes wäre.«

54 Ebd.: »Quidam dixerunt solum illum actum esse posse materiam legis humanae, qui est materia legis naturalis vel divinae.«

verordnen darf, was auch durch irgendein natürliches oder göttliches Gesetz vorgeschrieben ist«, was zur Folge hätte, dass das menschliche Gesetz als eine bloß sprachliche (Neu-)Formulierung des Normgehaltes des natürlichen Gesetzes bestimmt würde.[55] Eine solche Auffassung wird Jean Gerson zugeschrieben, sie entspricht auch der »Lehre der Häretiker der damaligen Zeit«.[56] Diese Lehrmeinung ist nach Suárez deshalb ein Irrtum, weil sie die weltliche Gesetzgebungskompetenz durch eine solche Auslegung letztlich aufhebt.[57]

*Oder* jene Antwort, dass die weltliche Gesetzgebung auf die Gegenstände des natürlichen und göttlichen Rechts eingeschränkt sei, bedeutet,

> dass nur jenes Tugendhandeln durch das menschliche Gesetz vorgeschrieben werden kann, das unter das natürliche Gesetz aus irgendeinem allgemeinen Grund fällt, so dass es zwar vom natürlichen Gesetz in allgemeiner Weise befohlen, vom menschlichen Gesetz aber mit einem bestimmten besonderen Aspekt oder für andere Umstände präzisiert wird, die weder unter das göttliche noch das natürliche Gesetz fallen.[58]

Diese zweite Lesart befindet Suárez zwar im Allgemeinen für zutreffend, allerdings nicht für in jeder Hinsicht befriedigend. Denn einerseits können die Normen des göttlichen bzw. des natürlichen Gesetzes unterschiedlich ausgelegt werden, andererseits kann das menschliche Gesetz auch solche Normen enthalten, die nicht »durch eine Präzisierung« der vorgegebenen Norm zustande kommen:

> Die Vorschrift ist außerdem nicht immer durch eine Präzisierung des göttlichen oder natürlichen Gesetzes mittels Setzung zustande gekommen, d. h. nicht bloß in genauerer Festlegung der Umstände, sondern auch des gesamten Aktes, da das menschliche Gesetz nicht immer von einer natürlichen oder göttlichen Vorschrift ausgeht, die jene Handlung anordnet, die es selbst vorschreibt. Vielmehr geht es lediglich von allgemeinen Prinzipien

**55** Ebd.: »unus est legem humanam nihil posse praecipere nisi quod est aliqua lege naturali vel divina praeceptum.«

**56** Ebd.: »Et in hoc sensu solet haec sententia Gersoni tribui, sed quid ille senserit postea videbimus. Nunc dico explicationem hanc in illo sensu esse erroneam et conformem doctrinae haereticorum huius temporis.« / »In diesem Sinn verstanden, pflegt man jene Auslegung Gersons zuzuerkennen, doch was er tatsächlich gemeint hat, werden wir später sehen. Vorerst will ich nur bemerken, dass eine Auslegung in diesem Sinne irrig ist und mit der Lehre der Häretiker der damaligen Zeit übereinstimmt.«

**57** Ebd.: »Evertet enim veram potestatem civilem legislativam supra demonstratam.«

**58** Ebd.: »Alio ergo modo posset illa regula explicari, videlicet solum illum actum virtutis posse praecipi per legem humanam, quia cadit sub legem naturalem sub aliqua ratione generali, ita ut a lege naturali praecipiatur saltem in communi, per humanam autem determinetur ad aliquem particularem modum aut alias circumstantias quae non cadebant sub legem divinam vel naturalem.«

> aus, wie ›Verbrechen sind zu bestrafen‹, ›Preise der Kaufobjekte müssen gerecht sein‹ oder Ähnlichem.[59]

Das von Suárez gewählte Beispiel der Bestrafung gibt hier einigen Aufschluss: Die Bestrafung beruht zwar auf dem naturrechtlichen Prinzip *Verbrechen sind zu bestrafen*, und insofern hängen die entsprechenden Strafgesetze von einer vorgegebenen naturrechtlichen Norm ab. Gleichwohl ist die Bestimmung von Art und Schwere der Strafe ein menschlicher Akt, und zwar ein Akt *klugen* Urteilens: »Das menschliche Gesetz bestimmt dann aber mit klugem Urteil die Art der Strafe oder die Höhe des Preises, etc.«[60] Zwar können im Prinzip alle Laster durch das weltliche Gesetz verboten werden, »weil und insofern sie der menschlichen Gemeinschaft schädlich sind« und deshalb nach »Maßgabe des sittlichen Nutzens des Gemeinwesens unterbunden und bestraft werden«.[61] Zugleich erfordert die Strafpolitik politische Klugheit, so dass in dem Falle, dass aus dem Laster der Gemeinschaft kein größerer Schaden entsteht oder seine Bestrafung größere Übel herbeiführen würde, von der Saktionierung des Lasters abgesehen werden kann.[62] In ebendiesem Falle ist die weltliche Obrigkeit weniger nur als gerechter Gesetzgeber, sondern vielmehr als kluger Politiker gefordert:

> Daher ist bei der Anwendung dieser Regel auf den besonderen Fall die Klugheit des Gesetzgebers unabdingbar. Ich bin der Ansicht, dass man zu diesem Punkt nicht irgendetwas anderes behaupten oder bejahen darf.[63]

---

**59** DL III. 12. 15, Bach, Brieskorn, Stiening III/1, S. 234/235: »Et praeterea positivum praeceptum non semper est per modum determinationis alicuius praecepti divini aut naturalis, solum quoad circumstantias sed etiam quoad totum actum; quia lex humana non supponit semper naturale vel divinum praeceptum illius actus quem ipsa praecipit, sed ad summum supponit generalia principia, ut delicta esse punienda, pretia rerum debere esse iusta vel similia.«

**60** Ebd.: »Lex autem humana, prudenti arbitrio, determinat genus poenae vel taxam pretii, etc.«

**61** DL III. 12. 16, Bach, Brieskorn, Stiening III/1, S. 236/237: »Idemque cum proportione dicendum est de prohibitione vitiorum. Illa enim vetanda sunt per civilem legem quae communitati humanae noxia sunt et cum morali utilitate reipublicae prohiberi possint et puniri.«

**62** Ebd.: »Quando autem vitia non sunt noxia communitati vel ex rigorosa punitione illorum maiora mala timentur, permittenda potius sunt quam cohibenda per leges civiles.« / »Wenn aber Laster der Gemeinschaft nicht zum Schaden gereichen oder wenn aus der harten Bestrafung solcher Übel zu befürchten ist, dass größere Übel entstehen, so darf man solches massive Fehlverhalten eher erlauben als durch weltliche Gesetze unterdrücken.«

**63** Ebd.: »Quapropter in particulari ad applicandam hanc regulam necessaria est prudentia legislatoris, neque aliquid aliud certum in hoc puncto dici aut affirmari posse existimo.«

# 3 Bilanz und Kritik

Nach der Darstellung von Suárez' Lehre vom Zweck der staatlichen Gesetze stellt sich die Frage: Was leistet Suárez' Lehre von der staatlichen Gesetzgebung? Ich möchte diese Frage in zwei Schritten beantworten, indem ich *erstens* nach der Rolle der Rechte der Individuen frage und *zweitens* auf die Rolle des *bonum commune* im Staatsrecht von Suárez zu sprechen komme.

## 3.1 Die Rechte der Individuen

Zunächst ist interessant zu konstatieren, worüber Suárez *nicht* spricht. Für einen Leser des 21. Jahrhunderts ist auffällig, dass Suárez bei seinen Ausführungen über die Frage, was denn Gegenstand der staatlichen Gesetzgebungsgewalt werden kann, mit keinem Wort auf die Rechte der Individuen reflektiert, zu denen diese Gesetze in ein Verhältnis gesetzt werden müssten. Das bedeutet selbstverständlich nicht, dass nach seiner Lehre den Einzelnen überhaupt keine natürlichen Rechte zukämen, welche die Gesetzgebungsgewalt zu berücksichtigen hätte. Aber es bedeutet sehr wohl, dass unserem Autor diese Rechte der einzelnen im Verhältnis zu einer an *iustitia* und am *bonum commune* orientierten Gesetzgebung überhaupt nicht zum Problem geworden sind. Das rechtsphilosophische Problem der neuzeitlichen Naturrechtslehre seit Grotius und Hobbes, nämlich die Frage, ob es überhaupt juridische Schranken der Ausübung der Staatsgewalt, die ihren Grund in unveräußerlichen Rechten der einzelnen haben, dass also die staatliche Gesetzgebung an bestimmten unveräußerlichen Rechten der Menschen ihre Schranke finden könnte, – dieser Gedanke ist ihm völlig fremd.

Das Recht, das die Einzelnen innerhalb von Suárez' Rechtstheorie besitzen, ist zunächst dasjenige Recht, alle Handlungen auszuführen, zu denen sie gemäß der Verbindlichkeit der *lex naturae* verpflichtet sind. Darüber hinaus sind sie berechtigt, ihren natürlichen Bedürfnissen und den Zwecken ihres Glücks in Übereinstimmung mit den vernünftigen Bestrebungen der anderen zu folgen. Jedem Menschen steht insofern das »Recht auf mögliche Befriedigung der Bedürfnisse des Lebens und also auf Glück in Gemeinschaft mit dem Glück aller anderen Menschen« zu.[64]

64 Julius Ebbinghaus: Das Kantische System der Rechte des Menschen und Bürgers in seiner geschichtlichen und aktuellen Bedeutung. In: Ders.: Gesammelte Schriften. Bd. 2: Philosophie

Also verleiht auch die auf die Vorstellung des *material* verstandenen Gemeinwohls als der Gemeinschaft derjenigen, die sich zum Zwecke der Befriedigung der Bedürfnisse ihres Lebens und zur Verwirklichung des Glücks in Gemeinschaft mit dem möglichen Glück aller Menschen zu einem Staat vereinigt haben, jedem Einzelnen ein entsprechendes *subjektives* Recht zu, eine »facultas moralis«,[65] gemäß den Bedingungen des durch die *lex naturalis* vorgegebenen Zwecks der wechselseitigen Beförderung des Gemeinwohls als Mensch unter Menschen zu leben bzw. sich selbst in Bezug auf seine gesetzmäßige Zwecke zugleich »zum Gegenstand der Zwecksetzung eines jeden anderen zu machen«.[66] In dieser Hinsicht sind die Menschen ursprünglich gleich und frei,[67] d. h. sie sind alle als vernünftige Kreaturen aufgrund ihrer Einsichtsfähigkeit Adressaten des natürlichen Gesetzes, und sie sind frei, insofern ihnen allen das Vermögen zukommt, gemäß den Bedingungen des Endzwecks der Natur ihre Handlungen gesetzmäßig zu bestimmen. Jeder Mensch hat also im Rahmen des durch die *lex naturalis* bestimmten *bonum commune* bzw. der *utilitas communis* das Recht »auf mögliche Befriedigung der Bedürfnisse seines Lebens und also auf Glück in Gemeinschaft mit dem möglichen Glück aller anderen Men-

der Freiheit. Praktische Philosophie 1955–1972. Hg. von Georg Geismann u. Hariolf Oberer. Bonn 1988, S. 249–281, hier S. 250.

**65** DL I. 2. 5, Bach, Brieskorn, Stiening I, S. 30/31: »Et iuxta posteriorem et strictam iuris significationem solet proprie ius vocari facultas quaedam moralis, quam unusquisque habet vel circa rem suam vel ad rem sibi debitam« / »Bei der an zweiter Stelle genannten, engeren Bedeutung bezeichnet *Recht* zutreffend eine bestimmte moralische Fähigkeit, die jeder entweder in Bezug auf sein Eigentum oder eine ihm geschuldete Sache ausüben darf.« Hervorhebung im Text. Vgl. Manfred Walther: Facultas Moralis – Die Destruktion der Leges Hierarchie und die Ausarbeitung des Begriffs des subjektiven Rechts durch Suárez. In: Transformation des Gesetzesbegriffs im Übergang zur Moderne? Von Thomas von Aquin zu Francisco Suárez. Hg. von Manfred Walther, Norbert Brieskorn u. Kay Waechter. Stuttgart 2008, S. 135–159.

**66** Julius Ebbinghaus: Der Begriff des Rechtes und die naturrechtliche Tradition. In: Ders.: Gesammelte Schriften. Bd. 1: Sittlichkeit und Recht. Praktische Philosophie 1929–1954. Hg. von Hariolf Oberer u. Georg Geismann. Bonn 1986, S. 337–348, hier S. 341.

**67** DL III. 1. 1, Bach, Brieskorn, Stiening III/1, S. 6/7: »[Q]uia homo natura sua liber est et nulli subiectus nisi creatori tantum.« / »[W]eil der Mensch von Natur aus frei und niemandem außer seinem Schöpfer allein unterworfen ist«. DL III. 3. 6, Bach, Brieskorn, Stiening III/1, S. 43/44: »Quocirca sicut homo eo ispo quod creditur et habet usum rationis, habet potestatem in se ipsum et in suas facultates et membra ad eorum usum et ea ratione est naturalis liber, id est, non servus sed dominus suarum actionum [...]«. / »Wie der Mensch allein dadurch, dass er erschaffen ist und die Vernunft gebrauchen kann, die Verfügung über sich selbst, seine Fähigkeiten und seine Glieder hat, um sie alle einzusetzen, und er durch diese Vernunft von Natur aus frei ist, d. h. kein Sklave, sondern über seine Handlungen selbst zu bestimmen vermag [...]«.

schen«.[68] Aber diese subjektiven Rechte der Menschen sind nur der Reflex ihrer Unterordnung unter das natürliche Gesetz.[69] Eine subjektive Befugnis entspringt aus dem Verpflichtungscharakter des natürlichen Gesetzes oder resultiert aus dem Umstand, dass eine entsprechende Handlung nicht durch dasselbe verboten wird: »Freiheit ist die Fähigkeit, zu tun, was einem beliebt, es sei denn, dass es ihm gesetzlich verboten ist.«[70]

Diese normative Abhängigkeit des subjektiven natürlichen Rechts (im Sinne einer *facultas moralis*, die keine Erlaubnis zu lasterhaften Handlungen enthält) von der *lex naturalis* ist zugleich der Grund, warum jeder Versuch, Suárez' Konzeption der natürlichen Rechte in die Nähe zu den neuzeitlichen Naturrechtsentwürfen und den daraus resultierenden Erklärungen der Menschenrechte zu rücken, irreführend ist. Denn was, wie angedeutet, bei Suárez fehlt, ist der Gedanke, dass die subjektiven Befugnisse, welche die *lex naturalis* den einzelnen verleiht, ihrerseits ein Prinzip darstellen könnten, durch das die staatliche Herrschaft in ihrer gesetzlichen Möglichkeit bestimmt wird. Einen derartigen Versuch hat insbesondere Brian Tierney in seiner einflussreichen Studie *The Idea of Natural Right* unternommen: »[T]he idea of natural rights grew up – perhaps could only have grown up in the first place – in a religious culture that supplemented rational argumentation about human nature with a faith in which humans were seen as children of a caring God.«[71] Er betrachtet deshalb die Entstehung der »doctrine of individal rights [...] as a characteristic product of the great age of creative jurisprudence that, in the twelfth and thirteenth centuries, established the foundation of the Western legal tradition«. Die Konzeption subjektiver Rechte sei deshalb auch keineswegs «a seventeenth-century invention of Grotius or Hobbes or Locke«.[72] Francisco Suárez habe durch seine Systematisierung der Rechtslehre dem »subjective understanding of ius as a moral faculty

68 Ebbinghaus: Das Kantische System der Rechte (s. Anm. 64), S. 250.

69 Steven J. Brust: Retrieving a Catholic Tradition of Subjective Natural Rights form the Late Scholastic Francisco Suárez, S. J. In: Ave Maria Law Review, vol. 10/2, S. 343–363 [url: http://avemarialaw-law-review.avemarialaw.edu/Content/articles/AMLR.v.10i2.Brust.pdf, 15.12.2018]: »For Suárez, however, subjective rights exist only within a framework of communities, laws, and the respective powers which make those civil, canonical, natural, and divine laws, and this framework helps define the very concrete nature of the rights.«

70 Francisco Suárez: Tractatus secundus: De voluntario et involuntario in genere. In: Ders.: Opera omnia, tom. 4. Hg. von D. M. André. Paris 1856, S. 171: »[L]ibertas est facultas ejus quod cuique facere libet, nisi quod ei, et lege prohibitum est.« Übers. D. H.

71 Brian Tierney: The Idea of Natural Rights. Studies on Natural Rights, Natural Law and Church Law 1150–1625. Atlanta, Georgia 1997, S. 343.

72 Ebd., S. 343, 42. Vgl. hierzu kritisch Brust (s. Anm. 69), S. 345 f.

inhering in a right-holder« dem (Natur-)Rechtsverständnis zu einem entscheidenden Durchbruch verholfen.[73]

Diesen mittelalterlichen Ursprung der Konzeption subjektiver Rechte hätten die neuzeitlichen Naturrechtstheoretiker ignoriert, indem sie für sich die Neubegründung des Naturrechts reklamiert hätten:

> The proponents of the secularized right theories of the enlightenment has often forgotten the remoter orgirins of the doctrines they embraced; but their rhetoric about the rights of man becomes fully intelligible only when it is seen as the end product of long process of historical evolution.[74]

Was Tierney offenkundig verkennt, ist der Umstand, dass die neuzeitlichen Naturrechtslehrer (insbesondere aber Hobbes, Rousseau und Kant) ein Verständnis von subjektiver Freiheit im Sinne des Vermögens zu beliebigen Zwecksetzungen bzw. – Kantisch gesprochen – im Sinne der Willkürfreiheit entwickelt haben.[75] Diese Freiheit gilt als ursprünglich und damit als normative Deduktionsbasis der Bestimmung einer möglichen Gesetzgebung, durch die der Freiheitsgebrauch jedes einzelnen mit dem der anderen vereinigt werden kann. Für die neuzeitliche Naturrechtslehre ist deshalb eine geltungstheoretische Revolution charakteristisch, die – wie schon Leo Strauss hervorgehoben hat – auf einem fundamentalen »Wechsel von einer Orientierung an den natürlichen Pflichten zu einer Orientierung an den natürlichen Rechten« beruht.[76] Und deshalb kann das Recht im objektiven Sinne den Grund seiner Geltung nicht in einer vom Willen des Menschen unabhängigen teleologischen Ordnung der Natur oder dem Willen Gottes haben, sondern nur in der Freiheit der Menschen, d. h. in ihrer vernünftigen Selbstbestimmung.

---

**73** Tierney (s. Anm. 71), S. 303.

**74** Ebd., S. 343 f.

**75** In diesem Sinne ist auch Brust der Auffassung, »that Tierney perhaps emphasizes too much the continuity of the premodern rights with the modern natural rights thinkers and contemporary rights«, Brust: Retrieving a Catholic Tradition (s. Anm. 69), S. 346. Brust betont gegen Tierney die Eigenständigkeit und Relevanz einer spezifisch katholischen Naturrechtslehre, die in Suárez ihren besten Ausdruck gefunden hat, weil ihm die moderne Naturrechtslehre insgesamt suspekt ist, denn sie habe zur Ausbildung einer »natural law ›licentiousness‹« geführt: »a general disposition that only commands and prohibitions (especially as codified into civil law) one has to follow are those concerning physical harm to others and their property, but other natural moral laws become a matter of option«, S. Brust: Retrieving a Catholic Tradition (s. Anm. 69), S. 358.

**76** Leo Strauss: Naturrecht und Geschichte. Frankfurt am Main 1977, S. 189.

Aus der Ausrichtung des Rechtsbegriffs am *bonum commune* lässt sich problemlos die Forderung ableiten, dass niemand die anderen bei der Verwirklichung ihrer vernünftigen bzw. gesetzmäßigen Zwecke behindern darf. Es bedeutet darüber hinaus, dass alle einzelnen verpflichtet sind, sich wechselseitig darin zu unterstützen. Es ist der Gedanke des *suum cuique tribuere* und des *neminem laedere*, der sich schon in der Antike bzw. in den so genannten Ulpianischen Formeln findet.[77] Dass es zur Sicherung dieser beiden Forderungen zum Schutz gegen die Unvernünftigen und Bösen, die der *lex naturalis* nicht Folge leisten wollen, auch irgendeiner staatlichen Herrschaft und Zwangsgesetzgebung bedarf, ist ebenso unmittelbar einleuchtend.

Aber die entscheidende staatsrechtliche Frage bleibt, ob es auch ein Gesetz gibt, durch das die Staatsgewalt ihrerseits in ihrer gesetzmäßigen Ausübung notwendig bestimmt würde. Denn nur dann könnte die staatliche Zwangsgewalt als etwas gedacht werden, das so beschaffen ist, dass sie von allen Untertanen in ihrer Notwendigkeit als eine Instanz eingesehen werden könnte, die mit dem Willen aller *notwendig* übereinstimmt. Genau diese vernunftrechtliche Forderung vermag das *bonum commune* nicht zu erfüllen. Das *bonum commune* als Prinzip des Staatsrechts kann niemals »als Prinzip einer Vereinigung des Willens aller im Willen einer allgemeinen Gesetzgebung zur Einschränkung der Freiheit von jedermann gedacht werden«, weil es überhaupt kein gesetzlich bestimmbares Verhältnis »zwischen dem möglichen Wohlergehen der Menschen« einerseits und »irgend einer ihre äußere Freiheit einschränkenden Zwangsgesetzgebung« andererseits geben kann. Ob eine allgemeine Beschränkung der Freiheit die »Glückschancen« bzw. Glückszustände der Menschen vermehrt oder vermindert, ist immer eine empirische Frage und somit einer gesetzmäßigen Verallgemeinerbarkeit gar nicht fähig.[78]

Suárez hatte diese Problematik mit dem Hinweis umgangen, dass die Verwirklichung des Glücks aller der naturrechtliche Zweck der Staatsgewalt selbst ist, und deshalb zwischen dem Staat und den einzelnen in dieser Hinsicht überhaupt keine Differenzen bestehen, sondern Koinzidenz herrscht. Die Gesamtheit der Gesetze und einzelnen Maßnahmen sind Mittel zur Realisierung des *bonum*

---

**77** Dig. 1. 1. 10 / Corpus Iuris Civilis. 3 Bde. Hg. von Paul Krüger u. Theodor Mommsen. Berlin 1908–1915, Bd. 1 (11. Aufl.), S. 29b: »Iustitia est constans et perpetua voluntas ius suum cuique tribuendi. Iuris praecepta sunt haec: honeste vivere, alterum non laedere, suum cuique tribuere.«

**78** Julius Ebbinghaus: Die Strafen für Tötung eines Menschen nach Prinzipien einer Rechtsphilosophie der Freiheit. In: Ders.: Gesammelte Schriften. Bd. 2: Philosophie der Freiheit. Praktische Philosophie 1955–1972. Hg. von Georg Geismann u. Hariolf Oberer. Bonn 1988, S. 283–380, hier S. 289 f.

*commune* und insofern nichts, was von den einzelnen nicht vernünftigerweise ebenfalls gewollt wird bzw. gewollt werden muss. Damit unterscheidet sich auch die Glücksvorstellung von Suárez ganz deutlich von denjenigen Vorstellungen, die im 18. Jahrhundert sich durchsetzen werden. Für utilitaristisch gesinnte Denker wie beispielsweise Helvétius oder Bentham, aber auch für die *Rechtslehre* Kants besteht die rechtliche Freiheit der Person insbesondere darin, sich Zwecke nach der Vorstellung des eigenen Glücks zu setzen. Glück ist insofern in seiner möglichen Bestimmung eine Sache der individellen Entscheidung. Diese Autoren vertreten das, was Otfried Höffe zutreffend als das »Postulat der Präferenzsouveränität der Betroffenen« bezeichnet hat: Jedermann kann das eigene Glück selbst am besten beurteilen.[79] Von solchen individualistischen Tendenzen im Hinblick auf den Glücksbegriff findet sich bei Suárez keine Spur. Das Glück der Einzelnen ist ein Glück, das gerade auf der Zusammenstimmung ihrer eigenen Glücksbestrebungen mit denen aller anderen beruht. Die Glücksbestrebungen beziehen sich nicht auf das partikulare Wohlergehen.

## 3.2 Die Rolle des *bonum commune* im Staatsrecht

Ich komme nun zu einer abschließenden Bewertung der Orientierung der staatlichen Gesetzgebung am *bonum commune*. Wie die stoisch-scholastische Tradition vor ihm geht Suárez bei seiner Betrachtung über die verschiedenen Formen der Gemeinschaftsbildung davon aus, dass der Mensch ein »animal sociale« sei, das natürlicherweise dazu bestimmt ist, in Gemeinschaft mit anderen ein gutes und glückliches Leben zu führen.[80] In allen menschlichen Gemeinschaften re-

---

**79** Otfried Höffe: Zur Theorie des Glücks im klassischen Utilitarismus. In: Ders.: Ethik und Politik. Frankfurt am Main 1979, S. 137. Jeremy Bentham: An Introduction to the Principles of Morals and Legislation. Ed. by J. H. Burns and H. L. A. Hart. Oxford 1996, p. 244: »Now as there is no man who is so sure of being *inclined*, on all occasions, to promote your happiness as you yourself are, so neither is there any man who upon the whole can have so good opportunities as you must have had of *knowing* what is most conductive to that purpose. For who should know so well as you do what it is that gives you pain or pleasure?«

**80** DL III. 1. 3, Bach, Brieskorn, Stiening III/1, S. 10/11: »Ratio sumenda est ex Philosopho (lib. I *Politicorum*) eamque explicuit divus Thomas (opusculo 20 *De regimine principum*, lib. I, cap. 1) et elegantissime divus Chrysostomus (*Homilia* 34, in 1 ad Corinthios) nititurque duobus principiis. Primum est hominem esse animal sociale et naturaliter recteque appetere in communitate vivere.« / »Der Vernunftgrund ist dem Werk des Philosophen zu entnehmen, den der hl. Thomas und sehr gekonnt Chrysostomus dargelegt haben. Dieser Grund stützt sich auf zwei Prinzipien: Das *erste* lautet, der Mensch sei ein gesellschaftliches Wesen und strebe von Natur aus und um seiner Wesenheit willen danach, in Gemeinschaft zu leben.« Vgl. hierzu Dominik

giert die *lex naturalis*, die jedem Menschen durch die Vernunft unmittelbar bekannt ist,[81] und insofern bilden alle Menschen – wegen ihrer gemeinschaftlichen Unterwerfung unter die lex naturalis, aus welcher zugleich ihre Rechtsfähigkeit resultiert – eine umfassende, natürliche *communitas generis humani*. Das Gesetz ist die Regel des gemeinschaftlichen Nutzens aller bzw. die Regel der Beförderung der gemeinsamen Glückseligkeit. Schon im ersten Buch von *De legibus* heißt es entsprechend:

> Das Gesetz ist allerdings, insofern es den Adressaten äußerlich auferlegt wird, ein Mittel, um deren Wohl sowie Frieden und Glück zu befördern. Vor diesem Hintergrund ist erklärbar, dass das erste, was sich der Wille des Gesetzgebers zu eigen machen soll, darin besteht, das Gemeinwohl und die gute Regierung der Untertanen zu bezwecken.[82]

Die Zweckursache der *lex naturalis* ist also das *bonum commune*, wobei Suárez noch die folgende Unterscheidung vornimmt: Gemeingut ist einerseits dasjenige, »was von seiner Eigenart her, vorrangig allgemein ist«, und andererseits dasjenige, was erst an zweiter Stelle und erst durch Rückwirkung auf das Gemeinwohl zu einem solchen wird.[83] Selbstverständlich ist das *bonum commune* zugleich das oberste Staatsziel:

---

Recknagel: Einheit des Denkens trotz konfessioneller Spaltung. Parallelen zwischen den Rechtslehren von Francisco Suárez und Hugo Grotius. Frankfurt am Main 2010, S. 118 f.; sowie Gideon Stiening: »Aus den innersten und tiefsten Gründen der Philosophie«. Zur Stellung Ciceros in Francisco Suárez' *De legibus ac Deo legislatore*. In: Cicero in der frühen Neuzeit. Hg. von Günter Frank u. Anne Eusterschule. Stuttgart-Bad Cannstatt 2018, S. 191–210.

**81** Markus Kremer: Den Frieden verantworten. Politische Ethik bei Francisco Suárez (1548–1617). Stuttgart 2008, S. 108.

**82** DL I. 4. 6, Bach, Brieskorn, Stiening I, S. 80–83: »Et imprimis quia lex, quatenus exterius imponitur subditis, medium quoddam est bonum eorum et ad pacem seu felicitatem comparandam, ideo primum omnium intelligi potest in voluntate legislatoris intentio boni communis seu bene gubernandi subditos [...].« Siehe auch DL I. 7. 1, Bach, Brieskorn, Stiening I, S. 158/159: »In quaestione ergo proposita nulla est inter auctores controversia, sed omnium commune axioma est de ratione et substantia legis esse ut pro communi bono feratur, ita ut propter illud praecipue tradatur.« / »Zu unserer Frage gibt es keinen Streit unter den Autoren, vielmehr teilen sie alle das folgende Axiom: Es gehört zum Wesen und zur Substanz des Gesetzes, für das Gemeinwohl erlassen zu werden, so dass wegen dieses Wohls die Gesetzgebung vornehmlich erfolgt.«

**83** DL I. 7. 7, Bach, Brieskorn, Stiening I, S. 166–169: »Prior est de duplici bono communi reipublicae: unum est quod per se primo commune est, quia non est sub alicuius privati dominio, sed totius communi tatis ad cuius usum vel usum fructum immediate ordinatur; huiusmodi sunt templa vel res sacrae, magistratus, pascua communia seu prata et similia, de quibus sermo est in praedictis iuribus et in aliis sub titulo *de rerum divisione*. Aliud vero est bonum commune solum secundario et quasi per redundantiam. Immediate autem bonum privatum

> Ihr [i. e. der weltlichen Gesetzgebungsmacht] Ziel ist vielmehr die natürliche Glückseligkeit der vollkommen gewollten menschlichen Gemeinschaft, für die zu sorgen dieser Gewalt aufgetragen ist, und sodann die natürliche Glückseligkeit auch der einzelnen Menschen, insoweit sie Mitglieder ebendieser Gemeinschaft sind, damit sie in ihr, also in Frieden und Gerechtigkeit zu leben vermögen und ausreichend mit Gütern versorgt werden, die nötig sind, um das körperliche Leben zu erhalten und angenehm zu machen; außerdem im ehrlichen, echten Umgang miteinander, der zu diesem äußeren Frieden und zum Glück des Gemeinwesens sowie zur Erhaltung der menschlichen Natur notwendig ist.[84]

Der notwendige inhaltliche Bezug des staatlichen Gesetzes auf das Gemeinwohl war und ist für die Naturrechtslehre eine Selbstverständlichkeit.[85] Suárez selbst erinnert an dieser Stelle an Thomas von Aquin, der in seiner *Summa Theologica* erklärt habe, »dass der Zweck der menschlichen Gesetze das Gemeinwohl der Bürgerschaft ist, und jener Zweck es nur verbietet oder gebietet was mit diesem Zweck übereinstimmt«.[86] Der Gemeinwohlgedanke ist selbstverständlich älter, er hatte in der Antike – jedenfalls was die Naturrechtslehre betrifft – in Cicero einen einflussreichen Vertreter. In der scholastischen Rezeption wird der antike

---

est, quia sub dominio privatae personae et ad eius commodum proxime ordinatur.« / »Die *erste* Unterscheidung lenkt den Blick darauf, dass unter dem Gemeinwohl des Gemeinwesens zweierlei zu verstehen ist: In der ersten Bedeutung meint *Gemeinwohl Gemeingut*, mithin das, was an ihm selbst unmittelbar allgemein ist, so dass es nicht unter der Herrschaft einer privaten Person, sondern lediglich unter der Herrschaft der gesamten Gemeinschaft steht, auf deren Gebrauch und Nutznießung das Wohl unmittelbar ausgerichtet ist. Dieser Art sind Kirchengebäude und liturgische Gegenstände, Behörden, gemeinsame Weidegründe bzw. Wiesen und Ähnliches, wovon in den bereits genannten und in anderen Rechten unter dem Digestentitel *De rerum divisione* die Rede ist. Gemeinwohl im zweiten Sinne bedeutet Gemeingut gleichsam mittelbar und gewissermaßen allererst durch seine Vermittlung mit dem Gemeinwesen. Es handelt sich um privates Gut, das unter der Herrschaft einer privaten Person steht und unmittelbar auf ihren Nutzen ausgerichtet ist.«

**84** DL III. 11. 7, Bach, Brieskorn, Stiening III/1, S. 200/201: »[E]ius [i.e. potestatis civilis legislativae; D. H.] finem esse felicitatem naturalem communitatis humanae perfectae cuius curam gerit, et singulorum hominum ut sunt membra talis communitatis, ut in ea, scilicet in pace et iustitia vivant et cum sufficientia bonorum quae ad vitae corporalis conservationem et commoditatem spectant; et cum ea probitate morum quae ad hanc externam pacem et felicitatem reipublicae et convenientem humanae naturae conservationem necessaria est.« Vgl. Heinrich Rommen: Die Staatslehre des Franz Suárez SJ. Mönchengladbach 1926, S. 124; Recknagel: Einheit des Denkens (s. Anm. 80), S. 107.

**85** João Manuel Azevedo Alexandrino Fernandes: Die Theorie der Interpretation des Gesetzes bei Francisco Suárez. Frankfurt am Main u. a. 2005, S. 73.

**86** DL III. 11. 7, Bach, Brieskorn, Stiening III/1, S. 200/201: »[F]inem humanarum legum esse commune bonum civitatis et illa tantum prohibere ac praecipere quae huic fini consentanea sunt.«

Gedanke einer »zweckmäßigen Zusammenstimmung der Welt« theologisch fundiert. Es ist nun nicht mehr die Natur, sondern Gott selbst hat

> alle Menschen in gleicher Weise dazu bestimmt [...], auch schon auf Erden glücklich zu sein – denn er hat die Natur unter dem Gesichtspunkte der Zweckmäßigkeit aller möglichen natürlichen Bedürfnisse des Menschen geschaffen.[87]

Die vor allem von Kant in seiner *Kritik der Urteilskraft* aufgeworfene Frage, ob denn eine Erkenntnis der ›zweckmäßigen Zusammenstimmung der Welt‹ zur Möglichkeit eines daran orientierten zweckmäßigen menschlichen Handelns möglich ist, ist hier nicht zu vertiefen. Für Kant wäre eine solche Erkenntnis identisch mit dem metaphysischen Beweis, dass die vorhandene Welt insgesamt zweckmäßig eingerichtet ist. Denn das Vernünftige an ihr wäre ihre Einrichtung nach Zwecken. Die teleologische Verfahrensweise wird von Kant nicht schlechthin abgelehnt, aber sie ist für ihn nur ein heuristisches Prinzip der reflektierenden Urteilskraft. Insofern kritisiert Kant die Verwechslung von Naturzweck und Zweck der Natur bzw. den Übergang von der Betrachtung eines Dinges »seiner innern Form halber als Naturzweck«[88] – eine auch für Kant legitime Betrachtungsweise – hin zu einer metaphysischen, aber empirisch nicht verifizierbaren Behauptung der »Existenz dieses Dinges« als

> Zweck der Natur [...]. Zu der letzteren Behauptung bedürften wir nicht bloß des Begriffes von einem möglichen Zweck, sondern der Erkenntniß des Endzwecks (*scopus*) der Natur, welche einer Beziehung derselben auf etwas Übersinnliches [nämlich auf Gott als Schöpfer der Natur, der sich dabei einen Zweck gedacht hat, D. H.] bedarf, die alle unsere teleologische Naturerkenntniß weit übersteigt [...].[89]

Die rechtsphilosophisch relevante Frage lautet jedoch, – wenn man von der Problematik der Erkennbarkeit der Zweckmäßigkeit der Natur einmal absieht – ob die Natur in ihrer vermeintlichen Zweckmäßigkeit überhaupt ein allgemeines Gesetz für einen rechtlich möglichen Zwang enthält.[90] Anders gesagt: Enthält die Natur in ihrer vermeinten Zweckmäßigkeit ein Gesetz möglichen wechselseitigen Zwangs unter Menschen?

---

**87** Ebbinghaus: Das Kantische System der Rechte (s. Anm. 64), S. 250.

**88** Immanuel Kant: Kritik der Urteilskraft. In: Kant's gesammelte Schriften. Bd. V. Hg. von der Königlich Preußischen Akademie der Wissenschaften. Berlin u. a. 1908, S. 165–485, hier S. 378.

**89** Ebd. Vgl. hierzu auch Georg Geismann: Ethik und Herrschaftsordnung. Ein Beitrag zum Problem der Legitimation. Tübingen 1974, S. 28–38.

**90** Julius Ebbinghaus: Die Idee des Rechts. In: Ders.: Gesammelte Schriften. Bd. 2: Philosophie der Freiheit. Praktische Philosophie 1955–1972. Hg. von Georg Geismann u. Hariolf Oberer. Bonn 1988, S. 141–198, hier S. 151.

Wenn wir nochmals auf unseren Überblick auf Suárez' staatsrechtliche Position zurückblicken, dann können wir feststellen, dass bei ihm der Wille des Staates – wie schon bei Thomas von Aquin – bestimmt ist als der gemeinschaftliche Wille, »dessen Zweck das gute, das heißt das zugleich sittliche und glückliche Leben der Staatsbürger war«.[91] Innerhalb einer solchen Tugendgemeinschaft gibt es der Sache nach tendenziell überhaupt keinen Liebesdienst, den zu erbringen die einzelnen nicht verpflichtet wären. Ebenso wenig kann das Laster, soweit es für den Bestand der Gemeinschaft unmittelbar oder mittelbar relevant ist, in einer solchen Tugendgemeinschaft geduldet werden. Indem die Bestimmung der Staatsgewalt nach Suárez' Auffassung darin besteht, das Glück aller gemäß der Möglichkeit ihrer Tugendhaftigkeit zu besorgen, muss die staatliche Gesetzgebung auch für die Tugend der Untertanen Sorge tragen. Aber hierin wird der staatliche Zwang tendenziell schrankenlos. Sofern Gründe für legislative Zurückhaltung bestehen und die staatliche Gesetzgebung von der Regelung aller Lebensbereiche und der Verfolgung aller Laster absieht, sind diese nicht rechtstheoretischer, sondern pragmatischer Natur bzw. das Ergebnis gesetzgeberischer Klugheit. Insofern ist der Staat bei Suárez gar nicht durch die Kompetenz einer Zwangsgesetzgebung definiert, die um der Gewährleistung und Sicherung der äußeren Freiheit von jedermann notwendig wäre. Diese Staatsgewalt ist ebenso wenig durch irgendwelche ursprüngliche Freiheitsrechte der einzelnen bedingt bzw. beschränkt. Das aber bedeutet, dass ein

Staat, der sich bei der allgemeinen Einschränkung der äußeren Freiheit nicht von dem rein formalen Prinzip der gesetzlichen Möglichkeit äußerer Freiheit überhaupt, sondern von dem materialen Prinzip einer Zwecksetzung [wie derjenigen des *bonum commune*, D. H.] leiten läßt, [nach reinen Vernunftbegriffen des Rechts notwendigerweise] eine gesetzlose Willkür-Herrschaft [ist].[92]

91 Ebbinghaus: Die Idee des Rechts (s. Anm. 90), S. 146.

92 Georg Geismann: Politische Philosophie – hinter Kant zurück? Zur Kritik der ›klassischen‹ Politischen Philosophie. In: Jahrbuch für Politik 2 (1992), S. 319–336, hier S. 332.

Gideon Stiening

# Contra Machiavellum?

## Suárez' kritische Aufhebung der Staatsräsonlehre (DL III. 10–13)

## 1 Zur Einführung: Staatsrecht und Staatsraison

Dass Staatsrecht und Staatsräson bzw. Staatslehre und Staatskunst aufeinanderprallen können, weil sich deren jeweilige Zwecke im Umgang mit einer bestimmten politischen Sachlage streng widersprechen,[1] lässt sich an der nahezu 400 Jahre währenden – ambivalenten – Faszination für Theorie und Praxis der Politik Armand-Jean du Plessis, duc de Richelieus ablesen, dem *einerseits* schon Zeitgenossen die Umsetzung des reinsten Machiavellismus attestierten: »La France n'a plus autre Religion que celle de l'Etat, fondée sur les maximes de Machiavel.«[2] Das ebenso Perfide wie Hellsichtige des Vorwurfes besteht darin, dass Mathieu des Morgues – Urheber des Bonmots und prominenter Gegner Richelieus[3] – die Staatsräson zur Religion erhebt und damit das Säkularisierungspotential des Machiavellismus bloßzustellen sucht, somit aber vor allem den Kardinal als Häretiker denunziert, weshalb das Urteil selbst mehr politische Zwecke als sachliche Analyse enthält. Gleichwohl ist nicht zu bestreiten, dass der Prinzipialminister – beispielsweise im Rahmen seines Agierens gegen die Hugenotten oder im Zusammenhang des Eintritts Frankreichs in den 30-

1 Vgl. hierzu u. a. Friedrich Meinecke: Die Idee der Staaträson in der neueren Geschichte. München 1957, S. 2 f., Michael Behnen: »Arcana – haec sunt ratio status«. Ragion di Stato und Staatsräson. Probleme und Perspektiven. In: Zeitschrift für historische Forschung 14 (1987), S. 129–195; Michael Stolleis: Arcana Imperii und Ratio Status. Bemerkungen zur politischen Theorie des frühen 17. Jahrhunderts. In: Ders.: Staat und Staatsräson in der frühen Neuzeit. Studien zur Geschichte des öffentlichen Rechts. Frankfurt a. M. 1990, S. 37–72; Rüdiger Voigt: Staatsräson. Steht die Macht über dem Recht? Baden-Baden 2012.

2 Ein Bonmot Mathieu de Morgues aus den 1630er Jahren; zitiert nach Klaus Malettke: Richelieu. Ein Leben im Dienste des Königs. Paderborn 2018, S. 838.

3 Zu diesem Gegenspieler Richelieus siehe u. a. Caroline Maillet-Rao: La Pensée politique des dévots Mathieu de Morgues et Michel de Marillac. Une opposition au ministériat du cardinal de Richelieu. Paris 2015.

https://doi.org/10.1515/9783110696738-006

jährigen Krieg[4] – in der Tat *als Praktiker* ausschließlich nach politischen Klugheitskriterien vorging, die die empirische Zwecke der Stabilität Frankreichs und der Machterhaltung des Königs sowie dessen Ausbau mit *allen* Mitteln befördern sollten. Diese Zwecke, vor allem aber die für sie verwandten Mittel bewegten sich im Jenseits religiöser, moralischer und rechtlicher Normativität oder widersprachen ihr gar.

*Andererseits* ist der *politische Theoretiker* Richelieu keineswegs als strenger Machiavellist zu bezeichnen, weil er Grundlagen für einen etatistischen Eudämonismus formulierte, die unbestreitbar theonomen Charakter haben:

> Le Regne de Dieu est le principe du gouvernement des Etats; & en effet c'est une chose si absolument necessaire, que sans ce fondement il n'y a point de Prince qui puisse bien regner, ny d'Etat ui puisse estre heureux.[5]

Zur Begründung bezieht sich Richelieu auf die Vernunft und deren Einsicht in die in Röm 13,1 formulierte Grundlegung aller weltlichen Macht in der *potestas dei*. Aber Richelieu belässt es keineswegs bei dieser schöpfungstheologischen Herrschaftslegitimation; unverkennbar – wenn auch ohne expliziten Bezug – gegen Machiavelli gewandt heißt es zur moralischen Integrität des Herrschers, der hier ausdrücklich als Souverän bezeichnet wird:

> Rien n'est plus utile à son établissement que la bonne vie des Princes, laquelle est une loy parlante & obligeante avec plus d'efficace, que toutes celles qu'ils pour roient faire pour contraindre au bien qu'ils veulent procurer. S'il est vray qu'en quelque crime que puisse tomber un Souverain, il peche plus par le mauvais exemple que par la nature de sa faute ; il n'est pas moins indubitable que quelques Loix qu'il puise faire, s'il pratique ce qu'il prescrit, son exemple n'est pas moins utile à l'observation de ses volontez, que toutes les peines de ses Ordonnances pour graves qu'elles puissent être.[6]

Ob diese polittheoretischen Äußerungen Richelieus einen hinreichenden Anlass zu der historischen These abgeben, »daß der Prinzipalminister in seinen *politischen Entscheidungen* viel stärker theologische und rechtliche Prinzipien hat einfließen lassen, als man es lange Zeit wahrhaben wollte«,[7] mag man bezweifeln; sicher aber ist, dass Staatstheorie und Staatskunst bei Richelieu nicht immer zusammenstimmten und dass er das Verhältnis beider weder in der Theorie

4 Vgl. hierzu Malettke: Richelieu (s. Anm. 2), S. 374 ff. (dort auch weitere Bezeichnungen Richelieus als ›Machiavellist‹ u. a. durch Claude Vaure) und S. 715 ff.

5 Testament Politique d'Armand du Plessis Cardinal Duc de Richelieu. Amsterdam 1689, p. 244.

6 Ebd., p. 245.

7 Malettke: Richelieu (s. Anm. 2), S. 838; Hvhb. von mir.

noch in der Praxis als rationale Ableitung, sondern selbst nur als prudentielle Korrelation begriff und ausübte.[8]

Dass dieser Konflikt zwischen Staatsrecht und Staatskunst nicht allein ein empirisch-praktisches bzw. ein zwischen Theorie und Praxis wirksames Fundament hatte (und hat), sondern sich schon seit Machiavelli auch als ein solches Problem darstellte, das ausschließlich innertheoretisch ausgetragen wurde, lässt sich an zwei Autoren studieren, die sich – obwohl Zeitgenossen – mit an Sicherheit grenzender Wahrscheinlichkeit nicht kannten, und doch im Rahmen der skizzierten Kontroverse zwischen Staatsräson und Staatsrecht im frühen 17. Jahrhundert entgegengesetzte Positionen einnahmen: Francisco Suárez und Arnold Clapmarius. Mit beiden Autoren und deren 1605 bzw. 1612 erschienenen Werken[9] sollen sich die folgenden Überlegungen beschäftigen. Dabei wird der Bezug auf Clapmarius einzig hergestellt, um Suárez' Stellung zur Staatsräsonlehre genauer zu konturieren.

8 Über das Verhältnis zwischen der – substanziell, weil in ihren Rationalitätsformen unterschiedenen – Felder der Staatsrechts- und der Staatsklugheitslehre scheint sich das Gros der voraufklärerischen Autoren der Frühen Neuzeit wenig Gedanken gemacht zu haben. Erst Christian Thomasius, der neben einer Privat- eine Staatsklugheitslehre entwickelte, und die sich daran anschließenden Autoren solche Staatsklugheitslehrer (wie Grundling oder Achenwall), behaupten eine strenge Ableitung der Politik aus der Natur- und Staatsrechtslehre; so heißt es 1785 in Augustin Schelles *Praktischer Philosophie* in wünschenswerter Deutlichkeit: »Die Staatsklugheit setzt unmittelbar das allgemeine Staats- und Völkerrecht voraus, und gründet sich darauf. Denn alles, was ungerecht ist, ist auch schädlich, und kann nur Scheingut, d. i. wahres Uebel wirken.« (Augustin Schelle: Praktische Philosophie zum Gebrauch von akademischen Vorlesungen Salzburg 1785, Bd. II, S. 351). Dabei wird die Staatsklugheit als Kenntnis der besten Mittel zu Beförderung der durch das Staatrecht vorgegebenen Zwecke der Sicherheit und der Wohlfahrt des Gemeinwesen definiert (vgl. u. a. Nikolaus Hieronymus Gundling: Einleitung zur wahren Staatsklugheit. Frankfurt und Leipzig 1751, S. 10). Kant wird sich gegen diese Bestimmung der Politik wenden und sie als »Ausübende Rechtslehre« (AA VIII, S. 370) bestimmen, weil er den Zweck des Staates von dessen Glück auf die Garantie des Recht umlenken wird; zu dieser Problematik vgl. u. a. Julius Ebbinghaus: Die Idee des Rechts. In: Ders.: Gesammelte Werke. Hg. von Georg Geismann u. Hariolf Oberer. Bonn 1988 ff., Bd. 2, S. 141–198.

9 Arnold Clapmarius: De Arcanis Rerumpublicarum libri sex. Hg., übersetzt und eingeleitet von Ursula Wehner. 2 Bde. Stuttgart-Bad Cannstatt 2014; Francisco Suárez: De legibus ac Deo legislatore. Liber I–III / Über die Gesetze und Gott den Gesetzgeber. Buch I–III. Hg., eingeleitet und ins Deutsche übers. von Oliver Bach, Norbert Brieskorn u. Gideon Stiening. 4 Bde. Stuttgart-Bad Cannstatt 2014–2019.

## 2 Suárez' Theorie einer »Prudentia legislatoris«

Bei aller im Folgenden noch zu betrachtenden Kritik an der *ratio status*-Lehre Machiavellis bedient sich auch Suárez eines Begriffs und eines Konzepts politischer Klugheit, die er vor allem vom Gesetzgeber erwartet, ja die für diesen als essentiell gewertet wird. Dabei ist zu berücksichtigen, dass für Suárez die Instanz des Gesetzgebers mit der der Exekutive und der Judikative eines Staatswesens notwendig zusammenfällt.[10] Für diesen Souverän gilt ausdrücklich:

> Daher ist bei der Anwendung dieser Regel auf den besonderen Fall die *Klugheit des Gesetzgebers* unabdingbar. Ich bin der Ansicht, dass man zu diesem Punkt nicht irgendetwas anderes behaupten oder bejahen darf.[11]

Explizit also wird vom Gesetzgeber, nach Suárez die gewichtigste Aufgabe jedes Souveräns,[12] Klugheit als unhintergehbare Bedingung bei der Ausübung seiner Funktion verlangt: seine Prudentia sei eine ›Notwendigkeit‹. Es stellt sich also die Frage, wofür genau der suárezische Gesetzgeber jene Prudentia politica benötigt,[13] wo doch von Anfang an, also seit DL I,[14] klar ist, dass jeder Legislator

---

10 Vgl. hierzu u. a. DL III. 9. 2; zu diesem vormodernen Moment der suárezischen Staatslehre vgl. auch Gideon Stiening: Libertas et potestas. Zur Staatsphilosophie in *De legibus* (DL III). In: »Auctoritas omnium legum«. Francisco Suárez' *De legibus* zwischen Theologie, Philosophie und Jurisprudenz. Hg. von Oliver Bach, Norbert Brieskorn u. Gideon Stiening. Stuttgart-Bad Cannstatt 2013, S. 195–230, allerdings gilt die Annahme der unbedingt Vereinigung der Gewalten in der einen Hand des Souveräns auch für den in vielerlei anderen Hinsichten modernen Hobbes, vgl. Thomas Hobbes: De Cive. Vom Bürger. Lateinisch/deutsch. Übersetzt von Andree Hahmann. Unter Mitarbeit von Isabella Zühlke hg. von Andree Hahmann u. Dieter Hüning. Stuttgart 2017, S. 215–221 (VI, 5–9).

11 DL III. 12. 16, Bach, Brieskorn, Stiening III/1, S. 236/237: »Quapropter in particulari ad applicandam hanc regulam necessaria est *prudentia legislatoris*, neque aliquid aliud certum in hoc puncto dici aut affirmari posse existimo.«; Hvhb. von mir.

12 Vgl. u. a. DL III. 9. 3, Bach, Brieskorn, Stiening III/1, S. 142/143; zur Genese der Priorisierung der legislativen Gewalt des Souveräns im Spätmittelalter vgl. Dieter Wyduckel: Princeps legibus Solutus. Eine Untersuchung zur frühmodernen Rechts und Staatslehre. Berlin 1979, S. 127 ff.

13 Dass die politische Klugheit das Zentralvermögen der im Rahmen einer spezifischen *ratio status*-Rationalität Agierenden darstellte, lässt sich nachlesen bei Merio Scattola: Von der *prudentia politica* zur Staatsklugheitslehre. Die Verwandlungen der Klugheit in der praktischen Philosophie der Frühen Neuzeit. In: Phronêsis – Prudentia – Klugheit: Das Wissen des Klugen in Mittelalter, Renaissance und Neuzeit – Il sapere del saggio nel Medioevo, nel Rinascimento e nell'età moderna. Hg. von Alexander Fidora, Andreas Niederberger u. Merio Scattola. Porto 2013, S. 227–259.

in den Grenzen der Gerechtigkeit agieren muss, weil für Suárez mit engem Bezug auf Augustinus ungerechte Gesetze keine Gesetze sind, so dass der Gesetzgeber nur genau dann ›Geber‹ von Gesetzen ist, wenn diese gerecht sind.[15] Innerhalb dieser Grenzen der Gerechtigkeit ist aber die politische Klugheit des Gesetzgebers bei der Anwendung bestimmter ›Regeln auf Einzelfälle‹ gefordert, und zwar in folgendem Zusammenhang:

Suárez hatte sowohl in DL I als auch insbesondere in DL III deutlich gemacht, dass staatliche Gesetze Normen für freie äußere Handlungen in vollkommenen Gemeinschaften darstellen. Ausdrücklich hatte er darauf hingewiesen, »dass das bloß menschliche Gesetz unmittelbar und von seiner Eigenart her einen rein inneren Akt *nicht* vorzuschreiben vermag«.[16] Für diese These wurde gar eine handlungstheoretische Begründung geliefert: »Denn der Zweck des Handelns fällt nicht unter die menschlichen Vorschriften, sondern lediglich die Handlung selbst.«[17]

Gleichwohl stellt sich der Autor in einem eigenen Kapitel (DL III. 12) die Frage, ob staatliche Gesetze Tugenden gebieten und Laster verbieten könnten, damit aber tatsächlich mehr und anderes als äußeren Handlungen normieren dürften. Die Vermittlung zwischen inneren Tugendpflichten und den äußeren Rechtspflichten leistet für Suárez erneut der Begriff der Gerechtigkeit, der – nachdem er zunächst als *negative Bedingung* der Gesetze fungierte (gegen die Gerechtigkeit dürfen – wie erwähnt – die weltliche Gesetze nicht verstoßen) – nunmehr zu *einem Inhalt* der positiven Gesetze heraufgestimmt wird:

> Denn das Ziel bürgerlich-weltlicher Macht sind Friede und Glück des weltlichen menschlichen Gemeinwesens. Also kann es nur mit Gerechtigkeit Gesetze erlassen, um diesen Frieden und das Glück zu erhalten. Diese beiden sind nichts anderes als Gegenstand der Gerechtigkeit und nicht anderer Tugenden. Also vermag das Gemeinwesen nur in Sachen der Gerechtigkeit gesetzgeberisch tätig zu werden.[18]

---

**14** Siehe DL I. 2. 2, Bach, Brieskorn, Stiening I, S. 27 ff.

**15** Siehe hierzu Augustinus: De libero arbitrio I. V. 11: »Nam lex mihi esse non videtur, quae iusta non fuiert.« Suárez stellt den Bezug zu dieser Stelle ausdrücklich selber her; vgl. DL III. 12. 5, Bach, Brieskorn, Stiening III/1, S. 227.

**16** DL III. 13. 2, Bach, Brieskorn, Stiening III/1, S. 248/249; Hvhb. von mir.

**17** DL III. 12. 17; Bach. Brieskorn, Stiening III/1, S. 236/237: »[N]am finis operationis non cadit sub praeceptum humanum sed tantum operatio ipsa.«

**18** DL III. 12. 3, Bach, Brieskorn, Stiening III/1, S. 214/215: »Nam finis potestatis civilis est pax et felicitas temporalis reipublicae humanae. Ergo solum potest leges ferre in materia iustitiae ad pacem hanc et felicitatem conservandam. Sed huiusmodi est materia iustitiae et non aliarum virtutum.«

Damit ist für Suárez eine der »Kardinaltugenden«[19] nicht nur äußere Bedingung bzw. Voraussetzung gesetzlichen Handelns und seiner Legitimität, sondern vielmehr *Gegenstand* der staatlichen Gesetze. Vor dem Hintergrund dieser Argumentation ist es sodann ein Leichtes, auch die anderen drei Kardinaltugenden zu nicht nur möglichen, sondern zu für die zentralen Staatszwecke – Frieden und Glück des Gemeinwesens – notwendigen Gesetzesinhalten zu erheben:

> Da doch die Notwendigkeit einer *Gerechtigkeit* von sich aus einleuchtet, nimmt die Zahl weltlicher Gesetze zu, die dieses Anliegen verfolgen. *Mäßigung* ist ebenso nötig, um die Menschennatur selbst nicht einem zu starken Verderben auszuliefern oder ihre Erhaltung und Fortpflanzung nicht zu behindern. Die Sorge auch für dieses Anliegen ist Sache der weltlichen Gesetze, und aus diesem Grunde verbieten und bestrafen weltliche Gesetze die widernatürlichen Laster. Sie können auch einen zu starken Missbrauch beim Essen untersagen oder dafür Maß und Art festlegen. Auch die *Tapferkeit* ist zur Verteidigung des Gemeinwesens unabdingbar, wie von sich aus feststeht. Über die *Klugheit* sind offensichtlich keine besonderen Gesetze erlassen worden, die von den Gesetzen, die Handlungen anderer sittlicher Tugenden betreffen, klar unterschieden wären. Denn die Klugheit arbeitet von sich aus nicht gut oder sittlich ohne die sittlichen Tugenden, die vom Willensentschluss abhängen. Da aber die anderen sittlichen Tugenden nicht ohne Klugheit vorgehen, sind die Gesetze, die diese anderen Tugenden zum Inhalt haben, immer unabtrennbar von ihrem Umgang mit der Klugheit geprägt.[20]

Mit dieser als Selbstverständlichkeit vorgetragenen Inthronisation der Kardinaltugenden zu Regelungsgegenständen der positiven menschlichen Gesetze hat Suárez jedoch die von ihm selbst gesetzte Grenze zwischen äußerem Rechts- und inneren Tugendzwang überschritten, und zwar mit dem Argument, diese Tugendpflichten seien für die Aufrechterhaltung des äußeren Friedens und der inneren Wohlfahrt eines Staates notwendig:

---

**19** III. 12. 10, Bach, Brieskorn, Stiening III/1, S. 228/229.

**20** DL III. 12. 8, Bach, Brieskorn, Stiening III/1, S. 224–227: »Quia enim necessitas iustitiae per se clara est, ideo in illa materia multiplicantur magis leges civiles. Temperantia vero etiam est necessaria ne natura ipsa nimium corrumpatur aut conservatio vel propagatio eius impediatur; cuius rei cura etiam spectat ad leges civiles, et hac ratione prohibent ac puniunt leges civiles vitia contra naturam. Possunt etiam prohibere nimium abusum ciborum vel in eis mensuram et modum ponere. Fortitudo etiam est necessaria ad defensionem reipublicae, ut de se constat. De prudentia vero non videntur dari speciales leges distinctae a legibus de actibus aliarum virtutum moralium, quia prudentia per se non operatur bene vel moraliter sine virtutibus moralibus voluntatis; tamen quia aliae virtutes morales operantur sine prudentia, ideo leges de aliis virtutibus simul sunt de usu prudentiae.«

> Der entscheidende Grund dafür besteht darin, dass die gesetzgebende Gewalt des Gemeinwesens nicht das ihr eigene Ziel zu erreichen vermag, wenn sie nicht im Gesamtbereich sämtlicher Tugenden Vorschriften erlässt.[21]

Die Begründung für diesen Schritt wird ausdrücklich auch der »Erfahrung« überantwortet.[22] Im Hinblick auf diese nahezu uneingeschränkte Instrumentalisierung der Ethik für das politische Ziel der inneren und äußeren Stabilität des Gemeinwesen ist festzuhalten, dass der Unterschied zu Machiavelli einzig darin besteht, dass der Florentiner Meisterdenker die politische Bedeutung der Tugend in ihrer Funktion als Regelungsgegenstand der Gesetze für kontingent hält und insofern auch deren Gegenteil nach Bedarf für politisch notwendig erklärt.[23] Für Suárez hingegen ist die Aufnahme ethischer Normen in den Gesetzeskodex und damit ihre Verrechtlichung eine *politische* Notwendigkeit.

Mit diesem ersten, aber entscheidenden Übergriff des ›politischen‹ Gesetzes ins Feld der Ethik ist der Einsatz der politischen Klugheit des Princeps nach Suárez jedoch noch keineswegs erforderlich geworden – auch wenn die Gründe für diese ›Legalisierung der Ethik‹ selbst nur stabilitätspolitische sind. Vielmehr wird dieses Vermögen für den Gesetzgeber erst mit zwei weiteren Argumentationsschritten unumgänglich:

> Sämtliche sittliche Tugenden beziehen sich entweder auf den anderen Menschen oder auf den Träger selbst oder auf Gott. Die weltlichen Gesetze können Anordnungen in alle drei genannten Richtungen treffen.[24]

Damit wird der Regelungsgegenstand staatlicher Gesetze zumindest in qualitativer Hinsicht auf *alle* traditionellen Felder der Tugendpflichten – Gott, den Mitmenschen und sich selber – ausgeweitet. Suárez gibt auch eine Fülle von Beispielen für derartige ethische Normen, die zu Gesetzespflichten erhoben werden können (bzw. müssen), an: Von der Treue über die Dankbarkeit, das Almosengeben oder die Mäßigung bei Essen, Trinken und Gewändern bis hin zur Beachtung der Religion, die »in höchstem Maße *ein Mittel* für die Stabilität

---

**21** Vgl. hierzu DL III. 12. 8, Bach, Brieskorn, Stiening III/1, S. 224/225: »Ratio propria est, quia potestas legislativa civitatis non potest assequi finem suum, nisi in materia omnium virtutum praecipiat.«

**22** Ebd.

**23** Niccolò Machiavelli: Il Principe / Der Fürst. Italienisch/Deutsch. Hg. u. übers. von Philipp Rippel. Stuttgart 2009, S. 135 ff.

**24** DL III. 12. 9, Bach, Brieskorn, Stiening III/1, S. 227/228: »[Q]uia omnes virtutes morales aut sunt ad alterum hominem aut sunt ad se aut ad Deum. Leges autem civiles secundum omnes hos respectus praecipere possunt.«

der politischen Gemeinschaft« sei.[25] Auch diese politische ›Verzweckung‹ von Ethik und Religion ist von Machiavelli nur insofern unterschieden, als sie nicht nur möglich, wie beim Florentiner,[26] sondern notwendig ist, und zugleich durch ihre Erhebung zum Regelungsgegenstand von Gesetzen den Schein rechtlicher Legitimation erhält. Wenn Machiavelli Glaube und Tugend zu herrschaftsstabilisierenden Instrumenten des Princeps macht, dann lässt er ihn diese Vorgänge ohne Referenz auf die Gesetzgebung ausführen; Suárez' Souverän muss, weil grundsätzlich an das Amt der Legislator gebunden, diesen Umweg über die Gesetzgebung gehen. Das Ziel und damit die Dimensionen der politischen Verzweckung dieser ethischen Normfelder ist in beiden Fällen jedoch das gleiche: äußerer Friede und innere Stabilität des Gemeinwesen.

Gleichwohl setzt Suárez gemäß seiner grundlegenden Distinktion in innere und äußere Normen deutliche Grenzen hinsichtlich der Möglichkeit, Tugendpflichten zu verrechtlichen; ausdrücklich heißt es dazu,

> dass weltliche Gesetze nicht über sämtliche Handlungen aller Tugenden und über je einzelne erlassen werden können. [...] Der Grund dafür besteht darin, dass einmal das menschliche Gesetz sich auf ein vernünftiges, d. h. auf ein sittlich mögliches Maß zu beschränken und von einem Gegenstand zu handeln hat, den zu erfüllen der Mehrheit der gesamten Gemeinschaft möglich ist, wie ich im zweiten Buch in allgemeiner Weise gezeigt habe. Zum anderen gilt jedoch als starker Grund, dass keineswegs sämtliche Handlungen aller Tugenden erforderlich sind, um den Zweck des menschlichen Gesetzes zu erreichen.[27]

Erkennbar wird an dieser Stelle der Grund für die Begrenzungen der Gesetze hinsichtlich der Anordnung innerer Plichten nicht moralisch-praktisch (d. h. weder ethisch noch rechtlich), sondern rechtspolitisch begründet: Es sei für die Erfüllung der Staatszwecke (Glück und Frieden) keineswegs notwendig (»non sunt necessarii«), *alle* Tugenden zu Regelungsgegenständen der positiven Gesetze zu machen. Für Suárez ist also das Verhältnis von Recht und Moral – zumindest im Hinblick auf die Leistungsfähigkeiten der positiven menschlichen

---

**25** Ebd., 229; Hvhb. von mir.
**26** Machiavelli: Il Principe (s. Anm. 23), S. 139.
**27** DL III. 12. 11, Bach, Brieskorn, Stiening III/1, S. 230/231: »[D]icendum est leges civiles non posse ferri de omnibus actibus omnium et singularum virtutum. [...] Ratio autem est, tum quia lex humana debet esse moderata et de re moraliter possibili universae communitati pro maiori parte, ut libro secundo in communi ostensum est. tum maxime quia ad finem legis humanae non sunt necessarii omnes actus virtutum omnium.«

Gesetze – politprudentiell zu bestimmen.[28] Das gilt ausdrücklich auch für das Gegenteil der Tugenden, weil »das weltliche Gesetz nicht alle Laster verbieten« könne:

> Das weltliche Gesetz muss der menschlichen Gemeinschaft gemäß der an ihr festgestellten natürlichen Bedingung angeglichen sein. Deshalb werden durch die weltlichen Gesetze nicht sämtliche Laster untersagt. Somit erstreckt sich auch die weltliche Zwangsgewalt nicht auf alle Verhaltensweisen, denn sich ihnen gänzlich zu enthalten, überstiege die *conditio humana*. Deswegen haben wir bereits ausgeführt, dass das weltliche Gesetz, auch wenn es zweifellos den Menschen sittlich gut machen will, dennoch nicht im Bereich des Sittlichen das Gute schlechthin anstrebt. Wenn dies der Fall wäre, so hieße das, dass der Mensch nur ein Mensch wäre, wenn er sich von allen Lastern fernhielte: Ein solches Ziel vermag jedoch das weltliche Gesetz in seinem Streben niemals zu bewirken.[29]

Explizit werden den weltlichen Gesetzen in diesen Passagen Grenzen hinsichtlich der Beförderung der Tugend und der Vermeidung von Lastern gesetzt. Dies erfolgt aber nicht, weil der Staat beim Übergriff auf die inneren Pflichten seine Kompetenzen überschritte und damit in eine (Tugend)-Despotie transformiert würde,[30] sondern weil er nicht über die hinreichenden Fähigkeiten verfügt, die *conditio humana* des sündigen (und damit nie vollends guten) Menschen zu modifizieren. Es ist also erneut ein pragmatisches, nicht normatives Argument, das die Grenzen des Rechts gegenüber der Ethik begründet.

An ebendieser Stelle kommt für Suárez die schon zitierte Klugheit des Gesetzgebers ins Spiel, weil es nicht etwa rechtliche, moralische oder religiöse Kriterien sind, die »[d]as rechte Maß, das die Gesetzgebungsmacht zu berück-

---

**28** Dass es auch andere Kriterien der Bestimmung dieser Korrelation gibt, kann man dem Beitrag von Tilman Repgen in diesem Band entnehmen.

**29** DL III. 12. 12, Bach, Brieskorn, Stiening III/1, S. 230–233: »Lex autem civilis esse debet accommodata communitati humanae secundum naturalem conditionem spectatae, et ideo per leges civiles non prohibentur omnia vitia. Sicut etiam potestas coactiva civilis non extenditur ad omnia, quia hoc esset supra conditionem humanam. Et propter hoc etiam diximus (lib. I, cap. 5) legem civilem, licet intendat facere hominem bonum moraliter, non tamen simpliciter bonum in illo genere, quia non est talis nisi careat omnibus vitiis, quod lex civilis efficaciter non potest intendere.«

**30** In seiner Religionslehre hat Kant aber eben diesen Vorwurf mit überzeugenden Gründen erhoben: »Weh aber dem Gesetzgeber, der eine auf ethische Zwecke gerichtete Verfassung durch Zwang bewirken wollte! Denn er würde dadurch nicht allein gerade das Gegenteil der ethischen bewirken, sondern auch seine politische untergraben und unsicher machen.« Immanuel Kant: Religion innerhalb der Grenzen der bloßen Vernunft. In: Kant's gesammelte Schriften. Hg. von der Preußischen Akademie der Wissenschaften. Berlin 1900 ff. [im Folgenden AA Band, Seitenzahl], hier AA VI, S. 96.

sichtigen hat«, festlegten, sondern vielmehr die prudentiellen Staatszwecke des äußeren Friedens und der inneren Stabilität:

> Jene [d.s. die Laster] sind nämlich durch das weltliche Gesetz zu verbieten, weil und insofern sie der menschlichen Gemeinschaft schädlich sind und sie können je unter Maßgabe des sittlichen Nutzens des Gemeinwesens unterbunden und bestraft werden. Wenn aber Laster der Gemeinschaft nicht zum Schaden gereichen oder wenn aus der harten Bestrafung solcher Übel zu befürchten ist, dass größere Übel entstehen, so darf man solches massive Fehlverhalten eher erlauben als durch weltliche Gesetze unterdrücken. Daher ist bei der Anwendung dieser Regel auf den besonderen Fall die Klugheit des Gesetzgebers unabdingbar.[31]

In welchem Umfang also die Tugend- und Lasterkataloge einer Gesellschaft in die weltlich-staatlichen Gesetze aufzunehmen sind, obliegt der *prudentia legislatoris*, die folglich eine *prudentia politica* ist, weil sie gemäß den kulturhistorischen Bedingungen über die Rechtlichkeit einzelner Tugenden entscheiden kann und muss. Zwar bleibt diese politische Klugheit des Souveräns – anders als bei Machiavelli[32] – stets und grundlegend an Gesetze gebunden; gleichwohl kann, ja muss die Grenze zwischen äußerer Rechts- und innere Tugendpflicht je nach Maßgabe politischer Bedingungen, die zu bewerten der Klugheit des Souveräns obliegt, verschoben werden. Die von Suárez gewählten Beispiele für Tugenden, die nicht Gesetzesform zu transformieren sind, machen dies deutlich; sie werden ausdrücklich der Erfahrung entnommen:

> Man kann dies auch leicht durch Erfahrung überprüfen. Denn man kann die Jungfräulichkeit nicht vorschreiben, auch wenn sie der höchste Akt der Tugend ist. Dasselbe gilt von anderen Handlungen, die man eigentlich nur anraten kann. Gleiches trifft auch auf höchst schwierig zu verrichtende Handlungen zu, wenn sie für das Gemeinwohl des weltlichen Gemeinwesens nicht schlichtweg notwendig sind; wie es beispielsweise der Fall des Fastens und Ähnliches wäre.[33]

---

**31** DL III. 12. 16, Bach, Brieskorn, Stiening III/1, S. 236/237: »Illa enim vetanda sunt per civilem legem quae communitati humanae noxia sunt et cum morali utilitate reipublicae prohiberi possint et puniri. Quando autem vitia non sunt noxia communitati vel ex rigorosa punitione illorum maiora mala timentur, permittenda potius sunt quam cohibenda per leges civiles. Quapropter in particulari ad applicandam hanc regulam necessaria est prudentia legislatoris.«
**32** Machiavelli: Il Principe (s. Anm. 23), S. 134/135: »Dovete adunque sapere come sono dua generazionedi combattere: l'uno con le leggi, l'altro con la forza: quel primo è proprio dello uomo, quel secondo dellebestie: ma, perché el primo molte volte non basta, conviene ricorrere al secondo. Per tanto a uno principe ènecessario sapere bene usare la bestia e lo uomo.«
**33** DL III. 12. 11 Bach, Brieskorn, Stiening III/1, S. 230/231: »Non enim potest praecipi virginitas, etiamsi optimus actus virtutis sit, et idem est de aliis actibus qui proprie dicuntur consi-

Es gibt folglich – erfahrungsbedingte, also veränderbare – Grenzen bei der Verrechtlichung von Tugenden zum politischen Zweck der Gemeinwohlbeförderung. Gleichwohl sind diese Grenzen eng gesteckt. Im Hinblick auf die Frage der Instrumentalisierung innerer Tugendpflichten für Frieden und Stabilität eines Gemeinwesens erweist sich Suárez als gelehriger Schüler des Florentiner Meisterdenkers.

## 3 »Illius iudicium perversum est« – Zur expliziten Kritik an Machiavelli und deren Grenzen

Trotz dieser bemerkenswerten und für das Verständnis von Staatsrecht und Staatspolitik konstitutiven Aufnahme jener nicht-normativen politischen Prudentialitätskonzeption im Zusammenhang der Verrechtlichung von Tugenden macht Suárez schon zu Beginn des Kapitels 12 von DL III deutlich, dass er Machiavellis Vorstellungen zum Verhältnis von Ethik und Politik ablehnend gegenübersteht. Im Kontext der Erörterung über den Inhalt der weltlich-positiven Gesetze kommt er nämlich auf Machiavellis prudentielle Staats- und Gesetzestheorie zu sprechen, die wie folgt vorgestellt wird:

> Auf das gestellte Problem [d. i. welche Inhalte Staatsgesetze haben sollen] kann man in zwei unterschiedlichen Hinsichten antworten. Die eine lautet, dass die weltliche Macht und das weltliche Recht von sich aus allererst auf den politischen Zustand abzielen, und damit auf Erhalt und Mehrung des Staates. Folglich ist der Inhalt der Gesetze jener, der dem politischen Zustand, seiner Erhaltung und Mehrung nützt. In der Ausrichtung auf dieses Ziel seien die Gesetze zu erlassen und es ist ohne Bedeutung, ob man in ihnen eine echte Sittlichkeit antrifft oder ob sie nur vorgespiegelt und somit eine nur scheinbare ist, indem auch das, was ungerecht ist, verheimlicht wird, falls nur die dadurch angestrebten Güter dem Staat nützlich sind. Das ist die Lehre der gegenwärtigen Politiker; wobei hauptsächlich Machiavelli es unternahm, von dieser Lehre die weltlichen Herrscher zu überzeugen. Ihr einziger und letzter Grund ist, dass anders das weltliche Gemeinwesen nicht erhalten werden kann; woraus Machiavellis grundfalsches Urteil folgt: Niemand kann wirklich und auf Dauer als echter König herrschen, wenn er sich die Gesetze der Tugend zu eigen macht und sich ihnen gänzlich unterstellt.[34]

---

liorum. Item de actibus difficillimis quando ad commune bonum reipublicae civilis non sunt simpliciter necessarii, ut esset v. g. frequenter ieiunare et similia.«

**34** DL III. 12. 1. u. 2, Bach, Brieskorn, Stiening III/1, S. 210–213: »Circa propositam ergo quaestionem duplex potest referri opinio. Una est potestatem laicam et ius civile per se primo intendere statum politicum eiusque conservationem et augmentum, ac subinde materiam legum

Als »grundfalsches Urteil« wird dieses Politik-Verständnis, das nicht nur Machiavelli, sondern auch der zeitgenössischen Gruppe der *politici* zugeschrieben wird,[35] bezeichnet, weil

- die Gerechtigkeit nicht mehr Matrix eines jeden Gesetzes ist, sondern auch die Ungerechtigkeit, so sie nur verheimlicht würde, Regelungsgegenstand des Gesetzes sein kann;
- die Legislative also nicht nur Ungerechtigkeit verbreitet, sondern auch mit Geheimnissen arbeitet;
- jeder Souverän seiner Funktion nicht gerecht würde, unterwürfe er sein Handeln, insbesondere sein Gesetzeshandeln, nicht den Normen der Ethik.

Insgesamt unterstellt Suárez dem Machiavellismus eine strenge Disjunktion zwischen Ethik und Politik, die hier als Herrschaftshandeln firmiert. Nun ist allerdings nicht zu bestreiten, dass Machiavelli Folgendes festgestellt hatte:

> [D]enn ein Mensch, der sich in jeder Hinsicht zum Guten bekennen will, muß zugrunde gehen inmitten von so viel anderen, die nicht gut sind. Daher muß ein Fürst, wenn er sich behaupten will, die Fähigkeit erlernen, nicht gut zu sein, und diese anwenden oder nicht anwenden, je nach dem Gebote der Notwendigkeit.[36]

Im Lichte dieses Zitats aus *Il Principe* ist Suárez' These, jeder Souverän könne seiner Aufgabe nicht gerecht werden, suche er sein Handeln vor allem an Normen der Ethik auszurichten, nicht ganz falsch; gleichwohl unterschlägt er, dass Machiavelli dem Fürsten empfiehlt, beides, Tugend *und* Laster, im politischen Handeln – »je nach dem Gebot der Notwendigkeit« – anzuwenden, so dass er

---

esse illam quae statui politico inservit et conservationi vel augmento eius; et in ordine ad hunc finem has leges ferri sive in eis vera honestas inveniatur sive tantum simulata et apparens, dissimulando etiam illa quae iniusta sunt, si reipublicae temporali sint utilia. Haec est doctrina politicorum huius temporis, quam praecipue persuadere conatus est principibus secularibus Machiavelus solumque fundatur in hoc: quod non potest aliter temporalis respublica conservari. Unde illius iudicium perversum est: non posse esse verum regem et stabilem qui legibus virtutis astringitur eisque omnino subicitur.«

**35** Zur Auswirkung dieser Gruppierung um Bodin und Michel de L'Hôpital auf die politische Theorie und Praxis um 1600 vgl. u. a. Rainer Forst: Toleranz im Konflikt. Geschichte, Gehalt und Gegenwart eines umstrittenen Begriffs. Frankfurt a. M. 2003, S. 181–187 sowie Lothar Schilling: Das Jahrhundert Ludwigs XIV. Frankreich im Grande Siècle 1598–1715. Darmstadt 2010, S. 60 ff.

**36** Machiavelli: Il Principe (s. Anm. 23), S. 118/119: »[P]erché uno uomo chevoglia fare in tutte le parte professione di buono, conviene rovini infra tanti che non sono buoni. Onde è necessario a uno principe, volendosi mantenere, impararea potere essere non buono, et usarlo e non usare secondo la necessità.«

ihm nicht Amoralität, sondern moralische Indifferenz anempfiehlt.[37] Suárez aber verbindet die Position der *ratio status* mit dem zeitüblichen Verdikt postulierter Amoralität, was – wie gesehen – der Argumentation des *Il Principe* zuwiderläuft, weil Machiavelli nicht Boshaftigkeit des Herrschers gefordert hatte, sondern »moralische Neutralisierung der Macht«.[38] Gleichwohl bedient sich Suárez ausdrücklich dieses zeittypischen Vorwurfes gegen den Florentiner Meisterdenker,[39] was nicht besonders verwundert, hatte sich doch selbst Bodin dieser Kritik angeschlossen.[40] Suárez sucht offenbar jeden Anschein untunlicher Nähe zu dem schon von Vitoria einer massiven Kritik unterzogenen Machiavelli zu vermeiden.[41]

Das gilt auch für das Arbeiten mit *arcana imperii*, den Geheimnissen des Herrschens, die u. a. das Ungerechte zum Nutzen des Staates wissentlich als Gerechtes erscheinen lassen. Tatsächlich hatte Arnold Clapmarius solche betrügerischen Geheimnisse zu *notwendigen* Instrumenten des Herrschens zum Wohle des Staates und des Herrschers erklärt:

> Einfach überlegt haben ja Ratschläge manchmal irgendeine Art von Betrug und Ungerechtigkeit an sich; aber im Hinblick auf das allgemeine Wohl und die Verfassung des Gemeinwesens wird das toleriert [...]. Im Übrigen gehören Verstellung oder Heuchelei irgendwie zu den verborgenen Regeln der Staatsführung durch welche den Bürgern blauer

---

**37** Siehe hierzu auch Volker Reinhardt: Machiavelli oder Die Kunst der Macht. Eine Biographie. München 2016, S. 21 ff.

**38** So Jürgen Habermas: Auch eine Geschichte der Philosophie. 2 Bde. Frankfurt a.M. 2019, Bd. I, S. 886–902, hier S. 889.

**39** Vgl. hierzu u. a. Reginald Pole: Apologia ad Carolum V. Caesarum. In: Epistolarum Reginaldi Poli S.R.E. cardinalis et aliorum ad ipsum. 5 Bde. Brescia 1744–1757, Bd. 1, S. 66–171, hier S. 136 f.; zur Stellung des Kardinals in der Machiavelli-Rezeption des 16. Jahrhunderts, vgl. Peter S. Donaldson: Machiavelli and the Mystery of State. Cambridge 1992, S. 1–36; Otfried Höffe: Zu Machiavellis Wirkung. In: Ders.: Niccolò Machiavelli. Der Fürst. Berlin 2012, S. 179–199, hier S. 181 f. sowie Gideon Stiening: Das Recht auf Rechtlosigkeit. Arnold Clapmarius' *De Arcanis rerumpublicarum* zwischen politischer Philosophie und Klugheitslehre. In: Nürnbergs Hochschule in Altdorf. Beiträge zur frühneuzeitlichen Wissenschafts- und Bildungsgeschichte. Hg. von Hanspeter Marti u. Karin Marti-Weissenbach. Wien, Köln, Weimar 2014, S. 191–211.

**40** Vgl. hierzu Jean Bodin: Sechs Bücher über den Staat. Übersetzt und mit Anmerkungen versehen von Bernd Wimmer. Eingeleitet und hg. von Peter Cornelius Mayer-Tasch. 2 Bde. München 1981/1986, hier Bd. I, S. 95 ff.

**41** Vgl. hierzu Andreas Wagner: Die Theologie, die Politik und das internationale Recht. Vitorias Sprecher- und Akteursrollen. In: Francisco de Vitorias ›De Indis‹ in interdisziplinärer Perspektive. Hg. von Norbert Brieskorn u. Gideon Stiening. Stuttgart-Bad Cannstatt 2011, S. 153–170, spez. S. 165 f.

> Dunst vorgemacht wird, damit sie glauben zu haben, wie sie nicht haben, und dadurch voller Vertrauen die Verfassung nicht umstürzen.[42]

Suárez kann jedoch diese Form von geheimem Herrschaftswissen nicht als Moment seiner *ratio status*-Lehre behaupten, weil sein Regierungshandeln *erstens* stets an Gesetze gebunden bleibt, und er *zweitens* dem Prinzip der Promulgation dieser Gesetze grundlegend verpflichtet ist. Schon die allgemeine Gesetzesdefinition in DL I lautet: »Das Gesetz ist eine die Gemeinschaft betreffende Anordnung, die gerecht, verlässlich, beständig und auch in genügender Weise verkündet worden ist.«[43] Dieses Öffentlichkeitsgebot gilt auch für staatliche Gesetze,[44] so dass eine Politik der *arcana imperii* ebenso wie die einer *arcana rerumpulicarum* im Rahmen der suárezischen Konzeption nicht zu begründen ist.

Gleichwohl stimmt Suárez in anderer Hinsicht, nämlich im Hinblick auf die moralischen Qualität der empirischen Person eines Herrschers Machiavelli und damit den *ratio status*-Lehren des 16. und frühen 17. Jahrhunderts durchaus zu, weil er nachweisen kann, dass die persönlichen Positionen und Handlungen des Herrschers in religiösen und moralischen Fragen gegenüber seiner politischen Funktion indifferent sind und sein müssen:

> Es steht fest, dass um vieles größere Nachteile gegen das Gemeinwohl folgen, wenn die bürgerliche Macht vom privaten Glauben oder den guten Sitten des Fürsten selbst abhingen. Dann gäbe es nämlich keinen Frieden und auch keinen echten Gehorsam in dem Gemeinwesen; vielmehr würde ein jeder Untertan seinen Oberen richten wollen und infolge dessen würde er in diesem Punkt bereits jenem den Gehorsam verweigern, was ein vollkommen absurdes Verhalten wäre.[45]

Schon Suárez unterscheidet also – wie nach ihm Hobbes vor allem im *Leviathan* – »die Staatspersönlichkeit als Vereinigung des Willens aller von der Person des Repräsentanten dieser Staatspersönlichkeit«,[46] und weist deren religiöser und

---

**42** Clapmarius: De Arcanis (s. Anm. 9), S. 21.

**43** DL I. 12. 5, Bach, Brieskorn Stiening I, S. 280/281: »Lex est commune praeceptum, iustum ac stabile, sufficienter promulgatum.«

**44** Vgl. hierzu den Beitrag von Frank Grunert in diesem Band.

**45** DL III. 10. 10, Bach, Brieskorn, Stiening III/1, S. 186/187: »Ad fundamentum contrarii erroris respondetur multo maiora incommoda contra bonum commune sequi, si potestas civilis pendeat ex privata fide vel bonis moribus ipsius principis, quia nulla esset pax neque obedientia in republica, sed quilibet subditus vellet superiorem suum iudicare et consequenter illi obedientiam negare, quod absurdissimum est.«

**46** So Dieter Hüning: Freiheit und Herrschaft in der Rechtsphilosophie des Thomas Hobbes. Berlin 1998, S. 187.

moralischer Integrität einen für die politische Aufgabe indifferenten Status zu. Das ist vor dem Hintergrund der in der Frühen Neuzeit weitgehend üblichen Kritik an des Florentiner Herrscherbild, vor allem aber der weit verbreiteten These von der notwendigen Vorbildlichkeit des Herrschers in ethischer Hinsicht (man denke nur an Richelieus Testament) eine ungewöhnliche Distinktion, zeigt aber, dass Suárez die politischen Erfordernisse frühneuzeitlicher Staatlichkeit erfasst hatte.[47] Entscheidend ist allerdings – und darin bleibt die Kritik an Machiavelli bestehen –, dass die Staatspersönlichkeit nach Suárez in ihrem *Regierungshandeln* innerhalb der Grenzen der Ethik und insbesondere der Religion zu verbleiben hat, um Ungerechtigkeiten und damit den Zustand der Gesetzlosigkeit zu vermeiden.

## 4 Zur Kritik an der *ratio status*-Lehre

Die entscheidende und weiterreichende Kritik an einer Staatsräsonlehre nach Machiavelli entwirft Suárez, weil diese das Recht und die Gesetze rein instrumentell interpretiert, nämlich als Mittel zur Aufrechterhaltung von innerem Frieden, Wohlfahrt und Stabilität eines Gemeinwesens sowie der Herrschaft des Princeps. Zu Recht wird dieses Rechtsverständnis als instrumentell gewertet, weil in seinem Rahmen weltliche Gesetze bei etwaiger Gefahr für das Gemeinwesen auch wieder aufgeben werden können.[48] Für Machiavelli gibt es laut Suárez keinen wesentlichen Unterschied zwischen einer gerechten Herrschaft und einer Despotie, weil den Zielen der inneren Stabilität und des äußeren Friedens *alles* untergeordnet werden kann und muss – auch die Geltung des Rechts.

Tatsächlich hatte Machiavellis so genannter ›Rechtsrealismus‹ ein rein funktionalistisches Gesetzesverständnis entwickelt.[49] Für dieses Rechtsverständnis sind Fragen der juridischen Gerechtigkeit bzw. der Legitimität von

47 Siehe hierzu auch Norbert Brieskorn: »Lex und ius bei Francisco Suárez.« In: Lex und Ius / Lex and Ius. Hg. von Alexander Fidora, Matthias Lutz-Bachmann u. Andreas Wagner. Stuttgart-Bad Cannstatt 2010, S. 429–463.

48 So auch Peter Schröder: Die Kunst der Staatserhaltung. In: Niccolò Machiavelli. Der Fürst. Hg. von Otfried Höffe. Berlin 2012, S. 19–32, spez. S. 23 f.

49 Sieh hierzu auch Habermas: Auch eine Geschichte (s. Anm. 38), Bd. I, S. 900.

Herrschaft irrelevant.[50] Gesetze sind genau dann gut und gerecht, wenn sie Stabilität und Herrschaftsgarantie erfolgreich verheißen:

> Wir haben bereits gesagt, dass eine Herrschaft gute Grundlagen haben müsse; sonst bricht sie zusammen. Die Hauptstütze aller Staaten, der neuen wie der alten und der vermischten, sind gute Gesetze und gute Streitkräfte, und da gute Gesetze nicht ohne gute Streitkräfte bestehen können und da wo gute Streitkräfte sind, auch gute Gesetze sein müssen, so übergehe ich die Gesetze und rede von den Streitkräften.[51]

Gesetze sind im Rahmen dieser *ratio status*-Systematik wie das Militär Instrumente einer zwangsgewaltbewährten Macht. Auch Arnold Clapmarius hat diese enge, rein funktionale Äquivalenz von Militär und Gesetzen als gleichwertigen Instrumenten innerstaatlicher Stabilität und Befriedung entwickelt – und doch hat er einen entscheidenden Unterschied zu Machiavelli markiert, der im Hinblick auf das suárezische Verständnis von Staatsklugheit konstitutiv wird. Im Rahmen einer Begründung für die Notwendigkeit der Anwendung innerstaatlicher Gewalt, die nicht an die Bestimmungen des positiven Rechts gebunden ist, heißt es an einem historischen Beispiel:

> Und unlängst Heinrich III., König von Frankreich, gegen die Guise: und zwar nach höchstem Recht; insbesondere in einem unruhigen und aufrührerischen Gemeinwesen; zu welchen Zeiten es nicht nur Notwendigkeit, sondern auch Billigkeit erfordern, dass die Gemeinwesen eher handgreiflich und mit militärischer Gewalt, als mit Recht und ordentlichem Verfahren zusammengehalten werde.[52]

Zunächst gilt auch für dieses Argument: Gesetze sind wie das Militär Instrumente zur Abwehr politischer Instabilität – einzusetzen je nach politischer Lage –, und sie sind genau dann gut, wenn sie erfolgreich sind. All dies gilt, um durch Furcht vor den Konsequenzen der Gesetzesübertretung die Untertanen zu dis-

---

**50** Vgl. hierzu Herfried Münkler: Staatraison und politische Klugheitslehre. In: Pipers Handbuch der politischen Ideen. Hg. von Iring Fetscher u. Herfried Münkler. München, Zürich 1985, Bd. 5, S. 23–72 sowie Habermas: Auch eine Geschichte (s. Anm. 38), Bd. I, S. 886–902.

**51** Machiavelli: Il Principe/Der Fürst (s. Anm. 23), S. 64: »Noi abbiamo detto di sopra come a uno principe è necessario avere e sua fondamenti buoni; altrimenti di necessità conviene che rovini. E principali fondamenti che abbino tutti li stati, così nuovi come vecchi o misti, sono le buone legge e le buone arme. E perché non può essere buone legge dove non sono buone arme, e dove sono buone arme conviene sieno buone legge, io lascerò indrieto el ragionare delle legge e parlerò delle arme.«

**52** Clapmarius: De Arcanis (s. Anm. 9), S. 346/347: »[E]t nuper Henricus III. rex Galliarum adversus Guisum, et iure optimo; cumprimus in Turbulenta acseditiosa Republica quo tempore non solum neccesitas, verum aequitas postulat, ut potius et Imperio militari Respublica componatur, quam iure et processu ordinario.«

ziplinieren: Gesetze und Soldaten sind folglich schlichte Abschreckungsinstrumente, ähnlich wie Strafen, denen Clapmarius explizit reinen Abschreckungscharakter attestiert.[53]

# 5 Exkurs: Kants Verständnis von Politik als *techné*

Dass dieses Rechts- und Gesetzesverständnis ein nicht nur politisch problematisches, sondern auch philosophisch ungenügendes ist, zeigt ein kurzer Seitenblick auf Kant. Denn dieser Blick kann illustrieren, welche schwerwiegenden theoretischen Problemlagen der Kontroverse zwischen politischer Theorie und politischer Klugheitslehre zugrunde lagen bzw. liegen, und welche Lösungsversuche Clapmarius und Suárez vortrugen.[54] Denn Kants Unterscheidung zwischen moralisch- und technisch-praktischen Imperativen zeigt, dass beide Reflexionsformen und Begründungsarten nicht nur graduelle, sondern vielmehr substanzielle Differenzen ausweisen. Schon in der *Grundlegung zur Metaphysik der Sitten*, präziser noch in der – erst posthum veröffentlichten – *Ersten Einleitung zur Kritik der Urteilskraft* hatte Kant zwischen solchen Imperativen als normativen Urteilen, die Regeln zur Erlangung eines bestimmten, empirischen Zweckes formulieren, und solchen Imperativen, die »die Bestimmung ihrer Handlung, bloß durch die Vorstellung ihrer Form (nach Gesetzen überhaupt), ohne Rücksicht auf die Mittel des dadurch zu bewirkenden Objekts, als notwendig darstellen«, unterschieden und festgestellt, dass nur die letzteren »ihre eigentümlichen Prinzipien (in der Idee der Freiheit) haben«. Kant geht in der Unterscheidung der genannten Imperative so weit, deren technisch-praktische Variante zu den »Vorschriften der Geschicklichkeit zur *Technik*,[55] und mithin zur theoretischen Kenntnis der Natur, als Folgerungen derselben« zu rechnen, während die moralisch-praktischen Imperative zur praktischen Vernunft zu rechnen sind.[56] Erst vor dem Hintergrund dieser weitreichenden Distinktion

53 Ebd., S. 350/351.

54 Zum folgenden vgl. auch Gideon Stiening: Empirische oder wahre Politik? Kants kritische Überlegungen zur Staatsklugheit. In: Kants Entwurf *Zum ewigen Frieden*. Hg. von Dieter Hüning u. Stefan Klingner. Baden-Baden 2018, S. 259–276.

55 Vgl. hierzu u. a. Stefan Klingner: Technische Vernunft. Kants Zweckbegriff und das Problem einer Philosophie der technischen Kultur. Berlin, Boston 2013.

56 Beide Zitate aus: Immanuel Kant: Erste Einleitung in die Kritik der Urteilskraft. Nach der Handschrift hg. von Gerhard Lehmann. Hamburg [4]1990, S. 7 f.

lässt sich erkennen, dass Machiavelli und die gesamte *ratio status*-Lehre des 16. Jahrhunderts herrschaftspolitisches Handeln auf technisch-praktische Imperative und damit zu einem Anhang der theoretischen Vernunft bestimmt hatten – ohne dies auf den erst von Kant gewonnenen Begriff zu bringen.[57] Gleichwohl liegt in dieser *De*-Deontologisierung der Politik als einer Technik zur Stabilisierung von Staat und Herrschermacht einerseits die entscheidende Leistung Machiavellis und der an ihn anschließenden *ratio status*-Lehren, weil allererst diese Einsicht dokumentieren konnte, welche Erfordernisse der sich entwickelnde moderne Flächenstaat an eine Politik stellte, indem sie sich von normativen Vorgaben löste. Noch Kant wird zeigen, dass die politische Ordnung der internationalen Beziehungen, weil keiner allgemeinen Rechtsordnung unterworfen, auf die technisch-praktischen Fähigkeiten der auf diesem Gebiet agierenden Politiker angewiesen war (und ist).[58] Andererseits schuf diese Technisierung der Politik eine begründungs- und legitimationstheoretische Leerstelle, welche die *prudentia politica* an Religion, Ethik oder Recht durch unterschiedliche normative Einhegungen zu binden suchte.[59]

---

57 Beides aber verkennen Meinecke: Die Idee der Staatsräson (s. Anm. 1), S. 1–26, der nicht erkennt, dass dem Staatszweck des Staatswohl keine normative Qualität zukommt und daher mit seiner hemmungslosen Psychologisierung einer »Lust an der Macht« (S. 5 ff.) am politiktheoretischen Problem vorbeiräsoniert, Herfried Münkler: Im Namen des Staates. Die Begründung der Staatsräson in der frühen Neuzeit. Frankfurt a.M. 1987, S. 46 ff., der schon in seiner Rekonstruktion der Kontroverse zwischen Erasmus und Machiavelli die Distinktion zwischen tatsachlich normativen und zweckrationalen Staatszwecken verkennt. Für den Politologen Münkler, der Kant nicht an einer Stelle seiner Studie erwähnt, scheint es die systematische Unterscheidung zwischen theoretischer und praktischer Vernunft nicht zu geben. Aber auch Habermas: Auch eine Geschichte (s. Anm. 38), S. 886 ff. verfehlt die kantische Analyse der Problemlage, wenn er zwar zwischen den normativen und den pragmatischen Dimensionen der Politik und deren Reduktion auf letztere bei Machiavelli unterscheidet, die »normative Frage« jedoch auf Legitimationsprobleme von Herrschaft reduziert; Kant aber kann die ›Politik‹ als Machtechnik von der Staatstheorie deshalb unterscheiden, weil der Staat als einzig mögliche und allererst so legitime Rechtsrealisationsinstanz interpretiert wird, weshalb die Legitimationsfragen der eigentlich normativen Dimension der Staatsrechtsanalyse nachgeordnet sind. Mit Kant ließe sich Machiavelli noch gegen Habermas verteidigen.

58 Vgl. hierzu AA VIII, S. 372 ff.

59 Vgl. hierzu u. a. Gideon Stiening: Politisch-theologischer Anti-Machiavellismus. Die Rechtslehren Francisco de Vitorias, Philipp Melanchthons und Francisco Suárez'. In: Die Frühe Neuzeit: Revisionen einer Epoche. Hg. von Andreas Höfele, Jan-Dirk Müller u. Wulf Oesterreicher. Berlin, Boston 2013, S. 357–390.

# 6 Vermittlungsversuche

Nachdem es sich die Staatsklugheitslehren der Früh- und Hochaufklärung insofern einfach zu machen suchten, als sie erklärten, Politik könne nur im Rahmen der natur- und staatsrechtlicher Ordnungsgefüge tatsächlich ausgeübt werden, alle Intrigen, Listen und Geheimnisse seien schlicht unklug,[60] hatte erst Kant die Politik aus diesem Korsett erneut befreit, indem er ihr *erstens* den vollem Umfang technisch-praktischen Handelns zurückgab, dieses aber *zweitens* auf das tatsächlich praktische telos der nationalen und internationalen Rechtsstaatskonstitution ausrichtete; Politik galt seit *Zum ewigen Frieden* als »ausübende Rechtslehre«,[61] und damit als politische Technik zum Zwecke der Rechtsstaatsrealisation.

Schon die frühe Neuzeit unternahm aber solche Versuche der Bindung der rein technischen Politik an normative Ordnungen, wobei sich nicht nur die politischen Theologen der spanischen Spätscholastik, denen allein die strenge Säkularität der Politik Machiavellis ein Dorn im Auge sein musste, hervortaten.[62] Selbst der politische Prudentialist Clapmarius bemühte sich, eine solche Bindung des mit allen Listen und Geheimnissen arbeitenden Feldes der Politik an die normativen Fundamenten einer praktischen Vernunft herzustellen. Der Marburger Polittheoretiker entwickelte nämlich auf der Grundlage der bodinschen Souveränitätstheorie, nach der souverän ist, wer die oberste Macht in einem staatlichen Gefüge hat und diese *durch Gesetze* realisiert,[63] eine politische Theorie, die der Falle technisch-praktischer Reduktion des Politischen durch

60 Siehe hierzu u. a. Gundling: Einleitung (s. Anm. 8), S. 1: »Die allermehresten auch unter den Gelehrten haben einen Begriff von der Politic, welcher der Sache nicht gemäß ist. Das macht, weil dieses Wort in so vielerley Verstand genommen wird. Viele halten raffinement, intrigues, oder geheime Künste und Betrügerey vor die wahre Politic, weil sie sehen, daß viele Leute eine Zeitlang ihr Glück damit gemacht und grosses Aufsehen verursachet haben. *Allein Betrug und Arglistigkeit ist keine Klugheit*. Wer sich darauf legt, der zeiget vielmehr an, daß er keinen grossen Verstand besitze.« (Hvhb. von mir).Vgl. hierzu demnächst Gideon Stiening: Machiavelli und die Aufklärung. In: 500 Jahre Machiavelli. Hg. von David Nelting u. Linda Simonis. Berlin,. Boston 2020.

61 Vgl. hierzu Volker Gerhardt: Ausübende Rechtslehre. Kants Begriff der Politik. In: Kant in der Diskussion der Moderne. Hg. von Gerhard Schönrich u. Yasushi Kato. Frankfurt a. M. 1996, S. 464–488.

62 Vgl. hierzu auch Gideon Stiening: »Notitiae principiorum practicorum«. Melanchthons Rechtslehre zwischen Machiavelli und Vitoria. In: Der Philosoph Melanchthon. Hg. von Günter Frank u. Felix Mundt. Berlin, New York 2012, S. 115–146.

63 Vgl. hierzu Bodin: Sechs Bücher über den Staat (s. Anm. 40), S. 205 ff.

eine tatsächlich normative Begründungstheorie zu entgehen sucht. Zunächst stattet Clapmarius den Souverän mit der ausschließlichen Gesetzgebungskompetenz aus:

> Gesetz zu geben obliegt der höchsten Herrschaftsgewalt, es ist das charakteristische Merkmal dessen, der im Gemeinwesen die erste Stelle einnimmt. Er ist nämlich derjenige, der Gesetze gibt, nicht annimmt, außer vom höchsten Gott.[64]

Zugleich stellt er diesen gesetzgebenden Souverän nach dem römischrechtlichen Prinzip des *princeps legibus solutus*[65] über das Gesetz, weil er nur in dieser Stellung die Geltung des Rechts garantieren könne:

> Im Übrigen beruht die Hoheit vornehmlich auf zwei Grundlagen: erstens, dass der Princeps frei von den Gesetzen sei, ferner, dass er den Bürgern und Untertanen Gesetze auferlege. Was beides aus der praktischen Erfahrung im Gemeinwesen stammt, besonders wenn Principat und Gemeinwesen umsturzgefährdet sind.[66]

Weil Clapmarius aber – wie Bodin – zugleich davon überzeugt ist, dass dieser Souverän nicht nur einen *status supra legem* einnehmen muss, um die Geltung des Rechts zu garantieren, sondern auch in seinem Regierungshandeln *contra legem* handeln können muss, um seine Souveränität bzw. das Gemeinwohl zu verteidigen, zu schützen oder zu mehren,[67] sucht er nach einer rechtlichen Legitimation dieses Status supra *et* contra legem. Dies unternimmt er auf folgende Weise: Weil das Regierungshandeln zur Aufrechterhaltung und Mehrung von Stabilität, Herrschaft und Gemeinwohl bisweilen den positiven Gesetzen, aber auch dem Naturrecht und dem Völkerrecht zuwider handeln *muss*, ist es unerlässlich anzunehmen, dass es so etwas wie ein »höheres Recht« des Herrschers, eben das *ius dominationis*, geben muss:

> Daher stelle ich also fest, dass ein sozusagen höchstes Recht oder Vorrecht (supremum ius sive privilegium) aus Gründen des Gemeinwohls einzuführen ist, gegenüber dem allgemeinen oder ordentlichen Recht, und dennoch nicht den Göttlichen Gesetzen zuwider, und das ist gleichsam das Recht einer legitimen Tyrannis.[68]

---

**64** Clapmarius: Arcana (s. Anm. 9), S. 55.
**65** Vgl. hierzu Dieter Wyduckel: Princeps legibus Solutus. Eine Untersuchung zur frühmodernen Rechts und Staatslehre. Berlin 1979, dieses Problemfeld wird hier nicht weiter erörtert, weil Suárez es in DL III. 35 näherhin diskutiert, vgl. hierzu meinen Beitrag am Ende des Bandes.
**66** Clapmarius: Arcana (s. Anm. 9), S. 47.
**67** Ebd. S. 317.
**68** Clapmarius: Arcana (s. Anm. 9), S. 305.

Zunächst ist festzuhalten, dass es bei Clapmarius – wie noch deutlicher bei Bodin – Grenzen des herrscherlichen Privilegs gibt; diese werden markiert durch die göttlichen Gesetze. Ebendiese Bindung unterscheidet die meisten nach-machiavellistischen *ratio status*-Lehren vom *Il Principe.*[69] Zugleich scheint der Versuch, dem herrscherlichen Willkürhandeln eine rechtliche Basis und damit Legitimation und normative Grundlage zu verschaffen, darin zu bestehen, diesem außer- und rechtsbrüchigem Handeln den rechtlichen Status eines Privilegs zuzuschreiben. Dieser Versuch aber, den normativen Beschränkungen der technisch-praktischen Vernunft zu entkommen, scheitert allein daran, dass er erneut material und funktional, nämlich durch die Notwendigkeit der Aufrechterhaltung und Mehrung von Macht und Gemeinwohl bzw. der Abwehr von Umsturzgefahren begründet wird. Für diese Ziele muss der Herrscher das Recht brechen dürfen, und dies ›mit allem Recht‹. Kaum anschaulicher als in Clapmarius' *ratio status*-Lehre kann man Kants Verdikt, alles Staatshandeln, dass primär auf das Gemeinwohl ausgerichtet ist, müsse in Despotismus münden, vorführen. *Begründungstheoretisch* ist dieses »Recht auf Rechtlosigkeit«, das zudem mit der Durchsetzung von Gerechtigkeit verbunden wird, weil es – wie der Tradition gemäß – dem Gemeinwohl dient, haltlos; *politisch* kann man den Einfluss dieses Modells allerdings kaum unterschätzen.[70]

# 7 Suárez Korrelation von Recht, Ethik und Politik

Die vorstehende Skizze zu den Vermittlungsversuchen zwischen einer modernen Politik als Technik des Herrschens und den sie begründen bzw. begrenzen

---

69 Vgl. hierzu auch Meinicke: Die Idee (s. Anm. 1), S. 76 ff.

70 Nur anmerkungsweise sei auf an dieser Stelle auf Carl Schmitt verwiesen: Natürlich kannte Schmitt, wie so vieles andere die Arbeit von Clapmarius und er belobigt, bei aller beißenden Kritik an der *ratio status*-Lehre überhaupt, der er die von ihm stets eingeklagte Rechtlichkeit grundsätzlich abspricht, ihn, gerade weil Clapmarius sich bemüht, politische Prudentialität an das Prinzip der Souveränität anzubinden, bzw. aus diesem abzuleiten (vgl. hierzu Carl Schmitt: Rezension Zu Friedrich Meinecke ›Die Idee der Staatsräson‹. In: Archiv für Sozialwissenschaft und Sozialpolitik 56 [1926], S. 226–234). Zugleich stellt sich dann aber die Frage, ob Schmitt in einem Kernbestand seiner eigenen Souveränitätstheorie, der Konzeption vom Ausnahmezustand, nicht prudentialistischer ist als Clapmarius; denn der Ausnahmezustand ist in *Politische Theologie I* ausdrücklich definiert als die ›vollständige Abwesenheit von aller Normativität‹ (Carl Schmitt: Politische Theologie. Vier Kapitel zur Lehre von der Souveränität. Berlin [9]2009, S. 18). Nach welch anderen als prudentiellen Kriterien sollte der Souverän in dieser Situation handeln, um zu beweisen, dass er das ist, was er sein will und soll: souverän?

wollenden, unterschiedlichen Normativitätsmodellen sollte illustrieren, dass Suárez von einer grundsätzlich anderen Ausgangslage aus seine Überlegungen zu den Leistungen und Grenzen politischen Klugheit angeht und angehen muss. Denn für den politischen Theologen Suárez kann es weder im Sinne Machiavellis noch im Sinne des Clapmarius Situationen oder Bedingungen geben, die bar aller rechtlichen Normativität sind. Mit der Schöpfung des Menschen und damit *vor* dem Sündenfall schuf Gott das Recht in seinen unterschiedlichen Erscheinungsformen:

> Wenn ich nun vom Gesetz im eigentlichen Sinne als unserem Thema spreche, habe ich noch hinzuzufügen, dass es nur um der vernünftigern Kreatur willen in die Existenz tritt. Denn das Gesetz wird ausschließlich einem Lebewesen auferlegt, das frei handeln kann. Es bezieht sich nur auf frei gesetzte Handlungen.[71]

*Recht* – auch und gerade das positive menschliche Staatsrecht – ist für Suárez *nicht* Strafe und notwendiges Disziplinierungsmittel für den sündigen Menschen,[72] sondern notwendiges und einzig legitimes Ordnungsinstrument für das ebenfalls notwendige Zusammenleben des freien Menschen. Recht ist für Suárez vor diesem Hintergrund auch kein beliebig einzusetzendes Instrument zur Herrschaftsstabilisierung und Gemeinwohlmaximierung. Das Staatsrecht ist vielmehr die einzig legitime Form der Begrenzung der dem Menschen von Natur aus zukommenden äußeren Freiheit durch den Menschen, mit dem er von Natur aus, also ebenso notwendig, zusammenleben muss.[73] Daher kann die ›Kunst des Politischen‹ nicht unabhängig vom menschlichen Gesetz – weder über ihm noch gegen es – agieren, sondern darf nur innerhalb seiner Grenzen und als dessen Realisation kultiviert und praktiziert werden. Gleichwohl bleibt die Politik auch bei Suárez eine Klugheitslehre – auch hierin ist und bleibt er Machia-

71 DL I. 3. 2., Bach, Brieskorn, Stiening I, S. 44/45: »Addo praeterea, loquendo de propria lege de qua nunc agimus, tantum esse posse propter creaturam rationalem; nam lex non imponitur nisi naturae liberae, nec habet pro materia nisi actus liberos [...].«

72 Zur expliziten Widerlegung dieser augustinischen (vgl. Aurelius Augustinus: Der Gottesstaat. Aus dem Lateinischen übertragen von Wilhelm Thimme. Eingeleitet und kommentiert von Carl Andresen. 2 Bde. München [4]1977, Bd. 2, S. 557 ff. [Buch XIX. 13 ff.]) und von Luther aufgenommenen und popularisierten (Martin Luther: Von der weltlichen Obrigkeit, wie weit man ihr Gehorsam schuldig sei. In: Ders.: Ausgewählte Schriften. Hg. von Karin Bornkamm u. Gerhard Ebeling. Frankfurt a. M. 1983, Bd. IV, 43 f.) These vgl. DL III. 1. 12, Bach, Brieskorn, Stiening III/1, S. 24 f.

73 Zu dieser politischen Anthropologie vgl. DL III. 1. 1, Bach Brieskorn, Stiening III/1, S. 6 ff. sowie Gideon Stiening: Francisco Suárez' praktische Anthropologie. In: De homine. Anthropologie in der Frühen Neuzeit. Hg. von Sascha Salatowski. Stuttgart 2020, [i.D.].

velli verpflichtet –, allerdings als »prudentia legislatoris« an das Gesetz gebunden. In gewissem Sinne ist folglich schon für den Conimbricenser Theologen, Philosophen und Juristen die Politik eine »ausübende Rechtslehre«,[74] denn sie ist weder nur Herrschaftsinstrument noch nur Sündenkompensation.

Dass diese Einhegung empirisch politischer Prudentialität in die Grenzen des Rechts nicht immer gelingt, ist unübersehbar: Suárez' Argumente gegen den Weltstaat sind, wie noch bei Kant, ausschließlich pragmatischer Natur.[75] Auch die Argumente dafür, dass es besser sei, von einem Tyrannen regiert zu werden, als gar nicht,[76] scheinen mehr der bedrohlichen Erfahrung rechtsfreier Räume in der Frühen Neuzeit zu entstammen als der prinzipientheoretischen Prämisse, dass es solche Räume gar nicht geben könne. Darüber hinaus – und das zeigten die Analysen zur *prudentia legislatoris* – kommt den dem Staatszweck des Gemeinwohls unterworfenen Übergriffen des Rechts auf die Ethik der Status empirisch-politischer Prudentialität wesenhaft zu.

Gleichwohl sieht Suárez das entscheidende Defizit der *ratio status*-Lehren nach Machiavelli oder Clapmarius nicht in deren Prudentialität überhaupt, weil er solche Politik als durchaus erforderlich erkennt. Vielmehr richtet sich die

---

**74** So nochmal Kant in *Zum ewigen Frieden*, AA VIII, S. 370.

**75** DL III. 2. 5, Bach, Brieskorn, Stiening III/1, S. 34/35: »Quia necessarium non est ad conservationem aut bonum naturae ut omnes homines ita congregentur in una politica communitate, immo vix erat id possibile et multo minus erat expediens. Dixit enim Aristoteles (VI *Politicorum*, cap. 4) civitatem nimis copiosam difficile gubernari recte; difficilius ergo regnum si nimis amplum sit; multo ergo difficilius totum universum, loquendo de civili gubernatione.« / »Denn es ist nicht erforderlich, dass sich – um der Erhaltung oder des guten Zustandes willen – sämtliche Menschen auf diese Weise in einer einzigen politischen Gemeinschaft zusammenschließen; dies war bislang kaum möglich und noch weniger zu erwarten. Aristoteles sagte, ein Stadtstaat sei ab einer zu großen Bevölkerungszahl nur sehr schwer gut zu regieren. Schwieriger noch sei ein Königreich gut zu lenken, wenn eine bestimmte Größe überschritten werde, und es sei um vieles noch schwieriger, den gesamten Erdkreis zu verwalten, wenn wir dazu auf die staatliche Regierung schauen.«

**76** DL III. 10. 9, Bach, Brieskorn, Stiening III/1, S. 184/185: »Sed in hoc etiam advertendum seu subdistinguendum est; nam hoc in rigore est verum quantum est ex parte tyranni. Contingit autem ut res publica, quia non potest illi resistere, illum toleret et ab eo se gubernari sinat et tacite consentiat ac velit iustitiam per ipsum administrari propter rationem tactam, quia minus malum est per illum gubernari quam omnino carere iusta coactione et directione« / »Es ist aber zu berücksichtigen, dass das Gemeinwesen, weil es dem Tyrannen nicht widerstehen kann, ihn erträgt und zulässt, von ihm regiert zu werden. Auch soll das Gemeinwesen dem Tyrannen schweigend zustimmen und bejahen, dass die Gerechtigkeit durch ihn verwaltet wird. Dies ist erforderlich wegen des schon berührten Grundes, dass es ein geringeres Übel ist, durch den Tyrannen regiert zu werden, als der gerechten Zusammenarbeit und Ausrichtung überhaupt entsagen zu müssen.«

nachfolgende Kritik vor dem Hintergrund der systematischen Differenz im Rechtsbegriff vor allem auf einen methodischen Unterschied zwischen Staatsrechts- und Staatskunstlehre und deren notwendiger Verbindung: eine reine, nur empirisch zu begründende politische Prudentialität entbehrt jeder Grundlegung in normativen Prinzipien, die aber dem Handeln des Menschen in Gemeinschaft – auch dem rein prudentiellen – zugrunde liegen soll. Der Grund für diese praktische Notwendigkeit des Rechts und seiner klugen Umsetzung liegt aber nicht in den Eigengesetzlichkeiten der praktischen Vernunft, sondern im Schöpfungsauftrag an den Menschen, weil es Gottes Schöpfungstat war, die den Menschen als ein auf Gemeinschaft bezogenes und durch Recht zu organisierendes rationales und freies Wesen schuf.

Dass zudem die reine *prudentia politica* notwendig – wie bei Clapmarius explizit zu ersehen – in eine Legitimation der Despotie mündet, weil es ihr an einer angemessen normativen Begründungstheorie des Rechts und staatlicher Herrschaft mangelt, spielte Suárez nur zusätzlich in die Hände. Denn die Garantie von Stabilität und innerem wie äußerem Frieden reichen als Legitimation der Herrschaft des Menschen über den von Natur aus freien Menschen nach Suárez nicht aus. Vielmehr birgt diese Vorstellung die Gefahr, dessen Natur zu unterdrücken, was nicht nur wahrhaft unklug und ungerecht, sondern auch häretisch ist, wie Suárez nicht müde wird zu betonen:

> Deshalb steht fest, dass diejenigen Politiker, die ihre Lehrmeinung den weltlichen Herrschern andienen und dabei der Ansicht sind, dass dies ihnen erlaubt sei und man zu Recht solche Vorschriften erlassen könne, die gegen die wahre Religion verstoßen – über solche Gesetze verlieren sie aber am allermeisten Worte –, Häretiker sind oder, wofür weitaus mehr spricht, mit Sicherheit Atheisten.[77]

Demgegenüber besteht das *telos* des weltlichen Rechts und seiner Realisationsinstanz, des Staates, nicht allein in Stabilität und Frieden, sondern im »wahre echte Glück der politischen Gemeinschaft« – mithin in der Beförderung des Gemeinwohls nach den Grundsätzen des allgemeinen Rechts.[78] Ausschließlich durch dieses telos ist eine Herrschaft des Menschen über den freien Menschen legitim, was allerdings nur erzielt werden kann, wenn – wie erwähnt – die Gesetze eines Staates dem Maßstab der Gerechtigkeit entsprechen. Ungerechte

---

**77** DL III. 12. 5, Bach, Brieskorn, Stiening III/1, S. 218/219: »Unde constat politicos qui doctrinam illam suadent principibus saecularibus, si sentiant id eis licere et iure posse talia ferre praecepta quae sint contraria religioni verae (de his enim legibus illi potissimum loquebantur), haereticos esse vel certe atheos, quod verisimilius est.«

**78** Vgl. u. a. DL III. 1. 5, Bach, Brieskorn, Stiening III/1, S. 14/15.

Gesetze sind für Suárez schlicht keine Gesetze; sie haben weder objektive Geltung noch subjektive Verbindlichkeit. Dem entscheidenden Problem dieser Vorstellung vom gerechten Recht, nämlich: *Quis iudicabit?*,entgeht Suárez nur mit den Instrumenten seiner theonomen Rechtslehre. Denn Gerechtigkeit als Gesetzesinhalt *und* Voraussetzung ihrer objektiven Geltung und subjektiven Verbindlichkeit ist – bei allen Problemen der Willkür, die dieses Theorem im Hinblick auf ein Widerstandsrecht generiert[79] – ein gewichtiges Instrument zur Rettung der theologischen Grundlegung des innerweltlichen Staatsrechts. Ohne die garantierende Gottesinstanz ist eine apriorische Gerechtigkeit der *leges humanae* nicht zu begründen:

> So wie das ewige Gesetz nur gerechtes vorschreibt, weil es seinem Wesen nach die Gerechtigkeit *ist*, so muss ein wahres menschliches Gesetz an ihm teilhaben und darf daher nur Gerechtes und Sittliches vorschreiben.[80]

Das ewige Gesetz ist aber mit der Gottesinstanz gleichsam identisch und garantiert so die essentielle *iustitia legis positivae*. Auch und gerade in dieser rechtstheologischen Hinsicht wird der säkularen Regierungslehre Machiavellis und Clapmarius' Paroli geboten.[81] Dass die Begründung für eine solcherart objektive Geltung der *iustitia* im *ius* rational nur schwer zu führen ist, gerade weil der Status der *lex aeterna* als *Recht* prekär ist und bleibt,[82] hat Suárez dem Text

**79** Vgl. hierzu auch Dominik Recknagel: Einheit des Denkens trotz konfessioneller Spaltung. Parallelen zwischen den Rechtslehren von Francisco Suárez und Hugo Grotius. Frankfurt a. M. u. a. 2010, S. 149 ff.

**80** DL I. 9. 4; Bach, Brieskorn Stiening I, S. 204/205: »Unde sicut lex aeterna solum iusta praecipit, quia est ipsa iustitia per essentiam, ita vera lex humana esse debt participation eius, et ideo non potest valide praecipere nisi iusta et honesta [...].«

**81** Zum breiten Kontext der anti-machiavelistischen Staatstheorie in 17. Jahrhundert vgl. u. a. Meinicke: Die Idee der Staatsräson (s. Anm. 1), S. 57 ff.; Münkler: Im Namen des Staates (s. Anm. 57), S. 117 ff.; Michael Behnen: »Arcana – haec sunt ratio status«. Ragion di Stato und Staatsräson. Probleme und Perspektiven (1589–1651). In: Zeitschrift für Historische Forschung 14, (1987), Hft. 2, S. 129–195, passim; Norbert Brieskorn: Pedro de Ribadeneira: »Princeps christiana adversus Nicolam machiavellum«. Grundmuster der Argumentation gegen Machiavelli. In: Suche nach Frieden: politische Ethik in der Frühen Neuzeit II. Hg. von Norbert Brieskorn u. Markus Riedenauer Stuttgart 2002, S. 373–407. sowie Cornell Zwierlein: Machiavellismus / Anti-Machiavellismus. In: Diskurse der Gelehrtenkultur in der Frühen Neuzeit. Ein Handbuch. Hg. von Herbert Jaumann. Berlin, Boston 2009, S. 903–952.

**82** Vgl. hierzu einerseits die Ausführungen von Thomas Marschler: Verbindungen zwischen Gesetzestraktat und Gotteslehre bei Francisco Suárez im Begriff der *lex aeterna*. In: »Auctoritas omnium legum«. Francisco Suárez' *De legibus* zwischen Theologie, Philosophie und Jurisprudenz. Hg. von Oliver Bach, Norbert Brieskorn u. Gideon Stiening. Stuttgart-Bad Cannstatt 2013,

erkennbar eingeschrieben; selten deutlicher als in diesen Passagen – wie schon in jenen zur Gerechtigkeit des Rechts in DL I und II – argumentiert der Gelehrte auch in methodischer Hinsicht tatsächlich scholastisch, indem die Begründungslast der Gerechtigkeitsgeltung nahezu ausschließlich Zitaten aus Cicero und Thomas überlassen bleiben; nur die Autorität von deren Schriften garantiert die Wirksamkeit der *iustitia* in den *leges humanae*.[83]

Es kann und darf nach Suárez folglich keine Staatlichkeit geben, die sich der Gesetze als reiner Machtinstrumente zur Selbsterhaltung bedient, weil es das Recht und nur das Recht ist, das den an sich freien Menschen einer legitimen Herrschaft unterstellt, und so keineswegs bei Bedarf abgeschafft oder umgangen werden kann, wie bei Machiavelli oder Clapmarius. Darüber hinaus soll und darf es nach Suárez keine begründungstheoriefreie, *rein* prudentielle politische Theorie geben, weil sie, wie der Rechtstheologe ausdrücklich betont, nicht allein häretisch ist, sondern dem Atheismus Vorschub leistet, der aus theologischen *und* politischen Gründen unbedingt zu verhindern ist. Gleichwohl ist und bleibt auch für Suárez die Politik eine Prudentia, deren technisch-praktische Kontur durch ihre Bindung an die Gesetzen in die Normativität des Rechts aufgehoben, d. h. erhalten und vermittelt, ist.

---

S. 27–52 sowie Gideon Stiening: Lex naturalis est prima participatio legis aeternae. Zum Verhältnis von *lex aeterna*, *recta ratio* und *lex naturalis* bei Francisco Suárez. In: Die Naturrechtslehre des Francisco Suárez. Hg. von Oliver Bach, Norbert Brieskorn u. Gideon Stiening. Berlin, Boston 2017, S. 25–62.

**83** Zu diesem Verfahren vgl. Gideon Stiening: »Aus den innersten und tiefsten Gründen der Philosophie«. Zur Stellung Ciceros in Francisco Suárez' *De legibus ac Deo legislatore*. In: Cicero in der frühen Neuzeit. Hg. von Günter Frank u. Anne Eusterschule. Stuttgart-Bad Cannstatt 2018, S. 191–210.

Frank Grunert

# Promulgatio et divulgatio

## Formale Bedingungen der Gesetzesgeltung bei Francisco Suárez (DL III. 15–18)

Mit dem 15. Kapitel des dritten Buches von *De legibus ac Deo legislatore* ändert Francisco Suárez die Blickrichtung: Hatte er bisher von der »materia legis civilis« gehandelt, so kündigt er nun an, sich mit der Form des weltlichen Gesetzes befassen zu wollen und hebt damit zugleich hervor, dass die Geltung des Gesetzes, als eine praktisch wirksame Norm jenseits ihres normativem Gehaltes notwendigen Formerfordernissen unterworfen ist, ohne deren Erfüllung weder die Gültigkeit eines Gesetzes gegeben noch dessen Wirksamkeit möglich ist. In diesem Zusammenhang nimmt Suárez in fünf Kapiteln drei Aspekte in den Blick, die sich geradezu sprechakttheoretisch als Bestandteile eines politisch-juridischen Kommunikationszusammenhangs verstehen lassen: Der Gesetzgeber wendet sich mit der *promulgatio* des Gesetzes an das ihm und den Gesetzen unterworfene Volk und dieses antwortet mit Gesetzesgehorsam oder mit einer formellen – an dieser Stelle nicht weiter zu erörternden – »acceptatio populi«.[1] Jenseits dieses sprechakttheoretisch manifesten bipolaren Vorgangs stellt Suárez weitere grundsätzliche Überlegungen an, die vor allem die Frage nach dem Beginn der Verpflichtung aus der Natur der Sache – »ex natura sua« – beantworten. Die Diskussion der formalen, d. h. der äußeren Bedingungen der Gesetzesgeltung, geschieht bei Suárez unter Verwendung von Begriffen und Vorstellungen, die geeignet sein dürften, sein Konzept von den menschlichen Gesetzen jenseits materialer Geltungsfragen entschiedene und entscheidende Konturen zu verleihen.[2] Denn Suárez verbindet die äußeren Bedingungen der

1 Siehe zur »acceptatio populi« ausführlich den Beitrag von Kurt Seelmann im vorliegenden Band.

2 Weil Suárez schon im ersten Buch von *De legibus* ausdrücklich betont, dass die Verkündung eines Gesetzes zu dessen Definitionsmerkmalen gehört (vgl. DL I. 12. 5, Bach, Brieskorn, Stiening I, S. 278–281), wird die *promulgatio* als Element der formalen Geltungsbedingungen eines Gesetzes regelmäßig angeführt, doch wird sie dabei kaum theoretisch gewürdigt. Vgl. z. B. Matthias Kaufmann: Francisco Suárez, Abhandlung über die Gesetze (1612). In: Die Geschichte des politischen Denkens. Ein Handbuch. Hg. von Manfred Brocker. Frankfurt am Main 2007, S. 189; Norbert Brieskorn: Lex und ius bei Francisco Suárez. In: Lex und Ius. Hg. von Alexander Fidora, Matthias Lutz-Bachmann u. Andreas Wagner. Stuttgart-Bad Cannstatt 2010, S. 429–463,

https://doi.org/10.1515/9783110696738-007

Gesetzesgeltung einerseits mit Klugheitsvorkehrungen und andererseits mit Fristen, so dass bei der folgenden Rekonstruktion der suárezischen Überlegungen die Begriffe *Erfahrung* bzw. *Klugheit* sowie *Zeit* – letztere in Verbindung mit *Wissen* bzw. *Nicht-Wissen* – als analytische Instrumente im Vordergrund stehen können. Dabei ist klar, dass die genannten Begriffe hier in einem engeren theoretisch-pragmatischen Zusammenhang stehen und an dieser Stelle eben auch nur von hier aus gewürdigt werden können. Dass das theoretische Gewicht dieser Termini eine weitergehende Vertiefung erforderlich machte, die nicht nur über die hier in Rede stehenden Passagen, sondern auch noch über das hier zu Grunde liegende Werk hinausgehen müsste, ist ebenso selbstverständlich wie der Umstand, dass dies an dieser Stelle nicht zu leisten ist.

# 1 Promulgatio et prudentia: Norm und Erfahrung

Im ersten Buch von *De legibus ac Deo legislatore* definiert Suárez das Gesetz im direkten, freilich juristisch modifizierten Anschluss an eine entsprechende Formulierung von Thomas von Aquin[3] als eine die »Gemeinschaft betreffende

hier S. 430; Gideon Stiening: Suprema potestas [...] obligandi. Der Verbindlichkeitsbegriff in Francisco Suárez' *Tractatus de legibus*. In: Kontroversen um das Recht. Beiträge zur Rechtsbegründung von Vitoria bis Suárez. Hg. von Kirstin Bunge, Stefan Schweighöfer, Anselm Spindler u. Andreas Wagner. Stuttgart-Bad Cannstatt 2012, S. 341–367, hier S. 358. Siehe auch die hilfreichen Hinweise von Oliver Bach, der im Rahmen seiner Darstellung von Suárez' Hermeneutik sowohl auf die *promulgatio* als auch auf die *divulgatio* zu sprechen kommt: Oliver Bach: Juridische Hermeneutik. Francisco Suárez zur Auslegung und Veränderung der menschlichen Gesetze. In: »Auctoritas omnium legum«. Francisco Suárez' *De legibus* zwischen Theologie, Philosophie und Rechtsgelehrtheit. Hg. von Oliver Bach, Norbert Brieskorn u. Gideon Stiening. Stuttgart-Bad Cannstatt 2013, S. 267–309, bes. S. 286–292. Obwohl Pauline C. Westerman zu Recht darauf hinweist, dass Suárez die Rechtsgeltung nicht nur von »substantive or moral considerations«, sondern auch und vielleicht sogar in höherem Maße von »formal or procedural factors« abhängig macht, kommen bei ihr die pragmatischen Aspekte der formalen Prozeduren nicht hinreichend zur Sprache. Vielmehr diskutiert sie unter dem Rubrum »validity« wiederum nur normative und eben nicht tatsächlich formale, d. h. prozedurale Geltungsbedingungen. Vgl. Pauline C. Westerman: Suárez and the Formality of Law. In: Politische Metaphysik. Die Entstehung moderner Rechtskonzeptionen in der Spanischen Spätscholastik. Hg. von Matthias Kaufmann u. Robert Schnepf. Frankfurt am Main u. a. 2007, S. 227–237, bes. S. 232 f. und 234 f.

3 STh I–II q. 90, a. 4, DThA 13, S. 15: »Et sic ex quatuor praedictis potest colligi definitio legis, quae nihil est aliud quam quaedam rationis ordinatio ad bonum commune, ab eo qui curam communitatis habet, promulgata.« / »Das Gesetz ist nichts anderes als eine Anordnung der

Anordnung, die gerecht, verlässlich, beständig und auch in genügender Weise verkündet worden ist«.[4] Die Formulierung macht unmissverständlich klar, dass die Verkündung des Gesetzes jenseits von begründungs- und geltungstheoretischen Fragen seines materialen Sachgehalts integraler Bestandteil von dessen Definition darstellt. So wie ein ungerechtes Gesetz kein Gesetz ist, ist auch ein unverkündet gebliebenes Gesetz kein solches.[5] Die Definition lässt insofern keinen Zweifel am obligations-theoretischen Gewicht der Promulgation und rechtfertigt zugleich die ausführlichere Beschäftigung mit ihr.

Dabei ist klar, dass der Promulgation als Wesensmerkmal des Gesetzes ein anderer theoretischer Status zukommt als beispielsweise seiner Gerechtigkeit. Denn mit der Verkündung werden – und das scheint von Bedeutung zu sein – Norm und Empirie miteinander insofern in Verbindung gebracht, als sowohl die Bedingungen der Verwirklichung der Norm als auch ihre Geltungsbedingungen von äußeren, unmittelbar praktischen Faktoren bestimmt werden. Es geht hierbei nicht um den sittlichen Wert einer Norm, sondern, unter der Voraussetzung dieses sittlichen Wertes, um einen Teil der empirischen Bedingungen für die Wirksamkeit der Norm. Mit der Proklamation als *causa formalis* des menschlichen Gesetzes kommen – nicht nur, aber auch – jenseits der etwa durch die Naturrechtsbindung gegebenen normativen Allgemeinheit des Gesetzes historische Kontingenzen ins Spiel, die – im Sinne von Ermöglichung und Begrenzung – als Wirksamkeitsbedingungen, d. h. normativ angemessen, berücksichtigt werden müssen. Rationale Deduktionen sind dabei weniger hilfreich, als pragmatische Rücksichten auf der Basis einer realitätsoffenen und durch Erfahrung instruierten Klugheit. Insofern kann es gewiss kein Zufall sein, dass in den hier zu Grunde liegenden Kapiteln von Klugheit allenthalben die Rede ist.

Suárez entwickelt seine Überlegungen zur Promulgation im Zusammenhang und auf der Basis seiner Antwort auf die Frage »welche äußere oder den Sinnen zugängliche Form« beim Erlass eines menschlichen Gesetzes zu beach-

---

Vernunft im Hinblick auf das Gemeingut, erlassen und öffentlich bekanntgegeben von dem, der die Sorge für die Gemeinschaft innehat.«

4 Francisco Suárez: Abhandlung über die Gesetze und Gott den Gesetzgeber. Übersetzt, herausgegeben und mit einem Anhang versehen von Norbert Brieskorn. Freiburg im Breisgau u. a. 2002. S. 255, Vivès 5, S. 54: »Lex est commune praeceptum, justum ac stabile, sufficienter promulgatum.«

5 DL III. 16. 2, Bach, Brieskorn, Stiening III/1, S. 328/329: »Unde fieri non potest ut lex humana incipiat esse lex et vim obligandi habeat priusquam sit aliquo modo publice promulgata.« / »Deshalb kann es nicht vorkommen, dass ein menschliches Gesetz beginnt, ein echtes Gesetz zu sein, und eine Verpflichtungskraft hat, bevor es nicht in der einen oder anderen Weise öffentlich verkündet wurde.«

ten sei, und hält zunächst mit Blick auf seine Ausführungen im ersten Kapitel von *De legibus* fest, dass das weltliche Gesetz den Untertanen in der Art eines Zeichens (»signum«) gegeben wird, das den Willen des Herrschers anzeigt. Insofern müsse es sinnlich fassbar und der menschlichen Erkenntnisfähigkeit angemessen sein.[6] Es ist ein menschliches Zeichen, das eine menschliche Willensbekundung anzeigt, die von einem Menschen an andere Menschen adressiert ist. Als sinnlich fassbares Zeichen sollte es in einfache, kurze und klare Worte gefasst sein, denn – so Suárez und natürlich nicht nur er – »je weitläufiger diese sind, desto mehr setzen sie sich meistens der Verunsicherung und Missverständnissen aus«.[7] Schon diese hinzugefügte Bemerkung ist eher ein pragmatisches Argument, das der praktischen Wirksamkeit des Gesetzes zu statten kommt, und kaum eine rational eingebrachte conditio sine qua non.

Suárez legt zwar auf die Feststellung wert, dass das Zeichen selbst, also die den Sinnen zugängliche Seite der Worte, keine Verpflichtung auferlegt, sondern nur den tatsächlich verpflichtenden Willen des mit Befehlsgewalt ausgestatteten Herrschers anzeigen. Die Verpflichtung rührt also von dem Willen und der Befehlsgewalt des Herrschers, mit Hilfe des Gesetzes als sinnlich wahrnehmbares Zeichen wird die obligatio und ihr Inhalt kommuniziert. Doch um dies zu ermöglichen, diese Kommunikation gelingen zu lassen und damit wichtige Voraussetzungen für die Wirksamkeit des Gesetzes zu schaffen, sind – und das will Suárez allererst noch diskutieren – »besondere Förmlichkeiten« (»solemnitates«) erforderlich, »um in ihr die Eigenart des Gesetzes voll zur Geltung bringen zu können«.[8] Er unterscheidet 1. die vorangehende, 2. die begleitende und 3. die nachfolgende Förmlichkeit: »Distinguere autem possumus solemnitatem hanc vel antecedentem vel concomitantem [...] vel subsequentem.«[9] Alle drei Förmlichkeiten sind – so wird sich zeigen – in hohem, wenn nicht gar in entscheidendem Maße durch Klugheitserwägungen gekennzeichnet.

Ad 1.) Die »vorangehende Förmlichkeit« betrifft das Zustandekommen des Gesetzes. Hierbei stellt Suárez etwas unvermittelt – vermutlich aber mit politischen Absichten – die Frage, »ob dem Erlass der Gesetze unbedingt Bera-

6 Siehe dazu auch Westerman: Suárez and the formality of law (wie Anm. 2), S. 232.

7 DL III. 15. 1, Bach, Brieskorn, Stiening III/1, S. 288/289: »[N]am quando prolixiores sunt, plerumque sunt magis perplexae et ambiguitatibus expositae.«

8 DL III. 15. 2, Bach, Brieskorn, Stiening III/1, S. 290/291: »[Q]uale esse debeat et an solemnitatem specialem requirat, ut in ratione legis plene constituatur.«

9 DL III. 15. 2, Bach, Brieskorn, Stiening III/1, S. 290.

tung und Meinungsaustausch zahlreicher Personen vorauszugehen habe«.[10] Seine Antwort in der Sache ist kurz und knapp: Für die Geltung des Gesetzes reicht in der Monarchie der Wille des Herrschers auch ohne »die Beratschlagung kluger Männer« aus, so dass diese »nicht von absoluter Notwendigkeit« sei, allerdings ist eine sorgfältige Beratung, in der zahlreiche Detail berücksichtigt werden können und müssen, sittlich insofern geboten, als dadurch das Gesetz »inhaltlich klug und richtig zustande kommt«. Freilich sei dies nicht eine Frage »absoluter Notwendigkeit [...], sondern eine Sache der Klugheit und des Wohlwollens«.[11] Die Rede von der sittlich notwendigen Beratschlagung als Voraussetzung für ein richtiges Gesetz macht unmissverständlich klar, dass Suárez zwar einräumt, dass eine einsame Willensentscheidung des legitimen Herrschers zwar rechtlich nicht zu beanstanden ist, dass dies aber angesichts der immer schon komplexen politischen Sachlage klugerweise alles andere als wünschenswert ist. Diese deliberative Form der Gesetzeskonstitution ist übrigens quasi automatisch dann gewährleistet, wenn – und das wird von Suárez eigens thematisiert – »die Gewalt Vielen anvertraut ist«. Dann ist ein Urteil der Vielen notwendig, das diese als »una persona ficta«[12] durch einen Zustimmungsakt fällen.

Ad 2.) Mit Blick auf die zweite, die »begleitende Förmlichkeit« stellt sich etwa die Frage, ob das menschliche Gesetz schriftlich abgefasst sein müsse. Die Antwort ist wiederum durch Klugheitsrücksichten bestimmt: Die Schriftlichkeit gehört »nicht zum Wesen und Wert des Gesetzes«, denn »für ein ausdrückliches Gebot genügt es, bloß mündlich zu ergehen, ebenso öffentlich vorgestellt und von einem Menschen zum anderen durch Weitergabe bewahrt zu werden«[13]. Schriftlichkeit ist demnach keine »absolute Notwen-

**10** DL III. 15. 3, Bach, Brieskorn, Stiening III/1, S. 290/291: »Circa primam dubitari potest, utrum ad ferendam legem praecedere necessario debeat multorum consilium atque suffragium.«

**11** DL III. 15. 3, Bach, Brieskorn, Stiening III/1, S. 290/291: »[O]b eandem causam necesse est ut fiat lex suffragio virorum prudentum, qui et periti sint et timorati, ut habetur in lege *Humanum* (C. *De legibus*), ubi imperatores profitentur non aliter esse legem aliquam promulgaturos, quamvis indicent hoc non esse absolutae necessitatis sed prudentiae et benignitatis.« / »Aus demselben Grunde ist es nötig, dass das Gesetz durch die Beratschlagung kluger Männer zustande kommt, die sowohl erfahren sein müssen als auch furchtlos, wie es im Kodex heißt. In der Lex bekennen die Kaiser, dass sie nur auf die erwähnte Weise ein jedes Gesetz verkünden würden, wobei sie zugleich bemerken, dass diese Beratungspflicht nicht von absoluter Notwendigkeit sei, sondern eine Sache der Klugheit und des Wohlwollens.«

**12** DL III. 15. 4, Bach, Brieskorn, Stiening III/1, S. 292.

**13** DL III. 15. 6, Bach, Brieskorn, Stiening III/1, S. 294–297: »[L]icet optimus modus ferendi legem sit in scripto, non esse tamen hoc de substantia et valore legis [...] quia expressum prae-

digkeit«, die sich aus der Natur der Sache ergäbe. Dennoch ist sie von »hoher Nützlichkeit« und zweifellos die »beste Art, Gesetze zu erlassen«,[14] was sowohl durch den allgemeinen Brauch als auch durch die mit der Schriftlichkeit gewährleisteten Dauerhaftigkeit der Gesetze belegt wird. Ein drittes Argument für den Nutzen der Schriftlichkeit sieht Suárez darin, dass die Notwendigkeit, Analogien zwischen unterschiedlichen Rechtsmaterien herzustellen, durch die Schriftlichkeit erst auf eine valide Grundlage gestellt werden kann, denn soll der »eigentliche und erst einmal feststehende Wortlaut auf anderes« ausgedehnt werden, dann kann dies verantwortlicherweise nur dann geschehen, »wenn er schriftlich vorliegt«.[15] Weitere zu den »begleitenden Förmlichkeiten« gehörende Fragen betreffen bestimmte, den Verpflichtungscharakter der Gesetze betonende Formulierungen, sowie das Problem, ob und unter welchen Bedingungen auch Urteile als öffentliche Willensbekundungen des Herrschers gesetzliche Wirkungen haben können.

Ad 3.) Der dritten *solemnitas legis*, die als »nachfolgende Förmlichkeit« bezeichnet wird, ist das ganze 16. Kapitel von *De legibus* gewidmet, es befasst sich mit der Frage, »welche Art von Promulgation [...] nötig [ist], um ein weltliches Gesetz in vollkommener Weise in Kraft zu setzen«. Mit der »nachfolgenden Förmlichkeit« ist die Promulgation selbst gemeint, und zwar als ein nachfolgender Akt,

> der sich durch den und am Willensakt des Herrschers vollzieht, der in einer äußerlich geschriebenen Form oder einer Erklärung auftritt, die mittels eines äußerlich wahrnehmbaren Zeichens den Willen des Herrschers angibt.[16]

Dazu hält Suárez fest, dass nicht die im Rahmen eines privaten Gesprächs bekundete Willensäußerung eines Herrschers schon als Gesetz gelten kann, sondern dass »ein Gesetz erst ab dem Moment gegeben ist, an dem Wille und Befehl des Herrschers in einem feierlichen Verfahren erlassen und den

---

ceptum sufficienter potest verbo ferri et publice proponi et per traditionem ab uno in alium conservari.«

14 Ebd.: »[O]ptimus modus ferendi legem [...] maioris utilitatis.«

15 DL III. 15. 6, Bach, Brieskorn, Stiening III/1, S. 294/295: »Tertio, quia saepe necessarium est expendere propria et formalia verba legis, quod non potest moraliter fieri nisi sint scripta.« / »Drittens ist es oft unumgänglich, den eigentlichen und erst einmal feststehenden Wortlaut auf anderes auszudehnen, was sich nur verantworten lässt, wenn er schriftlich vorliegt.«

16 DL III. 16. 1, Bach, Brieskorn, Stiening III/1, S. 324/325: »[T]ertia solemnitate legis, quam subsequentem appellavimus, comparatione facta ad voluntatem principis et exterius scriptam vel declaratam aliquo signo sensibili exterius indicante illam.«

Untergebenen vorgestellt worden sind«.[17] Entscheidend ist dabei die über öffentliche Zeichen wahrnehmbare, an die gesamte Rechtsgemeinschaft gerichtete und mit Verpflichtungsanspruch verbundene Willensbekundung. Diese Veröffentlichung ist derart notwendig und für das menschliche Gesetz wesentlich, »dass der Herrscher, selbst wenn er wollte«, ohne sie gar kein Gesetz erlassen könnte, wobei er freilich die naturrechtlich nicht festgelegte Art der Veröffentlichung selbst bestimmen kann. Allerdings muss diese Art der Veröffentlichung – die sich immer an alle richtet, weil eine private Benachrichtigung nicht möglich ist – auf eine buchstäblich bestimmte Weise durchgeführt werden, denn »ansonsten würde es für die Adressaten nie feststehen, wann das Gesetz in einer ihm genügenden Weise verfasst ist und daher verpflichtet«.[18] Daher ist es ratsam, die Promulgation und ihre Verfahren selbst gesetzlich festzulegen, oder eben dem Gewohnheitsrecht zu folgen.

Wie auch immer die naturrechtlich gebotene und positiv-rechtlich auszufüllende Promulgation aussieht, die Frage ist, ob mit der Verkündung des Gesetzes unter Berücksichtigung aller bisher dargestellter Förmlichkeiten alle äußeren Geltungsbedingungen gegeben sind und das Gesetz ohne Weiteres die Rechtsgenossen verpflichtet. Suárez verwirft die Vorstellung einer unmittelbaren Geltung post promulgationem und behauptet demgegenüber mit einer gewissen Verve, dass »die Grenzen der Vollmacht des Gesetzgebers« überschritten und die »Möglichkeiten des menschlichen Gesetzes« überdehnt würden, »wenn es, wie unterstellt wird, unmittelbar seit der Verkündung für das gesamte Rechtsgebiet bzw. für den Machtbereich des Gesetzgebers verpflichtet«.[19] Weil die Promulgation den Sinn hat, beim Normadressaten die *notitia legis*, die Kenntnis des Gesetzes und seiner mit ihm verbundenen Verpflichtungen herzustellen, stellt sich für Suárez die Frage, ob mit der Promulgation dieses für die Rechtsgeltung unabdingbare Wissen bereits hergestellt bzw. mit der Promulgation dieses Wissen des Normadressaten als gegeben unterstellt werden darf. Das

---

**17** Ebd.: »[L]ex iam lata censeatur, donec voluntas et iussio principis solemni ritu edita et subditis proposita sit.«

**18** DL III. 16. 5, Bach, Brieskorn, Stiening III/1, S. 332/333: »Quia de facto semper necessarium est ut haec promulgatio determinato modo fiat, qui ad legem constituendam et requiratur et sufficiat; alias nunquam posset subditos constare quando lex sit sufficienter constituta ita ut obliget.«

**19** DL III. 17. 3, Bach, Brieskorn, Stiening III/1, S. 352/353: »Quia plane videtur excedere potestatem legislatoris et esse supra conditionem legis humanae quod statim obliget ab instanti promulgationis pro toto territorio seu principatu legislatoris.«

vorhin angeführte Zitat macht mit dem Hinweis auf das »gesamte Rechtsgebiet« bereits darauf aufmerksam, dass sich dieses Problem nicht bei der lokalen Begrenztheit einer Anwesenheitsgesellschaft, sondern sich erst in der Fläche eines geographisch ausgedehnten Gemeinwesens ergibt. So ist es die räumliche Ausdehnung, die damit verbundene politische Komplexität eines Gemeinwesens und die daher erforderlichen Synchronisierungserfordernisse, die die *notitia legis*, die tatsächlich aus temporalen wie geographischen Gründen immer – im Plural – eine *notitiae legis* ist, zum Problem machen.

## 2 Promulgatio et divulgatio: Wissen und Zeit

Weil die *notitia legis*, die Wahrnehmung des Gesetzes und das damit erlangte Wissen seines Inhalts und seines Verpflichtungsanspruchs zu den Geltungsbedingungen des menschlichen Gesetzes gehört[20] und die Erlangung dieses Wissens insbesondere dann Zeit erfordert, wenn dieses Wissen nicht in der gleichzeitigen Anwesenheit von Sender und Empfänger – Gesetzgeber und Normadressat – erworben wird bzw. erworben werden kann, sind Wissen und Zeit insofern eng miteinander verwoben, als sich Wissen in der Distanz nur mit Ablauf einer gewissen Zeit herstellen lässt. Die bloße Promulgation ist also aus praktischen Gründen deswegen unzureichend, weil sie nicht die notwendige *notitia legis* gewährleisten kann. Suárez stellt daher fest, dass die *promulgatio* – die Verkündung – durch die dazugehörige »divulgatio« – die Verbreitung – ergänzt werden muss:

> Mit Promulgation bezeichne ich jene öffentliche Vorstellung bzw. Mitteilung des Gesetzes, die entweder durch einen Herold erfolgt oder durch das Anschlagen des Gesetzestextes an einem öffentlichen Ort oder in einer anderen ähnlichen Weise. Mit *divulgatio* meine ich aber die sich verbreitende Anwendung jener ersten Verkündung bis hin zu den Ohren abwesender Untertanen, die entweder von jener ersten Verkündung nicht lesen oder hören konnten.[21]

---

20 Ebd.: »[A]d actualem obligationem legis per se est necessaria notitia eius; ergo ut possit obligare, necessarium saltem est ut per se loquendo possit ad notitiam devenire.« / »Für eine echte tatsächlich Wirkung des Gesetzes allein durch sich selbst ist dessen Kenntnisnahme notwendig. Damit es also zu verpflichten vermag, ist es unabdingbar, dass es gleichsam durch sein eigenes Sprechen zur Kenntnis gelangen kann.«

21 DL III. 16. 3, Bach, Brieskorn, Stiening III/1, S. 330/331: »Promulgationem appello illam publicam propositionem seu denuntiationem legis, quae fit aut voce praeconis aut affigendo

Weil es also unmöglich ist, dass ein heute in Madrid verkündetes Gesetz zu gleicher Zeit die Bewohner Coimbras verpflichtet, hält Suárez fest, dass »das Gesetz, das vorschriftsmäßig und ohne Einschränkung an einem zuständigen Ort promulgiert wurde« zwar sofort verpflichten darf – wenn der Gesetzgeber es denn will – doch nicht

> zugleich und zu einem und demselben Zeitpunkt auf dem gesamten Territorium, auf das sich das Gesetz erstreckt, vielmehr nacheinander und innerhalb einer sittlich für ausreichend erscheinenden Zeit, um die Kenntnis des Gesetzes und seiner Verkündung durch das gesamte Rechtsgebiet zu verbreiten.[22]

Was für sittlich ausreichend angesehen werden kann, obliegt wiederum »klugem Urteil«, das ermisst wie groß die Zeitspanne sein muss, um die Raumspanne zu überbrücken, d. h. die Erfahrung legt fest, ab wann angenommen werden kann, dass die Kenntnis des Gesetzes überallhin durchgedrungen ist.[23] Insofern kann Suárez im Anschluss an Medina feststellen:

> Denn mag auch die erste feierliche Verkündung in kurzer Zeit geschehen und physisch sozusagen beendet werden, so wird man sie dennoch vernünftigerweise erst dann für vollendet erklären, wenn die Worte der Verkündung die entfernten Orte erreicht haben. Dazu ist jedoch längere Zeit nötig, weshalb kein sicheres und bestimmtes, sondern ein kluges Urteil nötig ist, wie die oben genannten Rechtsgelehrten ausführten.[24]

Das kluge Urteil ist in der Lage, die empirischen Verhältnisse in Rechnung zu stellen, um damit zu verhindern, dass die Bedingungen der Gesetzesgeltung wirklichkeitsfremd und damit erfolgsgefährdend überfordert werden. Das kluge

---

legem scriptam in publico loco aut alio simili modo. Divulgationem autem appello applicationem illius primae promulgationis ad notitiam vel aures subditorum absentium, qui aut legere aut audire primam illam promulgationem non potuerunt.« Vgl. dazu auch Bach: Juridische Hermeneutik (s. Anm. 2), S. 289, der auf den Zusammenhang von *promulgatio* und *divulgatio* aufmerksam macht und hier zu Recht ein »kommunikationstheoretisches Element« gegeben sieht.

**22** DL III. 17. 6, Bach, Brieskorn, Stiening III/1, S. 356/357: »[N]on simul et in eodem momento obligat in toto territorio pro quo fertur, sed successive et intra tempus moraliter sufficiens ut notitia legis et promulgationis eius per totum territorium diffundatur.«

**23** DL III. 17. 6, Bach, Brieskorn, Stiening III/1 S. 356–359: »[I]nde vero quasi continue extendatur obligatio ad loca distantia intra tempus in quo prudenti arbitrio deferri ad illud potest notitia legis.«

**24** DL III. 17. 8, Bach, Brieskorn, Stiening III/1, S. 362/363: »Nam licet publicati prima solemnis brevi tempore fiat et finiatur physice (ut sic dicam), tamen no censetur moraliter esse completa donec sonus eius possit ad loca distantia pervenire. Quod non fit parvo tempore; immo nec certo ac determinato, sed prudenti arbitrio opus est, ut doctores supra allegati dixerunt.«

Urteil vollzieht dabei, was nicht nur aus praktischen Erwägungen sinnvoll ist, sondern das gerade deswegen naturrechtlich geboten ist.[25]

Die Vorstellung von einer zeitlichen Frist als Geltungsbedingung des Gesetzes ist insofern nicht ungewöhnlich als sie vielfach der positivrechtlichen Gesetzeslage entspricht, und so kann Suárez auch eine Stelle aus dem *Liber Sextus* als Bekräftigung heranziehen:

> Ein Gesetz, eine Konstitution und auch eine Anordnung binden niemanden, es sei denn, sie seien zu seiner Kenntnis gelangt bzw. nach Verlauf einer Zeit, ab der jedermann verpflichtet ist, Kenntnis zu haben.[26]

Was sich als eine reine praktische Vorkehrung anhört, hat aber tatsächlich beachtliche und beachtenswerte systematische Folgen, die zwar allgemein gegeben sind, an dieser Stelle aber insofern Interesse beanspruchen dürfen, als Suárez ausdrücklich auf sie aufmerksam macht. Sie werden greifbar, wenn Suárez als Zwischenergebnis seiner Überlegungen Folgendes feststellt:

> Ist genügend Zeit nach der feierlichen Verkündung des Gesetzes abgelaufen, sodass sich seine Kenntnis im gesamten Territorium in zumutbarer Weise verbreiten konnte, so verpflichtet das Gesetz ohne Einschränkung im gesamten Territorium und auch alle Untertanen in ihm, selbst wenn diese Kenntnis vielleicht aufgrund der Unachtsamkeit von Menschen oder durch einen Zufall zu mehreren Adressaten oder auch zu einem gewissen Teil des Gebietes nicht hat gelangen können.[27]

Was hier vollführt wird, und darum sind diese Überlegungen dann doch bemerkenswert, ist die faktische Devaluierung des eigentlich für unabdingbar gehaltenen Wissens – die *notitia legis* – durch die Zeit. Die gesetzte Frist ersetzt die obligationstheoretisch geforderte faktische *notitia legis* insofern, als nach Ab-

**25** DL III. 17. 3, Bach, Brieskorn, Stiening III/1, S. 352/353: »Ergo praeter promulgationem concedi debet necessario et iure naturae, tempus sufficiens in quo fieri possit talis divulgatio post promulgationem.« / »Somit muss außer der Promulgation notwendigerweise und aus naturrechtlicher Forderung genügend Zeit eingeräumt werden, in der im Anschluss an die Promulgation sich eine solche Verbreitung des Wissens vollziehen kann.«

**26** DL III. 17. 7, Bach, Brieskorn, Stiening III/1, S. 358–361: »Lex seu constitutio et mandatum nullos astringunt, nisi postquam ad notitiam pervenerint eorundem, aut nisi ipsi post tempus intra quod ignorari minime debuisset.«

**27** DL III. 17. 11, Bach, Brieskorn, Stiening III/1, S. 364/365: »[I]nfero post elapsum sufficiens tempus a solemni publicatione legi ut eius notitia per totum territorium moraliter diffundatur, absolute loquendo obligat in toto illo et omnes de illo, etiamsi fortasse talis notitia ob incuria hominum vel casu aliquo ad plures subditos vel etiam ad aliquam partem territorii non pervenerit.«

lauf der Frist Wissen rechtswirksam unterstellt wird, und zwar unabhängig davon, ob es faktisch gegeben ist, oder nicht. Die Subjektivität von Kenntnissen bzw. von Kenntniserwerb wird verfahrenstechnisch aufgelöst und durch die Objektivität einer klug kalkulierten Zeitspanne ersetzt. Das bedeutet, dass die Berufung auf Unwissenheit im Falle eines Rechtsverstoßes regelmäßig nicht mehr möglich ist, es sei denn, die Unvermeidbarkeit dieser Unwissenheit kann eigens nachgewiesen werden.[28] Das immense Gewicht dieser auf die Geltungskraft von Zeit abstellenden Konstruktion wird noch betont, wenn sie nicht nur auf den rechtlichen Umgang mit dem Nicht-Wissen nach Fristablauf bezogen wird, sondern auch auf die Bewertung der Verpflichtungskraft von möglicherweise, d. h. zufälligerweise, erlangtem faktischen Wissen vor Ablauf der Frist ausgedehnt wird. Suárez illustriert den Vorrang des mit der Fristsetzung gegebenen formalen Verfahrens vor dem obligationstheoretisch eigentlich unabdingbaren faktischen Wissen an einem außerordentlichen Fall:

> Wenn jemand, der sich in Indien aufhält, durch Einwirkung eines Dämons Kenntnis von Vorgängen in Spanien erlangte, und zwar vor Ablauf der Zeit, in der Nachrichten darüber auf menschlichem Wege von dort zu ihm gelangen könnten, und jene Person von einem in Spanien promulgierten Gesetz hörte, so wäre er vor Ablauf dieser Zeit nicht verpflichtet. Denn dieses Gesetz ist tatsächlich nicht ausreichend verkündet worden. Jene durch den Engel überbrachte Nachricht fällt weder unter ›Promulgation‹ noch unter ›Kenntnisnahme auf menschliche Weise‹.[29]

Es geht also nicht vorrangig um die Faktizität der Kenntnisnahme, um die Bindungswirkung faktisch bestehenden Wissens, sondern um die Wirksamkeit einer zeitlichen Frist, die faktisches Wissen erst in zweiter Instanz zum Zuge kommen lässt, oder sogar – und das ist der in gewisser Weise noch interessantere Fall – die faktisches Wissen als Geltungsbedingung schlicht aussetzt.

---

**28** Vgl. dazu Suárez' Ausführungen in Kapitel 18: Suárez erklärt hier im Anschluss an Thomas (STh I–II qu. 76), dass man aufgrund unüberwindbarer Unkenntnis schuldlos von einem Gesetz nichts wissen könne. In einem solchen Fall verpflichte das ordnungsgemäß gegebene, promulgierte und divulgierte Gesetz auch den Unwissenden, doch sei dieser entschuldigt: DL III. 18. 11, Bach, Brieskorn, Stiening III/1, S. 386/387: »Recte ergo dici potest lex obligare ignorantes quoad sufficientiam, non vero quoad efficaciam.« / »Zu Recht lässt sich also sagen, das Gesetz verpflichte auch die Unwissenden aus seiner vollen Form heraus, jedoch nicht im Hinblick auf seine Wirksamkeit.«

**29** DL III. 17. 14, Bach, Brieskorn, Stiening III/1, S. 368–371: »Nam si aliquis in India existens industria daemonis haberet notitiam eorum quae in Hispania geruntur ante tempus in quo posset humano modo talis notitia illuc pervenire, ille sciens legem in Hispania promulgatam, infra illud non obligaretur illa. Quia respectu illius re vera non est sufficienter promulgata, et illa notitia per angelum collata non pertinet ad promulgationem nec ad humanam notitiam.«

Die Einsicht in die Notwendigkeit einer *notitia legis* als Geltungs- und Wirksamkeitsvoraussetzung von Gesetzen führt praktisch zur gesetzlichen Festlegung von Fristen, die die Verpflichtungskraft von Gesetzen eben mit gesetzlichen Mitteln aufschieben, »sodass das Gesetz vor dem vollständigen Ablauf jener Zeitspanne der Sanktionskraft entbehrt«.[30] Auf diese Weise verpflichtet es auch diejenigen nicht, die vor Ablauf der Frist, »von dem erlassenen, in Kraft getretenen Gesetz«[31] in irgendeiner Form – regulär oder zufällig – Kenntnis erhalten haben. Vom Wissen oder Unwissen der Normadressaten wird hier gesetzestechnisch vollständig abstrahiert; zwar bildet die Notwendigkeit der *notitia legis* den Hintergrund dieser Regelungen, doch führt die mit Hilfe der gesetzlich verfügten Frist erreichte juristische Transformation des Problems dazu, dass das Gesetz nicht allein wegen der Unwissenheit der Adressaten nicht verpflichtet, sondern seine Verpflichtungskraft ist deswegen noch nicht gegeben, weil es noch nicht vollständig, d. h. mit Berücksichtigung der notwendigen Frist, erlassen ist:

> Damit kommt dem Gesetz – hinsichtlich der in es gelegten Absicht – vor Ablauf der genannten Zeit keine Wirkung zu, d. h. es hat weder Kraft noch Wirksamkeit eines Gesetzes. Daher vermag es nicht zu verpflichten, und dies nicht wegen der Unwissenheit der Adressaten, sondern mangels seiner noch unvollständigen begrifflichen Bestimmung.[32]

Der Effekt ist von bekannter rechtspraktischer Natur: Die Formalisierung durch Fristsetzung verschafft eine Synchronisierung der Gesetzesgeltung mit Blick auf die Normadressaten: Jeder ist in gleicher Weise zu gleicher Zeit verpflichtet, wobei die hergestellte »Gleichzeitigkeit« ein Konstrukt auf der Basis kluger Vorkehrung ist. Das schafft zumindest in dieser Hinsicht Rechtssicherheit und Rechtsgleichheit, denn niemand ist durch Ungleichzeitigkeiten privilegiert oder benachteiligt. Damit wird Einheitlichkeit und Handhabbarkeit des Rechts durch ein formales Mittel gefördert. Insofern belehrt nicht nur der vorliegende Fall, sondern die Rechtsgeschichte insgesamt, dass die Herstellung von Legitimität durch Verfahren – und die Handhabung von Fristen gehört zweifellos dazu – schon zu denjenigen Zeiten eine große Rolle gespielt hat, die – mit der theoreti-

**30** DL III. 18. 5, Bach, Brieskorn, Stiening III/1, S. 376/377: »ante completum illud tempus non habeatur tanquam sufficienter sancita.«

**31** Ebd.: »Ergo intra illud tempus non obligat scientes.«

**32** DL III. 18. 5, Bach, Brieskorn, Stiening III/1, S. 378/379: »Ergo ex intentione legis ante illud tempus non valet, id est, non habet vim et efficaciam legis. Ergo obligare non potest, non solum ratione ignorantiae sed ratione suae conditiones, quia nondum perfecte constituta est.«

schen Hilfe des Naturrechts – vornehmlich an der Durchsetzung von materialer Gerechtigkeit arbeiteten.[33]

## 3 Schluss – Klugheit und Gewohnheit

Bei den hier dargestellten Kapiteln des dritten Buches von *De legibus* geht es Suárez darum, die praktische Wirksamkeit menschlicher Gesetze über die Vermittlung von Norm und Empirie sicherzustellen. Indem er dabei praktische Vorkehrungen ausdrücklich zu Geltungsbedingungen des Gesetzes macht, ist hier die Praxis der Norm insofern nicht äußerlich als sie bei Suárez Teil der Gesetzesdefinition ist. Die Wirksamkeit des Gesetzes erfordert eine Rücksicht auf die Gegebenheiten der Praxis, die – wie sich gezeigt hat – vor allem von der Klugheit zu leisten ist. Dabei spielen in den Überlegungen von Suárez neben physischen Gegebenheiten insbesondere Gewohnheiten und das ihnen entsprechende Gewohnheitsrecht eine bemerkenswert große Rolle. Gewohnheitsrecht fungiert hier als eine normative Grenze, die praktische Überforderungen der Normadressaten zugunsten von sozialer und politischer Kontinuität und Stabilität vermeiden soll. Dies ist angesichts der von Suárez eigentlich durchweg verlangten Versittlichung durch Rationalisierung bemerkenswert, zumal die Gewohnheit als Rechtsquelle innerhalb der modernen Rechtsentwicklung unter Druck gerät.[34] Demgegenüber hat Suárez – wie Robert Schnepf in einer entsprechenden Studie gezeigt hat – das Gewohnheitsrecht als »ein durch stillschweigenden freien Konsens eingeführtes Recht«[35] noch einmal außerordentlich stark gemacht und damit normative Grenzen definiert, die als Gegebenheiten die Gesetzesgeltung material und formal entschieden beeinflussen. Dass dies politische Konsequenzen hat, liegt auf der Hand. Vergegenwärtigt man sich, dass die Niederländer u. a. den Verstoß gegen ihre Gewohnheitsrechte zum Anlass für

---

**33** Siehe dazu Niklas Luhmann, nach dessen Beobachtung Verfahren und Verfahrensrecht erst nach »dem Verlust des Naturrechts« an die Stelle alteuropäischer, insbesondere naturrechtlicher Traditionen treten. Niklas Luhmann: Legitimation durch Verfahren. Frankfurt am Main ²1989, S. 148.

**34** Vgl. Roy Garré: Consuetudo. Das Gewohnheitsrecht in der Rechtsquellen- und Methodenlehre des späten jus commune in Italien (16.–18. Jahrhundert). Frankfurt am Main 2005.

**35** Robert Schnepf: Suárez über das Gewohnheitsrecht (DL VII). In: »Auctoritas Omnium Legum«. Francico Suárez' *De legibus* zwischen Theologie, Philosophie und Jurisprudenz. Hg. von Oliver Bach, Norbert Brieskorn u. Gideon Stiening. Stuttgart-Bad Cannstatt 2013, S. 311–330.

ihren achtzig Jahre währenden Unabhängigkeitskrieg gegen die Spanier genommen haben[36] – eine Auseinandersetzung die Suárez' Leben jahrzehntelang begleitet hat – dann wird augenfällig, dass der Umgang mit Gewohnheiten politisch in der Tat der klugen Rücksicht bedarf.

36 Vgl. dazu etwa Horst Lademacher: Geschichte der Niederlande. Politik – Verfassung – Wirtschaft. Darmstadt 1983, S. 15.

Kurt Seelmann

# Francisco Suárez und die Zustimmung des Volkes zu Gesetzen

DL III. 19

Im Kapitel 19 des dritten Buches von *De legibus ac Deo legislatore*[1] von 1612 befasst sich Suárez mit der aus heutiger Sicht auf den ersten Blick ziemlich modern anmutenden Frage, ob für das ordnungsgemäße Zustandekommen und die Verpflichtungskraft des weltlichen Gesetzes die Zustimmung des Volkes zu diesem Gesetz erforderlich ist. Dieses Kapitel aus dem Werk von Suárez wird im Folgenden zunächst kurz zusammengefasst (1). Anschließend ist Suárez' Verständnis jenes ursprünglichen Zustandes näher zu erforschen, in welchem das Volk nach der Tradition tatsächlich die direkte Herrschaft über die Gesetze ausübte (2). Sodann geht es um die Art und Weise der *translatio imperii*, also des Übergangs der Herrschaft vom Volk auf die unmittelbar regierende Gewalt, in der Regel also einen Fürsten (3). Schließlich ist zum Abschluss nach den praktischen Folgen dieser Übertragungs-Konstruktion zu fragen: Als solche praktischen Folgen können jene Ausnahmen von der Gesetzgebungs-Herrschaft des Fürsten gelten, die sich, unter Berufung auf die ursprüngliche Volkssouveränität, aus der inhaltlichen Unrichtigkeit oder unnötigen Härte eines Gesetzes ergeben (4).

## 1 Das 19. Kapitel im dritten Buch (Übersicht)

Das 19. Kapitel des dritten Buches von *De legibus*, so muss man unumwunden vorausschicken, gehört zu den weniger übersichtlichen Texten von Suárez – der Stoff ist nicht ganz so souverän bewältigt wie an anderen Stellen. Dennoch folgt der hier zunächst vorzunehmende Überblick der Abfolge von Suárez' Argumenten.

Suárez beginnt mit der Zusammenstellung derjenigen Stimmen, die sich für die Zustimmung des Volkes zu den Gesetzen als deren Geltungsvoraussetzung aussprechen. Er zählt zunächst einige Juristen (u. a. Felinus und Covarruvias)

1 DL III. 19, Bach, Brieskorn, Stiening III/1, S. 386–405.

https://doi.org/10.1515/9783110696738-008

und Theologen (u. a. Mair, Driedo und Augustinus) auf, die er dieser Auffassung zurechnet, und sogar Aristoteles wähnt er auf dieser Seite.[2]

Als Grund für diese Auffassung vom Zustimmungserfordernis des Volkes nennt er, dass es ohne die erteilte Zustimmung *dem Gesetz an Macht (potestas) fehle*. Das Volk habe nämlich seine Macht gar nicht übertragen können außer unter der Bedingung, dass es nicht zu Gesetzen verpflichtet werde, denen es nicht seine Zustimmung gegeben habe. Zudem habe ein entsprechender Rechtsbrauch des römischen Volkes bestanden und, wohl das wichtigste Argument, die Zustimmung des Volkes sei ein wichtiges Indiz dafür, dass das Gesetz dem Gemeinwohl (*communi bono*) entspreche.[3]

Als weiteren Grund für diese Auffassung nennt Suárez die Vermutung, dass der Herrscher ohne Zustimmung des Volkes gar nicht Gesetze geben wolle – es sei unwahrscheinlich, dass ein Herrscher die gesamte Gemeinschaft gegen ihren Willen habe verpflichten wollen.[4]

Dann wendet sich Suárez der Gegenmeinung und ihren Vertretern zu. Er nennt dafür im wesentlichen Kirchenrechtler und Theologen wie den Kardinal Zabarellus, Turrecremata, Medina und Castro. Der Gesetzgeber dürfe die Untertanen zur Zustimmung zu einem Gesetz zwingen, sonst wäre seine Macht illusorisch. Gesetze bezögen zwar aus den Sitten (der Untertanen) ihre Stabilität, aber nicht ihren Geltungsgrund: »[D]icit leges accipere ex moribus firmitatem stabilitatis, non vero firmitatem auctoritatis.«[5] Die Nichtakzeptanz (durch die Untertanen) hebe die Gesetze nicht auf – außer bei gewohnheitsrechtlicher Außerkraftsetzung, wenn der Fürst dies wisse und toleriere.

Grund dafür sei, dass ein Gesetz, das von der zuständigen Autorität hinreichend verkündet worden sei,[6] zur Befolgung verpflichte. Die Zustimmung sei hierfür keine notwendige Voraussetzung. Der oberste Gesetzgeber habe die Macht und den Willen, verpflichtende Gesetze zu erlassen.[7]

Untergeordnete Machtträger könnten die Macht haben, die königliche Herrschaft einzuschränken. In diesem Fall habe das Gesetz zwei Urheber. Wo keine solchen Teilhaberechte bestünden, herrsche der Fürst allein. Denn auf ihn habe das Volk seine Herrschaft übertragen. Einschränkungen der übertragenen Macht seien aber aus Gewohnheit möglich.[8]

---

2 DL III. 19. 1, Bach, Brieskorn, Stiening III/1, S. 386–389.
3 DL III. 19. 2, Bach, Brieskorn, Stiening III/1, S. 388–391.
4 DL III. 19. 3, Bach, Brieskorn, Stiening III/1, S. 390–393.
5 DL III. 19. 4, Bach, Brieskorn, Stiening III/1, S. 392/393.
6 Siehe hierzu den Beitrag von Frank Grunert im vorliegenden Band.
7 DL III. 19. 5, Bach, Brieskorn, Stiening III/1, S. 394/395.
8 DL III. 19. 6, Bach, Brieskorn, Stiening III/1, S. 394–397.

Wo keine Demokratie bestehe, habe das Volk die Herrschaft auf den Fürsten oder eine Gruppe von Menschen übertragen. Dafür spreche Röm 13,1 sowie der Umstand, dass andernfalls die Macht wirkungslos sei und ebenso die Befugnis, den Übertreter des Gesetzes zu bestrafen. Sobald die Macht übertragen worden sei, sei (im Einzelfall) keinerlei Zustimmung mehr nötig.[9]

Macht und Wille des Fürsten seien also angesichts seiner Strafgewalt nicht zu bezweifeln. Dafür sprächen auch der vorschreibende Wortlaut des Gesetzes und die Stelle Röm 13,5.[10]

Auch die Authentica *ut factae novae constitutiones* halte die verpflichtende Kraft des Gesetzes ab Verkündung und Inkrafttreten fest, desgleichen das *Decretum Gratiani* zu *leges institutuuntur*, wonach die Veröffentlichung ausreicht.[11]

Wer also ein Gesetz nicht anerkenne, übertrete es. Wenn allerdings die Mehrheit des Volkes ein Gesetz nicht anerkenne, könne es seine Geltung verlieren, wenn der Gesetzgeber wissentlich diese Nichtanerkennung nicht beachtet und auf eine Durchsetzung verzichtet. Suárez spricht dann von einer – offenbar konkludenten – *revocatio* des Gesetzes.[12]

Im Folgenden will Suárez nun einige Ausnahmen von der Regel machen, dass das Volk die Macht an den Herrscher übertragen habe. Die erste Ausnahme betrifft ein ungerechtes Gesetz. In Wahrheit, meint Suárez aber, sei dies gar keine Ausnahme, denn ein »ungerechtes Gesetz« sei in Wahrheit gar kein Gesetz: »lex iniusta non est lex« sagt Suárez , ohne dieses geflügelte Wort einem Urheber zuzuweisen.[13] Ein ungerechtes Gesetz verpflichte selbst dann nicht, wenn ihm zugestimmt worden sei.[14]

Eine andere Ausnahme bestehe dann, wenn das Gesetz zu hart und zu streng (»nimium dura et gravis«) sei – allerdings nur, wenn es »communiter a populo seu republica iudicetur«. Es soll dann angenommen werden, dass der Fürst es gar nicht uneingeschränkt gelten lassen wollte. Ein solches Gesetz sei aber zugleich ungerecht. Wenn das Problem innerhalb eines gerechten Gesetzes auftauche, so solle man den Fürsten zu überzeugen suchen und sich vorerst an das Gesetz halten.[15]

---

**9** DL III. 19. 7, Bach, Brieskorn, Stiening III/1, S. 396–399.

**10** DL III. 19. 8, Bach, Brieskorn, Stiening III/1, S. 398/399.

**11** DL III. 19. 9, Bach, Brieskorn, Stiening III/1, S. 400/401.

**12** DL III. 19. 10, Bach, Brieskorn, Stiening III/1, S. 400/401.

**13** Bereits Augustinus und Thomas von Aquin verwenden das Dictum allerdings, vgl. dazu Norman Kretzmann: Lex iniusta non est lex. Laws in Trial in Aquinas' Court of Conscience. In: American Journal of Jurisprudence 33 (1988), S. 99–122.

**14** DL III. 19. 11, Bach, Brieskorn, Stiening III/1, S. 400–403.

**15** DL III. 19. 12, Bach, Brieskorn, Stiening III/1, S. 402–405.

Eine dritte Ausnahme bestehe dann, wenn die Mehrheit des Volkes nicht dem Gesetz gehorche. In diesem Fall sei das Gemeinwohl nicht mehr von der Einhaltung abhängig und der Fürst scheine die Einzelnen nicht mehr verpflichten zu wollen.[16]

Hier endet das 19. Kapitel des dritten Buches. Bleibt man zunächst auf der Darstellungsebene, so fällt Folgendes auf: Suárez beginnt mit zwei verschiedenen Meinungen zum Ausgangsthema, stellt seine eigene Auffassung aber nicht diesen beiden Meinungen als eine dritte entgegen, sondern gleitet gewissermaßen von der Darstellung der zweiten, dem Zustimmungsbedürfnis gegenüber kritischen Meinung zu seiner eigenen Stellungnahme hinüber. Den Kern dieser eigenen Meinung bildet eine relativ traditionelle Auffassung von der vollständigen *translatio imperii* vom Volk auf den Fürsten, so dass nach erfolgter *translatio* nun kein einzelnes Gesetz mehr der Zustimmung bedarf. Jedoch kennt Suárez drei Ausnahmen: das ungerechte Gesetz, das allzu harte und strenge Gesetz und die *desuetudo*, das gewohnheitsrechtliche Außerkrafttreten des Gesetzes. Beim ungerechten Gesetz ist er sich nicht ganz sicher, ob es eine Ausnahme bilde, gelte es doch von vornherein nicht. Auch sagt er nicht, aus wessen Sicht das Gesetz ungerecht sein müsse und auch ob und ggf. wie die Geltung vom Ausmaß der Ungerechtigkeit abhänge. Beim allzu harten und strengen Gesetz zweifelt er, ob es nicht doch wenigstens in der Regel zugleich ein ungerechtes Gesetz sei. Und die Bemerkungen zur *desuetudo* sind über verschiedene Stellen verstreut[17] und auch hier kann man sich fragen, ob es wirklich eine Ausnahme bildet, ist doch der Gedanke einer *revocatio* durch den Fürsten hier immer präsent.

## 2 Die ursprüngliche Gesetzgebungsherrschaft des Volkes

Suárez' Überlegungen zur Zustimmungsbedürftigkeit des Volkes zur Gesetzgebung setzen zunächst einmal einen ursprünglichen Zustand voraus, in welchem das Volk allein die Herrschaft über die Gesetzgebung ausübt.

Allein aus der Natur der Sache (»ex sola rei natura«), meint Suárez, ergebe sich, dass die Herrschaft über die Menschen bei keinem einzelnen Menschen liegen könne, sondern nur in der Gemeinschaft der Menschen (»in hominum

16 DL III. 19. 13, Bach, Brieskorn, Stiening III/1, S. 404/405.
17 DL III. 19. 10 und 13.

collectione«).[18] Er beruft sich dafür auf Thomas von Aquin,[19] die Digesten[20] sowie Castro, Soto und Covarruvias. Als Grund gibt er an, dass alle Menschen frei geboren werden und deshalb keiner »iurisdictionem politicam« über den anderen habe, und zwar »sicut nec dominium«. Die beiden von Suárez hier parallel verwendeten Begriffe *iurisdictio* und *dominium* meinen in der frühen Neuzeit in einem umfassenden Sinn die öffentlich-rechtliche und die zivilrechtliche Herrschaftsgewalt der Person.

Grundlage für das Fehlen einer *iurisdictio*, also einer öffentlich-rechtlichen Herrschaft eines Individuums über ein anderes, ist in der Tradition zunächst die von Ulpian angegebene *lex regia* in den Digesten, die zwar primär die Macht des Fürsten bestimmt, dabei zugleich aber die ursprüngliche Macht des Volkes anspricht: »Quod principi placuit, legis habet vigorem: utpote cum lege regia, quae de imperio eius lata est, populus ei et in eum omne suum imperium et potestatem conferat.«[21] Ebenso bringt es Julian zum Ausdruck: »[...], nam cum ipsae leges nulla alia ex causa nos teneant, quam quod iudicio populi receptae sunt, [...].«[22]

Eine zweite traditionelle Quelle für die Annahme einer Herrschafts- und Gesetzgebungsmacht beim Volk ist eine Rechtsregel, die sich auf den justinianischen Codex zurückführen lässt, aber ihre breite Bedeutung erst im Kirchenrecht bekam. Im Codex betrifft der Text nur die justinianische Mündelrechtsverordnung und lautet im Kern wie folgt: »[...], cum quod omnes similiter tangit, ab omnibus comprobetur.«[23]

Im Kirchenrecht kam die Formel 1298 in den Katalog der Rechtsregeln am Ende des *Liber Sextus* in der Gestalt, »Quod omnes tangit debet ab omnibus approbari«,[24] zu einer sehr viel allgemeineren Bedeutung und wurde zur »Maxime des Konziliarismus und Parlamentarismus«.[25] Marsilius von Padua[26] griff

---

**18** DL III. 2. 3, Bach, Brieskorn, Stiening III/1, S. 28.

**19** STh I–II q. 90, a. 3, ad 2, DThA 13, S. 12; STh II–II q. 97, a. 3, ad 3, DThA 13, S 139 f.

**20** Dig. 1, 4., 1 pr.

**21** Dig. 1, 4, 1 pr. (Paul Krueger, Theodor Mommsen [Hg.]: Corpus Iuris Civilis. Volumen primum: Institutiones, Digesta. Dublin, Zürich [14]1967, S. 35)

**22** Dig. 1, 3, 32, 1 (Krueger, Mommsen: Corpus Iuris Civilis 1 [s. Anm. 21], S. 34).

**23** Cod. 5. 59. 5. 2 (Paul Krueger, Theodor Mommsen [Hg.]: Corpus Iuris Civilis. Volumen secundum: Codex Justinianus. Berlin 1888, S. 231).

**24** VI 5. 12. 29.

**25** Jasmin Hauck: Quod omnes tangit debet ab omnibus approbari. In: Zeitschrift für Rechtsgeschichte, Kanonistische Abteilung 130 (2013), S. 398–417, hier S. 398.

**26** Marsilius von Padua: Der Verteidiger des Friedens. Berlin 1958, Teil I, Kapitel 12, S. 417 ff.

die Formel schließlich 1324 auf[27] und verband sie mit Elementen der aristotelischen *Politik*, die von Suárez in diesem Zusammenhang nicht aufgegriffen werden. In dieser vom *Liber Sextus* und von Marsilius erhaltenen Gestalt konnte die Formel fortwirken.

Wichtig ist nun für Suárez, dass die Gesetzgebungsherrschaft des Volkes schon durch Naturrecht vorgegeben ist, aber nicht in einer bloßen Menge von Menschen (»multitudo«), sondern in einer bereits politisch strukturierten Institution, einer Art von mystischem Körper (»corpus mysticum«), in den durch Konsens eingetreten werde.[28] Die naturrechtliche Begründung der Gesetzgebungskompetenz des Volkes ist klar, diese Gewalt kann nicht durch menschliches Recht selbst geschaffen worden sein – bedürfte es dafür doch eines Gesetzgebers, der durch die *translatio imperii* erst noch geschaffen werden muss.

Die Lehre von der ursprünglich beim Volk liegenden *iurisdictio* verbunden mit der Behauptung, diese Macht sei durch Naturrecht gegeben, führt allerdings in ein Begründungsproblem: Wie kann eine naturrechtliche Position durch Menschen und damit durch *ius humanum* abgeändert werden, wenn Naturrecht doch, woran auch die Spätscholastik festhielt, unabänderlich ist?[29] Konstruktiv möglich ist dies nur, wenn man Suárez' Verständnis vom Naturrecht nicht im Sinne eines Gebotes durch das Naturrecht versteht, sondern als eine »concessio«, eine Erlaubnis, die Dinge so zu regeln, aber bei Bedarf auch anders regeln zu dürfen. Die *translatio imperii*, die Übertragung der Macht an einen Fürsten

27 Ernst Bruckmüller: Wurzeln des modernen Parlamentarismus, S. 1: www.parlament.gv.at/ZUSD/PDF/Bruckmueller_Wurzeln_Parlamentarismus.pdf. (aufgerufen am 09.08.2019).

28 DL III. 2. 4, Bach, Brieskorn, Stiening III/1, S. 32/33: »Alio ergo modo consideranda est hominum multitudo, quatenus speciali voluntate seu communi consensu in unum corpus politicum congregantur uno societatis vinculo et ut mutuo se iuvent in ordine ad unum finem politicum, quomodo efficiunt unum corpus mysticum, quod moraliter dici potest per se unum; illudque consequenter indiget uno capite. In tali ergo communitate, ut sic, est haec potestas ex natura rei, ita ut non sit in hominum potestate ita congregari et impedire hanc potestatem.« / »Daher ist die Vielheit der Menschen auf eine zweite Weise zu betrachten, nämlich insoweit sie sich durch einen besonderen Willen bzw. durch eine gemeinschaftliche Übereinstimmung zu einem politischen Körper zusammenfinden, in einer gesellschaftlichen Verbindung, und zwar so, dass sie sich wechselseitig im Hinblick auf einen politischen Zweck helfen. Auf diese Art bilden sie einen überirdischen Körper, den wir ›in moralischer Weise durch sich selbst eins‹ nennen können: und jener Leib bedarf folgerichtig eines Hauptes. In einer so strukturierten Gemeinschaft als solcher besteht aus der Natur der Sache heraus diese Gewalt, sodass es gar nicht in der Macht der Menschen liegt, sich zu diese Zweck zu versammeln und zugleich besagte Gewalt zu unterbinden.«

29 Dazu ausführlich Kurt Seelmann: Zur historischen Wandelbarkeit des Naturrechts. In: Die Naturrechtslehre des Francisco Suárez. Hg. von Oliver Bach, Norbert Brieskorn u. Gideon Stiening. Berlin, Boston 2017, S. 213–232.

oder ein Gremium, wäre dann eine gemeinsame Aufkündigung der naturrechtlich geschaffenen Situation, sie wäre der Beschluss, von nun an von dieser *concessio* nicht mehr Gebrauch zu machen.

Dies führt uns zu einem kurzen Blick auf die von Suárez angesprochene Parallele der hier verhandelten Macht der *iurisdictio* mit der Macht des *dominium*, einer Parallele, die weiter reicht und auch die Aufhebungsproblematik mit umfasst. Auch beim *dominium* nämlich wird von großen Teilen des Schrifttums, insbesondere von den Kanonisten, eine Änderung eines *ius naturale* durch menschliches Recht angenommen: Gratian hatte in sein *Decretum* unter Hinweis auf Isidor von Sevilla[30] das ursprüngliche Gemeineigentum aufgenommen: »Nam iure naturae sunt omnia communia omnibus [...].«[31] Angesichts der nicht leugbaren Verbreitung des *dominium in particulari* stellte sich aber den mittelalterlichen Autoren die Frage, wie es zu dieser Veränderung kommen konnte, da doch das *ius naturale* als »immutabile« galt.

Thomas von Aquin suchte das Problem dadurch zu lösen, dass er das »omnia communia« nur einem *ius naturale* in einem schwächeren Sinn unterstellt: Zum einen gebe es Natur in einem normativen Sinn, wonach das Naturrecht Gebote aufstelle wie etwa dasjenige, dem anderen kein Unrecht anzutun. Daneben aber stehe das »naturale« auch in dem Sinn »quia natura non induxit contrarium«,[32] so wie etwa die Nacktheit des Menschen, die daher rühre, dass die Natur ihm keine Kleider mitgegeben habe, die aber als bloßer Zustand ohne normative Bedeutung jederzeit verändert werden könne. Desgleichen sei das »omnia communia« ein solcher Naturzustand, der von den Menschen verändert werden durfte.[33]

Ganz ähnlich greifen es Autoren der Spätscholastik, Vorläufer von Suárez, auf. Francisco de Vitoria und Domingo de Soto sprechen im Hinblick auf das *omnia communia* zwar nicht von einem Naturzustand, sondern sehen die Regel durchaus normativ, aber im Sinne einer Erlaubnis, einer »concessio« oder einer »permissio«: »[C]oncessum est ut omnia essent communia« meint Vitoria,[34] und Soto stimmt bei: »[L]ex naturalis [...] permisit hoc vel illo modo possideri, quo pacto diversis hominum statibus commodius esset et expeditius.«[35] Ein anderer

---

**30** Isidor Etymologiae V IV, 1

**31** Introductorium zu D.8 c.1

**32** STh I–II q. 94, a. 5, DThA 13, S. 84–88.

**33** Ausführlich dazu Kurt Seelmann: Die Lehre des Fernando Vázquez de Menchaca vom dominium. Köln u. a. 1979, S. 115 ff.

**34** Francisco de Vitoria: De iustitia. Hg. von Vicente Beltran de Heredia. Tom. I. Madrid 1934, qu. 62, a. 1 nuu. 9.

**35** Domingo de Soto, Libri decem de Iustitia et Iure, Lugduni 1569, liber IV, qu. 3. a. 1.

Spätscholastiker, Fernando Vázquez de Menchaca, hielt demgegenüber am Gebotscharakter des *omnia communia* fest und brauchte deshalb eine notstandsähnlich Abwägungskonstruktion, um die Entwicklung der »divisio rerum« aus dem omnia communia« zu begründen.[36] Für die Veränderung der naturrechtlichen Gütergemeinschaft aller Menschen zu einer privaten Verfügungsgewalt lassen sich also in der Tradition mindestens drei unterschiedliche und häufig verwendete Begründungen liefern. Es ist deshalb wichtig festzuhalten, dass für den hier zu behandelnden Parallelfall der naturrechtlich bestehenden politischen Herrschaft des Volkes Suárez sich der *concessio*-Variante des Naturrechts bedient.

Neben der *iurisdictio* und dem *dominium*, die nach der Tradition beide ursprünglich allen gemeinsam zustanden und erst durch menschliches Recht auf einen Einzelnen übertragen bzw. auf viele Einzelne verstreut wurden, gibt es noch eine dritte Berechtigung, von der auch in der Tradition behauptet wird, dass sie ursprünglich und nach Naturrecht allen gegeben sei und man sie erst später durch menschliches Recht abgeschafft habe: die *libertas* und somit das Fehlen jeder Sklaverei. Diese Tradition stand einer anderen gegenüber, die unter Berufung auf Aristoteles von einer natürlichen Sklaverei ausging, also davon, dass ein Teil der Menschen von Natur Sklaven seien.[37] Auch diese Auffassung hatte Anhänger in der Spätscholastik; Soto[38] und Covarruvias[39] bekennen sich zu ihr.

Unter den Juristen war aber die Abstützung auf die »natürliche Freiheit« stärker verbreitet. Auch die Freiheit also gehört nach dieser Tradition zur natürlichen Ausstattung des Menschen und auch sie ist durch menschliches Recht insoweit abgeschafft worden, als dieses menschliche Recht nunmehr Sklaverei zulässt. Auch hier also stellte sich das Problem, wie man trotz der ursprünglichen Freiheit aller Menschen später doch zur Anerkennung der Sklaverei gelangen konnte.

Die Ausgangslage ist klar: »Servitutes«, durch menschliches Recht eingeführt, sind schon nach den Institutionen »iuri naturali contrariae«.[40] Die Institutionen halten daher fest: »Iure enim naturali ab initio omnes homines liberi

---

**36** Fernando Vázquez de Menchaca: Controversiarum illustrium aliarumque usu frequentium libri tres. Venetiis 1564, liber I cap. 9, nu. 4 f. sowie liber I, cap. 4, nu. 3., dazu ausführlich Seelmann: Die Lehre des Fernando Vázquez (s. Anm. 33), S. 124.

**37** Aristoteles: Politica, liber I, cap. 5.

**38** Domingo de Soto: De iustitia et iure. Lyon 1559, liber 4, qu. 2, a. 2.

**39** Diego de Covarruvias: Opera omnia, tribus tomis distincta, quorum hic primus Relectiones. Francofurti 1573, In reg. pecc. pars 2, § 11, nu. 5.

**40** Inst. 1, 2, 2 (Krueger, Mommsen: Corpus Iuris Civilis 1 [s. Anm. 21], S. 13).

nascebantur.«[41] Aber hier wie bei der »iurisdictio« durch das Volk und dem »dominium in communi« durch alle Menschen geben die Digesten keine Anweisung dafür, wie aus dem ursprünglichen immerhin naturrechtlich geregelten Zustand durch menschliches Recht eine Abweichung begründet werden konnte. In der Tradition der Lehre von der Güterabwägung versucht Fernando Vázquez, der erwähnte Legist unter den Spätscholastikern, auch hier die Lösung in einer notstandsähnlichen Überlegung. Schon Gratians *Decretum* kennt eine Ausnahme von der Bindung an das Naturrecht, wenn »duo mala ita urgeant, ut alterum eorum necesse sit eligi.«[42] Die dekretistische Literatur führte als Beispiel den Schwur an, jemanden zu töten.[43] Der Schwur ist dann zu brechen und die Tötung, das größere Übel, zu unterlassen. Vázquez schließt sich nun an diese Tradition an: Um das größere Übel der Tötung von Gefangenem im Krieg zu verhindern, haben die menschlichen Gesetze das Recht eingeführt, den Gefangenen als Sklaven zu behandeln und retten ihm so das Leben.[44]

Gibt es nun kraft menschlichen Rechts und entgegen der jeweils ursprünglichen Situation »nach dem Naturrecht« weder eine Herrschaft über die Gesetzgebung durch das Volk noch ein *dominium in communi* oder eine *libertas* aller, so liegt die Frage nahe, welche Bedeutung solchen Konstruktionen zukommen, die gleichwohl im Hinblick auf alle drei Positionen eine ›gute alte Zeit‹ beschwören, in welcher die Welt nach Naturrecht noch anders geordnet war. Offenbar hat diese Konstruktion doch praktische Auswirkungen. Am deutlichsten angesprochen werden sie im Kontext des *dominium*. Selbst die der kanonistischen Lehre vom ursprünglichen *omnia communia* gegenüber eher skeptischen Legisten[45] können dieser Lehre doch etwas abgewinnen, nämlich das Postulat eines »communicanda in tempore necessitatis«.[46] Die Frage wäre, ob nicht der mittelalterliche Solidaritätsgedanke sich u. a. aus dieser Quelle einer Ursprungserzählung vom Gemeineigentum gespeist hat. Diese Ursprungserzählung hätte dann eine sehr pragmatische Seite, würde sie doch die Forderung nach Solidarität in Notzeiten plausibler machen.

Der anderen Ursprungserzählung von der Macht des Volkes über die Gesetzgebung könnte eine ähnliche Funktion zukommen. Mit Rücksicht auf die

---

**41** Ebd.

**42** DG D.6 c.3

**43** Bspw. Rufinus: Summa Decretorum. Hg. von Heinrich Singer. Paderborn 1902 (ND Aalen 1963), Anm. zu D.13 c.1

**44** Vázquez (o. Fn. 21) Liber I, cap. 9, nu. 4.

**45** Dazu ausführlich Seelmann: Die Lehre des Fernando Vázquez (s. Anm. 33), S. 126 ff.

**46** Vgl. etwa Baldus de Ubaldis: Anm. 30 f. zu Dig. 1, 1, 5. in der Tradition der Glossa Ordinaria des Accursius.

früher beim Volk liegende Macht könnten evtl. die Ausnahmen von der absoluten Herrschaft des Fürsten begründet werden, jeder Freiheitseingriff durch die Fürsten muss dann begründet werden.[47] Insoweit also besteht eine Begründungspflicht für die Machtausübung, nicht für ihre Einschränkung. Ähnlich ist es bei der Sklaverei und generell bei der Unfreiheit. Auch sie muss generell als Institution und auch im Einzelfall begründet werden.

# 3 Die Übertragung der Herrschaft

Nach dem Blick auf den Ursprungszustand ist nun näher zu betrachten, wie es zur *translatio imperii*, also der Verlagerung der ursprünglich beim Volk befindlichen Herrschaft auf Einzelne oder Gruppen kommt. Schon diese Grundvorstellung war nicht unumstritten, man beachte nur die dezidiert entgegengesetzte Sicht bei Francisco de Vitoria, der die Herrschaft unmittelbar von Gott übertragen sein ließ »et non ab ipsa res publica aut prorsus ab hominibus«.[48]

Suárez verwendet für den Vorgang des Übergangs der Herrschaft zumeist den Begriff *transferre*: »[P]opulus transtulit supremam potestatem in principem«,[49] oder: »Nam in illum transtulit populus suam potestatem.«[50] Es handele sich, stellt er weiter klar, um keine »delegatio« – womit er sagen will, dass der die Macht Übertragende diese Macht nicht zurückfordern und wieder selbst übernehmen könne, weshalb er sie auch als eine »alienatio seu perfecta largitio totius potestatis quae erat in communitate«[51] bezeichnet, als eine vollständige Entäußerung oder Schenkung, wobei er sich mit »largitio« des Begriffs für Schenkungen im öffentlichen, politischen Raum bedient, an anderer Stelle aber auch den Terminus »donatio« verwendet.[52] Damit ist klargestellt, dass Suárez mit der *translatio imperii* eine endgültige und unwiderrufliche, nicht rück-

---

**47** In diesem Sinne Oliver Bach, Norbert Brieskorn, Gideon Stiening: »Voluntas est anima et quasi substantia legis«. Suárez' Theorie der *leges humanae* in *De legibus* III. In: Francisco Suárez: De legibus ac Deo legislatore. Drittes Buch. 2 Bde. Hg. von Oliver Bach, Norbert Brieskorn u. Gideon Stiening. Stuttgart-Bad Cannstatt 2014, S. XIII–XXVII, hier S. XVII

**48** Francisco de Vitoria: De potestate civili / Über die politische Gewalt. In: Vorlesungen (Relectiones). Völkerrecht, Politik, Kirche. Hg. von Ulrich Horst, Heinz-Gerhard Justenhoven u. Joachim Stüben. Bd. 1. Stuttgart u. a. 1995, S. 114–161, hier S. 130.

**49** DL III. 19. 7, Bach, Brieskorn, Stiening III/1, S. 396.

**50** DL III. 19. 6, Bach, Brieskorn, Stiening III/1, S. 396.

**51** DL III. 4. 11, Bach, Brieskorn, Stiening III/1, S. 66.

**52** DL III. 4. 5, Bach, Brieskorn, Stiening III/1, S. 56.

nehmbare Übertragung meint.[53] Dieser Punkt war schon seit den Zeiten der Glossatoren höchst umstritten und an ihm entzündete sich eine Auseinandersetzung zwischen der kaiserlichen und der päpstlichen Seite schon im 11. Jahrhundert, wobei überwiegend von päpstlicher Seite eine Widerrufbarkeit der Übertragung, auch mit kirchlicher Unterstützung, postuliert wurde, während der kaiserlichen Seite die Annahme einer endgültigen Übertragung und die Legitimation allein aus dieser Übertragung vorzugswürdig erschien.[54]

Auch bezeichnet Suárez diese Übertragung ausdrücklich als einen »Vertrag« und spricht von einem »pactum vel conventionem factum inter regnum et regem«,[55] einem Vertrag oder einer Abmachung zwischen der politisch verfassten Gemeinschaft und dem Fürsten. Auf Seiten der *communitas* muss dieser Vertrag im Konsens erfolgen: »[N]ecesse est ut ex consensu communitatis illi (gemeint: dem Fürsten, K.S.) tribuatur.«[56] Offenbar ist damit aber nicht eine Einstimmigkeit unter den Mitgliedern der Gemeinschaft gemeint. Zwar sagt Suárez an dieser Stelle nichts dazu, lässt aber in anderen Kontexten eine Mehrheitsentscheidung für einen Konsens ausreichen.[57]

Zugrunde liegt dieser Vorstellung von der Übertragung der Herrschaft ersichtlich die Tradition der schon erwähnten *lex regia*, die Ulpian in den Digesten so formuliert:[58] »Quod principi placuit, legis habet vigorem: utpote cum lege regia, quae de imperio eius lata est, populus ei et in eum omne suum imperium et potestatem conferat.«[59] Damit war schon in der Antike die Idee des Herrschaftsvertrages, der auch das Mittelalter bestimmte, grundgelegt – auch wenn man heute meist davon ausgeht, dieses »conferre« sei als vertragliches Verhältnis erst mit einem Text von Manegold von Lautenbach – einem wichtigen Vertreter der päpstlichen Position in der oben erwähnten Auseinandersetzung – ca.

---

**53** Dazu Ernst-Wolfgang Böckenförde: Geschichte der Rechts- und Staatsphilosophie. Tübingen [2]2006, S. 389.

**54** Ausführlich gegenübergestellt unter Berücksichtigung verschiedener Zwischentöne der Debatte bei Otto Gierke: Das deutsche Genossenschaftsrecht. 3. Bd.: Die Staats- und Korporationslehre des Alterthums und des Mittelalters und ihre Aufnahme in Deutschland. Berlin 1881, S. 575 ff.; vgl. auch Katrin Stein: Die Verantwortlichkeit der politischen Akteure. Tübingen 2009, S. 63 ff.

**55** DL III. 4. 5, Bach, Brieskorn, Stiening III/1, S. 56.

**56** DL III. 4. 2, Bach, Brieskorn, Stiening III/1, S. 52.

**57** Vgl. dazu ausführlich Mariano Delgado: Die Zustimmung es Volkes in der politischen Theorie von Francisco de Vitoria, Bartholomé de las Casas und Francisco Suárez. In: Die Ordnung der Praxis. Neue Studien zur spanischen Spätscholastik. Hg. von Frank Grunert u. Kurt Seelmann. Tübingen 2001, S. 157 ff., 171 f.

**58** Vgl. bereits oben S. 128 f.

**59** Dig. 1, 4, 1 pr. (Krueger, Mommsen: Corpus Iuris Civilis 1 [s. Anm. 21], S. 35).

1085 verstanden worden.[60] Dieser habe in einem »revolutionären Schritt« unternommen, den vorher schon bei Vasallenverhältnissen bekannten »Vertragsgedanken nunmehr überhaupt auf die Königsstufe hinaufzuschieben«.[61]

Aber geht Suárez darüber hinaus, nähert er sich bereits gesellschaftsvertraglichen Theorien an? Böckenförde geht davon aus und spricht bei Suárez von einer »Vorwegnahme der späteren Theorie des Staatsgründungsvertrages«,[62] da Suárez das Entstehen des Staates nicht als Erweiterung der naturgegebenen Familie und auch nicht als unmittelbar göttliche Stiftung ansehe.[63] Aber derlei familiäre oder göttliche Grundlagen werden auch in der *lex regia*, in deren Tradition Suárez eindeutig steht, nicht vorausgesetzt. Das Neuartige bei Suárez dürfte also nicht so sehr in der Art der Vertragskonstruktion, sondern eher im Inhalt des Vertrags, im Vertragsgegenstand – und insbesondere seiner Begrenzung – liegen. Für Suárez ist das Ziel der Gesetzgebung gegenüber der Tradition vor ihm ein eingeschränkteres. Es gilt nicht mehr, durch Gesetze eine allgemeine Glückseligkeit der Untertanen infolge eines tugendhaften Lebens herzustellen, sondern im Vordergrund der Gesetzgebung stehen nun »pax« und »iustitia«[64] und damit rechtliche Kategorien in einem formelleren Sinn als es die aristotelisch-thomistische Tradition vorgab.[65] Deswegen habe die Gesetzgebung »bonum civem« hervorzubringen und nicht einfach einen »bonum virum«.[66] Vielleicht ist es diese Unterscheidung von rechtlichen und moralischen Zielen, die uns Suárez' Rechtsverständnis als moderner erscheinen lässt.

Dies führt uns zu der weiteren Frage, welche Folgen es hat, wenn der Gesetzgeber, an den die Herrschaft des Volkes übertragen worden ist, in seiner Gesetzgebung die ihm gesteckten Grenzen nicht beachtet.

---

**60** In diesem Sinn Alfred Voigt in seiner Einleitung. In: Der Herrschaftsvertrag. Hg. von dems. Neuwied 1965, S. 3–36, hier S. 14. In diesem Werk auch der Abdruck von Textabschnitten aus Manegold von Lautenbachs *Manegoldi ad Gebehardum liber*, S. 54 ff. Zweifel an dieser überhöhenden Einschätzung der Bedeutung des Manegold bei Stein: Die Verantwortlichkeit (s. Anm. 54), S. 64, Fn. 152

**61** Voigt: Einleitung (s. Anm. 60), S. 15.

**62** Böckenförde: Geschichte der Rechts- und Staatsphilosophie (s. Anm. 53), S. 388.

**63** Ebd..

**64** DL III. 11. 7, Bach, Brieskorn, Stiening III/1, S. 200.

**65** Dazu Böckenförde: Geschichte der Rechts- und Staatsphilosophie (s. Anm. 53), S. 390.

**66** DL III. 13. 2, Bach, Brieskorn, Stiening III/1, S. 248–251; dazu Böckenförde: Geschichte der Rechts- und Staatsphilosophie (s. Anm. 53), S. 391.

# 4 Grenzen der Gesetzgebungsbefugnis?

Wo also liegen für Suárez die Grenzen der Gesetzgebungsbefugnis? Von der Geltung des vom Fürsten erlassenen Gesetzes sieht Suárez drei Ausnahmen, die zu Beginn im Überblick bereits genannt worden sind: Das Gesetz darf nicht ungerecht sein, es darf sich nicht übermäßig hart und streng auswirken und es darf keine *desuetudo*, kein gewohnheitsrechtliches Außerkrafttreten vorliegen.[67] Die übermäßige Härte und Strenge des Gesetzes sieht Suárez, wie schon kurz erwähnt, in der Regel als einen Anwendungsfall der Ungerechtigkeit – ist letztere nicht gegeben, hat der Unterworfene auch gegenüber übermäßigen harten und schweren Gesetzen eine Befolgungspflicht.

Bei der Ungerechtigkeit geht Suárez mit der Tradition davon aus, dass ein ungerechtes Gesetz nicht nur keine Geltung hat, sondern schon per definitionen kein Gesetz ist: »Una (exceptio, K.S.) est si lex sit iniusta. Sed haec re vera non est exceptio, nam lex iniusta non est lex.«[68]

Die Aussage geht zurück auf Augustinus' »lex mihi esse non videtur, quae iusta non fuerit«[69] und wird von Thomas von Aquin im Wortlaut, aber ohne das »mihi«, also in einem verstärkenden Sinn, übernommen.[70] Wer zuerst daraus die immer wieder zitierte Kurzformel »lex iniusta non est lex« gemacht hat, ist bisher unklar.[71]

Die Formel setzt für ihre praktische Anwendbarkeit voraus, dass nicht der Gesetzgeber selbst allein die Definitionsherrschaft über die Ungerechtigkeit eines Gesetzes hat. Dennoch sagt Suárez nichts zu der Frage, wer denn feststellen müsste, dass ein Gesetz ungerecht und deshalb eigentlich gar kein Gesetz sei. Aber vielleicht ist dies ganz selbstverständlich für ihn und folglich gar keiner Bemerkung wert, da er im ersten Buch von *De legibus* diese Ungerechtigkeit von Gesetzen ganz klar einordnet und deshalb möglicher Weise davon ausgeht, darüber könne im Einzelfall gar kein Dissens entstehen. Suárez spricht dort im ersten Band im Zusammenhang mit ungerechten Gesetzen über durch Gesetze abverlangte Taten, welche gegen ein natürliches oder göttliches Gebot versto-

---

**67** DL III. 19. 11–13, Bach, Brieskorn, Stiening III/1, S. 400–405.

**68** DL III. 19. 11, Bach, Brieskorn, Stiening III/1, S. 400.

**69** Augustinus: De libero arbitrio, I, V. 11 (Theologische Frühschriften. Übers. u. erläutert von Wilhelm Thimme. Zürich u. Stuttgart 1962, S. 48 f.).

**70** STh I–II q. 96, a. 4, DThA 13, S. 118–121. Vgl. dazu Kretzmann: Lex iniusta non est lex (s. Anm. 13), S. 99 ff.

**71** vgl. Kretzmann: Lex iniusta non est lex (s. Anm. 13), S. 101.

ßen.[72] Die Ungerechtigkeit widerspricht dann Gott selbst.[73] Allerdings müsse man, um den Gehorsam ablehnen zu dürfen, hinsichtlich der Ungerechtigkeit des Gesetzes eine moralische Sicherheit haben.[74] Jedenfalls spreche die Vermutung der Richtigkeit für die Gesetzesbewertung des Fürsten.[75] Insofern hat der Fürst zwar keine Definitionsherrschaft – aber jeder, der ihm widersprechen will, trägt eindeutig die Begründungslast.

Eine zweite Ausnahme von der Herrschaft des Fürsten über die Gesetzgebung sieht Suárez in der *desuetudo*, dem gewohnheitsrechtlichen Außerkrafttreten des Gesetzes. Er meint damit den Fall, dass die Mehrheit (»maior pars«) des Volkes das Gesetz nicht mehr befolgt, setzt aber eine weitere Bedingung: »[N]ec videtur velle princeps obligare unum vel alium, quando communitas non observat legem.«[76] Diese Vermutung, dass dann der Fürst, wenn er die Verletzung zulasse, selbst gar nicht mehr das Gesetz wolle, verstärkt er noch an einer anderen Stelle: »tacito consensu principis revocata fuit«,[77] wenn das Volk ein Gesetz nicht mehr befolgt. Das Gesamtkonzept von der absoluten Herrschaft des Fürsten über die Gesetzgebung lässt sich nur halten, wenn das ungerechte Gesetz gar kein Gesetz ist und die Nichtbefolgung eines Gesetzes durch die Mehrheit in Wahrheit eine *revocatio* durch den Fürsten.

## 5 Zusammenfassung und Schluss

Zusammenfassend lässt sich also sagen, dass Suárez der Tradition folgt, wonach es eine ursprüngliche naturrechtliche Herrschaft des Volkes über die Gesetzgebung gab. Dies steht in Parallele zum ursprünglich naturrechtlichen *omnia communia* und zur ursprünglichen Freiheit ohne Sklaverei. Durch menschliches Recht ist dieses Naturrecht, das nicht verpflichtend war, zurückgenommen worden – im Fall der Herrschaft zur Gesetzgebung durch einen Herrschaftsvertrag nach Muster der römischen *lex regia*. Ausnahmen von dieser Herrschaftsmacht des Fürsten gibt es in dem ungerechten Gesetz und bei der *desuetudo*. Ein ungerechtes Gesetz, das gegen Naturrecht und göttliches Recht

72 DL I. 9. 4, Bach, Brieskorn, Stiening I, S. 202–205.
73 DL I. 9. 11, Bach, Brieskorn, Stiening I, S. 214–217.
74 DL I. 9. 11, Bach, Brieskorn, Stiening I, S. 214/215.
75 Ebd.
76 DL III. 19. 13, Bach, Brieskorn, Stiening III/1, S.404.
77 DL III. 19. 10, Bach, Brieskorn, Stiening III/1, S. 400.

verstößt, ist aber gar kein Gesetz, und *desuetudo* entsteht nur, weil der Fürst eine *revocatio* vornimmt.

Mit all dem steht Suárez weitgehend in der Tradition, sieht man einmal von der bei ihm anhebenden Recht/Moral-Differenzierung (*civis/vir*) ab – und liefert uns, darin dann doch ganz seiner Zeit gemäß, ein Kompendium zum Meinungsstand. Umso beachtlicher muss erscheinen, dass die Tradition schon vor ihm durch die Vorstellung einer ursprünglichen Zuständigkeit des Volkes für die Gesetzgebung geprägt war, schon lange vor dem Beginn der Aufklärungsliteratur. Raffiniert erscheint uns heute, wie die naturrechtlichen Ideale der Volksherrschaft, der Privatautonomie und der Freiheit konkludent aufrechterhalten wurden: durch immer wiederkehrende Behauptung ihres Überholtseins ausgerechnet durch rangniedrigeres menschliches positives Recht.

# 4 Geltung und Verpflichtung

Holger Glinka

# Intentio legislatoris seu ratio legis

## Formprinzip und translationstheoretische Voraussetzungen des bürgerlichen Gesetzes in Suárez' *De legibus* (DL III. 20)

»[Q]uia ex natura rei omnes homines nascuntur liberi, et ideo nullus habet iurisdictionem politicam in alium, sicut nec dominium.«
Suárez, DL III. 2. 3.

## 1 Vorbemerkungen

Zu der herausragenden Qualität der Schriften des Francisco Suárez zählen ihre verständigen begrifflichen Distinktionen.[1] Das argumentativ dichte 20. Kapitel des dritten Buchs der gesetzestheoretischen Abhandlung *Tractatus de legibus ac Deo legislatore* thematisiert die »Absicht des Gesetzgebers« und die »Vernunft des Gesetzes«.[2] DL III. 20 zählt mithin zu denjenigen Kapiteln, die nicht der *obligatio* gewidmet sind[3] (freilich wird sie auch in diesem Kapitel berührt): Diese wurde schon in den Kapiteln 17 bis 19 behandelt, und alle folgenden Kapitel stellen schon im Titel die Frage nach der Verpflichtung.[4] Mit Thomas unter-

1 Die »Gefahr der Mehrdeutigkeit«, mit der man beim Studium der Autoren konfrontiert werden kann (»in legendis auctoribus cavenda est aequivocatio«), spricht Suárez selbst an in DL I. 5. 12, Bach, Brieskorn, Stiening I, S. 104/105.

2 DL III. 20, Bach, Brieskorn, Stiening III/2, S. 2/3: »Utrum intentio legislatoris seu ratio legis sit intrinseca forma eius« / »Gehört die Absicht des Gesetzgebers oder die Vernunft des Gesetzes zu dessen innerer Wesensform?«

3 Zum systematischen Auftakt dieser Problemstellung vgl.: Frank Grunert: Die *obligatio in conscientia* im Naturrecht des Francisco Suárez. In: Die Naturrechtslehre des Francisco Suárez. Hg. von Oliver Bach, Norbert Brieskorn u. Gideon Stiening. Berlin, Boston 2017, S. 155–168.

4 Vgl. hierzu Tilman Repgen: Die Obligation im Spiegel der Lehre vom Erfüllungszwang in der spanischen Spätscholastik. In: Obligatio-obliggazione. Un confronto interdisciplinae. Hg. von Luigi Capogrossi Colognesi u. M. Floriana Ciusi. Napoli 2011, S. 53–86. Gideon Stiening: *Suprema potestas [...] obligandi.* Der Verbindlichkeitsbegriff in Francisco Suárez' *Tractatus de legibus.* In: Kontroversen um das Recht / Contending for Law. Beiträge zur Rechtsbegründung von Vitoria bis Suárez. Hg. von Kirstin Bunge, Stefan Schweighöfer, Anselm Spindler u. Andreas Wagner. Stuttgart-Bad Cannstatt 2013, S. 341–367; ders.: Obligatio imperfecta. Francisco

https://doi.org/10.1515/9783110696738-009

scheidet Suárez Form und Materie des Gesetzesbegriffs.[5] Laut Suárez kommt dem Gesetz neben einer inneren, sprich geistigen auch eine äußere, d. h. sinnlich vernehmbare Form zu. Die innere sei »gewissermaßen die Seele bzw. die Vernunft des Gesetzes«.[6] In DL III. 20. 8 heißt es: »Besonders dieser Verstand« – gemeint ist der gesetzgeberische Verstand, der in Gestalt des Wortes des menschlichen Gesetzes durchdringe (»insinuere«), – »stellt in jedem Gesetz die *eigentliche Form* und seine Seele dar. Denn gemäß den Verhältnissen ist die gesamte *Tugend* und Wirklichkeit des Gesetzes bereits im Willen des Gesetzgebers vorhanden.«[7] Diese Kontexte werden im Folgenden näher erörtert.

Die genannte Engführung von Tugend (»virtus«) und Wirklichkeit des Gesetzes (»efficacia legis«) verweist auf Suárez' Adaption der aristotelischen Klugheitslehre (*φρόνησις*). Seine Ausführungen zur Gesetzgebungspraxis können demnach als Fürstenspiegel gelesen werden, also i.S. von Anleitungen zur moralisch vorbildlichen Herrschaft, wie sie vornehmlich aus den Federn von Theologen und Humanisten stammen. Im Interesse dieser Deutung werden acht Aspekte einer *prudentia legislatoris* nach Suárez zusammenführt.

Insgesamt berühren die Themen nachfolgender Studien die drei großen Bereiche, die Suárez wissenschaftlich bearbeitet: Philosophie, Theologie und Recht. Mit Blick auf die Staats- und Rechtsphilosophie kommen insbesondere Probleme der Translationstheorie zur Sprache, d. h. die suárezische Unterscheidung von Ursprung und Träger der Staatsgewalt, sowie der Verweisungszusammenhang von Freiheit und Widerstandsrecht. Dementsprechend sind die nachfolgenden Interpretationen notwendig auf die von Suárez ausführlich erörterte Verhältnisbestimmung von staatlicher Rechtsetzungsgewalt (»iurisdictio«[8]) und vermeintlich vernunftbasierten Elementen im Gesetzesbegriff bezo-

---

Suárez über das positive göttliche Gesetz des Alten Bundes. In: »Auctoritas omnium legum«. Francisco Suárez' *De legibus* zwischen Theologie, Philosophie und Jurisprudenz. Hg. von Oliver Bach, Norbert Brieskorn u. Gideon Stiening. Stuttgart-Bad Cannstatt 2013, S. 369–384.

5 Hans Welzel: Naturrecht und materiale Gerechtigkeit. 2., unveränderter Nachdruck der 4. Aufl. Göttingen 1990, S. 98 f.

6 DL III. 15. 1, Bach, Brieskorn, Stiening III/1, S. 286/287: »[U]na externa et sensibilis, quae est veluti corpus legis; alia interna et quasi spiritualis, quae est veluti anima seu ratio legis.«

7 DL III. 20. 8, Bach, Brieskorn, Stiening III/2, S. 12/13: »Haec ergo specialis mens est in unaquaque lege propria forma et anima eius. Quia, servata proportione, tota virtus et efficacia legis in voluntate legislatoris posita est.« Hervorhebungen in der deutschen Übersetzung H. G.

8 Wie *auctoritas* und *potestas* situiert sich *iurisdictio* im kanonischen Recht seit dem 12. Jahrhundert. Siehe Hans Dombois: Das Recht der Gnade III. Ökumenisches Kirchenrecht III. Verfassung und Verantwortung. Bielefeld 1983, S. 334–360; S. 335: »Die Entstehung eines differenzierten Begriffs der Kirchengewalt ist erst für das 12. Jahrhundert, und zwar für den lateinischen Teil der Kirche, nachzuweisen. Es hat sich die Erkenntnis durchgesetzt, daß die

gen. Das Interesse dieses Beitrags richtet sich vor allem auf die Frage, welche Auswirkungen dieser Aspekt in Suárez' Darlegungen zum menschlich-positiven Gesetz zeitigt.

## 2 Suárez zur Legitimation politischer Gewalt

Francisco de Vitorias und Suárez' Rechtslehren gleichen sich strukturell darin, dass sie jeweils nicht mit der Erörterung des menschlichen Gesetzes, der *lex humana*, einsetzen. Während aber Vitoria Thomas darin folgt, den Gesetzesbegriff aus der *lex naturalis* abzuleiten,[9] lässt Suárez in *De legibus* der *lex naturalis*, dem *ius gentium* und der *lex humana seu positiva* die *lex aeterna* vorangehen. In der Grobunterscheidung folgt aber auch er Thomas: Die *lex aeterna* wird als Gesetz der Schöpfungsordnung Gottes verstanden; im Unterschied zum Aquinaten allerdings legt Suárez allerdings größten Wert auf die Feststellung, dass die *lex aeterna* nicht mit der göttlichen Vorsehung zu verwechseln sei.[10] Mit Blick auf die Sphäre des politischen Gemeinwesens haben daher sowohl Suárez' praktische Metaphysik als auch seine Rechtslehre eine doppelte anthropologische Grundausstattung zur Voraussetzung, nämlich die Freiheit[11] und (in Übereinstimmung mit Aristoteles, Thomas und Chrysostomus) den Trieb zur Gemeinschaft,[12] wobei Suárez nicht die Familie, sondern die politische Gemeinschaft, wie sie aus der Vergesellschaftung mehrerer Stadtstaaten zu einem Reich oder Staat entstehe, als eine »vollkommene« gilt.[13] So bilden *lex*

---

Formulierung einer zweigeteilten Lehre von der potestas ecclesiastica, der Dualität von potestas iurisdictionis et ordinis mit dem Übergang von der relativen zur absoluten Ordination um die Wende vom 1. zum 2. Jahrtausend in Zusammenhang steht.«

**9** Vgl. hierzu: Anselm Spindler: Positive Gesetze als Ausdruck menschlicher Rationalität bei Francisco Vitoria und Domingo de Soto. In: Kontroversen um das Recht / Contending for Law. Beiträge zur Rechtsbegründung von Vitoria bis Suárez. Hg. von Kirstin Bunge, Stefan Schweighöfer, Anselm Spindler u. Andreas Wagner. Stuttgart-Bad Cannstatt 2013, S. 37–68, hier S. 47–56.

**10** Vgl. DL II. prooem., Bach, Brieskorn, Stiening II, S. 2/3.

**11** Zur Freiheit vgl. z. B. DL III. 3. 6, Bach, Brieskorn, Stiening III/1, S. 42–45. Hiermit folgt Suárez dem römischen Recht, welches gleichwohl zuerst ein nur negatives Verständnis von Freiheit als Absetzung vom Sklavenstand (*liberi* im Gegensatz zu den *servi*) ausbildet. Vgl. hierzu auch Jochen Bleicken: Freiheit (hier: Römische libtertas). In: Geschichtliche Grundbegriffe. Historisches Lexikon zur politisch-sozialen Sprache in Deutschland. Bd. 2. Otto Brunner, Werner Conze, Reinhart Koselleck. Stuttgart 1975, S. 425–542, hier S. 431.

**12** Vgl. z. B. DL III. 1. 1, Bach, Brieskorn, Stiening III/1, S. 6–9.

**13** Vgl. DL III. 1. 3, Bach, Brieskorn, Stiening III/1, S. 10–13.

*aeterna*, *lex divina*, *lex naturalis* und *ius gentium*[14] im Gesamtaufbau von Suárez' *De legibus* jeweils besondere Formen der *lex communis*.[15]

Genauer gilt: Zum zeitlich-irdischen Gesetz – also nicht zur *lex aeterna* – zählt Suárez neben dem natürlichen auch das positive Gesetz. Dieses wiederum gliedere sich in das göttliche und das menschliche Gesetz, welches letzteres als allgemeines Recht insgesamt das Völkerrecht und als besonderes Recht das positiv-menschliche Gesetz, also das Staatsrecht, umfasse. Dieses schließlich teile sich in das bürgerliche und kanonische Gesetz, wovon ersteres nach Ursprung und Macht der rein natürlichen Ordnung folge und für sämtliche Mitglieder der Rechtsgemeinschaft und auch für Ungläubige (»infideles«[16]) bindend sei. Dabei habe der Herrscher nicht notwendig rechtgläubig (römisch-katholisch) zu sein, woraus wiederum folge, dass niemand das Recht habe, einem Herrscher, der weder dem wahren noch einem anderweitigem Glauben anhänge oder gar die gutem Sitten (»bonis moribus«[17]) ignoriere, den Gehorsam zu verweigern.[18] Dass Christen den Gesetzen weltlicher Herrscher schlechthin keinen Gehorsam schuldeten, lehre die Häresie Martin Luthers.[19] Gleiches sei über Trinitarier und Widertäufer zu sagen. Im Unterschied hierzu gelte:

> Die irdische Obrigkeit behält unter Christen ihre Berechtigung auch in einem Leben unter dem Gesetz der Gnade.[20] [...]
> Kurz gesagt und auf einen vernünftigen Nenner gebracht, ist der Zweck der weltlichen Gesetze von sich aus gut und auch für die Christen notwendig. [...] Diese Ordnung ist natürlich und die Gnade aber zerstört nicht die Natur, sondern vervollständigt sie.[21]

Mit Hinweis auf die aus der philosophischen Tradition bekannten Lehren über die menschliche Glückseligkeit (Aristoteles' *Nikomachische Ethik*, Ciceros *De*

14 Vgl. DL II. 1–4, 5–16 u. 17–20.

15 DL I. 12. 5, Bach, Brieskorn, Stiening I, S. 280/281: »Lex est commune præceptum, justum, ac stabile sufficienter promulgatum.« / »Das Gesetz ist eine die Gemeinschaft betreffende Anordnung, die gerecht, verlässlich, beständig und auch in hinreichender Weise verkündet worden ist.«

16 DL III. 5. 1, Bach, Brieskorn, Stiening III/1, S. 68–71.

17 DL III. 10. 10, Bach, Brieskorn, Stiening III/1, S. 186/187.

18 Vgl. DL III. 10. 3, Bach, Brieskorn, Stiening III/1, S. 176/177.

19 DL III. 5. 2, Bach, Brieskorn, Stiening III/1, S. 72/73: »[...] Lutherus hanc haeresim magna exaggeratione docuit.«

20 DL III. 5. 5, Bach, Brieskorn, Stiening III/1, S. 74/75: »Magistratus civilis etiam in lege gratiae et inter christianos permansit.«

21 DL III. 5. 9, Bach, Brieskorn, Stiening III/1, S. 82/83: »Est ergo summa rationis quod finis civilium legum per se bonus est et christianis etiam necessarius [...]. [...] Item hic ordo naturalis est et gratia non destruit naturam sed perficit [...].«

*officio*, Demosthenes' *De legibus* und Chrysippos aus Soloi) betont Suárez mit Fortunius García Hispanus sowohl die Rechts- als auch die allgemeine Verpflichtungskraft weltlicher Gesetze[22] sowie deren Nützlichkeit für eine tugendhafte Lebensführung seit »der Zeit vor den Kaisergesetzen« (»ante leges imperatorum«) und auch »ohne Bezug auf den christlichen Glauben« (»seclusa fide«).[23]

Die Schule von Salamanca unterscheidet zwischen den im Mittelalter noch verbunden gedachten Bereichen einerseits weltlicher und andererseits geistlicher Macht (*ius gladii*[24]). Damit steht sie quer zu der Tradition des Gottesgnadentums des Kaisers, d. h. zu der im römischen Reich spätestens seit Augustus vertretenen Lehre des Cäsaropapismus,[25] und auch zu der Tradition der weltlichen Macht des Papstes.[26] Die Konsequenz einer solchen Auffassung besteht in einer Begrenzung sowohl weltlich-politischer als auch himmlischer Regierungsmacht: Dem Kaiser steht keine legitime Gesetzgebungsmacht in spirituellen Dingen zu, d. h. keine Macht über die Seelen seiner Untertanen,[27] und dem

22 Vgl. auch DL III. 21. 1, Bach, Brieskorn, Stiening III/2, S. 20/21.

23 Vgl. DL III. 11. 3, Bach, Brieskorn, Stiening III/1, S. 190–193.

24 Vgl. Werner Goez: Zwei-Schwerter-Lehre. In: Lexikon des Mittelalters. Hg. von Robert-Henri Bautier. Bd. 9. München, Zürich 1998, Sp. 725 f. Gleichwohl plädiert bereits Augustinus für eine getrennte Darstellung von kirchlicher und politischer Heilsgeschichte. Vgl. Aurelius Augustinus: Vom Gottesstaat. Band I und II. Übers. von Wilhelm Thimme. Eingel. und erl. von Carl Andresen. 2., vollständig überarbeitete Auflage. Zürich, München 1978, 11. bis 22. Buch.

25 Wie noch zu sehen sein wird, lehnt Suárez mit dem Cäsaropapismus eine Gesellschaftsform ab, in welcher der weltliche Herrscher zugleich Oberhaupt der Kirche bzw. oberster Richter in theologischen und dogmatischen Fragen ist oder in welcher das Staatsoberhaupt zwar nicht direkt die weltliche und geistliche Macht in sich vereint, aber die Kirche den staatlichen Instanzen untergeordnet ist. Damals birgt die Bestreitung eines solchen Kaiserkultes, wie sie später z. B. auch von christlicher Seite vertreten wird, die Gefahr drastischer Strafen in sich. Vgl. Monika Bernett: Der Kaiserkult in Judäa unter den Herodiern und Römern. Untersuchungen zur politischen und religiösen Geschichte Judäas von 30 v. bis 66 n. Chr. Mohr Siebeck 2007. Zu Suárez' theologiepolitischer Einordnung der Macht des ersten, sprich römischen Kaisers (»verum princeps«) vgl. insbes.: DL III. 7.–13.

26 Suárez vertritt in dieser Angelegenheit einen klaren Standpunkt: DL III. 7. 5, Bach, Brieskorn, Stiening III/1, S. 110/111: »Potestas autem indirecta quam Pontifex habet circa temporalia eadem est cum spirituali [...]; sed Pontifex non communicat imperatori spiritualem potestatem, ut constat; [...].« / »Die indirekte weltliche Gewalt, die der Pontifex sein eigen nennt und die weltliche Angelegenheiten betrifft, ist eine im Grunde geistliche Gewalt [...]. Doch eine solche Gewalt überträgt der Papst nicht auf den Kaiser, was feststeht und nicht eigens zu begründen ist.«

27 DL III. 7. 10, Bach, Brieskorn, Stiening III/1, S. 120/121: »[I]mperator etiam romanus non habet directam iurisdictionem temporalem a Pontifice. [...] quia Pontifex non habet a Christo iurisdictionem temporalem nec in universum orbem nec in universam Ecclesiam neque in aliquam partem eius ex vi iuris divini. Nam regnum temporale quod nunc habet, iure humano

Papst wiederum obliegt keine legitime Gesetzgebungsmacht in weltlichen Dingen, sein Amtsbereich betrifft sonach ausschließlich den spirituellen Bereich.[28] So betrifft die kaiserliche Rechtsgewalt die Sphäre des menschlich-positiven Gesetzes, mithin des Staats- oder Bürgerrechts.[29] Suárez sieht die Legitimation, bürgerliche Gesetze zu erlassen, naturrechtlich gewährleistet.[30] Somit fällt auch die kaiserliche Rechtsgewalt[31] als eine zeitlich-irdische in den Bereich des natürlichen Gesetzes.[32] Nichtsdestoweniger werde, so Suárez,

> der Kaiser in besonderer Weise dafür bestellt, Schutzherr und Verteidiger der Kirche und der päpstlichen Würde zu sein. Somit ist er in besonderer Weise mit dem Papst verbunden und wird von ihm gesalbt, erhöht und gekrönt. [...] Sobald eine solche Handlung nötig wird, bezieht der Kaiser seine Macht von der päpstlichen, an der er somit Teil hat; und seine Aktivität gehört zur indirekten Gewalt, gleichsam zur Dienst- und Stellvertretergewalt des Papstes, nicht jedoch zur direkten Rechtsetzungsgewalt. Beim Gebrauch einer solchen Autorität hängt der Kaiser immer vom Papst ab. [...] Die Macht [des Kaisers] [...] genügt jedoch nicht[,] um eine eigentliche direkte weltliche Rechtsetzungsgewalt zu erzeugen oder um eine Gesetzgebungsgewalt für weltliche Gesetze zu legitimieren.[33]

Der römische Kaiser habe vom Papst keine unmittelbare weltliche Rechtsetzungsmacht erhalten, da Christus dem Papst eine universale Rechtsetzungs-

---

obtinuit, ut constat. Ergo non potuit talem iurisdictionem directam imperatori conferre per pontificiam potestatem [...].« / »Der Kaiser, auch der römische, hat vom Papst keine unmittelbare weltliche Rechtsetzungsmacht erhalten [...], weil Christus dem Papst keine universale Rechtsetzungsmacht für weltliche Angelegenheiten weder für den gesamten Erdkreis noch für die gesamte Kirche und auch nicht für einen Teil von ihr aus der Kraft göttlichen Rechts zugeteilt hat. Denn das weltliche Reich, das der Papst innehat, hat er durch weltliches, menschliches Recht erworben, wie feststeht. Damit hat der Papst dem Kaiser eine solche direkte Rechtsetzungsgewalt nicht mit seiner päpstlichen Vollmacht verschaffen können.«

**28** Vgl. DL III. 6–8.

**29** Von daher muss Gemmeke mit dem ersten und zweiten Teil der suárezischen Rechtslehre, der *lex aeterna* und der *lex naturalis*, schließen. Vgl. Elisabeth Gemmeke: Die Metaphysik des sittlich Guten bei Franz Suarez. Freiburg im Breisgau 1965, S. 245–267.

**30** Vgl. DL III. 5. 1, Bach, Brieskorn, Stiening III/1, S. 68–71.

**31** Vgl. DL III. 8. 1, Bach, Brieskorn, Stiening III/1, S. 126–129.

**32** Vgl. DL III. 1. 1, Bach, Brieskorn, Stiening III/1, S. 6–9.

**33** DL III. 7. 13, Bach, Brieskorn, Stiening III/1, S. 124–127: »Quia specialiter ordinatus est ut sit protector et defensor Ecclesiae et pontificiae dignitatis et ideo specialiter coniungitur Pontifici et ab eo iniungitur, consecratur et coronatur. [...] Sed si quid habet huiusmodi, a Pontifice id partipicat pertinetque ad indirectam potestatem quasi ministerialem et vicariam Pontificis, non ad directam temporalem iurisdictionem et ita in usu talis auctoritatis semper a Pontifice pendet [...]. [...] Haec vero auctoritas [...] non sufficit ad propriam iurisdictionem temporalem directam, nec ad leges civiles ferendas [...].«

macht für weltliche Angelegenheiten weder für den gesamten Erdkreis noch für die gesamte Kirche

> und auch nicht für einen Teil von ihr aus der Kraft göttlichen Rechts zugeteilt hat. Denn das weltliche Reich, das der Papst innehat, hat er durch weltliches, menschliches Recht erworben, wie feststeht. Damit hat der Papst dem Kaiser eine solche direkte Rechtsetzungsgewalt nicht mit seiner päpstlichen Vollmacht verschaffen können. [34]

Folglich könne der Kaiser eine solche Rechtsetzungsgewalt umso weniger über die universale Kirche ausüben. Suárez betont darüber hinaus, es lasse sich demonstrieren,

> dass der römische Kaiser keine ihm eigene weltliche Rechtsgewalt über die universale Kirche hat. Folglich kann er auch nicht diese als Ganze durch seine Gesetze verpflichten, sondern nur die ihm unterstehenden Gebiete.[35]

Allerdings habe es in der Vergangenheit durchaus geopolitische Konstellationen gegeben, in denen er – obschon als Kaiser anerkannt – keine Gesetze habe erlassen dürfen.[36] Insbesondere in DL III. 8 befasst sich Suárez ausführlicher mit den geopolitischen Geltungsvoraussetzungen des durch die kaiserliche Autorität (»auctoritas imperiala«) verliehenen bürgerlichen Gesetzes (in den Königreichen Portugal, Spanien und Frankreich bzw. den königlichen Territorialstaaten unterschiedlicher Prägung in Deutschland und Italien)[37] sowie seines Verhältnisses zur kirchlich-kanonischen Regelung der universalen Kirche.

Somit zählt Suárez weder zu den Verfechtern des universalen Kaisertums, da er nicht die Notwendigkeit einer einheitlichen weltlichen Leitung der Christenheit geltend macht, noch gehört er zu den Kurialisten, für welche die Einheit nur gewährleistet ist in der Anerkennung des Papstes als einzigem Haupt der Christenheit. Der Auszeichnung des Einzelstaates entspricht bei Suárez keinesfalls die Idee der (katholischen) Weltmonarchie (wie für kurze Zeit in Spanien unter Karl V.)

**34** DL III. 7. 10, Bach, Brieskorn, Stiening III/1, S. 120/121: »[N]eque in aliquam partem eius ex vi iuris divini. Nam regnum temporale quod nunc habet, iure humano obtinuit, ut constat. Ergo non potuit talem iurisdictionem directam imperatori conferre per pontificiam potestatem [...].« In DL III. 11. 6 wird auf STh I–II, qu. 99, art. 3 verwiesen.

**35** DL III. 8. 1, Bach, Brieskorn, Stiening III/1, S. 128/129: »Nam ostensum est non habere imperatorem romanum propriam iurisdictionem temporalem in universam Ecclesiam. Ergo non potest totam illam suis legibus obligare, sed tantum provincias sibi subiectas.«

**36** Vgl. DL III. 8. 2, Bach, Brieskorn, Stiening III/1, S. 128–131.

**37** In DL III. 17 kommt er auf diese Problematik zurück.

# 3 Staatsrechtlich garantierte Freiheit

In DL III. 1. 1 heißt es:

> [D]er Mensch [ist] von Natur aus frei und niemandem außer seinem Schöpfer allein unterworfen [...]. Also widerspricht eine Vorherrschaft von Menschen über Menschen der Ordnung der Natur und trägt tyrannische Züge.[38]

In diesem Zusammenhang führt Suárez eine Reihe biblischer Schriftbeweise an, die dokumentieren, dass Gott, Urheber der Natur (»auctor naturae«[39]), niemals gefordert habe, der Mensch solle über dem Menschen thronen.[40] Andererseits würde es sowohl der Vernunft als auch dem Naturrecht widersprechen, wenn die vollkommene politische Gemeinschaft ohne eine Gesetzgebungsgewalt organisiert wäre, die diese Gemeinschaft durch einen oder mehrere Menschen lenkte. Wiederum verbürgt sei dies durch die *Heilige Schrift*, aber auch durch die philosophischen Schriften der Alten sowie die Werke der Kirchenväter. Die Legislative zähle mithin zu einer solchen vollkommenen politischen Ordnungsgewalt: »Also steht allein jener Regierung, welche die oberste Gewalt im Gemeinwesen innehat, auch die Gewalt zu, das menschliche bzw. staatliche Gesetz zu erlassen.«[41] Gleichwohl sei hiermit keinesfalls ein *knechtisches* Herrschaftsverhältnis (»servitus despotica«), sondern vielmehr eine *staatsrechtliche* Unterwerfung (»subiectio civilis«) realisiert: »Kurzum, es handelt sich um eine Herrschaftsgewalt zur Rechtsetzung, so wie sie dem Herrscher bzw. König

---

**38** DL III. 1. 1, Bach, Brieskorn, Stiening III/1, S. 6/7: »[Q]uia homo natura sua liber est et nulli subiectus nisi creatori tantum. Ergo principatus humanus contra naturae ordinem est et tyrannidem includit.«; vgl. DL III. 3. 6 f. (»de iure naturae«). Suárez folgt hierin Luis de Molina und seinem Werk De Iustitia et Iure, Cuenca 1593, Tomus I, Tractatus I, Disputatio 4, Spalte 18: »[I]ure naturali omnes homines nascituros fuisse liberos.« / »[D]ass durch das Naturrecht alle Menschen als freie geboren werden.« Übersetzung H. G.

**39** DL III. 3. 6, Bach, Brieskorn, Stiening III/1, S. 44/45.

**40** Vgl. DL III. 1. 1, Bach, Brieskorn, Stiening III/1, S. 6/7.

**41** DL III. 1. 7, Bach, Brieskorn, Stiening III/1, S. 16–19: »Ergo solus magistratus habens potestatem superiorem in republica habet etiam potestatem condendi legem humanam seu civilem.«

zusteht.«[42] Unter bestimmten Bedingungen gelte dies auch für die Gynäkokratie, die Herrschaft durch Königinnen.[43]

# 4 Freiheit, Zwangsgewalt und Widerstandsrecht

Organisierte, d. h. rechtlich fundierte Herrschaft berechtigt Suárez zufolge zur Begrenzung der Freiheit des Einzelnen:

> Denn mag der Mensch auch nicht zum Untertan der Macht eines menschlichen Herrschers geschaffen und geboren sein, so ist er doch als jemand geboren, der zu einer solchen Unterwerfung fähig ist. Wenn daher die tatsächliche Unterwerfung unter jemandes Willen nicht unmittelbar von Natur ist, verstößt die Unterwerfung doch auch nicht gegen das vorschreibende Naturrecht. Vielmehr entspricht es der natürlichen Vernunft, dass es in der politischen Gesellschaft jemanden gibt, dem sie sich unterstellt, auch wenn das Naturrecht von sich aus nicht unmittelbar die politische Unterwerfung bewirkt hat. Hierfür bedarf es vielmehr eines Eingriffs des menschlichen Willens [...].[44]

Dieser Passus entwickelt ein zentrales suárezisches Argument zur Legitimation politischer Herrschaft: Der Mensch sei zwar *nicht dazu geboren*, sich der Rechtsgewalt zu beugen, nichtsdestoweniger stehe er stets in der Gefahr der politischen Unterwerfung durch andere.[45] Demnach widerstreite das Faktum politischer Unterwerfung nicht dem Naturrecht, es entspreche vielmehr dem Gebot natürlicher Vernunft.[46]

---

**42** DL III. 1. 7, Bach, Brieskorn, Stiening III/1, S. 18/19: »Ergo est dominium iurisdictionis quale est in principe seu rege.« Gleichwohl hält Suárez das Prinzip monarchischer Erbfolge (»successio haereditaria«) politisch nicht für opportun (DL III. 4. 3, Bach, Brieskorn, Stiening III/1, S. 52–55).

**43** Vgl. DL III. 9. 7–15.

**44** DL III. 1. 11, Bach, Brieskorn, Stiening III/1, S. 22/23: »[Q]uia licet homo non sit creatus vel natus suiectus potestati principis humani, natus est subicibilis ei (ut sic dicam). Unde actu illi subici, licet non sit immediate a natura, non est etiam contra ius naturale praecipiens; immo est consentaneum rationi naturali, ut humana respublica habeat aliquem cui subiciatur, quamvis ipsum naturale ius per se non effecerit subiectionem politicam sine interventu humanae voluntatis [...].«

**45** Davon ausgenommen seien freilich jene Handlungen, welche der direkten Wahrnehmung gänzlich unzugänglich sind; Suárez nennt sie »innere Akte« (»actus interni« vel »occulti«); diese stünden daher auch außerhalb der Gerichtsbarkeit. DL III. 13. 3 f., Bach, Brieskorn, Stiening III/1, S. 250/251.

**46** Vgl. auch DL III. 1. 2, Bach, Brieskorn, Stiening III/1, S. 8–11.

Wenn Suárez entschieden feststellt, der Gesetzgeber sei von der Zwangsgewalt seiner Gesetze ausgenommen,[47] nimmt er Hobbes' politologischen Ansatz vorweg. Des Weiteren sehen sowohl Suárez als auch Hobbes den Ursprung politisch-gesellschaftlicher Macht kontraktualistisch fundiert (»conventio«),[48] weil sich die Gemeinschaft als Grundlage einer Gesellschaft durch den Konsens der freien Willen der Individuen formiere. In der Konsequenz führt diese Lehre dazu, dass die natürlichste – nicht aber die beste[49] – Form der Regierung die Demokratie biete;[50] dagegen stellten Oligarchie oder Monarchie[51] – letztere das Herrschaftssystem auch der Kirche, welches der Mensch abzuändern nicht befugt sei[52] – lediglich sekundäre, gleichwohl sämtlich vom Menschen selbst konstituierte Regierungsformen dar. Oligarchie oder Monarchie beanspruchen nur insofern, gerechte Regierungsformen zu sein, als sie in einem Gründungsakt vom Volk gewählt worden seien (oder dieses ihnen zumindest eine Zustimmung erteilt habe).

Darüber hinaus kommt den Menschen laut Suárez ein Widerstandsrecht gegen eine ungerechte Regierung zu, weil alle Menschen von Natur aus frei und nicht als Untertanen anderer geboren seien.[53] Dabei geht es Suárez nicht um das

---

**47** Suárez reichlich unkantisch in DL III. 35. 3, Bach, Brieskorn, Stiening III/2, S. 324/325.: »Nullus autem potest iurisdictionem in se habere, nec nisi ipsi esse subiectus.« / »Niemand aber kann Rechtsprechungsgewalt über sich selbst besitzen noch sich selbst unterworfen sein.«

**48** Vgl. z. B. DL III. 9. 4, Bach, Brieskorn, Stiening III/1, S. 142–145. Vgl. Thomas Hobbes: Leviathan, or The Matter, Forme, & Power of a Common-wealth Ecclesiasticall and Civill. London 1651, p. 88: »And in him [i.e. Leviathan] consisteth the Essence of the Common-wealth; which (to define it,) is One Person, of whose Acts a great Multitude, by mutuall Convenants one with another, have made themselves every one the Author, to the end he may use the strength and means of them all, as he shall think expedient, for their Peace and Common Defence.«

**49** Vgl. Eckehard Quin: Personenrechte und Widerstandsrecht in der katholischen Widerstandslehre Frankreichs und Spaniens um 1600. Berlin 1999, S. 427.

**50** DL III als ganzes entwickelt Suárez' Demokratietheorie. Zu den Verständnisschwierigkeiten dieses suárezischen Lehrstücks vgl. Luciano Pereña: Génesis suareciana de la democracia. In: Francisco Suárez: De legibus Bd. V: lib. III. 1–16: De civili potestate. Hg. von Luciano Pereña u. Vidal Abril. Madrid 1975, S. XVII–LXXVIII.

**51** Suárez unterscheidet die absolute von der konstitutionellen Monarchie, also den »Wille des Herrschers«, bei dem »die gesetzgebende Macht in einer einzigen Hand liegt«, von der politischen »Versammlung«, also einer »juristischen Person«. Siehe DL III. 15. 4, Bach, Brieskorn, Stiening III/1, S. 292/293: »Denn dann macht der Wille eines einzigen die Substanz bzw. das Wesen des Gesetzes aus.«

**52** Vgl. DL III. 3. 8, Bach, Brieskorn, Stiening III/1, S. 46–49.

**53** DL III. 2. 3, Bach, Brieskorn, Stiening III/1, S. 28: »[E]x natura rei omnes homines nascuntur liberi [...].« Vgl. DL III. 4. 6, Bach, Brieskorn, Stiening III/1, S. 56–59. Vgl. zu Juan Mariana, Luis

Notwehrrecht, sondern wie gesagt um ein Recht des Volkes als des ursprünglichen Trägers der Staatsgewalt. Auf die rechtsgeschichtliche Bedeutung[54] der Individualisierungstendenz des Rechts in der Spanischen Spätscholastik und bei Suárez im Besonderen ist bereits andernorts hingewiesen worden.[55]

Wenn Suárez Geschöpflichkeit als Anthropologem bestimmt,[56] geht mit Gottes Schöpfungstat die Begrenzung der natürlichen Freiheit des Menschen einher. So bildet die äußere Freiheit des Einzelnen für Suárez die Grundlage des Legitimationsproblems staatlicher Herrschaft. Der Preis des staatsrechtlich hohen Zwecks – der Ausschluß der Tyrannis[57] – liegt in der Aporie, auf der einen Seite die angeborene Freiheit des Menschen zu postulieren[58] und auf der anderen Seite die Zwangsgewalt legitimer Herrschaft als notwendig zu erachten: »Eine bloß anweisende Gewalt ohne Zwangsgewalt ist unwirksam.«[59] Die hier verhandelten Themen liegen also nicht mehr auf der langen problemgeschichtlichen Linie des Themas ›Gottesgnadentum und Widerstandsrecht‹. Zwar betreffen sie »das Verhältnis von Herrscher und Volk bei der Begründung der

---

Molina, Francisco Suárez und dem Ex-Jesuiten Juan Roa Dávila die Studie von Quin: Personenrechte und Widerstandsrecht (s. Anm. 49), S. 342–396. Zur radikalen Widerstandslehre, sprich dem Recht, den Tyrannen zu ermorden, vgl.: Ulrich Dierse: Widerstand gegen die ungerechten Herrscher bei Juan de Mariana und einigen anderen Autoren. In: Die Ordnung der Praxis. Neue Studien zur Spanischen Spätscholastik. Hg. von Frank Grunert u. Kurt Seelmann. Tübingen 2001, S. 269–280.

**54** Vgl. Jürgen Habermas: Das Konzept der Menschenwürde und die realistische Utopie der Menschenrechte. In: Ders.: Zur Verfassung Europas. Ein Essay. Berlin $^{5}$2014, S. 13–38, hier S. 28.

**55** Vgl. Holger Glinka: Francisco Suárez' Naturrechtslehre zwischen Säkularisierung und Resakralisierung. In: Die Naturrechtslehre des Francisco Suárez. Hg. von Oliver Bach, Norbert Brieskorn u. Gideon Stiening. Berlin, Boston 2017, S. 169–193. Vgl. ebenso: Ernst-Wolfgang Böckenförde: Geschichte der Rechts- und Staatsphilosophie. Antike und Mittelalter. Tübingen 2002, S. 326 f. Vgl. Stephan Kirste: Die Würde des Menschen als Recht auf Anerkennung der Rechtsperson. In: Menschenrechte. Begründung – Universalisierbarkeit – Genese. Hg. von Kurt Seelmann. Berlin, Boston 2017, S. 41–68. Zur Entwicklung des Konzepts subjektiven Rechts vgl.: Matthias Kaufmann, Francisco Suárez, Abhandlung über die Gesetze (1612). In: Geschichte des politischen Denkens. Ein Handbuch. Hg. von Manfred Brocker. Frankfurt am Main 2008, S. 182–198.

**56** Vgl. DL III. 3. 6, Bach, Brieskorn, Stiening III/1, S. 42–45.

**57** Vgl. DL III. 1. 10, Bach, Brieskorn, Stiening III/1, S. 20–23.

**58** Damit spricht sich Suárez deutlich gegen eine naturrechtliche Begründung der Sklaverei aus, wie sie z. B. bei Aristoteles zu finden ist: DL III. 1. 7, Bach, Brieskorn, Stiening III/1, S. 16–19.

**59** DL III. 1. 9, Bach, Brieskorn, Stiening III/1, S. 18/19: »[V]is directiva sine coerciva invalida est.«

Herrschaft, während ihrer Ausübung und bei ihrer Beendigung«,[60] doch ist nach Suárez wie gesehen die Implementierung politischer Staatsmacht – und damit auch die Einsetzung der Zwangsgewalt – an den freien Willen aller an diesem Prozess Beteiligten gebunden, auch wenn mit Paulus letztlich gelte: »Es gibt keine Gewalt, außer sie ist von Gott.«[61] Der Vorgang besagter Übertragung sei sowohl irreversibel als auch vollständig, »sodass die entscheidende Kompetenz des Machthabers, die konkrete Rechtsetzungs- und Rechtdurchsetzungsgewalt, ohne jede Zustimmung der Untertanen erfolgen kann und muss«.[62]

## 5 Zur geltungstheoretischen Abkunft natürlicher Gesetzgebungsgewalt

Suárez beantwortet die Frage nach der geltungstheoretischen Abkunft der Gesetzgebungsgewalt insbesondere im 3. Kapitel von DL III, welchem die folgende Frage vorangestellt ist: »Ist die Gewalt, Gesetze für die Menschen zu erlassen, diesen selbst unmittelbar von Gott als dem Urheber der Natur übertragen worden?«[63] Thematisch ist hier indes keine natur*rechtlich* legitimierte Gesetzgebungsgewalt, sondern eine *natürliche*. Was ist unter einer natürlichen Gesetzgebungsgewalt zu verstehen? Nach Suárez gibt es zwei Formen theistischer Gewaltenübertragung: eine natürliche und eine übernatürliche.[64] Die natürliche Gewalt (»potestas naturalis«[65]) beruhe unmittelbar auf den Menschen und mit-

60 Fritz Kern: Gottesgnadentum und Widerstandrecht im frühen Mittelalter. Zur Entwicklungsgeschichte der Monarchie. 4 Aufl., unveränderter ND der 2. Aufl. Hg. von Rudolf Buchner. Darmstadt 1967, S. XI. Vgl. auch: Franz Bosbach: Monarchia Universalis. Ein politischer Leitbegriff der frühen Neuzeit. Göttingen, 1988, S. 19–34.

61 Vgl. DL III. 3. 2, Bach, Brieskorn, Stiening III/1, S. 38/39; DL I. 3. 17, Bach, Brieskorn, Stiening I, S. 66–69.

62 Oliver Bach, Norbert Brieskorn, Gideon Stiening: »Voluntas est anima et quasi substantia legis«. Suárez' Theorie der *leges humanae* in *De legibus* III. In: Francisco Suárez: De legibus. De lege humana positiva. Über die Gesetze. Über das menschliche positive Gesetz. Lat./dt. Hg., eing. u. ins Deutsche übers. von Oliver Bach, Norbert Brieskorn u. Gideon Stiening. Stuttgart-Bad Cannstatt 2014, S. XIII–XXVII, hier S. XXII; vgl. DL III. 4. 11, Bach, Brieskorn, Stiening III/1, S. 66/67.

63 DL III. 3, Bach, Brieskorn, Stiening III/1, S. 36/37: »An potestas ferendi leges humanas sit data hominibus immediate a Deo ut auctore naturae«

64 DL III. 4. 8, Bach, Brieskorn, Stiening III/1, S. 62/63: »Duobus autem modis potest esse a Deo, scilicet naturaliter ut ab auctore naturae, vel supernaturaliter ut ab auctore gratiae.«

65 Ebd.

telbar auf Gott (»immediate ab hominibus et mediate a Deo«[66]). Hinsichtlich der Realisierung politischer Rechtsetzungsgewalt, d. h. bezogen auf die natürliche Übertragungsform,[67] differenziert Suárez wiederum: Von diesen beiden Optionen stelle die »erste Übertragung die Grundlage und Berechtigung aller künftige[n] Übertragungen« dar (»quia ex vi primae institutionis ad caeteros transit«[68]). In der Praxis der Ausübung politischer Gewalt realisiere sich diese Übertragung entweder in Gestalt eines »ordentlichen Amtsinhabers« (»ordinarius«) oder eines »Beauftragten« (»delegatio«). Diejenige Gewalt, welche Gott unmittelbar auf die politische Gemeinschaft übertrage, betreffe die ordentliche Gewalt, »und auf dieselbe Weise wird sie von der Gemeinschaft auf den Herrscher übertragen« (»et eodem modo ab illa transfertur in principem«[69]). Zu den zwei Formen der *delegatio* äußert sich Suárez in DL III. 4. 10. Diese beiden Formen werden in Abschnitt 9 dieses Beitrags eigens erörtert, weil sie einerseits die Erarbeitung des Gesetzes – also keine Übertragung im eigentlichen Sinne, sondern eher eine Art von Beratung – und andererseits den tatsächlichen, d. h. willentlich realisierten Erlass des Gesetzes (»legis editio«) – und damit eine tatsächliche Übertragung[70] – betreffen.[71]

In Suárez' Zeit sucht die Englische Monarchie, repräsentiert durch König Jakob I., das Königtum durch die Ausweitung der Lehre des Gottesgnadentums weiter zu befestigen.[72] Dieser Doktrin zufolge ist der König der einzige legitime

---

**66** Ebd.

**67** Zu der Übertragung der Gewalt von dem Gemeinwesen auf den Herrscher heißt es auch, sie sei »gleichsam eine Entfremdung bzw. eine vollständige Schenkung der gesamten Gewalt, die der Gemeinschaft zustand, an ihn.« (DL III. 4. 11, Bach, Brieskorn, Stiening III/1, S. 66/67: »[S]ed quasi alienatio seu perfecta largitio totius potestatis quae erat in communitate.«); vgl. DL III. 9. 4, Bach, Brieskorn, Stiening III/1, S. 142/143. Der Terminus »donatio« erinnert an die Konstaninische Schenkung (Constitutum Constantini bzw. Donatio Constantini ad Silvestrem I papam).

**68** DL III. 4. 8, Bach, Brieskorn, Stiening III/1, S. 62/63.

**69** DL III. 4. 9, Bach, Brieskorn, Stiening III/1, S. 62/63.

**70** Zu dieser Übertragung bemerkt Suárez mit Bartolus, dass sie weder ein Herrscher noch ein Richter weiter übertragen dürfe (DL III. 4. 10, Bach, Brieskorn, Stiening III/1, S. 64/65: »At principes aut iudices quibus demandata est haec iurisdictio, dicit non posse illam delegare [...].«). Dagegen gelte für diejenige Gewalt, die »lediglich der Rechtsetzung« diene, dass sie delegierbar sei (DL III. 4. 11, Bach, Brieskorn, Stiening III/1, S. 66/67: »[E]t est clarum quia omnis potestas solius iurisdictionis delegabilis est.«). Delegation ist also nur für den Bereich der Jurisdiktion statthaft, und zwar sowohl für den Papst als auch für die Bischöfe.

**71** Vgl. DL III. 4. 10, Bach, Brieskorn, Stiening III/1, S. 64/65.

**72** Zu Suárez' ausführlicher kritischer Auseinandersetzung mit dem politischen Anglikanismus seiner Zeit vgl. Francisco Suarez: Defensio fidei catholicae et apostolicae adversus Anglicanae sectae errores. Moguntiae 1655, I, Cap. 9 (»Regem Angliae, cum nec scripturam integram

Empfänger göttlicher Macht: Untertanen stehen in der Pflicht, den Befehlen des Königs Gehorsam zu leisten, um den göttlichen Heilsplan zu erfüllen; allerdings gibt es mit Hobbes' Staatslehre auch Ausnahmen. Anders gehen die Vertreter der Schule von Salamanca und mit ihnen auch Suárez davon aus, dass das Volk, verstanden als Kollektiv, der einzig legitime Empfänger göttlicher Macht – und damit der Gesetzgebungsgewalt (»potestas ferendi leges«[73]) – sei: »Man muss also daran festhalten, dass diese Macht aus der bloßen Natur der Sache nicht in irgendeinem besonderen Menschen, sondern in der politischen Versammlung der Menschen vorhanden ist.«[74] Unter bestimmten Bedingungen gebe es diese sodann an den Herrscher weiter, wie auch Thomas sagt.[75] In diesem Punkt am weitesten geht Suárez mit seinem in päpstlichem Auftrag und zur Unterstützung der englischen Katholiken verfassten Werk *Defensio Fidei Catholicae*, welches die seinerzeit stärkste Verteidigung einer Volkssouveränität wagt.[76] So greift Suárez' Volksbegriff zwar wie gesagt Hobbes' Staatsrechtslehre vor;[77] gleichwohl trennen Suárez' politische Theologie und Hobbes' vernunftrechtlich ausgerichtetes Staatsrecht Welten.

# 6 Corpus (reipublicae) mysticum

Suárez' rechtstheoretische Konzeption birgt eine Schwierigkeit, die er mit Rekurs auf die theologiepolitisch geschichtsmächtige Idee des mystischen Körpers

---

nec verbum Dei non scriptum admittat, fidei vere christianae defensorem non esse ostenditur«) und Cap. 10 (»Ex fundamento et ratione credendi regis Angliae ipsum non esse fidei vere Christianae defensorem ostenditur«).

**73** DL III. 2. 3, Bach, Brieskorn, Stiening III/1, S. 28/29.

**74** Ebd.: »Dicendum ergo est hanc potestatem ex sola rei natura in nullo singulari homine existere sed in hominem collectione.«

**75** Suárez nennt u. a. STh I–II, qu. 90, art. 3, ad 2, DThA 13, S. 11: »Prætera, sicut Philosophus dicit, [...] ›intentio legislatoris‹ est ut inducat hominem ad virtutem. Sed quilibet homo potest alium inducere ad virtutem. Ergo cujuslibet hominis ratio est factiva legis.« / »Ferner liegt, wie der Philosoph sagt, die Absicht des Gesetzgebers darin, den Menschen zur Tugend zu führen. Aber jeder beliebige Mensch kann einen anderen zur Tugend bringen. Also kann die Vernunft eines jeden beliebigen Menschen Gesetze schaffen.« Übersetzung H. G. Vgl. Röm. 2,14.

**76** Suarez: Defensio fidei (s. Anm. 72).

**77** Vgl. DL III. 4. 9, Bach, Brieskorn, Stiening III/1, S. 62–65. Zu den Differenzen mit Blick auf die Ideen einer *volonté des tous* und einer *volonté generale*, auf die aber Suárez ja noch nicht zurückgreifen kann, vgl.: Dieter Hüning: Freiheit und Herrschaft in der Rechtsphilosophie des Thomas Hobbes. Berlin 1998, S. 186.

(»corpus mysticum«[78]) zu lösen beansprucht. Die Übersetzergruppe Bach, Brieskorn und Stiening ebnen dieses rechtslogisch widerständige Spezifikum bei Suárez ein, indem sie »corpus mysticum« als »empirisch nicht erfassbaren« oder auch »überirdischen Körper« übersetzen; auf eine begriffsgeschichtlich erläuternde Anmerkung verzichten sie.[79] Indes steht hier nicht lediglich eine Übersetzungs- bzw. Kommentierungsfrage zur Disposition, sondern mehr noch ein ›okkultes‹ Moment in Suárez' Argumentation zur Begründung politischer Herrschaft, welche der Conimbricenser Theologe unter Zuhilfenahme eines rechtsgenetischen Prius, dessen logische Geltung sich offensichtlich einem theologiepolitischen Interesse verdankt, begreifbar zu machen sucht: Um zu unterbinden, dass einerseits der Mensch das Recht aus sich selbst vollgültig setzt – »jene Gewalt [ist] nicht in den einzelnen Menschen vorhanden«[80] – und andererseits Gott nicht als *direkter* Überträger politischer Gewalt (wie bei allen Päpsten,[81] in wenigen Ausnahmefällen auch bei Königen[82]) fungiert – Gott verleihe die Gewalt zur Erhaltung des Menschen sowie zwecks Einrichtung einer »geeigneten notwendigen Regierung«[83] –,

---

**78** DL III. 3. 6, Bach, Brieskorn, Stiening III/1, S. 42–45. DL III. 11. 7, Bach, Brieskorn, Stiening III/1, S. 148/149. Vgl. Paulus in 1. Kor. 12,4 ff.; Eph. 1,22 f. (»corpus mysticum Christi«)

**79** Krista Segermann führt aus: »An die Stelle der sacerdotium und imperium gleichermaßen überwölbenden »respublica christiana« trat als Verkörperung der Einheit der vom thomistischen Aristotelismus ausgehende, naturrechtlich begründete neue Begriff des »corpus politicum«, der durch den Zusatz »mysticum« in Parallele zum Kirchenbegriff gesetzt wurde.« (Krista Segermann: Einheit [hier: Corpus politicum]. In: Geschichtliche Grundbegriffe. Historisches Lexikon zur politisch-sozialen Sprache in Deutschland. Bd. 2. Otto Brunner, Werner Conze, Reinhart Koselleck. Stuttgart 1975, S. 117 f., hier S. 118). In der Fußnote führt Stegermann als Beispiel DL III. 11. 7 an: »Potestas condendi humanas leges non est in singulis hominibus per se spectatis nec in multitudine hominum aggregata solum per accidens; sed est in communitate ut moraliter unita et ordinata ad componendum unum corpus mysticum.« (in Bach, Brieskorn, Stiening III/1, S. 200/201: »Die Gewalt, menschliche Gesetze zu erlassen, liegt nicht in den einzelnen Menschen, je für sich betrachtet, noch in der zufällig zusammengemengten Vielzahl von Menschen, sondern gründet in der politischen Gemeinschaft, die eine moralisch verfasste Einheit und darauf angelegt ist, einen mystischen Körper zu bilden.«) Stellvertretend für die überbordende Forschungsliteratur zu diesem Thema sei hier genannt: Ernst H. Kantorowicz: Die zwei Körper des Königs. Eine Studie zur politischen Theologie des Mittelalters. München $^{2}$1994, S. 218–241.

**80** DL III. 3. 6, Bach, Brieskorn, Stiening III/1, S. 42/43: »[Q]uia haec potestas non est in singulis hominibus [...].«

**81** Vgl. DL III. 4. 8, Bach, Brieskorn, Stiening III/1, S. 60–63.

**82** Vgl. DL III. 4. 2, Bach, Brieskorn, Stiening III/1, S. 50–53.

**83** DL III. 3. 5, Bach, Brieskorn, Stiening III/1, S. 42/43: »[C]onvenientem gubernationem necessariam.«

> ist ein solcher politischer Körper herzustellen, *bevor* in den Menschen diese Gewalt entstehen kann. Denn diese Instanz, die eine solche Gewalt trägt [»subiectum potestatis«], muss *eher* als die Gewalt selbst existieren [»prius esse debet (...) quam potestas ipse«]. Das fordert die Ordnung der Natur. Ist aber einmal dieser politische Körper errichtet und verfasst, *so ist in ihm sofort kraft der natürlichen Vernunft die politische Gewalt vorhanden.* Damit ist zutreffend erkannt, *dass die Gewalt in der Art einer festen Eigenschaft besteht*, die sich *unmittelbar* aus dem Bestehen eines solchen, *empirisch nicht erfassbaren Körpers* ergibt, und zwar sobald er in diesem ihm zukommenden Zustand und keinem anderen errichtet ist.[84]

Im Anschluss an die Schaffung eines solchen politischen Körpers übertragen sodann »das Volk und die Gemeinschaft« (»populus et communitas«[85]) das Recht auf einen einzigen Menschen, den Herrscher, da Gott den Menschen doch zur Ordnung geschaffen sowie gerufen habe. Jedoch wohnt Suárez zufolge die politische Macht keinem *einzelnen Mitglied der Gemeinschaft* inne. Diese Lehre basiert wie gesagt auf einer subtilen Unterscheidung: Der Empfänger politischer Macht sei das *Volk als Ganzes*, nicht die *einzelnen souveränen Individuen* für sich genommen. In diesem Sinne muss die nach Suárez zweite Weise des Ausdrucks »Vielheit der Menschen« (»multitudo hominum«) interpretiert werden,

> nämlich insoweit sie [s.c. die Menschen] sich durch einen besonderen Willen bzw. durch eine gemeinschaftliche Übereinstimmung zu *einem* politischen Körper zusammenfinden, in *einer* gesellschaftlichen Verbindung, und zwar so, dass sie sich wechselseitig im Hinblick auf *einen* politischen Zweck helfen. Auf diese Art bilden sie *einen überirdischen Körper*, den wir ›in moralischer Weise durch sich selbst eins‹ nennen können: und jener Leib bedarf folgerichtig *eines* Hauptes.[86]

---

**84** DL III. 3. 6, Bach, Brieskorn, Stiening III/1, S. 42/43: »Ergo prius est tale corpus politicum constitui quam sit in hominibus talis potestas, quia prius esse debet subiectum potestatis quam potestas ipsa, saltem ordine naturae. Semel autem constituto illo corpore, statim ex vi rationis naturalis est in illo haec potestas. Ergo recte intelligitur esse per modum proprietatis resultantis ex tali corpore mystico iam constituto in tali esse et non aliter.« Hervorhebungen in der Übersetzung H. G.

**85** DL III. 4. 2, Bach, Brieskorn, Stiening III/1, S. 50/51.

**86** DL III. 2. 4, Bach, Brieskorn, Stiening III/1, S. 32/33: »Alio ergo modo consideranda est hominum multitudo, quatenus speciali voluntate seu communi consensu in unum corpus politicum congregatur uno societatis vinculo et ut mutuo se iuvent in ordine ad unum finem politicum, quomodo efficiunt unum corpus mysticum, quod moraliter dici potest per se unum; illudque consequenter indiget uno capite.« DL III. 3. 6, Bach, Brieskorn, Stiening III/1, S. 42–45. Vgl. hierzu: Dominik Recknagel: Einheit des Denkens trotz konfessioneller Spaltung. Parallelen zwischen den Rechtslehren von Francisco Suárez und Hugo Grotius. Frankfurt am Main u. a. 2010, S. 108/109; Brian Tierney: The Idea of Natural Rights. Studies on Natural Rights, Natural Law, and Church Law. 1150–1625. Cambridge U. K. 2001, S. 309–315.

In der Folge greift Suárez in *De legibus* auf dieses Faktum politischer Rechtssetzung fortwährend zurück.[87] Festzuhalten ist, dass in Suárez' Translationslehre zwei Stufen wirksam sind: eine erste Übertragung von Gott auf den politischen Körper und eine zweite von der Rechtsgemeinschaft (»communitas«) auf den Herrscher.

## 7 Mittelbares und unmittelbares Wirken Gottes

Welche rechtstheoretischen Konsequenzen ergeben sich aus Suárez' Ausführungen in DL III. 3. 6? Zunächst ist es wichtig, darauf hinzuweisen, dass das in DL III. 2. 4 geforderte »Haupt des Leibes« (»uno capite«) keinesfalls mit Jesus Christus zu identifizieren ist, sondern dieses sich – zwar nicht notwendig, aber am besten – im »princeps« verkörpern sollte; wie gesehen erörtert Suárez in extenso die Geltungskraft des weltlichen Rechts auch für praktizierende Christen.[88] Essenziell ist in diesem Zusammenhang zudem, dass Suárez die Konfiguration bürgerlich-menschlicher Rechtsverhältnisse offenbar als einen *nachträglichen* Akt begreift, demgegenüber der Träger resp. die Instanz der Gewalt: der politische Körper, eine *ontologische Priorität* genießt. Was bedeutet es nun, wenn Suárez nachdrücklich betont, die Herrschaftsgewalt in einem politischen Gemeinwesen könne ausschließlich von Gott – *nicht aber unmittelbar* – verliehen werden[89] und dass andernfalls von einer Offenbarung ausgegangen werden müsse, die sich aber im vorliegenden Fall nicht zutrage,[90] wirke hier doch an-

**87** DL III. 4. 1, Bach, Brieskorn, Stiening III/1, S. 50/51: »Intelligendum igitur est singulos homines ex natura rei habere partialiter (ut sic dicam) virtutem ad componendam seu efficiendam communitatem perfectam; eo autem ipso quod illam componunt, resultat in tota illa haec potestas.« / »Man muss mithin einsehen, dass jeder einzelne Mensch aus der Natur der Sache heraus nur teilweise diese Fähigkeit besitzt, eine vollkommene politische Gemeinschaft zu gründen und ihr Wirkung zu verleihen. Ab dem Augenblick jedoch, an dem ebendiese Menschen jene Gemeinschaft ins Leben rufen, entsteht in ihr ohne weiteres Zutun diese ihr zustehende Gesamtgewalt.« Vgl. DL III. 4. 8, Bach, Brieskorn, Stiening III/1, S. 60–63.

**88** Vgl. z. B. DL III. 5. 5, Bach, Brieskorn, Stiening III/1, S. 74–77, bzw. DL III. 5. 9, Bach, Brieskorn, Stiening III/1, S. 80–83. Die schwierige, weil auch das kanonische Recht angehende Frage, ob gerechte bürgerliche Gesetze auch kirchliche Personen verpflichten – also insbesondere den Papst oder kirchliche Würdenträger (diese mit Blick auf Vertragsabschlüsse), wird in DL III. 34 beantwortet.

**89** Vgl. DL III. 3. 2, Bach, Brieskorn, Stiening III/1, S. 38/39, und DL III. 3. 4, Bach, Brieskorn, Stiening III/1, S. 40/41.

**90** Vgl. DL III. 3. 5, Bach, Brieskorn, Stiening III/1, S. 40–43.

ders eine »natürliche Gewalt« (»potestas naturalis«[91])? Für Suárez ist entscheidend, dass die politische Herrschaftsgewalt »solange nicht aus der menschlichen Natur folgte, bis sich die Menschen nicht zu einer vollkommenen Gemeinschaft vereinigten und politisch zusammenschlossen.«[92] Angesprochen ist damit jener Übertragungsakt politischer Gewalt auf den Herrscher, der sich erst *nach* der Konstituierung des besagten *corpus mysticum* realisiere. Denn für die im politischen Körper *vorgängig* wirksame Gewalt gelte: »Damit jene Gemeinschaft die vorhin genannte Gewalt innehat, ist ein besonderer Wille der Menschen *unnötig*. Vielmehr ergibt sich die politische Gewalt *aus der Natur der Sache* und aus der *Vorsehung des Urhebers der Natur*; in diesem Sinne kann man zutreffend sagen, *dass diese Gewalt Gott selbst unmittelbar verlieh.*«[93] Im Unterschied hierzu gibt Suárez zu verstehen, Gott (›auctor naturae‹[94]) wirke *mittelbar*, wenn er den Menschen dergestalt in die Schöpfung entlasse, dass er ordnen, herrschen und Recht setzen müsse. Dieser Vorgang sei naturrechtlich fundiert, stammen doch Gewalt und Herrschaft vom Naturrecht; allerdings entscheide der menschliche Wille über die bestimmte Art der Gewalt und die am besten geeignete Regierungsform (nach Platon und Aristoteles Monarchie, Aristokratie oder Demokratie).[95]

Indem Suárez die *politische* Regierungsgewalt in letzter Konsequenz in Gott und nicht in einem Menschen, dem König, fundiert sieht, ist die Möglichkeit einer Orientierung am Prinzip politisch-sittlicher Perfektibilität eröffnet:

---

91 Ebd. Die Vernunftnatur dieser politischen Gewalt eröffne zudem die Möglichkeit, das *bonum commune* zu optimieren: DL III. 3. 8, Bach, Brieskorn, Stiening III/1, S. 46–49: »Haec autem potestas non est ab institutione sed a natura, et ideo eo modo datur quo est conveniens naturae rationali secundum rectam rationem et prudentiam. [...] Ergo ita datur a natura et eius auctore ut possit in ea mutatio fieri, prout communi bono magis fuerit expediens.« / »Die hier besprochene Gewalt entstammt jedoch keiner Einsetzung, sondern ist von Natur aus und deshalb auch in *der* Weise gegeben, dass ihr Gebrauch mit der vernünftigen Natur gemäß rechter Einsicht und Klugheit übereinstimmt. [...] Folglich ist sie von der Natur und ihrem Urheber in der Weise gegeben, dass an ihr Änderungen stattfinden können, je nach dem, was dem Gemeinwohl zuträglicher sein wird.«

92 DL III. 3. 6, Bach, Brieskorn, Stiening III/1, S. 42 f.: »[A]ssero hanc potestatem non resultare in humana natura donec homines in unam communitatem perfecta congreguntur et politice uniantur.« Auch in DL III. 4. 1, Bach, Brieskorn, Stiening III/1, S. 48–51, heißt es, besagte (vollkommene) politische Gemeinschaft würde von Menschen ins Leben gerufen.

93 DL III. 3. 6, Bach, Brieskorn, Stiening III/1, S. 44/45: »Ut autem illa communitas habet praedictam potestatem non est necessaria specialis voluntas hominum, sed ex natura rei consequitur et ex providentia auctoris naturae; et in hoc sensu recte dicitur ab ipso immediate collata.« Hervorhebungen in der Übersetzung H. G.

94 DL III. 3. 6, Bach, Brieskorn, Stiening III/1, S. 44/45.

95 Vgl. DL III. 4. 1, Bach, Brieskorn, Stiening III/1, S. 48–51.

> Dass man sie [die politische Regierungsgewalt, H. G.] dennoch in diesem konkreten Menschen weiß, ist der Schenkung des Gemeinwesens selbst an ihn zuzuschreiben, wie ich gezeigt habe. Also entstammt ihre Gestaltung unter *dieser* Rücksicht menschlichem Recht.[96]

Als Einsetzungs- und Legitimierungsinstanz bei dem Übertragungsakt des politischen Amtes auf den Herrscher mit einer oder mehreren Personen fungiert wie gesehen die Gesamtheit der in einem politischen Gemeinwesen vereinigten menschlichen Willen;[97] dies folgt zwingend aus Suárez' Unterscheidung von Ursprung (Gott) und Träger der Staatsgewalt (Volksgemeinschaft). Dadurch dass der Wille eines jeden an besagtem Prozess Beteiligten ein freier ist, sei gewährleistet, dass die politische Staatsverfassung eine gerechte sei. Die Vernunft dieser Gesetze rühre aus ihrer göttlichen Abkunft.

Spätestens mit DL III. 6 wird deutlich, dass Suárez das politische Gemeinwesen als Bestandteil der (von sich her universalen) Kirche Christi[98] (mit deren beiden Potentaten Papst und Kaiser) und nicht umgekehrt die Kirche Christi als Bestandteil des politischen Gemeinwesens fasst, wirke doch, so Suárez, in der christlichen Kirche eine irdische Macht, um die Christen (in weltlichen Angelegenheiten) durch bürgerliche Gesetze zu verpflichten.[99] Auch die dem 11. Kapitel in DL III überschriebene Frage bestätigt diesen Befund:

> Unterscheidet sich das Ziel der weltlichen Macht und des *bürgerlichen Gesetzes, so wie wir es in der Kirche antreffen*, von dem Ziel derselben Macht und desselben Gesetzes, wie wir es im Zustand der reinen Natur oder unter den Völkern erkennen?[100]

---

**96** DL III. 4. 5, Bach, Brieskorn, Stiening III/1, S. 56/57: »Nam potestas haec gubernativa politice secundum se considerata, sine dubio est ex Deo, ut dixi. Tamen esse in hoc homine est ex donatione ipsius reipublicae, ut ostensum est. Ergo sub ea ratione est de iure humano.«

**97** Vgl. DL III. 4. 2, Bach, Brieskorn, Stiening III/1, S. 50–53.

**98** DL III. 6. 2, Bach, Brieskorn, Stiening III/1, S. 90/91: »[...] Ecclesia Christi, quae de se universalis est [...].« Bezeichnenderweise orientiert sich Suárez nicht an der spätmittelalterlichen Idee der »unitas ecclesiae«.

**99** DL III. 6. 1, Bach, Brieskorn, Stiening III/1, S. 88/89: »Diximus esse in Ecclesia Christi potestatem temporalem ad obligandos christianos legibus civilibus [...].« Zur *potestas temporalis* mit Blick auf die Konstantinische Schenkung vgl. Wilhelm Kölmel: Regimen Christianum. Weg und Ergebnisse des Gewaltenverhältnisses und des Gewaltenverständnisses (8. bis 14. Jahrhundert). Berlin 1970, S. 386.

**100** DL III. 11, Bach, Brieskorn, Stiening III/1, S. 188/189: »Utrum finis potestatis et legis civilis, prout nunc est in Ecclesia, sit alius a fine eiusdem potestatis et legis, ut in pura natura vel in gentibus spectari potest«. Hervorhebungen in der Übersetzung H. G.

Laut Christus sei die Kirche lediglich dazu berechtigt, Nicht-Gläubigen das Evangelium zu bringen. Daraus lasse sich jedoch keinesfalls ein direktes weltliches Recht des Papstes ableiten, Nicht-Gläubige durch Gewalt zu zwingen, ihm auf dem gesamten Erdkreis (»in universum«) Gehorsam zu leisten: »Weder die Heilige Schrift noch die Tradition gibt uns einen Hinweis darauf, dass Christus diese weltliche Macht Petrus übergeben habe.«[101] So gehöre die Anerkennung der höchsten weltlichen Gewalt in weltlichen Dingen, also der Könige, zur »Selbsterkenntnis der Kirche«.[102] Zudem sei es auch keinem römischen Kaiser jemals gelungen, die gesamte Erde zu beherrschen und diese durch weltliche Gesetze zu verpflichten, und ebenso verfüge kein Kaiser über eine höchste weltliche Rechtsetzungsmacht, um weltliche Gesetze zu erlassen, welche die Universalkirche verpflichten.[103]

# 8 Suárez' Adaption der aristotelischen Klugheitslehre

Wenn Suárez in seiner Auseinandersetzung mit Thomas auf die königliche Gesetzgebungspraxis zu sprechen kommt, geschieht dies mit Blick auf »jene Klugheit, die Aristoteles im Kapitel 8 des sechsten Buches der *Nikomachischen Ethik* die gesetzgeberische genannt hat, [...] die eigentliche Klugheit des Herrschers [...], d. h. die zum Regieren befähigende Klugheit, so im Buch 3 der *Politik*.«[104] Für die »Lenkung des Gemeinwesens« sowie die darin realisierte »Sittlichkeit« hält Suárez die mit Aristoteles und Thomas vorgegebenen Kardinaltugenden

**101** DL III. 6. 4, Bach, Brieskorn, Stiening III/1, S. 94/95: »Probatur quia nec ex Scriptura habemus Christum dedisse hanc potestatem Petro neque ex traditione [...].«

**102** Ebd.: »Aliunde vero agnoscunt esse in Ecclesia reges supremos in temporalibus. Ergo illam in se et directe non congnoscunt.«

**103** DL III. 7. 9, Bach, Brieskorn, Stiening III/1, S. 118/119.

**104** DL III. 9. 2, Bach, Brieskorn, Stiening III/1, S. 140/141: »[E]amdem prudentiam quam Aristoteles (VI *Ethicorum*, cap. 8) legislativam appelavit, vocasse propriam prudentiam principis, id est, regnativam (lib. III *Politicorum*, cap. 3).« Klugheit (φρόνησις) im aristotelischen Sinne ist diejenige dianoetische Tugend, welche die Praxis, d. h. das Handeln des Menschen bestimmt. Vgl. Aristoteles: Ethica Nicomachea. Hg. von I. Bywater. Oxford 1979, 1141 b 14–1142 a 30.

zwar für ausreichend,[105] doch stünden sämtliche sittliche Tugenden in direktem Zusammenhang mit der Klugheit.[106] Suárez betont, das

> Ziel bürgerlich-weltlicher Macht sind Friede und Glück des weltlichen menschlichen Gemeinwesens. Also kann es nur mit Gerechtigkeit Gesetze erlassen, um diesen Frieden und das Glück zu erhalten. Diese beiden sind nichts anderes als Gegenstand der Gerechtigkeit und nicht anderer Tugenden. Also vermag das Gemeinwesen nur in Sachen der Gerechtigkeit gesetzgeberisch tätig zu werden.[107]

Aristoteles versteht die Gerechtigkeit als *Inbegriff* aller ethischen Tugenden; somit ist sie nicht eine ethische Tugend unter anderen.[108] Die Vernunft selbst diktiere, dass ein ungerechtes oder verwerfliches Gesetz kein Gesetz sei,[109] sittlich Schlechtes dürfe demnach nicht angeordnet werden;[110] Verwerfliches werde überhaupt durch das natürliche Gesetz untersagt.[111] Wenn also das weltliche Gesetz das natürliche Gesetz göttlicher Herkunft[112] nicht aufheben könne,[113] stehe es sonach in Übereinstimmung mit der natürlichen Vernunft.[114] Der Politiker indes habe sich in seiner Funktion als Berater des weltlichen Herrschers

---

**105** Vgl. DL III. 12. 10, Bach, Brieskorn, Stiening III/1, S. 228–231.

**106** Vgl. DL III. 12. 8, Bach, Brieskorn, Stiening III/1, S. 224–227.

**107** DL III. 12. 3, Bach, Brieskorn, Stiening III/1, S. 214/215: »Nam finis potestatis civilis est pax et felicitas temporalis reipublicae humanae. Ergo solum potest leges ferre in materia iustitiae ad pacem hanc et felicitatem conservandam. Sed huiusmodi est materia iustitiae et non aliarum virtutum. Ergo tantum in illa materia potest leges ferre.« Vgl. DL III. 13. 3, Bach, Brieskorn, Stiening III/1, S. 250/251. Suárez ergänzt in DL III. 12. 8, Bach, Brieskorn, Stiening III/1, S. 224/225: »De virtutibus ergo moralibus probatur assumptum, quia finis iuris civilis est felicitas vera naturalis politicae civitatis. Hae autem obtineri non potest sine observantia omnium virtutum moralium. Ergo in omnibus potest praecipere ius civile.« / »In Bezug auf die sittlichen Tugenden wird die Annahme belegt, dass das Ziel des weltlichen Rechts das wahre, echte politische Glück der politischen Gemeinschaft ist. Ein positiver Beweis mag nur unter Beachtung sämtlicher sittlicher Tugenden zu gelingen. Also ist das weltliche Recht auch befugt, auf dem Gebiet aller Tugenden Vorschriften zu erlassen.«

**108** Vgl. Aristoteles: Ethica Nicomachea (s. Anm. 104), 1129 b 26 – 1130 a 14.

**109** DL III. 12. 4, Bach, Brieskorn, Stiening III/1, S. 216/217: »[Q]uia lex iniusta vel turpis non est lex.«

**110** DL III. 12. 17, Bach, Brieskorn, Stiening III/1, S. 236/237: »[Q]uod autem malum est, praecipi non potest.«

**111** DL III. 12. 4, Bach, Brieskorn, Stiening III/1, S. 216/217: »Ratio a priori est, quia lex naturalis prohibet quidquid est turpe.«

**112** Ebd.: »[L]ex naturalis sit lex Dei.«

**113** DL III. 12. 4, Bach, Brieskorn, Stiening III/1, S. 216/217: »Lex autem civilis non potest legem naturalem auferre.«

**114** Ebd.: »[C]onsentanea rationi naturali.«

jederzeit am göttlichen Gesetz, d. h. »am achtungsvollen Gehorsam gegenüber dem katholischen Glauben, dem Glaubensleben und deren Bewahrung«,[115] zu orientieren, andernfalls drohe zumindest die Gefahr der Häresie oder sogar der Vorwurf des Atheismus.[116] Das sittlich Gute oder die Einsicht, den Menschen mache mehr aus als lediglich der Verzicht auf das sittliche Übel, lege die Grenzen des weltlichen Gesetzes offen,[117] welches der menschlichen Gemeinschaft gemäß der an ihr festgestellten natürlichen Bedingung angeglichen sein müsse. »Deshalb werden durch die weltlichen Gesetze nicht sämtliche Laster untersagt.«[118]

Unter Rückgriff auf Augustinus und Cicero wendet sich Suárez gegen die von Grund auf falsche Lehre (»iudicium perversum«) des Machiavelli, niemand könne »wirklich und auf Dauer als echter König herrschen, wenn er sich die Gesetze der Tugend zu eigen macht und sich ihnen gänzlich unterstellt.«[119] Im Kontrast zu dieser Auffassung kann DL III als eine Art *Fürstenspiegel* gelesen werden;[120] dementsprechend verstehen sich die folgenden Ausführungen als Vorschlag, Suárez' Erörterungen zur Praxis kaiserlicher Gesetzgebung als Beitrag zu der mit dem 17. Jahrhundert sich verfestigenden Lehre von der *prudentia legislatoria*, der *Gesetzgebungsklugheit*, zu interpretieren.[121] Bekanntlich etabliert sich diese Lehre v.a. in Form einer Rezeption der Tugendlehre der aristotelischen *Ethik*. Aristoteles' praktische Philosophie, insbesondere seine Klugheitslehre, ist Ausgangspunkt wirkmächtiger problemgeschichtlicher Stränge der Naturrechtsdebatten in der Frühen Neuzeit, die z. B. noch Leibniz weiterführt.[122]

---

**115** DL III. 12. 5, Bach, Brieskorn, Stiening III/1, S. 218/219: »[O]bedientia et conservatione catholicae fidei ac religionis.«

**116** Um willen der Stabilisierung der politischen Gemeinschaft sei auf Basis weltlicher Gesetze eine Sanktionierung im Falle einer Verehrung falscher Götter (»cultum falsorum deorum«) möglich (DL III. 12. 9, Bach, Brieskorn, Stiening III/1, S. 228/229).

**117** Vgl. DL III. 12. 12, Bach, Brieskorn, Stiening III/1, S. 230–233.

**118** DL III. 12. 12, Bach, Brieskorn, Stiening III/1, S. 230/231: »Lex autem civilis esse debet accommodata communitati humanae secundum naturalem conditionem spectatae, et ideo per leges civiles non prohibentur omnia vitia.«

**119** DL III. 12. 2, Bach, Brieskorn, Stiening III/1, S. 212/213: »[N]on posse esse verum regem et stabilem qui legibus virtutis astringitur eisque omnio subicitur.«

**120** Vgl. zu dieser Deutung: Markus Kremer: Vorbemerkungen. In: Francisco Suárez: De pace – De bello. Über den Frieden – Über den Krieg. Hg. von Markus Kremer. Stuttgart-Bad Cannstatt 2013, S. XXI–XLVIII, hier S. XXIII.

**121** Anlass hierzu gibt bereits DL I. 5. 15, Bach, Brieskorn, Stiening I, S. 106–109.

**122** Vgl. Holger Glinka: Gottfried Wilhelm Leibniz' Naturrecht im Kontext der frühneuzeitlichen Autonomisierung der Ethik. In: »Für unser Glück oder das Glück anderer«. Vorträge des

In den wenigen Fällen in DL III, in denen Suárez explizit Bezug nimmt auf Aristoteles,[123] geschieht dies stets mit Rekurs auf die *Nikomachische Ethik*[124] sowie die *Politik*.[125] Zwar hänge das innerstaatliche Gemeinwohl *nicht* von dem etwaigen sittlichen Lebenswandel bzw. dem persönlichen Glauben des Fürsten ab;[126] gleichwohl habe sich die Praxis menschlich-positiver Gesetzgebung – also die Orientierung am Katalog des Erlaubten und Verbotenen[127] – an dem »wahren Wesen eines Gesetzes« (»veram rationem legis«), d. h. an einem solchen, das notwendig gerecht sei, auszurichten.[128] Wenn also wie bereits ausgeführt das durch das weltliche Gesetz nicht aufhebbare natürliche Gesetz göttlichen Ursprungs Verwerfliches verbiete, müsse es »von sittlich gutem Inhalt bzw. in Übereinstimmung mit der natürlichen Vernunft sein; andernfalls wird es kein Gesetz sein.«[129] Suárez verdeutlicht die Verhältnisbestimmung von natürlichem und weltlichem Gesetz an einem praktischen Beispiel: »Das Naturrecht schreibt vor, Gott zu verehren, die Eltern zu ehren oder die Gleichheit beim Güteraustausch zu wahren. Das menschliche Gesetz bestimmt, wann und wie dies zu geschehen hat.«[130]

Suárez sucht den Nachweis zu führen, dass die Frage nach den vermeintlich guten Sitten des Fürsten zu unterscheiden sei von den Anforderungen an denselben, rücksichtlich der Regierungspraxis förderliche Gesetze zu erlassen. Auch hier agiert Suárez als Aristoteliker, heißt es doch in der *Politica*: »Die Gerechtigkeit [...] ist der staatlichen Gemeinschaft eigen. Denn das Recht ist die Ordnung der staatlichen Gemeinschaft, und die Gerechtigkeit urteilt darüber,

---

X. Internationalen Leibniz-Kongresses. Band VI. Hg. von Wenchao Li. Hildesheim, Zürich, New York 2017, S. 455–472.

**123** In DL III. 20. 9, Bach, Brieskorn, Stiening III/2, S. 12–15, dürfte einmal die aristotelische Metaphysik kurz angesprochen sein; in DL III. 30. 4, Bach, Brieskorn, Stiening III/2, S. 206–209, geht es um den Begriff der Tapferkeit, wie er im 3. Buch der *Nikomachische Ethik* thematisiert wird.

**124** So z. B. DL III. 12. 13, Bach, Brieskorn, Stiening III/1, S. 232/233.

**125** Vgl. DL III. 35. 11, Bach, Brieskorn, Stiening III/2, S. 336–339, sowie eine in den Anmerkungen der Edition Bach, Brieskorn, Stiening III/2 nicht aufgelöste Stelle in DL III. 20. 9, Bach, Brieskorn, Stiening III/2, S. 12–15.

**126** Vgl. DL III. 10. 10, Bach, Brieskorn, Stiening III/1, S. 186–189.

**127** Vgl. DL III. 12. 17, Bach, Brieskorn, Stiening III/1, S. 236–239.

**128** Vgl. DL III. 12. 4, Bach, Brieskorn, Stiening III/1, S. 214–217.

**129** DL III. 12. 4, Bach, Brieskorn, Stiening III/1, S. 216/217: »Debet ergo esse de re honesta seu consentanea rationi naturali, alias lex non erit.«

**130** DL III. 12. 14, Bach, Brieskorn, Stiening III/1, S. 234/235: »[I]us naturae praecipit Dei cultum vel honorare parentes vel servare aequitatem in rebus. Lex humana determinat ut haec fiant tali tempore vel tali modo.«

was gerecht ist.«[131] *De legibus* führt aus, weltliche Gesetze schreiben »nicht nur das Richtige in Sachen Gerechtigkeit vor, sondern auch in Sachen der anderen sittlichen Tugenden, und dementsprechend können sie auch elementare Verfehlungen gegen sämtliche Tugenden untersagen.«[132] Wichtig in dieser Beziehung ist, dass Suárez die Klugheit nicht zu den Gesetzen, welche Handlungen anderer sittlicher Tugenden berühren, rechnet, sondern vielmehr ihren besonderen Status betont: »[D]ie Klugheit arbeitet von sich aus nicht gut oder sittlich ohne die sittlichen Tugenden, die vom Willensentschluss abhängen. Da aber die anderen sittlichen Tugenden nicht ohne Klugheit vorgehen, sind die Gesetze, die diese anderen Tugenden zum Inhalt haben, immer unabtrennbar von ihrem Umgang mit der Klugheit geprägt.«[133] Genannt wird das folgende Beispiel, bei dem »prudentia legislatoris«[134] unabdingbar sei: »Wenn [...] Laster der Gemeinschaft nicht zum Schaden gereichen oder wenn aus der harten Bestrafung solcher Übel zu befürchten ist, dass größere Übel entstehen, so darf man solches massive Fehlverhalten eher erlauben als durch weltliche Gesetze unterdrücken.«[135]

Acht Aspekte bezogen auf die Begriffe des Rechts, des Gesetzes[136] und des politischen Körpers mögen Suárez' Beiträge zur *prudentia legislatoris* konkretisieren: Vollständigkeit (DL III. 20. 7), Eindeutigkeit, Klarheit und Gemeinverständlichkeit (DL III. 20. 7), Einheitlichkeit (DL III. 1. 7, DL III. 11. 7), Wider-

131 Aristoteles: Politica, 1253a 38–40: »ἡ δὲ δικαιοσύνη πολιτικόν ἡ γὰρ δίκη πολιτικῆς κοινωνίας τάξις ἐστίν, ἡ δὲ δικαιοσύνη τοῦ δικαίου κρίσις.«

132 DL III. 12. 7, Bach, Brieskorn, Stiening III/1, S. 222/223: »Leges civiles non solum praecipiunt recta in materia iustitiae sed etiam in materia aliarum virtutum moralium, et similiter vetare possunt vitia contra omnes virtutes.«

133 DL III. 12. 8, Bach, Brieskorn, Stiening III/1, S. 226/227: »[P]rudentia per se non operatur bene vel moraliter sine virtutibus moralibus voluntatis; tamen quia aliae virtutes morales operantur sine prudentia, ideo leges de aliis virtutibus simul sunt de usu prudentiae.« Suárez empfiehlt insbesondere die Orientierung an der Tugend der Mäßigung.

134 DL III. 12. 16, Bach, Brieskorn, Stiening III/1, S. 236/237.

135 DL III. 12. 16, Bach, Brieskorn, Stiening III/1, S. 236/237: »Quando [...] vitia non sunt noxia communitati vel ex rigorosa punitione illorum maiora mala timentur, permittenda potius sunt quam cohibenda per leges civiles.«

136 Die jeweiligen Kennzeichen der Gesetzesarten sowie die Bedingungen ihrer äußerlichen Formen (schriftliche Niederlegung oder mündliche Erklärung) verhandelt Suárez in DL III. 16, Bach, Brieskorn, Stiening III/1, S. 324/325: »Quae promulgatio necessaria sit ad perfectam constitutionem legis civilis« / »Welche Art von Promulgation ist nötig, um ein weltliches Gesetz in vollkommener Weise in Kraft zu setzen?« Siehe den Beitrag von Frank Grunert im vorliegenden Band.

spruchsfreiheit (DL III. 22. 12), Kürze (DL III. 15. 1) und systematische Ordnung (DL III. 1. 7).[137]

# 9 Zur inneren Form des Gesetzes

Wie gesehen beinhaltet Suárez' Rechtslehre noch keine Lehre der Gewaltenteilung, sondern vertritt im Gegenteil die Einheit von Legislative und Exekutive.[138] Wenn Suárez hingegen die in der *Heiligen Schrift* gebotene Differenz von Richter und König anerkennt, steht er am Anfang der Entwicklung der Unterscheidung von Legislative und Judikative.[139] Zu relativieren ist diese theologiepolitisch motivierte Distinktion insofern, als Suárez einerseits unterstreicht, Recht werde durch den Urteilsspruch im eigentlichen Sinne gesprochen sowie erklärt,[140] er jedoch andererseits zwischen der *Bedeutung* – wodurch nämlich der *Sinn der Worte* wiedergegeben werde – und der Worte als *Absichtserklärung des Gesetzgebers* unterscheidet: »Wir können die Absicht des Fürsten nicht besser als aus seinen Worten erkennen. Ein wahrnehmbares Gesetz wird geschaffen, damit durch dieses der Wille des Fürsten bekannt gemacht wird.«[141] Wenn der König nicht als Richter fungiert, ist es insofern »nicht widersprüchlich, dass jemandem die richterliche, jedoch nicht die gesetzgeberische Gewalt zukommt, obgleich die Judikative doch niemals ohne eine Zwangsgewalt in ihrer Begleitung auftritt.«[142]

---

**137** Diese Leitworte der *prudentia* verdanken sich Heinz Mohnhaupt: Nachwort. Zu den fünf Schriften über die Gesetzgeber. In: Prudentia legislatoria. Fünf Schriften über die Gesetzgebungsklugheit aus dem 17. und 18. Jahrhundert. Hg. von Heinz Mohnhaupt, übers. von Adolf Paul. München 2003, S. 459–495, hier S. 476.

**138** Vgl. DL III. 1. 7, Bach, Brieskorn, Stiening III/1, S. 16–19. Die anteilsmäßige Gewichtung geistlicher und weltlicher Gewalt indes, wie sie in souveränen Königreichen bereits vorhanden ist, sei anzuerkennen. DL III. 9. 2, Bach, Brieskorn, Stiening III/1, S. 140/141.

**139** Vgl. DL III. 1. 2, Bach, Brieskorn, Stiening III/1, S. 8–11.

**140** DL III. 1. 10, Bach, Brieskorn, Stiening III/1, S. 20/21: »Nam per sententiam proprie dicitur seu explicatur ius [...].«

**141** DL III. 20. 7, Bach, Brieskorn, Stiening III/2, S. 8/9: »[T]um quia non possumus melius intentionem principis cognoscere quam ex verbis eius; tum etiam quia ad hoc fertur lex sensibilis, ut per eam voluntas principis innotescat [...].«

**142** DL III. 1. 10, Bach, Brieskorn, Stiening III/1, S. 20/21: »[H]oc modo non repugnat esse in aliquo potestatem iucandi sine potestate ferendi legem, quamvis nunquam sit sine aliqua potestate coerciva, quae nomine imperii stricte etiam sumpti videtur aliquando significari.«

Die von Suárez in DL III. 4. 10 verhandelten zwei Formen der »delegatio« betreffen einerseits die Erarbeitung des Gesetzes – also keine Übertragung im eigentlichen Sinne, sondern eher eine Art von Beratung[143] – und andererseits den tatsächlichen, d. h. willentlich realisierten Erlass des Gesetzes (»legis editio«) – und damit eine tatsächliche Translatio.[144] Damit hängt zusammen, dass Suárez die äußere von der inneren Form des bürgerlichen Gesetzes unterscheidet. Die »innere Form« (»forma interna«) betrifft die »geistige Gestalt« (»forma spiritualia«) dieses positiven Gesetzes. Es ist wichtig zu sehen, dass hier mit *spiritus* ein Terminus der politischen Theologie des Suárez in Rede steht (und also nicht die »*mens*«). Es handelt sich hier um die geistige Gestalt desjenigen Gesetzes, welches im *corpus mysticum* Rechtskraft genießt. Hinsichtlich des Unterschieds zwischen dem Gesetzeswort und der Absicht des Gesetzgebers verpflichtet sich Suárez der Tradition: das Wort sei der Stoff, sc. der Körper des Gesetzes; dagegen mache die Absicht des Gesetzgebers den Geist, die Seele des Gesetzes aus.[145] Daraus wiederum resultiere der Unterschied zwischen der *Bedeutung* – wodurch nämlich der *Sinn der Worte* wiedergegeben werde – und zwar der *Worte als Absichtserklärung des Gesetzgebers.*

Bezogen auf den Vergleich dieser beiden Momente (»forma interna« und »forma spiritualia«)

> ist die Bezeichnung das Formale in Hinsicht auf den Gehalt der Worte selbst. Hier vergleichen wir jedoch die Worte als Bedeutungsträger mit den inneren Absichten des Gesetzgebers und erkennen, dass sich [...] die Worte wie die Körperhülle und wie ein Stoff zu der inneren Form und dem Geist verhalten.[146]

Suárez' im Anschluss eingeführte Unterscheidung betrifft zwei Vermögen im Geist (resp. in der Seele) des Gesetzgebers: nämlich einerseits den *Willen* bzw.

---

**143** Vgl. DL III. 4. 10, Bach, Brieskorn, Stiening III/1, S. 64–67.

**144** Zu dieser Übertragung bemerkt Suárez mit Bartolus, dass sie weder ein Herrscher noch ein Richter weiter übertragen dürfe (DL III. 4. 10, Bach, Brieskorn, Stiening III/1, S. 64/65: »At principes aut iudices quibus demandata est haec iurisdictio, dicit non posse illam delegare [...].«). Für die Gewalt jedoch, die »lediglich der Rechtsetzung« diene, gelte dagegen, dass sie delegierbar sei (DL III. 4. 10, Bach, Brieskorn, Stiening III/1, S. 66/67:»[E]t est clarum quia omnis potestas solius iurisdictionis delegabilis est.«).

**145** Mit Justinian nennt Suárez den Kaiser auch das beseelte Gesetz (»lex animata«): DL III. 8. 1, Bach, Brieskorn, Stiening III/1, S. 126/127.

**146** DL III. 20. 1, Bach, Brieskorn, Stiening III/2, S. 2/3: »[S]ignificationem esse formalem respectu materialium verborum. Nunc autem verba ipsa etiam ut significantia comparamus ad interiorem mentem legislatoris, et [...] se habere ut corpus et materiam respectu formae seu spiritus.«

die *Absicht* (»voluntas seu intentio«[147]), gemäß welchen dieser anzuordnen beabsichtige, und andererseits die *Vernunft*, die ihn zum Handeln bewege (und die als *prudentia legislatoris* anzusprechen wäre). In jedem von beiden sei die innere Seele des Gesetzes anwesend, und beide gehörten zur inneren Form des Gesetzes. »Voluntas legislatoris est intrinseca forma et anima legis.«[148] Für Suárez hängen also das Sein und die Form des Gesetzes essenziell von der Absicht des Gesetzgebers ab. Jedweder sittliche Akt (»omnis actus moralis«[149]) habe wesentlich die mit ihm verbundene Absicht zur Voraussetzung, »ohne die keine wahre Handlung zustande kommt, sondern nur eine äußerlich in ihrer Ordnung bzw. in ihrer Art vorgemachte Handlung.«[150] Entscheidend ist die Absicht, das Gesetz sowohl zu erlassen als auch durch diesen Erlass des Gesetzes zu verpflichten – oder mit anderen Worten: das Prinzip der Gerechtigkeit durch politische Vernunft zu realisieren.

An dieser Stelle bezieht Suárez sich auf die *Institutiones*: Wenn es heiße: ›Was dem Fürsten bzw. Gesetzgeber zusagt, dem kommt alsdann Gesetzeskraft zu‹, dann bedeute dies, »vom Wohlgefallen des Fürsten hängt das gesamte Gesetz ab.«[151] In diesem Kontext erläutert Suárez erneut das Charakteristikum der Verpflichtungskraft des Gesetzes: Das erste Kriterium hierfür sei der Herrscherwille, das zweite die Klarheit der Worte. Wichtig ist nun aber, dass nach Suárez der Obere nicht in der Pflicht stehe zu *erklären*, dass er verpflichten *wolle* – durch einen spezifischen Akt schriftlicher Verlautbarung etwa[152] –, impliziert doch *allein schon der Wille* des Vorschreibenden, letztlich auch zu verpflichten. Hiermit zeige sich, so Suárez, recht eigentlich der *Verstand des Gesetzgebers* (»mens legislatoris«).[153]

Suárez betont zudem, die den *Gesetzgeber* bewegende Vernunft (»ratio«) gehe dem Gesetz voran, erteile sie doch zugleich Rat. Dieser Aspekt betrifft nicht den Unterschied von »Ratschlag« und »Gesetz«.[154] Suárez präzisiert, dass der

---

**147** DL III. 20. 2, Bach, Brieskorn, Stiening III/2, S. 4/5.

**148** Die unvollständige Übersetzung von Bach, Brieskorn, Stiening III/2, S. 5, lautet: »[D]er Wille des Gesetzgebers [ist] die [»innere« ist hier zu ergänzen, H. G.] Form und die Seele des Gesetzes [...].«

**149** DL III. 20. 3, Bach, Brieskorn, Stiening III/2, S. 4/5.

**150** Ebd.: »[S]ine qua non est verus actus sed fictus in suo ordine seu in sua specie.«

**151** Ebd.: »[Q]uia ex beneplacito principis tota lex pendet.«

**152** DL III. 20. 7, Bach, Brieskorn, Stiening III/2, S. 8–11.

**153** Vgl. DL III. 20. 8, Bach, Brieskorn, Stiening III/2, S. 10–13. Bach, Brieskorn, Stiening übersetzen »mens legislatoris« wahlweise mit »Verstand«, »Absicht« oder »Geist des Gesetzgebers«.

**154** Vgl. DL III. 20. 6, Bach, Brieskorn, Stiening III/2, S. 8/9.

Zweck als äußere Form (Maß) das *Gesetz* nicht intrinsisch baue oder erschaffe.[155] Somit findet sich hier eine erste Antwort auf die mit DL III. 20 verbundene Frage nach dem Vernunftcharakter des Gesetzes: Nicht die dem Gesetz innewohnende Vernunft, sondern der Wille des Fürsten, ein Gesetz zu erlassen, bewirke letztlich das Gesetz. Sobald aber der Wille sich bestimme, verursache er ein Zeichen (»signum exhibet«[156]). Nicht also die Gesetzesvernunft, sondern vielmehr der Wille erzeuge die Form des Gesetzes.[157] Oder wie Suárez es formuliert: »Jedenfalls ist der Wille die Seele und gleichsam Substanz des Gesetzes.«[158]

Die Vernunft des Gesetzes könne nun wiederum von doppelter Erscheinung sein,[159] nämlich als Motiv (»motivum«) und als Konstituens des Gesetzes (»constitutivam legis«).

Zur motivationalen Dimension der Vernunft: »*Erstere* ist extrinsisch und kann gleichermaßen als die persönliche Vernunft des Gesetzgebers selbst bezeichnet werden.«[160] Dieser Vernunftausdruck erstrecke sich indes nicht auf die Form des Gesetzes, weil sie an sich kein notwendiges Element der Form ausmache. Das Gesetz könne also ohne Motive (z. B. der Entsprechung von Fastenvorschriften, des Bußsakraments o. ä.) erlassen werden. Abweichende Motive der Gesetzgeber, ein Gesetz zu erlassen, änderten nichts daran, dass ein und dasselbe Gesetz vorliege. Auch private oder widersinnige Motive des Gesetzgebers verminderten nicht die Rechtskraft eines Gesetzes, »wenn es denn aus seiner Materie und von seinem Objekt her vernünftig ist.«[161]

---

**155** DL III. 20. 10, Bach, Brieskorn, Stiening III/2, S. 14/15: »Ergo ratio legis intrinsice non constituit nec componit ipsam legem.« Bach, Brieskorn und Stiening übersetzen zu Beginn von DL III. 20. 10 »ratio legis« zunächst mit »Zweck des Gesetzes«, dann jedoch überraschenderweise mit »Vernunft [des Gesetzes]«. Der Zweck des Gesetzes richte sich, so Suárez, nach dem Objekt des Willens des Oberen (»ex parte obiecti voluntatis superioris«). Ebd.

**156** Vgl. auch DL I. 5. 7, Bach, Brieskorn, Stiening I, S. 98–101. Zur semiotisch zu interpretierenden Ordnung des Titels *Tractatus de legibus ac Deo legislatore* vgl. Norbert Brieskorn: Über die vorliegende Ausgabe. In: Francisco Suárez: Über die Gesetze und Gott den Gesetzgeber. Übers., hg. u. mit einem Anhang vers. von Norbert Brieskorn. Freiburg im Breisgau u. a. 2002, S. 635–656, hier S. 643 f.

**157** DL III. 20. 10, Bach, Brieskorn, Stiening III/2, S. 16/17: »Quia si voluntas est efficax, statim se insinuat suique signum exhibet. Ergo ratio legis non ita pertinet ad formam legis sicut voluntas.«

**158** DL III. 20. 3, Bach, Brieskorn, Stiening III/2, S. 4/5: »Utique quia voluntas est anima et quasi substantia legis.«

**159** DL III. 20. 11, Bach, Brieskorn, Stiening III/2, S. 16/17: »Nam duplex esse potest ratio legis [...].«

**160** Ebd.: »Prior est extrinseca et dici potest quasi personalis ratio ipsius legislatoris [...].«

**161** DL III. 20. 11, Bach, Brieskorn, Stiening III/2, S. 16/17: »[S]i ex sua materia et obiecto rationalibus sit.«

Zur konstitutiven Dimension der Vernunft: Die intrinsische, konstitutive oder rechtsprechende Vernunft (»ratio iuridica«) garantiere die Form des besonderen Gesetzes durch die Tugend des Maßhaltens (»virtutis temperantiae«). Insofern sei die Vernunft des Gesetzes in gewisser Weise durchaus formgebend.[162] Dadurch dass wir die Anständigkeit und Stimmigkeit (das Gebotsgesetz) bzw. Schlechtigkeit und Unstimmigkeit (das Verbotsgesetz), die der Materie oder dem Akt jeweils zugrunde liegen, erkennen, »gestehen wir, dass die Vernunft notwendig ist für das Gesetz, weil dieses vernünftig und gerecht sein muss.«[163] Gleichwohl ergebe sich in beiden Fällen »die innere Einstellung bzw. das Motiv nicht als für das Gesetz formgebend«.[164]

Die Verpflichtungsaspekte des Gesetzes gelten für jedes Gesetz gleichermaßen und betreffen die Art und die nähere Bestimmung des Gesetzes. Wenn Suárez beim allgemeinen Willensakt zwei Willen bzw. Absichten unterscheidet: nämlich *erstens* ein Gesetz zu erlassen und *zweitens* durch ein Gesetz zu verpflichten,[165] behauptet er, beide Absichten seien für das Gesetz von substantieller Relevanz, weil den Untertanen auf diese Weise der Verpflichtungswille mitgeteilt werde: Der Wille bestimme sich. Wenn aber der Wille, ein menschliches Gesetz zu schaffen, gleichermaßen den Verpflichtungswillen einschließt, heißt dies umgekehrt, dass der Verpflichtungswille den Willen impliziert, sich den Untertanen in Form eines Gesetzeserlasses mitzuteilen. Der Wille des Fürsten ist demnach stets offenkundig, sprich bekannt, es gibt kein verborgenes Moment, andernfalls würde die Verpflichtung verfehlt: »Folglich gehen jene zwei Willen entweder in eins oder sie schließen einander analytisch ein«, kann Suárez jetzt sagen.[166] Und schließlich: »Wir können die Absicht des Fürsten nicht besser als aus seinen Worten erkennen.«[167]

---

**162** DL III. 20. 11, Bach, Brieskorn, Stiening III/2, S. 16–19.

**163** DL III. 20. 12, Bach, Brieskorn, Stiening III/2, S. 18/19: »[R]ationem esse necessariam ad legem, quia debet esse rationabilis et iusta.«

**164** Ebd.: »Verumtamen neutro modo concurrit ratio per modum formae constitutivae legis [...].«

**165** DL III. 20. 4, Bach, Brieskorn, Stiening III/2, S. 6/7: »[Q]uas in libro primo tetigimus.« / »Dies haben wir im ersten Buch bereits berührt.«

**166** DL III. 20. 5, Bach, Brieskorn, Stiening III/2, S. 8/9: »Ergo illae duae voluntates vel in unam coincidunt vel mutuo se includunt.«

**167** DL III. 20. 7, Bach, Brieskorn, Stiening III/2, S. 8/9: »[T]um quia non possumus melius intentionem principis cognoscere quam ex verbis eius.«

Tilman Repgen

# »Oboediendum est iustis praeceptis principum.«

Die Verpflichtung des Gewissens durch das menschliche Gesetz bei Suárez (DL III. 21–23)

## 1 Einleitung

*»Oboediendum est iustis praeceptis principum.«*[1] – Man muss den gerechten Vorschriften der Herrscher gehorchen. Es klingt ganz selbstverständlich, aber wirft vor dem Hintergrund der Rolle des Gewissens für das je individuelle Handeln mitunter erhebliche Fragen auf, denen sich Francisco Suárez im Buch III seines Traktats *De legibus ac Deo legislatore* in den Kapiteln 21–23 zuwendet. Bevor dieser Text genauer untersucht wird, soll einleitend der Horizont der Frage kurz umrissen werden.

### 1.1 Don Quijote und das Ziel des Rechts

Kürzlich hat Gideon Stiening die Fundamentalkritik von Miguel de Cervantes an der theonomen Rechtsbegründung der Schule von Salamanca herausgearbeitet:[2] Don Quijote befreit eine Gruppe von Gefangenen, die in Ketten zu einer Galeere geführt werden, erntet aber zum Dank einen Steinhagel. Zur Befreiung fühlte sich der Ritter von der traurigen Gestalt verpflichtet, weil die Gefangenschaft gegen die natürliche Freiheit des Menschen stehe. Der König dürfe keine zwingende Strafgewalt ausüben. Sie stünde mit dem elementaren Freiheitsrecht in Widerspruch. Die natürliche Freiheit sei eine Gabe der göttlichen Schöpfung.

1 DL III. 21. 7, Bach, Brieskorn, Stiening III/2, S. 28. Soweit nichts anderes vermerkt ist, folgen hier alle lateinischen Suárez-Zitate dieser Quellenedition.

2 Gideon Stiening: Des Ritters freier Wille und der Zwang des Königs. Miguel de Cervantes' kritische Reflexion auf die Rechts- und Moralbegründung der Spanischen Spätscholastik. In: Kollision und Devianz. Diskursivierungen von Moral in der Frühen Neuzeit. Hg. von Yvonne Al-Taie, Bernd Auerochs u. Anna-Margaretha Horatschek. Berlin 2015, S. 77–99. Die Problemschilderung oben im Text folgt dieser Darstellung.

https://doi.org/10.1515/9783110696738-010

Dann aber könne, so scheint es, die Zwangsgewalt nicht ebenfalls von Gott kommen, weil Gott sonst widersprüchlich handeln würde.

In der Tat erscheint die Begründung für den Zwangscharakter der Rechtsordnung aus der Perspektive eines säkular begründeten Staates problematisch. Stiening weist darauf hin, nicht weniger problematisch sei die theonome Rechtsbegründung, wie sie beispielsweise Suárez vertreten habe. Diese Aporie politischer Grundsatzdiskussion finde, so schließt Stiening in Anlehnung an die Szene bei Cervantes, ein Ende in einer »archaischen Gewaltsamkeit, die selbst Esel nachdenklich« stimme.[3]

Die Szene im Don Quijote beleuchtet den Hintergrund der hier verfolgten Frage des Suárez nach der verpflichtenden Kraft des menschlichen Gesetzes im Gewissen. Während die scholastische Tradition als *causa finalis* des Gesetzes das *bonum commune* und damit das Seelenheil identifiziert habe, so führt Stiening aus, sehe Don Quijote die *iustitia distributiva,* die Herstellung von Verteilungsgerechtigkeit als das Ziel des menschlichen Rechts an.[4] Danach scheint die Zielrichtung des menschlichen Rechts eine völlig andere als in der Sichtweise der Scholastik. Das Seelenheil, die eschatologische Dimension des Rechts, fällt hier wenigstens für die menschliche Satzung aus. Die Kategorie der Sünde wird rechtlich irrelevant. *»Allá se lo haya cada uno con su pecado«* (Jeder trage an den eigenen Sünden).[5] Die Sünde wird so gewissermaßen zur privaten Angelegenheit zwischen dem Einzelnen und Gott – moralisch, nicht mehr aber rechtlich relevant. Anders ist das bei Suárez, weil bei ihm die Verbindlichkeit des menschlichen Gesetzes gerade theonom begründet wird.

Einig ist sich Cervantes immerhin mit den Spätscholastikern, dass so keine rechte Begründung für menschliche Strafe gefunden werden kann.[6] Die Einigkeit reicht aber in einem entscheidenden Punkt noch viel weiter und nimmt der poetisch verpackten, von Stiening herausgearbeiteten, Kritik die Schärfe. Beide sind sich nämlich darüber einig, dass die Strafgefangenen *Sünden* begangen haben – und zwar durch einen Verstoß gegen menschliche Gesetze. Das aber ist die für die Spätscholastiker – und eben auch für Suárez – entscheidende Perspektive. Ihre gesamte Rechtslehre entwickelt die Spätscholastik nicht – jedenfalls nicht zuerst – aus der Sicht des politischen Gemeinwesens, sondern vor dem Hintergrund der moralischen Relevanz rechtlicher Wertungen – und nicht umgekehrt: wegen einer möglichen rechtlichen Relevanz moralischer Wertun-

3 Stiening: Des Ritters freier Wille (s. Anm. 2), S. 99.

4 Ebd., S. 94 mit Hinweis auf Cervantes: Don Quijote de la Mancha I, 37.

5 Zitiert nach Stiening: Des Ritters freier Wille (s. Anm. 2), S. 95.

6 Ebd., S. 95 f.

gen, wie sie für die politische Philosophie immer wieder interessant ist. Gewiss: über die *causa finalis* des menschlichen Rechts hat Cervantes eine andere Idee als etwa Suárez. Die Zweckursache des Rechts – und zwar des menschlichen wie des Naturrechts und auch des göttlichen Rechts ist für Suárez das Seelenheil.[7] Nur darum geht es ihn als Theologen überhaupt etwas an. Sofort drängt sich dann aber, gerade vor dem Hintergrund auch der kritischen Haltung des Cervantes zu dieser Prämisse, die Frage auf, ob und weshalb menschliches Recht im *forum internum*[8] überhaupt verpflichtet – oder anders ausgedrückt: wieso von der Beurteilung des Handelns nach menschlichem Recht die Einordnung in die Kategorie der Sünde abhängt. Es gehört zu den spezifischen Leistungen der Schule von Salamanca, das Bewusstsein dafür geschärft zu haben, dass die Befolgung gerechter menschlicher Gesetze nicht zur Sünde führt.[9] Umgekehrt erfordert das aber dann auch eine entsprechende Kenntnis und zutreffende Beurteilung des menschlichen Rechts im *forum internum*. Das Gewissen[10]

7 Dazu Jean-François Courtine: Nature et empire de la loi. Études suaréziennes. Paris 1999, insbesondere Kap. 2, S. 45–67; außerdem Christiane Birr u. Wim Decock: Recht und Moral in der Scholastik der frühen Neuzeit 1500–1750. Berlin 2016, S. 24 f.

8 Zum Begriff knapp mit weiterführenden Hinweisen jetzt Decock, Birr: Recht und Moral (s. Anm. 7).

9 Sehr klar in diesem Sinn bereits Francisco de Vitoria. Dazu Tilman Repgen: Rechtliche Argumentation *in foro conscientiae* anhand von Beispielen aus Vitorias Summenkommentar. In: Rechtsprechung und Justizhoheit. Festschrift für Götz Landwehr zum 80. Geburtstag. Hg. von Volker Friedrich Drecktrah u. Dietmar Willoweit. Köln 2015, S. 53–79.

10 Dabei ist für die Spätscholastiker klar, dass das Gewissen auf das Engste mit der Beichte verbunden ist, so dass das *forum internum* nicht nur dem Namen nach ein Gerichtshof ist, sondern tatsächlich eine Art Gericht mit einem entsprechenden Verfahren darstellt. Dazu Repgen: Rechtliche Argumentation (s. Anm. 9), S. 57. Den gerichtlichen Charakter der Beichte betont auch etwa Andrés Lira: Dimensión jurídica de la conciencia. Pecadores y pecados en tres confesionarios de la Nueva España 1545–1732. In: Historica Mexicana 55 (2006), S. 1139–1178, hier S. 1143 und passim. Lira behandelt insbesondere die folgenden drei Beichtbücher: Bartolomé de Las Casas: Avisos Reglas y Reglas para confesores que oyeren confesiones de españoles que son y han sido a cargo de los indios de las Indias del mar océano. In: Tratados de fray Bartolomé de Las Casas. Tom. II. Hg. von Lewis Hanke u. Manuel Giménez Fernández. México 1965, tratado VII, S. 553–913; Alonso de Molina: Confesionario mayor en lengua mexicana y castellana, Nachdruck der Ausgabe von 1569, México 1972; Gerónymo Moreno: Las Reglas ciertas precisamente necessarias para juezes y ministros de las Indias y para sus confessores, México 1732. Die Gerichtsförmigkeit der Beichte bleibt auch nach dem Trienter Konzil erhalten und wurde im Übrigen auch im evangelischen Raum anfänglich nicht in Zweifel gezogen, dazu Renate Dürr: Confession as an Instrument of Church Discipline. A Study of Catholic and Lutheran Confessional Manuals from the 16th and 17th Centuries. In: Between Creativity and Norm-Making. Tensions in the Early Modern Era. Hg. von Sigrid Müller u. Cornelia Schweiger. Leiden 2013, S. 215–240.

muss – auch – an den Maßstäben menschlichen Rechts gebildet werden und danach urteilen. Die heutige Trennung von Recht und Moral vermag daran nichts zu ändern und betrifft eine gänzlich andere Frage. Moral und Recht sind im Gewissen miteinander verklammert und bilden *eine* gemeinsame Normenordnung: die Moraltheologie kann nicht allein entscheiden. Sie muss auf die Wertungen der Rechtswissenschaft Acht geben, wie es bereits Francisco de Vitoria (1483–1546) gelehrt hat.[11] In der Abstraktion ist das noch ziemlich übersichtlich, im konkreten Fall kann es schwierig werden.

## 1.2 Wer ist kompetent zur Antwort?

In seiner 1553/54 in Genua entstandenen *Disputatio de usura variisque negotiis mercatorum* (Über die Zinsen und verschiedene Rechtsgeschäfte der Kaufleute) klagt der erste General der Jesuiten nach Ignatius von Loyola, der Spanier Jakob Lainez (1512–1565), über die Schwierigkeit der Bewertung wirtschaftlicher Fragen im Hinblick auf das Seelenheil.[12] Sie sei deshalb so schwierig, weil Bibel und Kirchenväter dazu nur wenig sagten, andererseits aber

> subtilitas mercatorum, [...] tot technas invenit, ut vix facta nuda ipsa perspici possint, nedum dijudicari.[13]

> die Schläue der Kaufleute [...] so viele Kunstgriffe erfunden hat, daß wir kaum den bloßen Tatbestand durchschauen können, geschweige denn ein Urteil zu fällen vermögen.[14]

---

11 Dazu Repgen: Rechtliche Argumentation (s. Anm. 9), S. 72 f., 77.

12 Die Sorge um das Seelenheil ist selbstverständlich eine Aufgabe der ganzen Kirche; der Jesuitenorden ließ es sich aber eine besondere Aufgabe sein, dieser Sorge gerade durch die Beichtpastoral gerecht zu werden, vgl. Michael Maher: Confession and consolation. The Society of Jesus and its promotion of the general confession. In: Penitence in the Age of Reformation. Hg. von Katherine Jackson Lualdi u. A. T. Thayer. Aldershot 2000, S. 184–200.

13 Jacobus Lainez: Disputatio de usura variisque negotiis mercatorum. In: Jacobi Lainez Disputationes Tridentinae. Bd. 2. Hg. von Hartmann Grisar. Innsbruck 1886, S. 228.

14 Die Übersetzung dieser Stellen folgt weitgehend derjenigen bei Joseph Höffner: Der Wettbewerb in der Scholastik. In: Ders.: Wirtschaftsordnung und Wirtschaftsethik. Hg. von Ursula Nothelle-Wildfeuer u. Jörg Althammer. Paderborn 2014, S. 229–249 (zuerst in: ORDO 5 [1953], S. 181–202), hier: S. 238 sowie ders.: Statik und Dynamik in der scholastischen Wirtschaftsethik. In: Ebd., S. 251–287, hier S. 258 f. mit lateinischem Text in Fn. 33 (zuerst als Vortrag bei der Arbeitsgemeinschaft für Forschung des Landes Nordrhein-Westfalen am 15.12.1954, erschienen als Heft 38 der Veröffentlichungen der Arbeitsgemeinschaft für Forschung des Landes Nordrhein-Westfalen [Geisteswissenschaften]. Opladen 1955).

Die Schwierigkeiten der Gegenwart, die sich im Umgang mit den Problemen der Finanzkrise der letzten Jahre zeigten, deuten darauf hin, dass sich an dieser Feststellung von Lainez nicht viel geändert hat. Schon bei der kleinsten Änderung der Umstände müsse aber, so Lainez weiter, das Urteil über die ganze Angelegenheit anders ausfallen.[15] Verschärfend trete hinzu, dass es auch noch unterschiedliche Fachdisziplinen gebe, die sich jeweils zum Urteil berufen fühlten:

| | |
|---|---|
| Nam theologus contendit, sui muneris esse, aequitatem vel injustitiam, quae in humanis commerciis reperitur, declarare. Jurisperitus contra a jurisprudentiarum hanc docendam esse putat. Mercator autem, utrumque paene despiciens, se solum in hac re peritum asserit et doctores, ut minus expertos, in negotiis refugit judices. | Der Theologe behauptet, es sei seine Aufgabe, über Billigkeit und Unrecht, wie sie in Handelsgeschäften bei den Leuten vorkommen, zu urteilen. Der Jurist hingegen meint, von der Rechtslehre her sei diese Sache zu entscheiden. Der Kaufmann jedoch sieht auf beide ziemlich verächtlich hinab und erklärt, er allein wisse in diesen Dingen Bescheid; er weist deshalb die Gelehrten wegen mangelnder Sachkenntnis als Beurteiler der Handelsgeschäfte zurück. |
| Veritas autem esse videtur, quod quisque horum trium in his, circa quae versatur, est aliis peritior, si caetera paria sint. Et ideo mercator, negotia ipsa versans, continuo melius poterit, si vult, factum ipsum proponere [...][16] | In Wahrheit scheint jedoch jeder dieser drei in seinem Fach unter sonst gleichen Bedingungen überlegen zu sein. Deshalb könnte der Kaufmann, der ja die Geschäfte selber betreibt, stets am besten den Tatbestand darlegen, wenn er nur wollte. |
| Ex quibus concludere possumus (quantum ad scientiam attinet) convenienter tractare posse de hujusmodi contractibus, qui a mercatoribus diuturna et fideli collatione didicerit facta ipsa et negotia, ex scripturis autem et philosophia morali didicerit principia divinae et naturalis aequitatis, a jurisperito vero ea, quae ex lege humana pendent[17]. | Daraus können wir schließen (soweit es die Wissenschaft betrifft): passend über diese Art von Verträgen kann sprechen, wer von den Kaufleuten durch tägliche und sorgfältige Beobachtung die Tatbestände und Geschäfte kennengelernt hat, aus der Hl. Schrift und der Moralphilosophie die Grundsätze der göttlichen und weltlichen Billigkeit entnimmt, vom Rechtsgelehrten aber das [erfahren hat], |

**15** Lainez: Disputatio (s. Anm. 13), S. 228: *vel minima circumstantia variata, Judicium totius rei varium fieri debeat.*

**16** Lainez: Disputatio (s. Anm. 13), S. 229.

**17** Ebd., S. 229 f.

was sich aus den menschlichen Gesetzen ergibt.

Danach ist die Theologie allein nicht in der Lage, kompetent die für das Seelenheil doch erheblich wichtigen Fragen des wirtschaftlichen Lebens zu entscheiden[18]. Man braucht zusätzlich die Geschäftserfahrung der Kaufleute, um die Vorgänge überhaupt zu verstehen, und die Kenntnis der Rechtsgelehrten, um die Tragweite menschlicher Gesetze zu ermessen.

## 2 Zur Verpflichtungskraft menschlicher Gesetze: DL III. 21–23

Wenn sich Suárez der Verpflichtungskraft menschlicher Gesetze im Gewissen[19] in DL III. 21–23 zuwendet, so ist damit weniger die Staatstheorie als vielmehr die Morallehre betroffen. Das wird schon im Vorwort zum Traktat *De legibus ac Deo legislatore* deutlich, wo es heißt:

| | |
|---|---|
| Quoniam igitur huius salutis via in actionibus liberis, morumque rectitudine posita est, quae morum rectitudo a lege tanquam ab humanarum actionum regula plurimum pendet; | Denn der Weg des Heils ist geprägt durch freie Handlungen und die Richtigkeit der Sitten. Die Richtigkeit der Sitten (dieses Weges) hängt von den Gesetzen als der Regel menschlicher Handlungen ab; |

18 Zur Rolle der Theologie vor allem im Verhältnis zur Philosophie vgl. Gideon Stiening: Der hohe Rang der Theologie? Theologie und praktische Metaphysik bei Suárez. In: »Auctoritas omnium legum«. Francisco Suárez' *De legibus* zwischen Theologie, Philosophie und Jurisprudenz. Hg. von Oliver Bach, Norbert Brieskorn u. Gideon Stiening. Stuttgart-Bad Cannstatt 2013, S. 97–133.

19 Zur parallelen Frage der Verbindlichkeit des Naturgesetzes im Gewissen, die Suárez in DL II. 9 aufwirft, vgl. Frank Grunert: Die obligatio in conscientia im Naturrecht des Francisco Suárez. In: Die Naturrechtslehre des Francisco Suárez. Hg. von Oliver Bach, Norbert Brieskorn u. Gideon Stiening. Berlin 2017, S. 155–168. – Zur weiteren Geschichte der Frage der Verpflichtung des Gewissens durch das menschliche Gesetz, insbesondere bei Pufendorf und Thomasius vgl. ders.: Äußere Norm und inneres Gewissen. Das Gewissen in den Naturrechtslehren von Samuel Pufendorf und Christian Thomasius. In: Das Gewissen in den Rechtslehren der protestantischen und katholischen Reformationen. Hg. von Michael Germann u. Wim Decock. Leipzig 2017, S. 297–312 sowie Michael Germann: Justus Henning Böhmers Abhandlung über die Gewissensfreiheit. Eine Stichprobe zum Gewissensdiskurs aus der protestantischen Kirchenrechtslehre zu Beginn des 18. Jahrhunderts. In: Ebd., S. 313–333.

idcirco legum consideratio in magnam Theologiae partem cedit;

darum betrifft die Theologie zum großen Teil die Beschäftigung mit den Gesetzen.

et dum sacra doctrina de legibus tractat, nihil profecto aliud quam Deum ipsum ut legislatorem intuetur.[20]

Und solange die Theologie von den Gesetzen handelt, nimmt sie nichts anderes als Gott selbst als Gesetzgeber in den Blick.

Suárez zeigt hier, warum die Theologie sich für die Gesetze interessiert: Es geht um die Heilsrelevanz auch der menschlichen Regeln. Er kommt darauf im Vorwort zurück und sagt:

Deinde theologicum est negotium conscientiis prospicere viatorum; conscientiarum vero rectitudo stat legibus servandis, sicut et pravitas violandis, cum lex quaelibet sit regula, si ut oportet servatur, aeternae salutis assequendae; si violetur, amittendae; ergo et legis inspectio, quatenus est conscientiae vinculum, ad theologum pertinebit.[21]

Schließlich ist es eine theologische Aufgabe, für die Gewissen der [zum Heil] Pilgernden zu sorgen; die Reinheit des Gewissens ergibt sich aus der Beachtung der Gesetze, wie seine Schlechtigkeit aus deren Verletzung. Da jedes Gesetz eine Regel darstellt, die, wenn sie pflichtgemäß beachtet wird, zum ewigen Heil führt, wenn sie verletzt wird, zum Verlust desselben. Also betrifft die Einsicht in das Gesetz, soweit es im Gewissen verpflichtet, den Theologen.

Spätestens hier wird die Zielrichtung des Werkes deutlich. Im Vordergrund steht keine Rechts- oder Staatstheorie, sondern das theologisch begründete Anliegen, den Menschen den Weg zur *salus animarum* zu weisen.[22] Der Autor möchte den Menschen Rat geben, um das Ziel des irdischen Pilgerweges nicht zu verfehlen. Der gerade auch in der scholastischen Theologie thematisierte Weg des Menschen (zurück) zu Gott verlangt die Auseinandersetzung mit Sünde und Bekeh-

**20** Francisco Suárez: Tractatus de legibus et legislatore Deo. Mainz 1619, prooemium, p. 1.

**21** Suárez: Tractatus de legibus (s. Anm. 20), prooemium, p. 2. Hierzu vgl. auch Grunert: Die obligatio in conscientia (s. Anm. 19), S. 161 sowie S. 159–163.

**22** Diese Zielrichtung der Spätscholastiker unterscheidet sich von anderen spätmittelalterlichen oder frühneuzeitlichen Äußerungen zu staatsrechtlichen oder staatstheoretischen Fragen, die durchaus aus der Hand von Theologen überliefert sind. Als Beispiel sei eine 1460 entstandene Abhandlung von Peter von Andlau genannt: Monarchia, Lateinisch und Deutsch. Hg. von Rainer A. Müller. Frankfurt am Main 1998, zum Autor vgl. Patricia Conring: Andlau, Peter von (1420–1480). In: Handwörterbuch zur deutschen Rechtsgeschichte. Hg. von Albrecht Cordes, Heiner Lück u. Dieter Werkmüller. Berlin $^{2}$2005, Bd. 1, Sp. 225–227.

rung, vor allem eben mit dem Beichtsakrament.[23] Die kompetente Antwort auf die Frage nach dem, was richtig und falsch – oder genauer: gut und böse – ist, erfordert komplexe Bewertungen im Gewissen, die schon in langer Tradition des Mittelalters eben auch juristischer Natur sind.[24] In dieser Tradition steht die Schule von Salamanca und mit ihr auch Francisco Suárez. Es ging darum, die Anwendung christlicher Moralforderungen auf das Alltagsleben darzustellen – und dazu gehörte es nun einmal auch, die rechtlichen Beziehungen der Menschen in Betracht zu ziehen.[25] Sieht man es so, so stellt sich ganz notwendig die Frage, ob die menschlichen Gesetze im Gewissen des Menschen verbindlich sind. Aus der Perspektive des Staates erschiene diese Frage eher abwegig, weil irrelevant für die Herrschaft des Rechts im *forum externum*, solange man nicht die Sorge um das Seelenheil selbst als Staatsaufgabe formuliert.

Im Folgenden soll es um eine kompakte Zusammenfassung des einigermaßen komplexen Gedankengangs von Suárez gehen. Im Schlusskapitel werden auf dieser Grundlage Anschlussfragen gestellt.

## 2.1 Die Gewissensbindung aufgrund der von Gott abgeleiteten Autorität menschlicher Gesetzgebung: DL III. 21

Suárez setzt in Kap. 21 voraus, dass es trotz der Anerkennung der menschlichen Freiheit echte, verpflichtende Gesetze gibt. Die Frage aber, die Suárez in theoretischer Form aufwirft, betrifft die *Wirkungen* (*effectūs*) der menschlichen Gesetze

---

23 Dazu ausführlicher Tilman Repgen: De restitutione – eine kommentierende Einführung. In: Francisco de Vitoria: De Iustitia – Über die Gerechtigkeit. Teil 2 (= De restitutione/Über die Restitution 1). Hg., eingeleitet und ins Deutsche übersetzt von Joachim Stüben. Stuttgart-Bad Cannstatt 2017, S. XVII–LVII, hier vor allem S. XXI–XXXII.

24 Joseph Goering: The Scholastic Turn (1100–1500). Penitential Theology and Law in the Schools. In: A New History of Penance. Hg. von Abigail Firey. Leiden 2008, S. 219–238, insbes. S. 221–228; ders.: The Internal Forum and the Literature of Penance and Confession. In: The History of Medieval Canon Law in the Classical Period, 1140–1234. From Gratian to the Decretals of Pope Gregory IX. Hg. von Wilfried Hartmann u. Kenneth Pennington. Washington D.C. 2008, S. 379–428 hat einen regelrechten »boom« (Wim Decock: From Law to Paradise. Confessional Catholicism and Legal Scholarship. In: Rechtsgeschichte 18 [2011], S. 12–34, hier S. 15) der Beichthandbücher seit dem Laterankonzil 1215 beschrieben. Mit Recht betont gegen die moderne moraltheologische Kritik Decock: Ebd, S. 33, dass die Jesuiten in der frühen Neuzeit auch von einem echten geistlichen Anliegen getrieben waren.

25 So mit Recht auch Decock: From Law to Paradise (s. Anm. 24), S. 16.

im Gewissen.[26] Die Antwort ist keineswegs selbstverständlich, da das *forum conscientiae* ein *forum Dei* sei, wie Suárez betont, der Mensch aber nicht vor dem *forum Dei* verpflichten könne, also auch nicht vor dem *forum conscientiae*.[27] Das Gewissen ist demnach eine Instanz, die unmittelbar nur die Beziehung des Menschen zu Gott betrifft. Wie kann hier eine menschliche Normsetzung verpflichten?

Suárez lenkt den Leser zunächst einmal auf den Begriff des Gerichts, den er in Übereinstimmung mit den Dekretalen von *forus* (nicht *forum*) ableitet.[28] Die Dekretalen übernahmen ihrerseits eine Etymologie von Isidor von Sevilla, die freilich kaum weiterführt. *Forus* bedeutet danach *Gerichtsstätte* im Sinne einer besonderen, abgeteilten Fläche. Der Begriff werde aber auch übertragen auf das Gerichtsurteil (*iudicium*) selbst.[29] *Forum internum* meine also ein inneres, im Gewissen stattfindendes Gericht, das von Augustinus (354–430) auch als *forum poli* oder *forum Dei* bezeichnet worden sei.[30]

Kehrt man zur Frage der Verpflichtungskraft des menschlichen Gesetzes im *forum conscientiae* zurück, so gibt es eine Reihe von Argumenten, die zunächst *gegen* eine solche Verpflichtung sprechen:[31]

(1) Die Hierarchie der Ämter: Wer in der Hierarchie nachgeordnet ist, darf nicht nach oben Anordnungen geben.

(2) Wenn den Menschen nur weltliche Macht zusteht, so ist damit keine geistige Verpflichtung verbunden.

(3) Politische Gestaltung betrifft das äußere Leben und verpflichtet daher nur im *forum externum*.

---

**26** DL III. 21. 1, Bach, Brieskorn, Stiening III/2, S. 20/21.

**27** DL III. 21. 2, Bach, Brieskorn, Stiening III/2, S. 20–23. Dazu Oliver Bach, Norbert Brieskorn, Gideon Stiening: »Nam lex naturalis in homine est, quia non est in deo«. In: Die Naturrechtslehre des Francisco Suárez. Hg. von Oliver Bach, Norbert Brieskorn u. Gideon Stiening. Berlin, Boston 2017, S. 3–21, hier S. 9, 12.

**28** DL III. 21. 2, Bach, Brieskorn, Stiening III/2, S. 20/21, mit Verweis auf X 5.40.10. *Forus, -i,* m. = abgeteilte Fläche, Gang, Spiel- oder Würfelbrett (cf. Karl Ernst Georges: Lat.-Dt. Handwörterbuch, Bd. 1. Berlin 2004, s.v. forus).

**29** M. E. ungenau die Übersetzung von *iudicium* bei Brieskorn, Bach, Stiening III/2, S. 21, mit ›Gerichtsverfahren‹. – Schon Gratian spricht im Zusammenhang mit der Beichte von einem *sacerdotali iudicio*, cf. DG de poen. D. 1. Die Vorstellung von der Beichte als *Gericht* reicht also mindestens auf das Mittelalter zurück. In *gl. in actione* zu de poen. D. 1 c. 84, in: Decretum Gratiani, una cum glossis restitutae. Rom: In aedibus Populi Romani, 1582, col. 2241, ist die Rede von der Beichte als *arbitrium*. Auch dies passt dazu. Vgl. im Übrigen oben Anm. 10.

**30** DL III. 21. 2, Bach, Brieskorn, Stiening III/2, S. 20–23.

**31** DL III. 21. 2 f., Bach, Brieskorn, Stiening III/2, S. 20–23.

(4) Ein Mensch darf nicht über das Gewissen eines anderen urteilen. Man kann aber nur dort verpflichten, wo man auch urteilen kann.
(5) Die Sündenstrafen können nicht vom weltlichen Richter auferlegt werden, also kann man auch nicht durch weltliche Gesetze ›im Gewissen verpflichten‹.
(6) Strafen kann nur auferlegen, wer von ihnen auch zu lösen vermag. Der menschliche Gesetzgeber kann aber nicht im Gewissen freisprechen.[32]
(7) Wenn die Sünde ein Verstoß gegen göttliches Gebot ist,[33] kann die Verletzung des menschlichen nicht im Gewissen binden.
(8) Um das ewige Leben zu erlangen, genügt die Beachtung der göttlichen Gebote.

Alle acht Argumente, die Suárez referiert ohne sie sogleich zu bewerten, speisen sich letztlich aus der Annahme einer Hierarchie der Rechtsnormen, die abhängig ist von der Autorität des Normgebers. Wer aber hat die Kompetenz für die Gewissensnormen? Die Verpflichtungskraft im Gewissen ist nur dann sinnvoll begründbar, wenn der Normenverstoß zugleich sündhaft ist, denn die Gewissensinstanz bezieht ihre Autorität aus der Heilsrelevanz menschlichen Handelns, in der allein die Kategorie der Sünde Bedeutung hat.

Suárez setzt sich zunächst mit Überlegungen von Johannes Gerson[34] und Jacques Almain[35] auseinander, die auf die These hindeuten, man werde durch

32 Mit Hinweis auf X 5.38.4.

33 Hierzu Berufung auf Augustinus Contra Faustum Manichaeum 22, cap. 27 (Patrologia Latina XLII [Paris 1845], col. 418 = https://archive.org/stream/sanctiaureliiau03augugoog#page/n230/mode/2up [2.3.2017]): »*Ergo peccatum est, factum vel dictum vel concupitum aliquid contra aeternam legem.*« / »Also besteht die Sünde in einer Handlung, einem Wort oder einem Begehren, das gegen das ewige Gesetz verstößt.«

34 Johannes Gerson: Liber de vita spirituali animae, lectio 4. In: Opera omnia. Tom. III. Antwerpen: Sumptibus societatis, 1706, col. 38 A: »Nulla transgressio Legis naturalis aut humanae, ut naturalis est vel humana, est de facto peccatum mortale [...] quia Lex naturalis et humana ut tales sunt, non possunt attingere ad cognitionem aeternitatis in poena vel praemio; non ergo feruntur ad finem talem supernaturalem, et plusquam humanum.« / »Keine Übertretung des natürlichen oder menschlichen Gesetzes, sei es natürlich oder menschlich, bewirkt eine Todsünde. [...] , weil das natürliche und menschliche Gesetz so beschaffen sind, dass sie nicht die Erkennung ewiger Strafe oder Belohnung betreffen. Sie sind nicht auf das übernatürliche Ziel, sondern vielmehr auf ein menschliches ausgerichtet.«

35 Jacques Almain: De suprema potestate ecclesiastica et laica, qu. 1, cap. 12. In: Monarchia S. Romani imperii sive tractatus de iurisdictione imperiali. Tom. I. Hg. von Melchior Goldast. Hannover 1611, pp. 610–612. Almain spricht hier über die Möglichkeit des Papstes, von der

menschliche Gesetze nicht unmittelbar im Gewissen verpflichtet, sondern die Verpflichtung folge aus dem göttlichen Gesetz.[36] Der menschliche (Gesetzes-) Befehl ist damit nur verbindlich, insofern er im göttlichen enthalten ist.[37] Hierin hätten, so Suárez, ihnen viele Kanonisten zugestimmt. Suárez greift auf die gelehrte Diskussion der Autoritäten im Mittelalter zurück.[38] Sie liest sich aber, und das ist bemerkenswert, nicht einheitlich. Eine Reihe von Autoren nämlich wollte innerhalb der menschlichen Gesetze zwischen den nicht verpflichtenden

---

Befolgung einzelner Vorschriften Dispens zu erteilen, was nur für die *lex divina* nicht möglich sei.

**36** DL III. 21. 4, Bach, Brieskorn, Stiening III/2, S. 24/25: »Unde non videtur aliquid tribuere legi humanae nisi explicationem eius obligationis quae continetur in lege divina.« – Für Gerson folgte daraus, dass ein Dispens lediglich vor dem weltlichen Gericht zu entschuldigen vermochte, nicht aber im *forum conscientiae*, vgl. Johannes Gerson: De ecclesiastica et politica potestate. In: Monarchia S. Romani Imperii. Tom. II. Hg. von Melchior Goldast. Frankfurt am Main 1614 (ND Graz 1960), S. 1384 ff., hier S. 1394–1395, regulae 4–6, hier zitiert nach: Hans Hattenhauer: Zur Rechtsgeschichte und Dogmatik der Gesetzesauslegung. In: Rechtsgeschichte und Privatrechtsdogmatik. Hg. von Reinhard Zimmermann, Rolf Knütel u. Jens Peter Meincke. Heidelberg 1999, S. 129–147, hier S. 146–147.

**37** DL III. 21. 4, Bach, Brieskorn, Stiening III/2, S. 24/25: »[...] obligatio [...], non quia illam medicus [i.e. homo] imponat, se quia in ipsa lege divina continebatur.«

**38** Als Verneiner der Verpflichtungskraft weltlicher – nicht aber kirchlicher – Gesetze im Gewissen werden herangezogen: Philipp Decius: Commentaria super titulis principalibus decretalium. Lyon 1536, zu X 1.2.4 [de constitutionibus c. nam concupiscentiam], n. 7, fol. 13rb: »iudex nec princeps secularis non videtur habere potestatem ligandi animam ad peccatum cum anima tanquam spiritualis subijciatur ecclesiastico.« / »Es scheint, dass weder der Richter noch der weltliche Herrscher die Macht hat, das Gewissen unter Schuld zu binden, weil das Gewissen in Hinblick auf die geistlichen Fragen der Kirche unterworfen ist.«; Johannes de Imola: Super primo decretalium commentaria. Lyon: Pullonus, 1549, zu X 1.33.2 [de maioritate et oboedientia c. si quis venerit], n. 3, fol. 223 va: »Nam iudex secularis non habet potestatem ligandi animam ad mortale peccatum cum animam tanquam res spiritualis videatur esse sub iudici ecclesiastico et non sub iudice seculari.« / »Denn der weltliche Richter hat nicht die Macht, das Gewissen unter Todsünde zu verpflichten, weil das Gewissen eine Art geistliche Sache zu sein scheint, die dem kirchlichen, nicht aber dem weltlichen Richter untersteht.«; ders.: Super secundo decretalium commentaria, Lyon 1549, zu X 2.24.28 [de iureiurando c. cum contingat], n. 6, fol. 128 vb, betrifft allgemein das Verhältnis von weltlichem und kirchlichem Recht beim Eid; Ludovicus Romanus (Pontanus): In primam atque secundam digesti novi partem commentaria. Venedig: Società dell'aquila che si rinnova, 1580, zu D. 45.1.6, n. 22, fol. 132ra: »Quod aperte probo, quia lex civilis etiam si vellet, expresse non potest disponere facientem contra eius dispositionem illaqueari peccato mortali.« / »Ich beweise das damit, dass das weltliche Gesetz, auch wenn es wollte, nicht anordnen kann, dass sich der, der gegen die Regelung verstößt, in eine Todsünde verstrickt.«

weltlichen und den verpflichtenden kirchlichen Gesetzen differenzieren. In diesem Sinne hätten es auch einige der Spanier verstanden.[39]

Sehr klar verwirft Suárez demgegenüber die Auffassung, die menschlichen Gesetze hätten keine Verpflichtungskraft im Gewissen, als »häretisch«,[40] denn sie verleugnet letztlich die *potestas ad leges ferendas* der weltlichen Herrscher.[41] Gemeinhin würden die Katholiken – so betont er in der ihm eigenen Abgrenzungsbemühung gegenüber den Reformatoren – auch die weltlichen Gesetze für im Gewissen verpflichtend halten.[42] Auch hierfür bringt Suárez eine Reihe von Autoritäten,[43] wobei allerdings auffällt, dass hier wieder Alfons de Castro und

---

**39** Suárez führt an: Fernando Vázquez de Menchaca: Controversiarum illustrium aliarumque usu frequentium libri tres. Venedig 1564, lib. 1, cap. 19, n. 1, fol. 57 vb, der insbesondere auf Domingo de Soto: De iustitia et iure libri decem. Salamanca 1556, lib. I, q. 6, art. 4, p. 50a und p. 51a (tertia conclusio) verweist. Alfonso de Castro: De potestate legis poenalis libri duo. Salamanca 1550, lib. I, cap. 5, fol. 31v und 39rv (zur Differenzierung zwischen weltlichen und kirchlichen Vorschriften). Allerdings unterscheiden auch diese Autoren sehr feinsinnig. Alfonso de Castro betont fol. 31v: »ergo non omnis humanae legis transgressio obligat illius transgressorem ad culpam mortalem.« / »Also verpflichtet nicht jede Überschreitung eines Gesetzes den, der es übertritt, unter Todsünde.«

**40** DL III. 21. 4, Bach, Brieskorn, Stiening III/2, S. 24–27.

**41** Diese Kompetenz ist aus der göttlichen Ermächtigung der weltlichen Herrscher abgeleitet, vgl. DL III. 21. 6, Bach, Brieskorn, Stiening III/2, S. 26–29.

**42** DL III. 21. 5, Bach, Brieskorn, Stiening III/2, S. 26/27.

**43** Thomas von Aquin: STh I–II q. 96, art. 4 in resp.; Thomas schränkt allerdings ein: »Si quidem iustae sint [...]« / »Wenn sie gerecht sind [...].« – Die Tradition hat das regelmäßig übernommen. Suárez führt weiterhin an: Antoninus Florentinus: Summa sacrae theologiae, iuris pontificii et caesarii. Venedig 1582, pars I, tit. 18, cap. unico, § 2, fol. 280 ra; de Soto: De iustitia (s. Anm. 39), lib. I, q. 6, art. 4, p. 50b: »lex humana tam civilis quam canonica, si iusta sit, authoritate viget vique pollet obligandi subditorum conscientias. Probatur. Lex omnis humana (ut dictum est) ab aeterna per naturalem derivatur.« / »Das menschliche Gesetz, ob weltlich oder kirchlich, zwingt mit Autorität und hat die Kraft, die Gewissen der Untertanen zu binden. Das wird bewiesen. Jedes menschliche Gesetz, wie bereits ausgeführt, wird vom göttlichen durch das natürliche Gesetz abgeleitet.«; Alfonso de Castro: De potestate legis (s. Anm. 39), lib. I, cap. 4 und 5, fol. 20v–44r.; Alfonso Salmeron: Commentarii in evangelicam historiam et acta apostolorum. Pars III, tom. IV, tract. XII. Köln 1602, p. 488b und pp. 489b S. mit detaillierten Argumenten gegen die Position von Gerson (s. Anm. 34); Roberto Bellarmin: Controversarium de membris ecclesiae liber tertius, de laicis sive saecularibus, cap. 11. In: Opera omnia. Tom. III. Paris 1870, p. 17b: »Lex civilis non minus obligat in conscientia, quam lex divina.« / »Das weltliche Gesetz verpflichtet nicht weniger im Gewissen als das göttliche.« – U. a. mit der interessanten Begründung, diese Verpflichtungswirkung sei notwendig im Gesetzesbegriff angelegt, so wie es dem menschlichen Wesen entspreche, der Vernunft zu folgen, aber auch Bellarmin weist auf die Legitimation menschlicher Herrschaft durch Gott hin, p. 18a; Franciscus Turranius: Pro canonibus apostolorum et epistolis decretalibus Pontificum Apostolicorum, adversus Magdeburgenses centuriatores defensio in quinque libros digesta. Paris

Domingo de Soto erwähnt werden, die soeben noch häretischer Positionen verdächtigt wurden.[44]

Entscheidend *für* die Verpflichtungskraft menschlicher Gesetze spricht in den Augen von Suárez *ein theologisches Argument*, das er vor allem aus Röm 13,2 ableitet, wo es heißt: »Wer sich [...] der staatlichen Gewalt widersetzt, stellt sich gegen die Ordnung Gottes, und wer sich ihm entgegenstellt, wird dem Gericht verfallen.«[45] Die staatliche Obrigkeit ist für Suárez, der sich dazu auf Johannes Chrysostomos bezieht,[46] ein ›Diener Gottes‹. Sich ihren Weisungen zu widersetzen, ist daher sündhaft. Die Motivation zum Gesetzesgehorsam gründet also nicht so sehr in der Furcht vor Strafe, sondern in dem Bestreben, Schuld zu vermeiden.[47]

---

1573, lib. V, cap. 9, fol. 400r: »Obligant igitur conscientiam leges potestatum saecularium in Christo.« / »Es verpflichten daher im Gewissen die Gesetze der weltlichen Herrscher in Christus.«; Diego de Covarrubias: [Relectio] de regulis iuris in libro sexto, pars II, § 5 [de Gabellis et Vectigalibus], n. 2. In: Opera omnia. Tom. II. Turin 1594, p. 489a: »Humana lex, quae iusta sit, vi humani praecepti ad culpam eius transgressores obligat, [...] constat ex eo, quod humana potestas a divina derivetur.« / »Das menschliche Gesetz verpflichtet, wenn es gerecht ist, mit menschlicher Kraft seine Übertreter im Gewissen [...] dies steht fest, weil die menschliche Gewalt von der göttlichen abgeleitet wird.«; Martín de Azpilcueta: Enchiridion sive Manuale confessariorum et poenitentium. In: Opera. Tom. III. Lyon 1589, cap. 23, n. 48, p. 247 – Azpilcueta beschäftigt sich mit der Frage, ob der Verstoß gegen ein weltliches Gesetz eine Todsünde sein könne; Felinus Sandeus: Commentaria ad V libros decretalium. Pars III. Lyon 1587, zu X 4.1.1, n. 18, fol. 130 ra: »[L]ex laicorum facta ab habente potestatem, si est iusta, nec repugnat legi divinae, vel canonico, ligat in foro conscientiae.« / »Ein Gesetz von Laien, erlassen von der Herrschaft, bindet im Gewissen, wenn es gerecht ist und nicht dem göttlichen oder kanonischen Recht widerstreitet.«; Petrus de Ancharano: Repetitio capituli canonum statuta de constitutionibus [X 1.2.1]. Rom 1475, fol. 65va: »[L]ex positiva obligat in foro penitentiae et conscientiae.« / »Das positive Gesetz bindet vor dem Beichtgericht und im Gewissen.« – Es folgen zahlreiche konkrete Beispiele; Bernardus Parmensis: gl. constituerunt zu X 1.2.7, darin zu vv. iure poli. In: Decretales Gregorii Papae IX., cum glossis. Rom 1582, col. 19 – Bernardus spricht hier zwar von der Möglichkeit des politischen Gemeinwesens, Gesetze als *ius civile* zu erlassen, aber über die Bindungswirkung im Gewissen spricht er nicht ausdrücklich; Andreas Tiraquellus: De utroque retractu municipali et conventionali commentarii duo. Venedig 1618, praefatio, n. 74, p. 23: »Nam et leges et statuta (ut hoc illi addam) nos obligant etiam in foro, quod conscientiae appellant.« / »Denn die Gesetze und Statuten [wie ich hier hinzufüge] verpflichten uns vor dem, was sie Gewissen nennen.«

**44** DL III. 21. 5, Bach, Brieskorn, Stiening III/2, S. 26/27.

**45** Röm 13,2; herangezogen werden außerdem 1 Petr 2,18 und 19 sowie Spr 8,15.

**46** Johannes Chrysostomos: Homilia XXIII in epistolam ad Romanos, cap. 13, n. 2. In: Patrologia Graeca LX. Paris 1862, col. 615 s.

**47** DL III. 21. 5, Bach, Brieskorn, Stiening III/2, S. 26/27.

| | |
|---|---|
| Dicendum vero est legem humanam civilem habere vim et efficaciam obligandi in conscientia.[48] | Man muss aber sagen, dass das menschliche und weltliche Gesetz die Kraft und Wirkung der Verpflichtung im Gewissen hat. |

Das gilt, weil der menschliche Gesetzgeber als ›Diener Gottes‹ handelt, also durch Gott autorisiert, in seinem Auftrag handelt.[49] Dabei geht es um eine formale Begründung. Die *Legitimität der Machtausübung* entscheidet. Zwar könne man einwenden, so Suárez, dass so keine unmittelbare Verpflichtung entstehe und diese auf andere Weise zwinge, eben nicht im Gewissen. Im politischen Gemeinwesen bleibe jedoch stets die Möglichkeit, im Gewissen zu verpflichten. Die Vermittlung der Herrschaftslegitimation ändere also nichts an der abstrakten Möglichkeit, dass das Gemeinwesen durch einen *princeps perfectus cum vera potestate suprema* Regeln festlegt, die auch im Gewissen binden,[50]

| | |
|---|---|
| quia ius divinum et naturale dictat servandas esse iustas leges a legitimis principibus positas.[51] | weil das göttliche und natürliche Recht vorschreiben, dass gerechte Gesetze, die von legitimen Herrschern erlassen worden sind, eingehalten werden müssen. |

Die Rückbindung an die Gottesinstanz erfolgt mithin durch den in der *lex divina* und der *lex naturalis* begründeten Gehorsamsbefehl.

Zu dieser Herrschaftslegitimation kommt die wichtige und schon von Thomas formulierte,[52] einschränkende Voraussetzung hinzu, dass es sich um eine *lex iusta*[53] handeln muss, mit allen Konsequenzen. Nur wenn menschliche

---

**48** Ebd.

**49** DL III. 21. 6, Bach, Brieskorn, Stiening III/2, S. 26/27.

**50** DL III. 21. 6, Bach, Brieskorn, Stiening III/2, S. 28/29.

**51** DL III. 21. 7, Bach, Brieskorn, Stiening III/2, S. 28/29.

**52** Vgl. Thomas von Aquin: STh I–II, q. 96, art. 4 in corp.: Respondeo dicendum quod leges positae humanitus vel sunt iustae, vel iniustae. Si quidem iustae sint, habent vim obligandi in foro conscientiae a lege aeterna, a qua derivantur. (Ich antworte, dass man sagen muss, dass die positiven menschlichen Gesetze entweder gerecht oder ungerecht sind. Wenn sie gerecht sind, haben sie Verpflichtungskraft im Gewissen aufgrund des göttlichen Gesetzes, von dem sie abgeleitet werden.)

**53** DL III. 21. 7, Bach, Brieskorn, Stiening III/2, S. 28/29. Dazu bereits auch DL II. 4. 5. In: Suárez: Tractatus de legibus (s. Anm. 20), p. 65 :

| | |
|---|---|
| Lex duo requirit: unum, ut sit iusta et rationi consentanea; aliud, ut sit efficax ad obligandum. | Ein Gesetz erfordert zweierlei: einerseits, dass es gerecht und der Vernunft entsprechend ist; andererseits, dass es wirksam ist zu verpflichten. |

Gesetze diese Qualität haben, sind sie im Gewissen verbindlich. Anders ist es mit den ungerechten Gesetzen.[54] Die Verpflichtungskraft der *leges iustae* untermauert Suárez mit biblischen Belegen: 1 Petr 2,15[55] bezeichne die Unterwerfung unter die menschliche Autorität politischer Herrschaft als Willen Gottes und Mt 23,3[56] bestätige das.[57] Zu beiden Bibelstellen gilt, dass sie aus heutiger Perspektive nicht unbedingt diesen Sinn tragen:

Einigermaßen deutlich ist Mt 23,3: Hier geht es um die Lehrautorität der Schriftgelehrten, also gerade nicht diejenige weltlicher Herrscher. Dem Zusammenhang bei Suárez nach müsste es aber doch gerade darauf ankommen.

Aus 1 Petr 2,15 zitiert Suárez nur einen Satzteil, der in einem anderen Zusammenhang steht: 1 Petr 2,13 mahnt zur Unterwerfung unter die menschliche Ordnung, Kaiser wie Statthalter. In 1 Petr 2,15 heißt es sodann:

| | |
|---|---|
| quia sic est voluntas Dei, ut benefacientes obmutescere faciatis imprudentium hominum ignorantiam.[58] | denn es ist der Wille Gottes, dass ihr durch eure guten Taten die Unwissenheit unverständiger Menschen zum Schweigen bringt.[59] |

Suárez zitiert hingegen: *»haec est enim voluntas Dei.«* Nun würde auf den ersten Blick gerade das in der Vulgata vorhandene *quia* für einen Anschluss an

Die Ausnahmen, also die nicht verpflichtenden Gesetze, behandelt Suárez in dem hier im Text untersuchten Abschnitt des dritten Buches.
und DL III. 10. 7, Bach, Brieskorn, Stiening III/1, S. 182/183:

| | |
|---|---|
| Lex iniqua non est lex [...] | Ein ungerechtes Gesetz ist kein Gesetz. |

Siehe dazu auch den Beitrag von Gideon Stiening in diesem Band.

**54** Die Ungerechtigkeit eines Gesetzes kann sich entweder auf seinen Inhalt beziehen mit der Folge, dass das Gesetz keine Verbindlichkeit hat, oder auf die Form seines Zustandekommens mit der Folge, dass es nicht befolgt werden muss, aber Gehorsam erlaubt ist, vgl. DL I. 9. 20. In: Tractatus de legibus (s. Anm. 20), p. 31. Dazu auch Tilmann Altwicker: Gesetz und Verpflichtung in Suárez' *De legibus*. In: Transformation des Gesetzesbegriffs im Übergang zur Moderne? Von Thomas von Aquin zu Francisco Suárez. Hg. von Manfred Walther, Norbert Brieskorn u. Kay Waechter. Stuttgart 2008, S. 125–133, hier S. 130.

**55** »Denn es ist der Wille Gottes, dass ihr durch eure guten Taten die Unwissenheit unverständiger Menschen zum Schweigen bringt.«

**56** »Tut und befolgt also alles, was sie [sc. die Schriftgelehrten] euch sagen, aber richtet euch nicht nach dem, was sie tun; denn sie reden nur, tun selbst aber nicht, was sie sagen.«

**57** DL III. 21. 7, Bach, Brieskorn, Stiening III/2, S. 28/29.

**58** 1 Petr 2,15 nach der Vulgata.

**59** 1 Petr 2,15 nach der Einheitsübersetzung.

1 Petr 2,13 f.[60] sprechen, aber der folgende, mit *ut* angeschlossene Halbsatz zeigt, dass sich dieser Satzteil auf die Überzeugung bislang noch nicht zum Glauben gekommener Menschen durch gute Taten bezieht. Auch 1 Petr 2,15 stützt also nicht so klar die Position von Suárez, wenngleich 1 Petr 2,13 f. in diese Richtung weist.

Jedenfalls wird man sagen können, dass sich in der Prämisse der Gerechtigkeit des menschlichen Gesetzes ein *innerer Schrankenvorbehalt* widerspiegelt, der von Anfang an in der christlichen Tradition – z. B. in Röm 12,2[61] und Apg 5,29[62] – mitschwingt.[63]

Nach der Auffassung des Thomas[64] habe, so Suárez weiter, das menschliche Gesetz teil am göttlichen und natürlichen Gesetz,

| | |
|---|---|
| quatenus in voluntate Dei et in dictamine rationis naturalis nititur.[65] | insoweit es sich auf den Willen Gottes und die Anordnung der natürlichen Vernunft stützt. |

Suárez hält es für ein naturrechtliches Prinzip, dass den gerechten (nur diesen!) Vorschriften der Herrscher zu folgen ist.[66] Die *lex aeterna* sei zwar die Erstursache, aber von ihr werde das menschliche Gesetz als Zweitursache bewirkt und diese vermittle die Wirkung im Gewissen.[67] Dass eine *lex* begrifflich nur dann

---

**60** 1 Petr 2,13 f. in der Einheitsübersetzung: »Unterwerft euch um des Herrn Willen jeder menschlichen Ordnung: dem Kaiser, weil er über allen steht, den Statthaltern, weil sie von ihm entsandt sind, um die zu bestrafen, die Böses tun, und die auszuzeichnen, die Gutes tun.«

**61** »Gleicht euch nicht dieser Welt an, sondern wandelt euch und erneuert euer Denken, damit ihr prüfen und erkennen könnt, was der Wille Gottes ist: was ihm gefällt, was gut und vollkommen ist.«

**62** »Man muss Gott mehr gehorchen als den Menschen.«

**63** Dazu eindringlich Paul Mikat: Konflikt und Loyalität. Paderborn 2007, S. 77 ff.; siehe auch den Beitrag von Kurt Seelmann im vorliegenden Band.

**64** Vgl. nur das Zitat oben in Anm. 52.

**65** DL III. 21. 7. Übersetzung von Bach, Brieskorn, Stiening III/2, S. 29.

**66** DL III. 21. 7.

| | |
|---|---|
| Hoc enim principium »obediendum est iustis praeceptis principum« naturale est. | Es ist nämlich ein naturrechtliches Prinzip, dass man den gerechten Vorschriften der Herrscher folgen muss. |

Die berühmte Gesetzesdefinition des Thomas von Aquin (STh I–II, q. 90, art. 4 in corp.) spricht demgegenüber nicht von einer *iusta ordinatio*, sondern qualifiziert diese lediglich als auf das *bonum commune* bezogen. Allerdings dann deutlich STh I–II, q. 96, art. 4 in corp., vgl. oben in Anm. 52.

**67** DL III. 21. 7, Bach, Brieskorn, Stiening III/2, S. 28–31; Stefan Schweighöfer: Proxima regula bonitatis. Das Gewissen und das natürliche Gesetz. In: Die Naturrechtslehre des Francisco Suárez. Hg. von Oliver Bach, Norbert Brieskorn u. Gideon Stiening. Berlin, Boston 2017, S. 135–

vorliegt, wenn sie ein *praeceptum iustum* ist, hatte Suárez bereits im ersten Buch seines Traktats herausgearbeitet.[68]

Hinzu tritt bei Suárez ein *praktisches Argument* für die Verpflichtungskraft menschlicher Gesetze: Ohne verbindliche Gesetze wäre ein geordnetes Zusammenleben nicht möglich.[69] Regierung benötige immer eine *potestas cogendi.* Diese sei aber ohne Bindung im Gewissen *moraliter*[70] *impossibilis* oder doch wenigstens *insufficiens.*[71] Immer sei zu fordern, dass das menschliche Gesetz aus dem natürlichen abgeleitet werden müsse. Der Gehorsam gegenüber dem Herrscher sei ein naturrechtliches Gebot (*praeceptum naturale*). Die relativierende Position von Gerson[72] sei vor allem sprachlich missverständlich und als irrig zu verwerfen.[73]

Auch wenn das menschliche Gesetz im natürlichen gegründet sei[74] (*fundari aliquo modo in principiis legis naturae*), so erzeuge doch das menschliche Gesetz selbst die Verpflichtung im Gewissen.[75] Manchmal erläutere ein menschliches Gesetz nur Verpflichtungen, die bereits vom Naturrecht her bestehen und aus

153, hat herausgearbeitet, dass Suárez das Gewissen als den Ort verstand, an dem sich die *lex aeterna* durch die *synderesis* manifestiert. Alle Gesetze müssen aber von der *lex aeterna* getragen sein. – Zum Problem der Unmittelbarkeit dieser Verursachung der Verpflichtung vgl. auch unten Anm. 183. – Zum Verhältnis von *lex aeterna* und *lex humana* siehe auch Stiening: Der hohe Rang der Theologie (s. Anm. 18), S. 122–129; zum Verhältnis von *lex aeterna* und *lex naturalis* vgl. ferner Martin Schmeisser: *Lex aeterna* und *lex naturalis.* Francisco Suárez und Thomas von Aquin im Vergleich. In: »Auctoritas omnium legum«. Francisco Suárez' *De legibus* zwischen Theologie, Philosophie und Jurisprudenz. Hg. von Oliver Bach, Norbert Brieskorn u. Gideon Stiening. Stuttgart-Bad Cannstatt 2013, S. 73–95.

**68** DL I. 12. 5, Bach, Brieskorn, Stiening I, S. 280; Übersetzung T. R.:

| | |
|---|---|
| Lex est commune praeceptum *iustum* ac stabile, sufficienter promulgatum. | Gesetz ist eine allgemeine Regel, gerecht und dauerhaft, zureichend bekanntgemacht. |

(Hervorhebung von mir). – Zum Lex-Begriff bei Suárez vor allem: Norbert Brieskorn: Lex und ius bei Francisco Suárez. In: Lex und Ius. Beiträge zur Begründung des Rechts in der Philosophie des Mittelalters und der Frühen Neuzeit. Hg. von Alexander Fidora, Matthias Lutz-Bachmann u. Andreas Wagner. Stuttgart-Bad Cannstatt 2010, S. 429–463, hier S. 430; dort S. 430 ff. auch ein Vergleich mit dem Gesetzesbegriff des Thomas von Aquin.

**69** DL III. 21. 8, Bach, Brieskorn, Stiening III/2, S. 30–33.

**70** Hier zeigt sich einmal mehr die Zielrichtung der Ausführungen. Es geht um eine Morallehre, die zugleich Rechtslehre ist – nicht umgekehrt.

**71** DL III. 21. 8, Bach, Brieskorn, Stiening III/2, S. 32/33.

**72** Vgl. oben in Anm. 34.

**73** DL III. 21. 9, Bach, Brieskorn, Stiening III/2, S. 32–35.

**74** Vgl. Thomas v. Aquin: STh I–II, q. 95, art. 2 in corp.: »Unde omnis lex humanitus posita intantum habet de ratione legis, inquantum a lege naturae derivatur.« und 4 in corp.: »Est enim [...] de ratione legis humanae quod sit derivata a lege naturae.«

**75** DL III. 21. 9, Bach, Brieskorn, Stiening III/2, S. 34/35.

ihnen als notwendig abgeleitet werden.[76] Manchmal aber ergänze das menschliche Gesetz etwas, was sich in dieser Konkretheit nicht aus dem Naturrecht ableiten lasse: beispielsweise ein Verbot, nachts Waffen zu tragen oder bestimmte Güter auszuführen.[77]

| | |
|---|---|
| Et secundum illam determinationem obligant immediate ex vi potestatis legislativae humanae, quae obligationem illam in conscientia potest addere supra obligationem legis naturalis vel divinae.[78] | Und aufgrund dieser konkretisierenden Festlegung verpflichten [diese Gesetze] unmittelbar aufgrund der menschlichen Gesetzgebungsmacht, die jene Verpflichtung im Gewissen hinzufügen kann zu den Pflichten des natürlichen und göttlichen Gesetzes. |

Damit steht für Suárez fest, dass das menschliche Gesetz im Gewissen verpflichten kann. Es muss sich allerdings um ein *gerechtes* Gesetz eines *legitimen* Gesetzgebers handeln.

Dennoch geht Suárez auf die anfangs referierten Argumente[79] gegen die von ihm für richtig gehaltene These ein.

Ad (1): Das Argument der *Hierarchie der Rechtsnormen*, man könne im Gewissen vor Gott nicht durch einen Menschen verpflichtet werden, weist Suárez elegant mit einer dem Privatrecht entlehnten Überlegung zurück: das Instrument der Vollmacht. Die *potestas legislativae* des Menschen beruhe, so meint er, auf einer göttlichen Vollmacht – also könne auch das menschliche Gesetz im Gewissen verpflichten.[80]

Ad (2): Zwar sei es richtig, dass die *weltliche* Macht nicht in geistlichen Angelegenheiten Anordnungen treffen könne, aber die weltliche Macht habe Anteil an der *potestas divina* und vermöge so auch im Gewissen Bindung zu bewirken.[81]

Ad (3): Das *dritte* Argument bezog sich ebenfalls auf die verschiedenen Sphären des Handelns. Danach sollte weltliche Macht auch nur im *forum externum*

**76** DL III. 21. 10, Bach, Brieskorn, Stiening III/2, S. 34/35: »[...] quod per necessariam illationem deducitur ex principiis legis naturalis«, mit Hinweis auf de Soto: De iustitia (s. Anm. 39), lib. I, q. 6, art. 4, p. 52b.

**77** DL III. 21. 10, Bach, Brieskorn, Stiening III/2, S. 34/35.

**78** DL III. 21. 10, Bach, Brieskorn, Stiening III/2, S. 36. Übersetzung T. R.

**79** Vgl. oben nach Anm. 31.

**80** DL III. 21. 11, Bach, Brieskorn, Stiening III/2, S. 38/39, mit Hinweis auf Lk 10,16: »Wer euch hört, der hört mich [...].«

**81** DL III. 21. 11, Bach, Brieskorn, Stiening III/2, S. 38/39.

verpflichten.[82] Dieses Argument wird nun weiter hinten unpräzise so wiedergegeben:

Ad tertium respondetur leges civiles etiam intendere honestatem morum in sua materia et in ordine ad suum finem et hac ratione posse in conscientia obligare.[83]

Und zum dritten Argument, die weltlichen Gesetze zielten auch auf ehrenhafte Sitten in ihrer eigenen Materie und in Hinordnung auf ihr Ziel; aus diesem Grund könnten sie im Gewissen verpflichten.

Nach der Schilderung am Eingang des Kapitels hätte man hier erwartet, solche Gesetze könnten angeblich *nicht* im Gewissen verpflichten. Ob hier in der Überlieferung ein *non* vor dem *posse* entfallen ist, ist nicht klar.[84] Auch eine innere Widersprüchlichkeit des Textes ist nicht völlig auszuschließen. Inhaltlich setzt sich Suárez jedenfalls nicht mit dem eingangs genannten dritten Argument auseinander, sondern betont, ohne die Verbindlichkeit auch weltlicher Normen im Gewissen könnten Frieden und Gerechtigkeit nicht gewahrt werden.[85]

Ad (4): Es sei, so Suárez, nicht nötig, dass die Verbindlichkeit des menschlichen Gesetzes selbst im Gewissen erkannt werde, sondern es komme auf die Beurteilung des äußeren Verhaltens an.[86] Man muss also, so ist gegen das vierte Argument zu folgern, nicht über das Gewissen eines anderen urteilen.

Ad (5): Hier ging es darum, dass ein weltlicher Richter nicht Sündenstrafen auferlegen könne. Suárez bestätigt die Richtigkeit der These, aber bestreitet ihre argumentative Reichweite, da es zwei Arten der Auferlegung von Strafen gebe, solche, die *ipso facto ex transgressione legis* resultieren. Das sind die Sündenstrafen, die aber erst im ewigen Leben relevant werden. Andererseits gebe es Strafen, die aufgrund eines Verfahrens verhängt werden. Bei den menschlichen Gesetzen geht es nur um diese.[87] Dass mit der Über-

**82** DL III. 21. 2, Bach, Brieskorn, Stiening III/2, S. 22; Übersetzung T. R.:

Tertio, leges civiles solum ordinantur ad externam politiam; ergo satis est quod in foro exteriori obligent.

Drittens ordnen die weltlichen Gesetze das äußere, politische Zusammenleben; daher genügt es, dass sie im *forum externum* verpflichten.

**83** DL III. 21. 12, Bach, Brieskorn, Stiening III/2, S. 38/39; Übersetzung T. R.

**84** Schon in der Mainzer Ausgabe von 1619, p. 164a und p. 166b lautet der Text wie in der hier verwendeten modernen Ausgabe.

**85** DL III. 21. 12, Bach, Brieskorn, Stiening III/2, S. 40/41.

**86** Ebd.

**87** DL III. 21. 13, Bach, Brieskorn, Stiening III/2, S. 40–43.

tretung auch Sündenstrafen verbunden sein können, folge aus der Gesetzgebungsvollmacht.[88]

Ad (6): Zum sechsten Argument weist Suárez die Prämisse als unzutreffend zurück. Es gebe sehr wohl Verpflichtungen, die nicht der, der sie auferlegt, lösen könne, zum Beispiel bei einem Gelübde. Im Übrigen gehe es hier um mittelbar auferlegte Sündenstrafen, die durch göttliche Bevollmächtigung legitimiert seien.[89]

Ad (7 und 8): Das siebte Argument stellte auf den Sündenbegriff ab. Auch dies verfängt nach Suárez nicht, da man darauf achtgeben müsse, dass das menschliche Gesetz durch die *lex aeterna* legitimiert werde.[90] Damit ist letztlich auch das achte Argument erledigt, das nur eine Variante des siebten ist.

Wie eine Zusammenfassung aller Argumente liest man:

| | |
|---|---|
| unum enim ex divinis praeceptis est obedire superioribus et principibus humanis. | Eines von den göttlichen Geboten besteht darin, den Oberen und weltlichen Herrschern zu gehorchen, |
| Et ideo qui non servat leges humanas, neque omnia Dei mandata servat; | und deshalb beachtet jener, der die menschlichen Gesetze nicht beobachtet, auch nicht sämtliche Gebote Gottes |
| ac subinde damnationem sibi acquirit, ut dixit Paulus, quia re vera non implet conditionem a Christo positam: | und zieht sich deshalb die Verdammnis zu, wie es Paulus gesagt hat, denn er erfüllt nicht wirklich die von Christus auferlegte Bedingung: |
| »Si vis ad vitam ingredi, serva mandata.«[91] | »Wenn du zum Leben eingehen willst, beachte die Gebote!« |

Für die gesamte Frage ist die *Gesetzgebungsvollmacht* entscheidend. Suárez leitet sie von Gott ab. Der so autorisierte Gesetzgeber kann Gehorsam verlangen – und wer diesen verweigert, verstößt zugleich gegen die *lex divina* und begeht eine Sünde.[92]

---

**88** Ebd.

**89** DL III. 21. 14, Bach, Brieskorn, Stiening III/2, S. 42/43.

**90** DL III. 21. 15, Bach, Brieskorn, Stiening III/2, S. 44/45.

**91** DL III. 21. 15, Bach, Brieskorn, Stiening III/2, S. 44. Übersetzung leicht verändert T. R.

**92** Ebd.:

| | |
|---|---|
| Et hoc modo convenit etiam illi transgressioni definitio peccati. | Und so kommt dem Gesetzesverstoß auch die Bezeichnung Sünde zu. |

Die Verbindlichkeit des menschlichen Gesetzes im Gewissen steht so – wenigstens dem Grundsatz nach – für Suárez fest. Er bleibt sich damit seiner eigenen Gesetzestheorie treu, die er im ersten Buch des Traktats entwickelt hat, wo er schrieb:

> Propria ergo et absoluta appellatio legis est quae ad mores pertinet;
>
> Aber die eigentliche und vollkommene Bezeichnung des Gesetzes ist die, die sich auf die Gebräuche bezieht.
>
> atque ita restringenda est divi Thomae descriptio, ut scilicet lex sit mensura quaedam actuum moralium,
>
> und so ist die Beschreibung des hl. Thomas dahingehend einzuschränken, dass nämlich *lex* ein Maßstab der sittlichen Handlungen ist,
>
> ita ut per conformitatem ad illam, rectitudinem moralem habeant, et si ab illa discordent obliqui sint.[93]
>
> so dass sie durch Übereinstimmung mit ihm moralische Richtigkeit haben, und wenn sie von ihm abweichen, moralisch falsch sind.

Suárez beschränkt dies nicht auf die Regeln des Naturrechts und der *lex aeterna*, sondern spricht ununterschieden von allen Formen des Gesetzes. So ist es nur konsequent, auch die menschlichen Gesetze für im Gewissen verbindlich zu halten.

## 2.2 Gesetze ohne Gewissensbindung?: DL III. 22

Suárez wirft im Anschluss daran die Frage auf, ob wirklich *alle* menschlichen Gesetze derart im Gewissen verpflichten, also ob diese Verpflichtung ein Wesensmerkmal wahrer und gültiger Gesetze sei.[94]

---

Übersetzung in Anlehnung an Frank Grunert: Strafe als Pflicht. In: »Auctoritas omnium legum«. Francisco Suárez' *De legibus* zwischen Theologie, Philosophie und Jurisprudenz. Hg. von Oliver Bach, Norbert Brieskorn u. Gideon Stiening. Stuttgart-Bad Cannstatt 2013, S. 255–266, hier S. 262. – Zur Grundlegung dieses Sündenbegriffs bei Augustinus vgl. bereits oben Anm. 33. Außerdem vgl. DL II. 9. 2, dazu auch Grunert: Die obligatio in conscientia (s. Anm. 19), S. 166. Die Definition von Ungehorsam gegenüber dem Gebot (Gottes) als Sünde steht letztlich in paulinischer Tradition, vgl. Röm 5,12–21, insbesondere 5,19.

**93** DL I. 1. 5, Vivès 5, S. 2. Übersetzung in Anlehnung an Brieskorn: Lex und ius (s. Anm. 68), S. 136.

**94** DL III. 22 1, Bach, Brieskorn, Stiening III/2, S. 44–47. – Zum Gesetzesbegriff bei Suárez vor allem Norbert Brieskorn: Francisco Suárez und sein Gesetzesbegriff im Kontext. In: Transformation des Gesetzesbegriffs im Übergang zur Moderne? Von Thomas von Aquin zu Francisco

Von einem wahren und gültigen Gesetz kann überhaupt nur gesprochen werden, wenn die *lex iusta et rationabilis* ist.[95] *Rationabilis* meint hierbei nicht nur »vernünftig«, sondern vor allem auch »zweckmäßig«, eine *ratio* enthaltend, sinnvoll.[96] Das Gesetz muss weiter vom Gesetzgeber als solches *gewollt*, es muss in Kraft gesetzt worden und darf nicht außer Gebrauch gekommen sein.[97]

Zu diesem Willen des Gesetzgebers gehört nach Suárez konstitutiv die Absicht zur Verpflichtung der Adressaten, die *intentio obligandi.*[98] Es wäre daher in sich widersprüchlich, wenn man ein Gesetz erlassen könnte, das nicht (im Gewissen) verpflichtet.[99] Der Verpflichtungswille des Gesetzgebers ist also auch ein Kriterium für die Verbindlichkeit des Gesetzes. Leere Worte sind völlig ohne Bedeutung und ein *Ratschlag* kein Gesetz (*lex differt a consilio*).[100] Die Verbindlichkeit des Gesetzes vor dem Gewissen ist also etwas, was sich *ex natura rei et veritate legis* ergibt.[101]

So klar die Grundregel auch erscheint – vermindert man die Abstraktionshöhe, so verliert die Regel zugleich an Eindeutigkeit. Suárez bleibt bei ihrer Gültigkeit, aber er diskutiert, ob es Ausnahmen gibt. Als solche kommen für Suárez in Betracht:

### 2.2.1 Leges fundatae in praesumptione: Gesetze, deren Tatbestand auf Vermutungen gründet

Die ›Rechtsgelehrten‹[102] meinten, so erklärt Suárez, unter Berufung auf X 1. 2. 1 *(de constitutionibus)*, Gesetze, deren Tatbestand auf einer Vermutung gründe, verpflichteten nicht im Gewissen.[103]

---

Suárez. Hg. von Manfred Walther, Norbert Brieskorn u. Kay Waechter. Stuttgart 2008, S. 105–123; Altwicker: Gesetz und Verpflichtung in Suárez' *De legibus* (s. Anm. 54); Brieskorn: Lex und ius (s. Anm. 68).

**95** DL III. 22. 1, Bach, Brieskorn, Stiening III/2, S. 44–47.

**96** Das entspricht ganz und gar der Sichtweise des *ius commune* auf das Gesetz, bei dessen Auslegung es letztlich immer um diese Wahrheit geht, cf. Tilman Repgen: Gesetzesauslegung im älteren ius commune. In: Zeitschrift für die gesamte Privatrechtswissenschaft 3 (2016), S. 259–279.

**97** DL III. 22. 1, Bach, Brieskorn, Stiening III/2, S. 46/47.

**98** DL III. 22. 1, Bach, Brieskorn, Stiening III/2, S. 44/45. Zur *intentio* vgl. auch den Beitrag von Holger Glinka im vorliegenden Band.

**99** DL III. 22. 2, Bach, Brieskorn, Stiening III/2, S. 46/47.

**100** So auch schon in DL I. 1. 8, Vivès 5, S. 3; vgl. Brieskorn: Lex und ius (s. Anm. 68), S. 437.

**101** DL III. 22. 2, Bach, Brieskorn, Stiening III/2, S. 46/47.

**102** Ausführliche Nachweise der Herausgeber Bach, Brieskorn, Stiening III/2, S. 368, Anm. 86.

### 2.2.2 Strafgesetze

Es gebe, so Suárez, Normen in Orden, die zwar unter Strafe etwas befehlen, aber *»non obligare ad culpam«*, nicht unter Schuld, also nicht im Gewissen verbindlich sind, so dass der Verstoß keine Sünde ist.[104]

Diese Ausnahme ist nach Suárez bestritten. Silvester Mazzolini (de Prierias, 1456–1523),[105] Domingo de Soto (1494–1560)[106] und Jean Hessels (1522–1566)[107] hätten erklärt, Strafe setze immer Schuld voraus, denn nach dem Maß der Schuld bestimme sich das Strafmaß:

| | |
|---|---|
| »iuxta mensuram delicti sit et plagarum modus«, ut dicitur Ruth. | »nach dem Maß des Delikts bestimmt sich die Art und Weise der Strafe«, wie es im Buch Ruth heißt. |

Freilich lehnt sich das Zitat an Dtn 25,2 – und nicht an das Buch Ruth – an, wo es in der Vulgatfassung heißt:

| | |
|---|---|
| pro mensura peccati erit et plagarum modus.[108] | Das Maß der Sünde bestimmt die Art der Strafe. |

---

**103** DL III. 22. 3, Bach, Brieskorn, Stiening III/2, S. 48/49.

**104** Ebd.

**105** Silvester Mazzolini: Summa, quae summa summarum [...] nuncupatur. Pars II. Lyon 1554, s.v. Inobedientia, p. 40a. Silvester weist die Differenzierung in Gebote, die nur eine Strafe nach sich ziehen, aber deren Verstoß keine Sünde darstellt, die also nicht im Gewissen binden, unter Berufung auf Thomas von Aquin zurück, weil *omnes leges humanae obligant in conscientia sive ad culpam, modo sint iustae* (alle menschlichen Gesetze im Gewissen verbindlich sind oder unter Sünde verpflichten, wenn sie gerecht sind), vgl. aber auch die sehr differenzierten Ausführungen zur Verbindlichkeit der Gesetze im Gewissen von Silvester: l. c., s. v. Lex, n. 9, p. 137ab.

**106** De Soto: De iustitia (s. Anm. 39), lib. I, q. 6, art. 4, p. 54a. De Soto weist die Differenzierung wie Silvester: Summa (s. Anm. 105) zurück. Ob der Verstoß eine lässliche oder eine Todsünde sei, hänge von der Materie ab: »Omnis lex quae absolute fertur, hoc est quae contrarium non explicat, obligat ad culpam, vel venialem vel mortalem secundum pretium operis.« / »Jedes Gesetz, das absolut gegeben wird, d. h. das nicht das Gegenteil ausdrücklich nennt, verpflichtet unter Sünde, entweder lässlich oder tödlich gemäß der Bedeutung der Handlung.«

**107** Jean Hessels [Eselius]: Brevis et catholica decalogi explicatio in tres partes seu libros distincta. Löwen 1567, praecep. 4, cap. 36, fol. 165r.

**108** Dtn 25,2. Der Zusammenhang lautet in der Fassung der Einheitsübersetzung: »Wenn zwei Männer eine Auseinandersetzung haben, vor Gericht gehen und man zwischen ihnen die Entscheidung fällt, indem man dem Recht gibt, der im Recht ist, und den schuldig spricht, der schuldig ist, dann soll der Richter, falls der Schuldige zu einer Prügelstrafe verurteilt wurde,

Suárez weist zusätzlich auf Offb 18,7[109] und auf ein im *Decretum Gratiani* überliefertes Augustinus-Zitat[110] hin. Problematisch ist aus heutiger Perspektive dabei, dass diese Zitate eher so zu lesen sind, dass dort die Strafen in eine Relation zum jeweiligen objektiven Tatbestand gebracht werden, ohne die Kategorie der subjektiven Schuld zu berühren. Passender ist dann der Hinweis von Suárez auf X 1.2.2,[111] an dessen Anfang es heißt:

| | |
|---|---|
| Rem quae culpa caret in damnum vocari non convenit. [...][112] | Es geht nicht an, eine Strafe zu verhängen in einem Fall, in dem keine Schuld vorliegt. |

Der Zusammenhang von Strafe und Schuld ist dem Mittelalter schon geläufig gewesen. Thomas von Aquin (1225–1274) hat ihn klar herausgestellt.[113] Sie wurde dann maßgeblich von Alfonso de Castro (1495–1558) weiterentwickelt.[114]

### 2.2.3 Gesetze ohne Absicht der Verpflichtung im Gewissen

Ein Gesetzgeber könne auch ein Gesetz erlassen in der Absicht, eben gerade nicht im Gewissen zu verpflichten (*nolle obligare in conscientia*).[115]

Diese Thematik wird von Suárez dann relativ ausführlich behandelt. Hielte man ein solches Gesetz für möglich, so wäre seine Übertretung nicht sündhaft.[116] In der Tat habe Thomas von Aquin erklärt, es gebe *ordinationes vel statuta* ohne Verpflichtung im Gewissen.[117] Thomas verwendet hier den Begriff der

anordnen, dass er sich hinlegt und in seiner Gegenwart eine bestimmte Anzahl von Schlägen erhält, wie es seiner Schuld entspricht.«

**109** Offb 18,7: »Im gleichen Maß, wie sie [i. e. die Stadt Babylon] in Prunk und Luxus lebte, lasst sie Qual und Trauer erfahren.«

**110** Augustinus: De Baptismo contra donatistas libri septem, lib. II, cap. 6 (PL XLIII, S. 132) = Decretum Gratiani C. 24, q. 1, c. 21.

**111** DL III. 22. 4, Bach, Brieskorn, Stiening III/2, S. 50/51.

**112** X 1.2.2.

**113** STh II–II, q. 108, art. 4, opp. Zum Kontext vgl. Harald Maihold: Strafe für fremde Schuld. Die Systematisierung des Strafbegriffs in der Spanischen Spätscholastik und Naturrechtslehre. Köln 2005, insbes. S. 154 ff.

**114** Ebd., S. 181 ff.

**115** DL III. 22. 3, Bach, Brieskorn, Stiening III/2, S. 48/49.

**116** DL III. 22. 5, Bach, Brieskorn, Stiening III/2, S. 50/51.

**117** DL III. 22. 5, Bach, Brieskorn, Stiening III/2, S. 50/51, mit Hinweis auf STh II–II, q. 186, art. 9 in corp. Dort findet sich eine sehr eingehende Differenzierung der Reichweite der Verpflichtung im Gewissen im Hinblick auf die besonderen Regeln für die sogenannten Religiosen, also

»regula« und bezieht sich auf Ordensregeln. Systematisch erstaunt also, dass Suárez die Frage in diesem Zusammenhang aufwirft, geht es doch insoweit gar nicht um *weltliche* Gesetze, immerhin aber um menschliche Regeln. Interessant ist es aber allemal, weil letztlich die theoretisch wichtige Frage adressiert wird, ob es auch Regeln gibt, deren Verpflichtungskraft nicht allein an der Art des Zustandekommens und der Legitimität des Gesetzgebers hängt. Wie Thomas lehren es auch einige Kanonisten[118] und Clem. 5. 11. 1. Suárez meint, die Übertretung solcher Vorschriften sei ohne Sünde, da das der Absicht des Gesetzgebers (*intentioni sui legislatoris*) entspreche.[119] Genauso gut wie bei einer kirchlichen Ordensregel könne das *sine dubio in multis legibus civilibus seu politicis* geschehen.

Auch den naheliegenden Einwand gegen die These von Gesetzen ohne Gewissensbindung entnimmt Suárez der *Summa* des Thomas:

| | |
|---|---|
| quod non obligat in conscientia non esse praeceptum et consequenter non esse legem [...][120] | was nicht im Gewissen bindet, ist kein Gebot und folglich auch kein Gesetz. |

insbesondere Ordensangehörige, die hier nur in ihrer Hauptlinie skizziert werden soll: Danach verpflichten Vorschriften, die auf einen Tugendakt zielen, unter Todsünde, wenn sie auf einem allgemeinen Gebot beruhen. Geht es aber in Regeln um die äußerliche Praxis (wie etwa ein Schweigegebot während der Nacht), deren Einhaltung man beim Gelübde verspricht, so verpflichten diese nur in Hinblick auf die Hauptinhalte des Gelübdes (Armut, Keuschheit, Gehorsam), nicht aber sonst, es sei denn man handelt aus Verachtung (*contemptus*) oder aus Ungehorsam, obgleich es eine ausdrückliche Weisung des Vorgesetzten gab. So gebe es, erklärt Thomas, im Dominikanerorden Regeln, die nach ihrer Natur einen Verstoß nicht als Sünde auffassen, deren Einhaltung aber durch Strafen abgesichert werde.

**118** Angelus Carletus: Summa Angelica de Casibus conscientalibus. Lyon 1534, s. v. Inobedientia, fol. 430rb und 430va: »Aut inobedientia est circa precepta iuris positivi et tunc distinguo, quod aut talis lex se preceptum per longa tempora non fuit receptum papa sciente et transgressores non puniente: et sic non est mortale peccatum: immo excusantur [...].« / »Bezüglich des Ungehorsames gegen ein positives Gesetz unterscheide ich dann den Fall, dass ein solches Gesetz oder Gebot mit Wissen des Papstes lange Zeit nicht angewendet worden ist und die, die dagegen verstießen, nicht bestraft wurden, dann ist [der Ungehorsam] keine Todsünde, sondern die Täter sind entschuldigt.« Henricus Gandavensis: Quodlibeta. Paris 1518 [ND: Löwen 1961], quodlibet 3, q. 22, lit B, fol. 82r: »Dicendum est igitur absolute, quod non est aliquod statutum poenale quin etiam transgressores obliget aliquo modo ad culpam.« / »Man muss deshalb allgemein sagen, dass nicht jede Strafvorschrift zugleich auch die, die diese übertreten, unter Schuld verpflichtet.« Alfonso de Castro: De potestate legis (s. Anm. 39), lib. I, cap. 5, fol. 35v.

**119** DL III. 22. 6, Bach, Brieskorn, Stiening III/2, S. 52/53.

**120** DL III. 22. 7, Bach, Brieskorn, Stiening III/2, S. 54; Übersetzung T. R. Vgl. STh I–II, q. 96, art. 4, resp.

Solche Vorschriften könnten eigentlich nur ein *Rat* (consilium) sein. Das passe aber überhaupt nicht auf die Ordensregeln, da deren Nichtbefolgung bestraft werde.[121] Suárez erklärt sodann:

| | |
|---|---|
| Dico igitur huiusmodi statuta et leges poenales, licet quoad proximum actum de quo disponunt non sint absolute praecepta et consequenter etiam non sint propriae leges, tamen respectu omnium quae includunt veram rationem legis habere.[122] | Ich sage deshalb, dass, wenn dieser Art Statuten und Strafgesetze im Hinblick auf die unmittelbare Handlung, die sie anordnen, auch keine absoluten [i.e. echten] Gebote sind, sie dennoch mit Rücksicht auf alles, was sie regeln, den wahren Sinn eines Gesetzes haben. |

Suárez vertritt also die Auffassung, auch solche Vorschriften seien ›Gesetze‹, nur eben *hypotheticae et conditionatae*.[123] Was hier mit eher komplizierten Worten gemeint ist, erhellt Suárez mit dem Beispiel eines Gelübdes, ein Almosen zu geben, wenn man der Spielleidenschaft verfällt.[124] Dann verstößt, so muss man die Sache fortdenken, das Spiel nicht gegen das Gelübde, sondern man ist im Gewissen verpflichtet, anschließend ein Almosen zu geben – aber eben auch nur dann. Die Gewissenspflicht ist bedingt. An sich ist das eine sehr gewöhnliche Angelegenheit: Die Tatbestandlichkeit eines Verhaltens ist die Voraussetzung für die Auslösung ihrer Rechtsfolge. Diese bindet dann im Gewissen.

Nichts anderes gilt für den von Suárez problematisierten Fall ungültiger Verträge:

| | |
|---|---|
| Nam qui fecit contractum iure humanum irritum, ipso facto conscientia tenetur vel rem apud se non retinere vel alium non obligare vel denique non uti illo contractu ad alios effectus quos haberet si irritus non fuisset.[125] | Denn der, der einen unwirksamen Vertrag geschlossen hat, ist dadurch selbst im Gewissen verpflichtet, die Sache nicht zurückzubehalten, den anderen nicht (aus dem Vertrag) in die Pflicht zu nehmen und schließlich, den Vertrag zu einem Zweck einzusetzen, den er hätte, wenn der Vertrag nicht unwirksam wäre. |

Die Rechtsfolgen eines unwirksamen Vertragsschlusses werden hier von Suárez zusammengefasst. Sie fanden bereits im positiven Recht der damaligen Zeit ihren Grund, so dass insoweit in der Tat keine Abweichung von der Ausgangs-

**121** DL III. 22. 7, Bach, Brieskorn, Stiening III/2, S. 54.
**122** DL III. 22. 8, Bach, Brieskorn, Stiening III/2, S. 54; Übersetzung T. R.
**123** Ebd., mit Bezug auf STh II–II, q. 186, art. 9, ad 2.
**124** DL III. 22. 8, Bach, Brieskorn, Stiening III/2, S. 54/55.
**125** DL III. 22. 9, Bach, Brieskorn, Stiening III/2, S. 56; Übersetzung T. R.

these erforderlich erscheinen konnte. Konsequent nimmt Suárez an, dass ein Gesetzgeber ein Gesetz erlassen könne, ohne dabei im Gewissen eine *unmittelbare* Handlungspflicht zu erzeugen, wie es viele andere Autoren gesehen hätten.[126]

126 DL III. 22. 10, Bach, Brieskorn, Stiening III/2, S. 58/59, mit Bezug auf Alfonso de Castro: De potestate legis (s. Anm. 39), lib. I, cap. 8, lit. C, fol. 62v: »Scio quidem multos iurisperitos et theologos scripsisse legem poenalem non obligare ad culpam, propter omissionem poenae a lege statutae [...] Sed omnes illi qui negant obligationem ad culpam propter omissionem poenae, fatentur obligationem ad culpam propter transgressionem illius, propter quod lex ipsa poenam statuit.« / »Ich kenne viele Rechtsgelehrte und Theologen, die geschrieben haben, dass ein Strafgesetz nicht unter Sünde verpflichtet wegen der Außerachtlassung der Strafe nach dem Gesetz [...] Aber alle diese, die deshalb die Verpflichtung unter Sünde bestreiten, gestehen die Verpflichtung unter Sünde wegen des Gesetzesverstoßes an, weshalb das Gesetz selbst die Strafe anordnet.«; Silvester: Summa (s. Anm. 105), s.v. Lex, n. 9, p. 137a; de Soto: De iustitia (s. Anm. 39), lib. I, q. 6, art. 4, p. 54a, vgl. dazu schon oben in Anm. 106; Covarrubias: De regulis iuris (s. Anm. 43), § 5, n. 4, p. 490a: »Ego sane fateor, legem pure poenalem ex ipsa verborum forma non obligare ad culpam: quamvis culpam ipsam praemittat frequentissime lex ista.« / »Ich gestehe, dass das Strafgesetz allein aufgrund seines Wortlauts nicht unter Sünde verpflichtet; gleichwohl setzt das Gesetz selbst sehr oft eine sündhafte Tat voraus.«; Jean Driedo: De libertate Christiana libri tres. Löwen 1548, lib. II, cap. 1, fol. 50: »praeceptum positivum obligat secundum intentionem praecipientis [...].« / »Ein positives Gebot verpflichtet entsprechend der Absicht des Gebietenden.« und lib. III, cap. 3, fol. 84v: »Potest quidem superior dare constitutionem quandam seu ordinationem, volens transgressorem illius esse obligatum, non ad ullam culpam, sed ad solam temporalem afflictionem [...] Deinde [...] iam demonstravimus, quod ad hoc ut culpa transgredientis humanam legem aut praeceptum, sit aut venialis, aut mortalis, non pendeat solum ex intentione praelati intendentis nunc venialiter, nunc criminaliter obligare transgressionem, sed longe magis ex qualitate et dignitate praeceptorum, ex authoritate praecipientium, ex ratione et fine legum, ex causa, affectione seu intentione quam habent ipsi transgressores.« / »Irgendein Oberer kann eine Vorschrift oder Anordnung geben und dabei wollen, dass deren Übertretung nicht unter Schuld verpflichtet, sondern nur zu zeitlichen Nachteilen führt. [...] Wir haben schließlich schon ausgeführt, dass die Frage, ob die Überschreitung eines menschlichen Gesetzes oder Gebotes zu einer Schuld [i. e. Sünde], sei es eine lässliche, sei es eine Todsünde, führt, nicht allein von der Absicht des kirchlichen Oberen abhängt, einmal die Überschreitung als lässliche Sünde, einmal als Verbrechen einzustufen, sondern vielmehr von der Art und Bedeutung der Vorschrift, von der Autorität des Befehlenden, vom Sinn und Zweck der Vorschrift und von der Ursache und Absicht, die die haben, die gegen die Vorschrift verstoßen.« Nur nebenbei sei hier bemerkt, dass dahinter eine sehr »moderne« Handlungslehre steht.

## 2.3 Gewissensbindung bei Vermutungstatbeständen?: DL III. 23

Im 23. Kapitel beschäftigt sich Suárez mit der im vorigen Abschnitt zurückgestellten Frage, *utrum lex civilis in praesumptione fundata obliget in conscientia* – ob ein menschliches[127] Gesetz, dessen Tatbestand auf eine Vermutung gegründet ist, im Gewissen verpflichtet. Dazu, so Suárez, hätte man gelehrt, diese Verpflichtung entstehe nur dann, wenn die Vermutung auch der Wahrheit entspreche.[128] Diese Antwort, so richtig sie sei, erscheint Suárez unterkomplex.

---

127 »*Civilis*« sollte man hier mit »menschlich« und nicht mit »weltlich« übersetzen, da Suárez in den Beispielen durchaus auch »kirchliche« Rechtsvorschriften anführt.

128 DL III. 23. 1, Bach, Brieskorn, Stiening III/2, S. 64/65, mit Hinweis auf: Silvester: Summa (s. Anm. 105), s. v. Lex, n. 9, p. 137a: »[...] in casibus undecim, lex canonica, civilis, aut etiam praeceptiva, in foro conscientiae non est servanda. [...] Secundo, quando ius se fundat super praesumptione, et non super veritate, quia in foro conscientiae attendimus ad veritatem [...] unde si veritas sit contra praesumptionem, non servabitur.« / »In elf Fällen verpflichtet ein kirchliches oder weltliches Gesetz oder auch Gebot nicht im Gewissen. [...] Zweitens, wenn das Recht sich auf eine Vermutung und nicht auf eine Wahrheit [i.e. feststehende Tatsache] gründet, weil wir vor dem Gewissen der Wahrheit folgen, [...] und von daher gilt: wenn die Wahrheit gegen die Vermutung feststeht, muss das Gesetz nicht im Gewissen befolgt werden.«; Hadrian VI.: Quaestiones quodlibeticae. Lyon 1547, quaestio 6, sec. art. lit. H, fol. 119v: »in foro conscientiae contra praesumptionem statur veritati« / »vor dem Gewissen bleibt man gegen eine Vermutung bei der Wahrheit.«, vgl. auch ders.: l.c., prim. art. lit. H, fol. 111v: »si a parte rei veritas non correspondeat: lex ipsa ligat minime« / »wenn der Seite des Schuldners nicht die Wahrheit entspricht, bindet das Gesetz zum wenigsten«; de Soto: De iustitia (s. Anm. 39), lib. I, q. 6., art. 4, p. 55b: »quod sententiae [...] in falsa praesumptione fundantur, non obligant in conscientia.« / »Urteile, [...] , die auf einer unzutreffenden Vermutung beruhen, binden nicht im Gewissen.«; Richardus de Mediavilla: Super quarto Sententiarum. Venedig 1499, dist. 28, art. 1, q. 3, 4, fol. 194vab, lit. B, C; Alfonso de Castro: De potestate legis (s. Anm. 39), lib. I, cap. 5, fol. 35v, lit. C: »Eodem modo dicendum esse censeo de illo, qui per falsa testimonia damnatus est ad alicuius rei possessionem relinquendam, qui nequaquam iudici in conscientia obedire tenetur. Quoniam talis sententia licet sit iusta ex praesumptione, qua praesumitur testes vera dixisse [...].« / »Dasselbe gilt, wie ich meine, von jenem, der aufgrund eines falschen Zeugnisses zur Rückgabe des Besitzes, der in seinem Gewissen in keiner Weise insoweit zum Gehorsam verpflichtet ist, da nämlich ein solches Urteil aufgrund einer Vermutung gerecht erscheint, wonach vermutet wird, dass die Zeugen die Wahrheit gesprochen hätten [...].«; Azpilcueta: Enchiridion (s. Anm. 43), cap. 17, n. 107, p. 308: »Tum, quia ipse contra veritatem fundatur in praesumptione, quae non habet locum in foro conscientiae, [...].« / »Dann, weil er sich gegen die Wahrheit auf eine Vermutung stützt, die vor dem Gewissen keinen Platz hat.«; zum Vorzug der Wahrheit vgl. auch ders.: l. c., cap. 23, n. 42, p. 511; Covarrubias: In titulum de testamentis interpretatio, zu X 3.26.10 (cap. cum esses) n. 7. In: Opera omnia (s. Anm. 43). Tom. II, p. 45; ders.: In IV librum decretalium epitome de sponsalibus, pars I, cap. 4, § 1, nn. 3, 4. In: Opera omnia (s. Anm. 43). Tom. II, p. 113; Baldus de Ubaldis: Commentaria in I, II et III Codicis

Er möchte zunächst wie folgt differenzieren: Einerseits gebe es solche auf Vermutung gründende Gesetze, bei denen das Handeln nach diesem Gesetz nur dann ohne Sünde ist, *wenn die Vermutung der Realität entspricht.* Andererseits gebe es aber auch Gesetze, deren Befolgung selbst dann im Gewissen erlaubt

---

libros. Lyon 1535, zu Auth. Ingressi, C. 1.2. post 13, fol. 20rb, n. 15: »nota super aliqua presumptione id quod obtinet in foro iudiciali rationabiliter obtinet in foro penitentiali et conscientiae.« / »Merke über jedwede Vermutung, die vor dem Streitgericht vernünftigerweise [d. h. bei Baldus: wahrheitsmäßig] gilt, dass sie auch vor dem Beichtgericht und Gewissen gilt.«; ders.: Ebd., zu C. 1.18.10, n. 17, fol. 72rab, es geht an dieser Stelle um die Frage, ob eine *lex positiva* im Beichtgericht und Gewissen verpflichtend ist, was Baldus differenziert beantwortet: »In tertio casu quando lex humana condita est preter legem divinam ipse subdistinxit quod aut lex humana fundata est super presumptione, aut super veritate. et certe primo casu dixit non excusare [...]« / »Und im dritten Fall, in dem das menschliche Gesetz außerhalb des göttlichen steht, hat er [i. e. Petrus de Bellapertica] unterschieden, weil das menschliche Gesetz entweder auf einer Vermutung oder auf der Wahrheit aufbaut. Und im ersten Fall hat er gesagt, dass das menschliche Gesetz nicht entschuldigt [i. e. keine Wirkung im Gewissen hat]«; Jason de Mayno: In Primam Infortiati Partem Commentaria. Venedig 1589, zu D. 29.2 (de adquirenda vel omittenda hereditate), fol. 45rab, n. 26: »In foro conscientiae debemus attendere veritatem, et non fictionem, vel praesumptionem [...].« / »Vor dem Gewissen müssen wir uns nach der Wahrheit richten, nicht nach einer Fiktion oder Vermutung.«; Nicolaus de Tudeschis: Prima interpretationum in primum Decretalium librum pars. Lyon 1547, zu X 1.2.1 [de constitutionibus, c. canonum], fol. 19vb, n. 10: »Item addo [...], quod ubi lex positiva fundatur super praesumptione et certum est praesumptionem illam non veram esse non tenetur quis in foro animae illam servare.« / »Ferner ergänze ich, wenn ein positives Gesetz auf einer Vermutung beruht und sicher ist, dass jene Vermutung nicht wahr ist, dass man dann im Gewissen nicht verpflichtet ist, jenes Gesetz einzuhalten.«; Felinus Sandeus: Commentaria (s. Anm. 43), zu X 1.2.1 [de constitutionibus, c. canonum], fol. 10va, n. 40: Er betont, die Unverbindlichkeit des Gesetzes im Gewissen gelte nur in bestimmten Fällen: »Primus [casus] est, quod canon vel lex fundatur super praesumptis, quia in foro animae certum sit praesumptionem illam non esse veram prevalet ibi veritas [...].«/ »Der erste Fall ist, dass eine Vorschrift auf Vermutungen aufbaut, denn, wenn vor dem Gewissen sicher ist, dass jene Vermutung nicht wahr ist, geht dort die Wahrheit vor.«; Philipp Decius: Commentaria (s. Anm. 38), zu X 1.2.1 [de constitutionibus, c. canonum], fol. 7va, n. 10: »in foro conscientiae veritas attenditur [...].« / »Im Gewissen geht die Wahrheit vor.)«, »[...] quod iura [...] fundata in presumptione quae in foro conscientiae non attenditur« / »[...] weil die Ansprüche auf einer Vermutung gründen, die vor dem Gewissen nicht vorgeht.«; Innozenz IV.: Commentaria super Libros quinque Decretalium. Frankfurt am Main 1570, zu X 3.49,8 [de immunitate ecclesiarum c. quia plerique], n. 5, fol. 461rbva, allerdings bezogen auf ungerechte Gesetze; Johannes Andreae: In Quartum Decretalium Librum Novella Commentaria. Venedig 1581, zu X 4.1.30, n. 2, fol. 14ra: »[...] cum secundum matrimonium sit verum, primum vero praesumptum, et veritas praeferenda est.« / »[...] da die zweite Ehe wahr ist [tatsächlich geschlossen], die erste aber [nur] vermutet wird, ist die Wahrheit vorziehen.«

ist, *wenn die Vermutung im konkreten Fall unrichtig ist.*[129] Anders als die Ausgangsfrage es nahelegt, dreht sich also die Perspektive von Suárez: Es geht nicht mehr darum, ob die Befolgung eines Gesetzes im Gewissen geboten bzw. der Verstoß sündhaft ist, sondern umgekehrt darum, ob die Befolgung eines Gesetzes im Gewissen *erlaubt* ist – und zwar erlaubt, obgleich der Tatbestand auf einer Vermutungsregel beruht.

Der Grund für diese Fragestellung bleibt die Regel, die bereits oben leitend war:

| | |
|---|---|
| Et ratio est clara, quia nemo potest obligari ad peccatum committendum, sed illud potius vitare tenetur.[130] | Der Grund dafür ist klar, weil niemand verpflichtet werden kann, eine Sünde zu begehen, sondern jener sie vielmehr zu vermeiden hat. |

Wieder ist es also die Heilsdimension des eigenen Verhaltens, die die Frage verursacht.

Suárez beruft sich für die These, Vermutungsregeln seien nur verpflichtend, wenn die Vermutung auch der Wahrheit entspreche, auf ein im Dekret überliefertes Augustinus-Zitat:[131]

| | |
|---|---|
| Veritate manifestata *cedat consuetudo veritati:* plane quis dubitet veritati manifestatae consuetudinem cedere? Item: Nemo consuetudinem rationi et veritati praeponat, quia consuetudinem ratio et veritas semper excludit.[132] | Im Falle feststehender Wahrheit weicht die [überkommene] Gewohnheit der Wahrheit. Durchaus. Wer zweifelt, dass die Gewohnheit der feststehenden Wahrheit weicht? Deshalb: Niemand setzt die Gewohnheit vor Sinn und Wahrheit, weil |

**129** DL III. 23. 2, Bach, Brieskorn, Stiening III/2, S. 66–69.

**130** DL III. 23. 2, Bach, Brieskorn, Stiening III/2, S. 68; Übersetzung T. R.

**131** Dazu: Winfried Cramer: »Cedat consuetudo veritati«. Zu einer Maxime kirchlicher Entwicklung aus der Väterzeit. In: »Ihr alle aber seid Brüder«. Festschrift Adel Theodor Khoury zum 60. Geburtstag. Hg. von Ludwig Hagemann u. Ernst Pulsfort. Würzburg ²1990, S. 323–347; s. a. Joachim Hagel: »Gott im Himmel war sehr gut zu mir. Heute, in seiner unendlichen Güte, hat er mein Bein gebrochen!« Über die Menschenrechte und den Glauben an Gott. In: Menschen-Rechte. Theologische Perspektiven zum 60. Jahrestag der Proklamation der Allgemeinen Erklärung der Menschenrechte. Hg. von Sven van Meegen u. Markus Graulich. Berlin 2008, S. 69–123, hier S. 119 mit Hinweis auf eine Parallele in Augustinus: De vera religione. Stuttgart 2001, S. 73.

**132** D. 8 c. 4. – Nur am Rande erwähnt sei, dass diese Stelle auch in der Diskussion der Reformatoren eine prominente Rolle spielte, diente sie doch in der *confessio Augustana* als Argument für den Empfang der Kommunion unter beiderlei Gestalten entgegen dem Herkommen, vgl. Art. XXII. In: Das Augsburgische Bekenntnis. Hg. von Jürgen Lorz. Göttingen 1980, S. 48; s. a. beispielsweise Johannes Aepin: Bekenntnis und Erklärung aufs Interim (Bekantnis und

Sinn und Wahrheit immer die (bloße) Gewohnheit ausschließen.

Das Augustinuszitat geht auf das Konzil von Karthago unter dem Vorsitz Cyprians im Jahr 256 zurück. Dort hatte der Bischof Libosus von Vaga zur Frage, ob diejenigen, die in nicht mit der römischen Kirche verbundenen Gemeinden lebten, wenn sie katholisch werden wollten, nunmehr ›richtig‹ getauft werden müssten, den gerade zitierten Satz geantwortet, der dann im Mittelalter verallgemeinert wurde.[133] Gratian geht es um das Verhältnis der *consuetudo*, der bloßen Gewohnheit, zum Naturrecht. Die Distinctio VIII schließt er mit dem Satz ab:

| Liquido igitur apparet, quod consuetudo naturali iuri postponitur.[134] | Deshalb erscheint es offensichtlich, dass die Gewohnheit dem Naturrecht nachgeordnet wird. |
|---|---|

Interessant und für unseren Zusammenhang bedeutsam ist im Dekret die Gegenüberstellung von *veritas* bzw. *ratio* und *consuetudo*. Das Naturrecht ist für Gratian wahr und vernünftig, sinnvoll.[135] Das bloße Herkommen hat keine eigene, innere Wahrheit für sich.[136] Das Konzil von Karthago stellte der *consuetudo* das Jesus-Wort aus Joh 14,6 gegenüber: *»Ego sum via et veritas.«*[137] Normativ hat

Erklerung auffs Interim durch der Erbare Städte Lübeck, Hamburg, Lüneburg etc. Superintendenten [...] 1548). In: Reaktionen auf das Augsburger Interim. Controversia et Confessio. Bd.1. Hg. von Irene Dingel. Göttingen 2015, S. 427.

**133** Uvo Andreas Wolf: Ius divinum. Erwägungen zur Rechtsgeschichte und Rechtsgestaltung. München 1970, S. 65 f.; Cramer: »Cedat consuetudo veritati« (s. Anm. 131), S. 323–324.

**134** D. 8 c. 9 in fi.

**135** Auch das findet man schon in der Diskussion des Konzils von Karthago. Felix von Buslacenis erklärte dort: »[...] nemo consuetudinem rationi et veritati praeponat, quia consuetudinem ratio et veritas semper excludit.« / »Niemand zieht die Gewohnheit [i. e. überliefertes Herkommen] der Vernunft und Wahrheit vor, weil Vernunft und Wahrheit die *consuetudo* ausschließen.« *Ratio* und *veritas* sind parallel gestellt. Vgl. Cramer: »Cedat consuetudo veritati« (s. Anm. 131), S. 326, dort auch das Zitat des Felix von Buslacenis aus Sent. 63 (CSEL 3, 456); vgl. auch oben bei Anm. 96.

**136** Das steht in einer inneren Spannung zum beharrlichen Festhalten an der überlieferten Tradition nach dem Grundsatz *nihil innovetur nisi quod traditum est.* (»Nichts wird neu eingeführt, wenn es nicht überliefert worden ist.«) Vgl. Cramer: »Cedat consuetudo veritati« (s. Anm. 131), S. 325 mit Hinweis auf Franz Joseph Dölger: »Nihil innovetur nisi quod traditum est.« Ein Grundsatz der Kulttradition in der römischen Kirche. In: Antike und Christentum 1 (1929), S. 79–80 (mit verschiedenen Deutungsmöglichkeiten des Satzes).

**137** Vgl. auch schon Tertullian: De virginibus velandis, cap. 1, lin. 9. In: Corpus Christianorum seu nova Patrum collectio II. Utrecht 1954, S. 1209: »Sed Dominus noster Christus veritatem se,

die *consuetudo*[138] weder für das Konzil noch für Gratian noch für Suárez bindende Kraft gegenüber dem Naturrecht bzw. der *lex*. Für Suárez gilt dies auch dann, wenn man die Idee der *praesumptio* mit der *consuetudo* in Verbindung bringt: Die Vermutung baut auf Erfahrungstatsachen auf. Das Gesetz leitet aus solchen Erfahrungstatsachen dann Rechtsfolgen ab. Das gleicht der Situation im Gewohnheitsrecht, das seine Basis ebenfalls in Erfahrungstatsachen hat. Beides kann *keinen Bestand gegenüber normativer »Wahrheit«* haben. Schon für die Kirchenväter konnte das Herkommen nur auf Anerkennung rechnen, wenn es mit der Wahrheit übereinstimmte. Tertullian meinte zu Beginn des 3. Jahrhunderts:

| | |
|---|---|
| Quodcumque adversus veritatem sapit, hoc erit haeresis, etiam vetus consuetudo.[139] | Was auch immer gegen die Wahrheit verstößt, ist eine Häresie, auch wenn es eine alte Gewohnheit ist. |

Und bei Cyprian von Karthago, der das Lisobus-Zitat überliefert hat, hieß es:

| | |
|---|---|
| Consuetudo sine veritate vetustas erroris est.[140] | Gewohnheit ohne Wahrheit ist das Alter eines Irrtums. |

Der Satz fand wiederum Eingang ins *Decretum Gratiani*.[141]

Als Beispiel für eine Handlung, an die ein Gesetz eine Vermutungswirkung knüpft, wählt Suárez den Vollzug der Ehe. Haben die Betreffenden kirchlich die Ehe geschlossen, so werde deren Wirksamkeit vermutet. Fehlte es aber an dem Konsens oder lag sonst ein Hindernis vor, sei die Ehe nicht gültig.[142] Da helfe auch die Vermutung nicht weiter, weil sie der Wahrheit entgegenstehe:

---

non consuetudinem cognominavit.« / »Unser Herr Christus hat sich die Wahrheit genannt, nicht die Gewohnheit.« Dazu cf. Joseph Ratzinger: Einführung in das Christentum. Neuausgabe München 2000, S. 130.

**138** Cramer: »Cedat consuetudo veritati« (s. Anm. 131), S. 327 bietet als durchaus gut passende Übersetzung: »gewohnte Bräuche«. Es geht um eine dem römischen Rechtsdenken entsprechende normative Bedeutung, die das politische, gesellschaftliche und religiöse Leben bestimmt, Cramer, l. c. mit Bezug auf D. 1.3.32 pr.

**139** Tertullian: De virginibus velandis (s. Anm. 137), I. 2.

**140** Cyprian: Epistula Ad Pompeium contra epistulam Stephani de haeriticis baptizandis, 75, n. 9. In: Patrologia Latina III. Paris 1886, p. 1181 A; dazu Cramer: »Cedat consuetudo veritati« (s. Anm. 131), S. 341.

**141** D. 8 c. 8.

**142** DL III. 23. 2, Bach, Brieskorn, Stiening III/2, S. 68/69.

| | |
|---|---|
| Idem ergo est, quoties praesumptio est contraria veritati necessariae ad honestatem actus.[143] | Das also gilt, wenn die Vermutung in einem Widerspruch zur Wahrheit steht, die für die Rechtmäßigkeit der Handlung notwendig ist. |

Der Hintergrund ist der – freilich umgekehrte – Fall aus X 4.1.30 *(de sponsalibus c. is, qui fidem)*, den beispielsweise bereits Nicolaus de Tudeschis (1386–1445) für die Regel angeführt hatte, dass ein Gesetz, das auf einer unzutreffenden Vermutung gründet, nicht im Gewissen *(in foro animae)* verbindet.[144] Zum Verständnis der Regel ist es zunächst einmal erforderlich, den Dekretalenfall zu kennen:

| | |
|---|---|
| Is, qui fidem dedit M. mulieri super matrimonio contrahendo carnali copula subsecuta, etsi in facie ecclesiae ducat *aliam* et cognoscat, ad primam redire tenetur: quia licet praesumptum primum matrimonium videatur, contra praesumptione tamen huiusmodi non est probatio admittenda. | Jemand, der einer Frau den »Glauben« (die Erwartung) über den Eheschluss gegeben [i. e. ein Verlöbnis geschlossen] und sich danach fleischlich mit ihr verbunden hat, und wenn er eine *andere* vor den Altar führt und erkennt, ist verpflichtet, zur ersten zurückzukehren: denn die Vermutung für die erste Ehe scheint zu gelten, da in diesem Fall kein Beweis gegen die Vermutung zugelassen ist. |
| Ex quo sequitur, quod nec verum aliquod censetur matrimonium, quod de facto est postmodum subsecutum.[145] | Daraus folgt, dass keine Ehe für wahr (gültig) angesehen wird, welche *de facto* späterhin gefolgt ist. |

Danach kommt es für die Wirksamkeit auf das Versprechen und den Vollzug an, nicht jedoch auf den Gang zum Altar. Im Fall dieses Kanons herrscht nun eine Konkurrenz, weil es einerseits einen Eheschluss ohne Form gibt, andererseits einen unter Beachtung der Form, aber mit einem Hindernis, nämlich der bereits bestehenden Ehe. Wenn nun aber im Fall der ersten Frau der Ehekonsens fehlte und ein Gericht diese Ehe dennoch für gültig erklärt hat, sollten die Kinder als ehelich anzusehen sein.[146] Gegen diese »Wahrheit« half keine Vermutung *in favore alterius*.[147] Die Vermutung der Gültigkeit einer Ehe, die *in facie ecclesiae*

**143** DL III. 23. 2, Bach, Brieskorn, Stiening III/2, S. 68; Übersetzung T. R.
**144** Nicolaus de Tudeschis: Commentaria (s. Anm. 128), zu X 1.2.1 n. 10, fol. 14va.
**145** X 4.1.30, Hervorhebung T. R.
**146** Nicolaus de Tudeschis: Commentaria (s. Anm. 128), zu X 4.1.30 n. 4, fol. 15ra.
**147** Nicolaus de Tudeschis: Commentaria (s. Anm. 128), zu X 4.1.30 n. 5, fol. 15ra.

geschlossen worden sei, was der zweiten Ehe im Dekretalenfall entspräche, greift also nicht durch.

Ein zweites Beispiel führt Suárez als ›verbreitet‹ ein: Es geht um die Erbenhaftung. Wer kein Inventar anlegt, haftet für die Erbschaftsverbindlichkeiten auch über die Masse hinaus. Nach C. 6.30.22.2 ff. konnte der prinzipiell unbeschränkt haftende Erbe die Haftung für die Nachlassverbindlichkeiten begrenzen, indem er ein Inventar einrichtete und so nur noch mit den Gegenständen der Erbschaft die Forderungen der Gläubiger bedienen musste, das sogenannte *beneficium inventarii.*[148] Suárez berichtet nun, im Gewissen sei der Erbe aber, so werde gelehrt, auch dann nicht zur Bezahlung der Schulden verpflichtet, wenn er die (pünktliche) Errichtung des Inventars versäumt habe.

Jason de Mayno (1435–1519) schrieb dazu:

| | |
|---|---|
| Nunquid autem hodie haeres, qui non fecit inventarium, teneatur in foro conscientiae ultra vires haereditatis, cum praesumatur non faciendo inventarium surripuisse res haereditatis, aut eas occupasse.[149] | Niemand aber hält heute den Erben, der kein Inventar angefertigt hat, für im Gewissen verpflichtet, über das Maß der Erbschaft hinaus [zu haften], weil vermutet werde, dass, wer kein Inventar anlege, Erbschaftsgegenstände entwendet oder diese unterschlagen hätte. |

Gemeint ist, man dürfe keine betrügerischen Verhaltensweisen vermuten. Das gehorcht übrigens vollkommen dem Grundprinzip der Beweislastverteilung, die den Freiheitsraum des Einzelnen schützen möchte. Unrecht wird daher nicht vermutet, sondern muss nachgewiesen werden.

Auch Bartolus (1313–1357) hatte sich dazu geäußert:

| | |
|---|---|
| Tamen Canonistae tenent, quod in foro conscientiae haeres non teneatur ultra vires haereditarias, licet non fecerit inventarium. [...] | Dennoch meinen die Kanonisten, dass der Erbe im Gewissen nicht über das Maß des Nachlasses hinaus verpflichtet sei, obgleich er kein Inventar angelegt hat. |
| Idem colligitur in multis summis. | Ebenso wird es in vielen Summen mitgeteilt. |

148 Vgl. Max Kaser, Rolf Knütel, Sebastian Lohsse: Römisches Privatrecht. München [21]2017, § 74 Rn. 7–8, S. 424.

149 Jason de Mayno: Commentaria (s. Anm. 128), zu rub. D. 29.2, n. 23, fol. 45ra.

| | |
|---|---|
| Ratio potest esse: quia tale non est debitum de iure naturali, ideo Eccle. respuit. | Der Grund kann sein, dass es eine solche Schuld nicht vom Naturrecht her gibt. Deshalb weist die Kirche sie zurück. |
| Et hoc verum, sive testamentum sit ex privilegio huius. [...] [150] | Und das ist wahr, denn das Testament dient [nur] zu seinem Vorteil. |

Suárez sieht dahinter die Regel, *quod veritas praefertur praesumptioni,*[151] dass die Wahrheit der Vermutung vorgezogen werde. Das gelte aber nicht *indistincte et generaliter,* wie er sofort den Leser belehrt.[152] Wenn man dennoch eine allgemeine Richtlinie zu formulieren versuche, ergebe sich Folgendes:

| | |
|---|---|
| Denique (quidquid sit de particularibus exemplis) certum videtur posse legem civilem, etiamsi (iuxta modum loquendi illorum auctorum) in praesumptione fundetur, simpliciter ferri ita ut obliget et habeat totum suum effectum etiam in casibus in quibus praesumptio non subsistit, quando in observatione legis nullum intervenit peccatum: | Schließlich (was auch immer über die besonderen Beispiele zu sagen sein mag) scheint sicher, dass ein bürgerliches Gesetz, auch wenn es (gemäß der Auffassung jener Autoren) auf einer Vermutung beruht, einfach erlassen werden kann, damit es verpflichtet und seine ganze Wirksamkeit habe, auch in den Fällen, in denen die Vermutung nicht besteht, solange in der Befolgung des Gesetzes keine Sünde liegt. |
| quia potest ad commune bonum pertinere ut talis lex absolute feratur et obliget, etiamsi in particulari casu ratio eius deficiat.[153] | Denn es kann dem Gemeinwohl dienen, dass ein solches Gesetz als absolut verpflichtend erlassen wird, auch wenn im Einzelfall sein Zweck verfehlt wird. |

Die Entscheidung über die konkrete Verpflichtungswirkung hängt mithin nicht allein von der Betrachtung des Einzelfalls ab, sondern es ist das übergeordnete Ziel der *Aufrechterhaltung des Gemeinwohls* mit zu beachten, das nur erreichbar erscheint, wenn man grundsätzlich die weltlichen Gesetze für auch im Gewissen verpflichtend hält. Die Grenze ist die Sündhaftigkeit. Sie kann sich hier freilich nur aus einem Verstoß gegen höherrangiges Recht, d. h. gegen Naturrecht oder

**150** Bartolus de Saxoferrato: In primam codicis partem commentaria. Basel 1588, repetitio ad C. 1.2.1 (habeat unusquisque), n. 45, p. 28a.

**151** DL III. 23. 3, Bach, Brieskorn, Stiening III/2, S. 70.

**152** DL III. 23. 4, Bach, Brieskorn, Stiening III/2, S. 70; mit Hinweis auf im Text nicht näher erläuterte Fälle: Verzicht der Tochter auf einen Teil der Mitgift; Veräußerung von Mitgiftgut durch die Ehefrau. Hier spreche das Naturrecht von wirksamen Rechtsgeschäften, die *per leges humanas* nichtig seien.

**153** DL III. 23. 4, Bach, Brieskorn, Stiening III/2, S. 70–72; Übersetzung T. R.

*lex aeterna* ergeben. Die ältere Regel, wonach die Verpflichtung von der »Wahrheit« der Vermutung abhängen soll, kann Suárez daher nicht für allein maßgeblich halten.[154] Er möchte vielmehr einer Unterscheidung folgen, die er auf Thomas von Aquin zurückführt:[155]

Suárez differenziert zwischen einer *praesumptio praesumptionis vel facti* und einer *praesumptio definitionis vel periculi moralis*. Es geht einerseits also um die Vermutung einer Tatsache, andererseits um die Vermeidung einer wahrscheinlichen ›moralischen Gefahr‹.[156]

Für den ersten Fall (Vermutung einer Tatsache, *praesumptio facti*) bringt Suárez das Beispiel der Vermutung des Ehekonsenses,[157] wenn die Ehe vollzogen worden ist.[158] Hier wird aus einer sicheren Tatsache (Vollzug) auf das Vorliegen eines bestimmten Willens, nämlich des Willens zur Ehe geschlossen. Diese Kategorisierung ist auch heutiger juristischer Terminologie geläufig.

Ganz anders verhält es sich mit dem zweiten Fall, der *praesumptio periculi moralis*: Hier gibt es wieder eine sichere Tatsache, aus der auf eine andere geschlossen wird, aber diese vermutete Tatsache betrifft den Eintritt einer ›moralischen Gefahr‹. So, wenn man bei dem Ehevollzug ohne vorherigen förmlichen Konsens vermutet, dass der (unförmliche) Konsens fehlerhaft, nämlich durch Furcht oder Zweifel beeinträchtigt sei.[159] Auch diesen Fall würde man heute ohne weiteres einer gesetzlichen Vermutung zuordnen, aber den Gegenbeweis abschneiden.

Ein weiterer Beispielsfall in der Gruppe der *praesumptiones periculi moralis* ist für Suárez die Vermutung von Fehlern bei der Willensbildung, wenn jemand ohne das nötige Alter ein Gelübde abgelegt hat. Hier wird die sittliche Unreife dazu vermutet.[160] Für Suárez ist das ein Fall der *praesumptio periculi moralis*, in heutiger Sicht ein Fall der gesetzlichen (und unwiderleglichen) Vermutung.

---

**154** DL III. 23. 4, Bach, Brieskorn, Stiening III/2, S. 72.

**155** STh II–II, q. 60, art. 4 ad 3. In dem Artikel geht es um die Frage, ob man Zweifel zum Guten oder zum Schlechten hin auflösen müsse. Thomas differenziert danach, ob sich der Zweifel auf eine Sache, also eine Tatsache, bezieht oder auf die moralische Qualität eines Menschen: »Et sic in rerum iudicio debet aliquis niti ad hoc ut interpretetur unumquodque secundum quod est: in iudicio autem personarum, ut interpretetur in melius.« / »Und so muss man sich beim Urteil über eine Sache anstrengen, dass sie so aufgefasst wird, wie sie [wirklich] ist. Beim Urteil über eine Person aber, dass sie im jeweils besseren Sinn aufgefasst wird.«

**156** DL III. 23. 5, Bach, Brieskorn, Stiening III/2, S. 72/73.

**157** Vgl. oben im Text bei und nach Anm. 142.

**158** DL III. 23. 5, Bach, Brieskorn, Stiening III/2, S. 72/73.

**159** Ebd.

**160** DL III. 23. 5, Bach, Brieskorn, Stiening III/2, S. 72/73.

Eine *praesumptio periculi moralis* verpflichtet nach Suárez *stets* zur Befolgung im Gewissen, auch wenn die tatsächliche Grundlage im konkreten Fall unwahr ist, also etwa das Kind doch schon die sittliche Reife für ein Gelübde hätte.[161] Das Gesetz mag in diesem Einzelfall sinnlos sein, aber insgesamt – über die Mehrzahl der Fälle – behält es seine zweckdienliche Funktion.[162] Gemeinwohlrücksichten überspielen also die im Einzelfall fehlende Richtigkeit der Vermutung.

Suárez setzt sich sodann mit dem naheliegenden Einwand auseinander, dass ein Gesetz ohne Sinn im konkreten Fall eigentlich ohne Verpflichtungskraft sei,[163] wie es Nicolaus de Tudeschis, Martín de Azpilcueta (1492–1586) und Cajetan (Tommaso de Vio, 1469–1534) vertreten hätten.[164] Wenn ein Gesetz z. B. verbiete, nachts Waffen zu tragen, so müsse das auch für denjenigen gelten, von dem keinerlei Gefahr zu erwarten sei,

quia licet cessent pericula vel incommoda, semper est honestum servare legem

denn selbst wenn die Gefahren nicht bestehen oder die Nachteile gar nicht auf-

---

**161** DL III. 23. 6, Bach, Brieskorn, Stiening III/2, S. 74, mit Bezug auf STh II–II, q. 88, art. 9.

**162** DL III. 23. 6, Bach, Brieskorn, Stiening III/2, S. 74/75.

**163** Zum Sachproblem vgl. weiterführend Hermann Krause: Cessante causa cessat lex. In: Zeitschrift für Rechtsgeschichte Kanonistische Abteilung 46 (1960), S. 81–111, insbesondere S. 83–98 zur kanonistischen Tradition der Regel *cessante ratione legis cessat lex ipsa.* (Wenn der Zweck des Gesetzes wegfällt, entfällt das Gesetz selbst.).

**164** DL III. 23. 7, Bach, Brieskorn, Stiening III/2, S. 74/75, mit Hinweis auf Nicolaus de Tudeschis: Commentaria primae partis in secundum decretalium librum. Lyon 1547, zu: X 2.19.11 [de probationibus c. quoniam contra] n. 6, fol. 33va: »No[ta], quod quando constitutio continet aliquid non propter se principaliter, sed ad finem alicuius mali evitandi: transgressores non illequeat ad poenam, si finis ad quem principaliter tendit constitutio, non violetur.« / »Merke, wenn eine Vorschrift irgendetwas nicht um seiner selbst willen bestimmt, sondern um vor irgendeinem Übel zu schützen, verstrickt sie nicht die, die sie übertreten, zu einer Strafe, wenn nicht das Ziel, das die Vorschrift hauptsächlich bezweckt, verletzt wird.«; Azpilcueta: Enchiridion (s. Anm. 43), cap. 16, n. 37, p. 119 s.: »lex non definit obligare subditos ad id, quod praecipit, etiam si absque illo habeatur finis [...].« / »ein Gesetz verpflichtet nicht die Unterworfenen zu etwas, was es gebietet, außer zu dem, was sein Zweck ist.«; Tomas de Vio Cajetan: Opuscula omnia. Tom. I. Lyon, 1581, tract. XII, q. 2, p. 87b: »[...] dicendum est, quod quum contractus clandestinus non sit secundum se malus moraliter, sed ratione accidentium ex illo consequentium: ideo in casu, quo cessarent omnia inconvenientia, licitum esset contrahere clandestine, quoniam tunc etiam cessaret obligatio iuris positivi, quod propter huiusmodi inconvenientiam constat emanasse.« / »Man muss sagen, dass ein geheimer Vertrag [hier: Eheschluss] nicht aus sich heraus moralisch schlecht ist, sondern [nur] mit Rücksicht auf die äußerlichen Folgen. Deshalb ist in dem Fall, in dem alle diese Unstimmigkeiten entfallen, der geheime Eheschluss erlaubt, weil dann auch die Bindung des positiven Gesetzes im Gewissen entfallen würde, die [nur] wegen solcher Art Unstimmigkeit besteht.«

| | |
|---|---|
| et est utile ad maiorem legis vigorem et observantiam.[165] | treten würden, so ist es doch in sich sittlich gut, das Gesetz zu beachten, sowie nützlich für die größere Wirksamkeit und Beachtung des Gesetzes. |

Die Verbindlichkeit ergibt sich hier aus der übergeordneten Forderung des Gesetzesgehorsams als Konstruktionsprinzip staatlicher Herrschaft. Bemerkenswert – und abweichend von der von Suárez herangezogenen Literatur – ist dabei, dass dieses Prinzip auch im Gewissen Verpflichtungskraft haben soll. Der Einzelne soll nicht über die Sinnhaftigkeit eines Gesetzes entscheiden dürfen.

Die Verpflichtungskraft soll vielmehr nach dem Prinzip der Billigkeit *nur* entfallen, wenn die Befolgung eines (nutzlosen) Gesetzes *aliqua gravia incommoda* – irgendwelche schwerwiegenden Nachteile – hervorrufen würde.[166]

Nur für die Gruppe der *praesumptiones facti*, also die Regeln, die auf der Vermutung einer Tatsache beruhen, lässt Suárez die Auffassung gelten, dass diese Vorschriften im Gewissen unverbindlich bleiben, wenn die vermutete Tatsache erweislich unwahr ist.[167] Hierher gehören für Suárez die Beispiele von Baldus de Ubaldis (1327–1400) zur *l. cum quis*.[168] Er selbst erwähnt die gesetzliche Anordnung, einen Urteilsspruch zu befolgen, weil die Gerechtigkeit desselben vermutet werde. Stehe seine Ungerechtigkeit fest, so sei die vermutete Tatsache unwahr und die Verbindlichkeit im Gewissen fehle.[169] Die *ratio* des Gesetzes wird nämlich nicht mehr erreicht.

Die Schwierigkeit der Differenzierung beider Gruppen hat wohl auch Suárez gesehen, der am Ende des Kapitels einräumt, keine *certam regulam in particulari assignare*, keine sichere Regel zur Unterscheidung der beiden Fälle anführen zu können. An dieser Stelle kommen dann die Juristen ins Spiel:

| | |
|---|---|
| Dicimus ergo ex materia et verbis legis, adiuncto usu et interpretatione doctorum, id esse colligendum.[170] | Also sagen wir, dass dies aus dem Inhalt und den Worten des Gesetzes in Verbindung mit dem Gebrauch und der Auslegung durch die (Rechts-)Gelehrten entschieden werden muss. |

165 DL III. 23. 7, Bach, Brieskorn, Stiening III/2, S. 76/77; Übersetzung leicht verändert T. R.
166 DL III. 23. 8, Bach, Brieskorn, Stiening III/2, S. 76/77, mit Hinweis auf die weiteren Erläuterungen des Prinzips in DL III 24–29 und VI 5–9.
167 DL III. 23. 9, Bach, Brieskorn, Stiening III/2, S. 78/79.
168 Baldus de Ubaldis: Commentaria (s. Anm. 128), zu C. 1.18.10, fol. 70vb–73ra.
169 DL III. 23. 9, Bach, Brieskorn, Stiening III/2, S. 78/79.
170 DL III. 23. 10, Bach, Brieskorn, Stiening III/2, S. 80; Übersetzung T. R.

So bleibt hinsichtlich der Verpflichtungskraft von Gesetzen, die auf Vermutungen aufbauen, bei Suárez am Ende eine unaufgelöste Unsicherheit bestehen, die nur fallweise durch Rückgriff auf die Rechtslehre behoben werden kann, wovon er in den nächsten, hier aber nicht mehr zu behandelnden, Kapiteln spricht.

# 3 Erträge

## 3.1 Zusammenfassung

Zunächst seien die wesentlichen Aussagen von Suárez zur Wirkung menschlicher Gesetze im Gewissen noch einmal thesenartig zusammengefasst:

(1) Suárez lehrt, auch menschliche Gesetze hätten im Gewissen verpflichtende Kraft, da sie letztlich auf den göttlichen Gehorsamsbefehl gegenüber dem legitimen Herrscher zurückzuführen sind.

(2) Dafür gibt es auch ein politisch praktisches Argument, denn sonst entstünde Chaos[171] und das menschliche Gesetz erwiese sich als *insufficiens*, gleichsam lahm.

(3) Voraussetzung der Verbindlichkeit ist, dass es sich um eine *lex iusta et rationabilis* handelt.[172] Es gibt also einen inneren Schrankenvorbehalt – mit allen Schwierigkeiten der Grenzziehung.

(4) Außerdem ist die *intentio obligandi* des Gesetzgebers erforderlich. Der bloße Rat hat keine Verbindlichkeit. Suárez erwähnt drei Ausnahmen, die offenbar mit Defiziten der *intentio obligandi* zusammenhängen: (1) *leges fundatae in praesumptione*, (2) *leges poenales non obligare ad culpam*, (3) *nolle obligare in conscientia*. Zur letzten Fallgruppe zählt er die Vorschriften, die nur unter bestimmten Voraussetzungen verbindlich sein wollen. Die zweite Fallgruppe wird in unserer Quelle nicht weiter behandelt, wohl aber ausführlich die erste.

(5) In der ersten Fallgruppe entsteht ein Konflikt mit dem Gebot, der Wahrheit zu folgen, wenn die Vermutung, auf die ein Tatbestand eine Rechtsfolge gründet, im konkreten Fall nicht zutrifft. Dann gilt: *veritas praefertur praesumptioni* und das Gesetz hat insofern keine Verbindlichkeit.[173] Diese Ausnahme schränkt Suárez allerdings wiederum ein. Sie soll nur in den Fäl-

**171** Vgl. oben bei Anm. 68.
**172** DL III. 22.
**173** DL III. 23. 3 a. E.; vgl. auch oben bei Anm. 143.

len der *praesumptiones facti* gelten. Betreffe die Vermutung hingegen den Schutz vor einer moralischen Gefahr (*praesumptio periculi moralis*), verlange das Gesetz auch dann Gehorsam im Gewissen, wenn die sittliche Gefahr im Einzelfall tatsächlich gar nicht besteht (Bsp. Gelübde ohne das nötige Alter, obgleich der Betroffene bereits sehr verständig ist).

## 3.2 Die Verbindlichkeit menschlicher Gesetze im Kontext der Lehren von Suárez

### 3.2.1 Der Wille Gottes als entscheidender Maßstab

Nimmt man noch einmal die Ausgangsfrage nach der Verpflichtung im Gewissen durch menschliche Gesetze in den Blick, so zeigt sich, dass Suárez aus dem Gesetzesbegriff im Verein mit der Herrscherlegitimation eine Verbindlichkeit ableitet, die auch im *forum internum* Gültigkeit verlangt. Das erscheint mit Blick auf seine sonstige Rechtstheorie völlig stimmig. *Gottes Wille ist der entscheidende Maßstab* für das menschliche Handeln. Brieskorn schrieb:

> Der Gesetzgeber hatte Gottes Willen noch bei der geringsten Kleinigkeit zu erforschen und zu befolgen, der Gesetzesadressat hatte in seinem Gehorsam oder – bei einem ungerechten Gesetz – in seinem Ungehorsam gegen den Staat Gottes Willen zu entsprechen. Wer immer mit dem *ius* umgeht, befindet sich unter dem Anspruch Gottes.[174]

Dieses Resümee, das letztlich auf die Einbettung der Rechtsordnung in die göttliche Heilsordnung hinausläuft, findet in unserer spezielleren Fragestellung eine Bestätigung. Auch das menschliche Recht bindet im Gewissen und ist damit heilsrelevant. Verstöße gegen dieses Recht erfüllen zunächst einmal den objektiven Tatbestand einer Sünde und sind *daher* zu vermeiden. Die Frage nach der Verbindlichkeit des menschlichen Gesetzes im Gewissen ist deshalb keine Nebensächlichkeit, sondern berührt die Kernfrage von Suárez, die den Weg zu Gott betrifft. Insofern steht die Moral im Mittelpunkt der Überlegung.

### 3.2.2 Rückkoppelung zum Zweck des Staats und der Herrschaftslegitimation

Das widerspricht überhaupt nicht der Orientierung des Gesetzesbegriffs bei Suárez am Zweck des Staats. Diese Orientierung hat Gideon Stiening 2013 in

**174** Brieskorn: Lex und ius (s. Anm. 68), S. 461.

einer Untersuchung von *De legibus III* mit Recht hervorgehoben.[175] Der Staat erscheint bei Suárez als eine natürliche Konsequenz der existenziellen Ausrichtung des Menschen auf ein Leben in Gemeinschaft mit anderen Menschen.[176] Nur ist niemand von Natur aus zum Herrscher über den anderen bestimmt.[177] Es gibt somit für Suárez keinen unmittelbaren göttlichen Herrschaftsauftrag für eine bestimmte Person.[178] Dennoch wird die politische Herrschaft nur dann legitim, wenn sie sich auf Gott zurückführen lässt. Suárez schreibt:

| | |
|---|---|
| Ergo etiam haec potestas est a Deo.[179] | Also kommt diese (politische) Gewalt von Gott. |

Die Rückführung der politischen Herrschaft auf göttliche Legitimation liegt für Suárez im Schöpfungsakt selbst, der den Menschen nicht nur frei gemacht, sondern eben auch als gesellschaftliches Wesen (*animal sociale*) ins Leben gerufen hat.[180] Wenn auch die konkrete politische Herrschaft auf einen Übertragungsakt durch das Volk zurückzuführen ist,[181] so ist diese Übertragung doch

---

**175** Gideon Stiening: *Libertas et potestas* – Zur Staatstheorie in *De legibus* (DL III). In: »Auctoritas omnium legum«. Francisco Suárez' *De legibus* zwischen Theologie, Philosophie und Jurisprudenz. Hg. von Oliver Bach, Norbert Brieskorn u. Gideon Stiening. Stuttgart-Bad Cannstatt 2013, S. 195–230, hier S. 197. Zur Rückführung der Verpflichtungskraft des Gesetzes auf den Willen Gottes vgl. auch ders.: *Suprema potestas [...] obligandi*. Der Verbindlichkeitsbegriff in Francisco Suárez' *Tractatus de legibus*. In: Kontroversen um das Recht. Beiträge zur Rechtsbegründung von Vitoria bis Suárez. Hg. von Kirstin Bunge, Stefan Schweighöfer, Anselm Spindler u. Andreas Wagner. Stuttgart-Bad Cannstatt 2012, S. 341–367.

**176** Dazu Stiening: *Libertas* (s. Anm. 175), S. 200.

**177** DL III. 2. 3, Bach, Brieskorn, Stiening III/1, S. 28/29.

**178** Stiening: *Libertas* (s. Anm. 175), S. 200; Dominik Recknagel: Einheit des Denkens trotz konfessioneller Spaltung. Parallelen zwischen den Rechtslehren von Francisco Suárez und Hugo Grotius. Frankfurt am Main 2010, S. 117, 122; Ernst-Wolfgang Böckenförde: Geschichte der Rechts- und Staatsphilosophie. Antike und Mittelalter. Tübingen $^{2}$2006, S. 389.

**179** DL III. 3. 2, Bach, Brieskorn, Stiening III/1, S. 38; Übersetzung T. R.

**180** DL III. 1. 3, Bach, Brieskorn, Stiening III/1, S. 10/11. Vgl. dazu auch schon Heinrich Rommen: Die Staatslehre des Franz Suárez S. J. Mönchengladbach 1926, S. 105–110 auf der Grundlage von Suárez: De op. 6 dier. V c. 7. Einen kurzen Überblick über zentrale Positionen der Staatstheorie von Suárez bietet Wilhelm Schmidt-Biggemann: Die politische Philosophie der Jesuiten: Bellarmin und Suárez als Beispiel. In: Politischer Aristotelismus und Religion in Mittelalter und Früher Neuzeit. Hg. von Alexander Fidora, Johannes Fried, Matthias Lutz-Bachmann u. Luise Schorn-Schütte. Berlin 2007, S. 163–178, hier S. 166 ff.; siehe auch eingehend den Beitrag von Stefan Schweighöfer im vorliegenden Band.

**181** DL III. 4. 2; Bach, Brieskorn, Stiening III/1, S. 50–53. Dazu weiter Stiening: *Libertas* (s. Anm. 175), S. 204, mit berechtigtem Hinweis auf die Übereinstimmung des Suárez mit Vitoria.

nur vor dem Hintergrund der göttlichen Legitimation politischer Herrschaft überhaupt gerechtfertigt.

Hierin liegt der Schlüssel für die Verpflichtungskraft menschlicher Gesetze im Gewissen. Menschliche Gesetze sind für Suárez deshalb *verbindlich, weil sich der Gesetzgebungsakt auf die göttliche Herrschaftslegitimation zurückführen lässt*. Das Gesetz ist eingebettet in die Gesamtrechtsordnung und damit zugleich in die Heilsordnung. Die speziellen Ausführungen in DL III. 21 ff. zur Verbindlichkeit des Gesetzes sind also völlig stimmig zu der zuvor ausgefalteten Staatstheorie, die in spezifischer Weise dadurch gekennzeichnet ist, dass die Tatsache politischer Herrschaftsmacht göttlich legitimiert wird, während die konkrete Ausformung dieser Herrschaft vom Willen der Herrschaftsunterworfenen abhängig ist.[182] Zwar bedarf es eines ursprünglichen willentlichen Zusammenschlusses der Menschen, um einen Staat zu bilden. Dieser hat dann aber ohne weiteres die von Gott vorgesehene, von ihm verursachte Herrschaftsgewalt.[183] Dies verpflichtet im Sinne von Röm 13,1 im Gewissen zum Gehorsam.

Das gilt, auch wenn der Gegenstand dieser menschlichen, jedenfalls der weltlichen, Gesetze nicht unbedingt auf die übernatürliche Glückseligkeit hin-

**182** Stiening: *Libertas* (s. Anm. 175), S. 207. Zur Verpflichtungskraft der Gesetze auch Gerald Hartung: Gesetz und Obligation. Die spätscholastische Gesetzestheologie und ihr Einfluß auf die Naturrechtsdebatte der Frühen Neuzeit. In: Die Ordnung der Praxis. Neue Studien zur Spanischen Spätscholastik. Hg. von Frank Grunert u. Kurt Seelmann. Tübingen 2001, S. 381–402, hier S. 388–390, der allerdings S. 390 die Schlussbemerkung in DL III. 1. 1 missversteht, wo Suárez erklärt, ein echtes Gesetz sei nur das, das auch im Gewissen bindet, wozu nur Gott die Macht habe. Wie im hier untersuchten Abschnitt aus DL III deutlich wird, kommt dem menschlichen Gesetzgeber diese Macht zu, da sie ihm insoweit von Gott verliehen ist.

**183** DL III. 3. 5, Bach, Brieskorn, Stiening III/1, S. 40–43. Sehr klar hat schon Rommen: Staatslehre des Franz Suárez (s. Anm. 180), S. 168–173, das Zusammenwirken göttlicher und menschlicher Momente hierbei herausgearbeitet. Während die geistliche *potestas* des Papstes unmittelbar auf göttliche Stiftung zurückgeht, ist also die menschliche Herrschaft anders konstituiert, nämlich durch ein Mitwirken des Menschen. Das erklärt deren gegenseitige prinzipielle Unabhängigkeit, wie sie etwa Merio Scattola: Eine interkonfessionelle Debatte. Wie die spanische Spätscholastik die politische Theologie des Mittelalters mit der Hilfe des Aristoteles revidierte. In: Politischer Aristotelismus und Religion in Mittelalter und Früher Neuzeit. Hg. von Alexander Fidora, Johannes Fried, Matthias Lutz-Bachmann u. Luise Schorn-Schütte. Berlin 2007, S. 139–162, hier S. 152 ff. beschrieben hat. Eine nähere Bestimmung, wie Gott die Herrschaft legitimiert – mittel- oder unmittelbar (vgl. auch oben bei Anm. 67) – ist hier nicht erforderlich, obgleich es richtig sein dürfte, bei Suárez von einer unmittelbaren Begründung der Herrschaft durch Gott zu sprechen; dazu überzeugend Robert Schnepf: Concursus – theoretische Hintergründe der Auslegung von Rm 13.1 bei Francisco Suárez. In: Religion und Politik. Zu Theorie und Praxis des theologisch-politischen Komplexes. Hg. von Manfred Walther. Baden-Baden 2004, S. 127–139.

geordnet ist.[184] Für den Einzelnen bleibt die Beachtung der menschlichen Gesetze heilsrelevant.[185]

### 3.2.3 Der Schrankenvorbehalt

So einfach diese Grundregel erscheint, so schwierig wird es im Konkreten, auch dann, wenn man die Frage nach der Legitimität der tatsächlichen politischen Herrschaft einmal außer Acht lässt, denn die Verbindlichkeit der menschlichen Gesetze im Gewissen wird an einen inneren Schrankenvorbehalt geknüpft: *nur gerechte Gesetze* sind verbindlich.[186] Wann aber ist ein Gesetz gerecht? Hiermit öffnet Suárez ein Einfallstor für kaum begrenzbare Diskussionen, zumal er abgesehen von der Gemeinwohlorientierung der Gesetze[187] und ihrer Hinordnung auf Frieden und (natürliche) Glückseligkeit[188] weder materiale Gerechtigkeitskriterien benennt noch eine verfahrensmäßige Entscheidungskompetenz festlegt.[189] Die in anderem Zusammenhang aufgestellte Forderung der Rationalität

---

**184** DL III. 11. 4, Bach, Brieskorn, Stiening III/1, S. 194/195; DL III. 11. 9, Bach, Brieskorn, Stiening III/1, S. 204/205; vgl. auch Stiening: *Libertas* (s. Anm. 175), S. 210.

**185** Stiening: *Libertas* (s. Anm. 175), S. 213, spricht von einer »Voraussetzung des individuellen Heils«; diese Voraussetzung liegt im Gesetzesgehorsam.

**186** Vgl. oben bei Anm. 53. Zum Problem auch Stiening: *Libertas* (s. Anm. 175), S. 214 ff. Anders als Stiening (l. c., S. 215) scheint mir die Rückbindung an die Gerechtigkeit allerdings nicht »schwer begründbar«, solange man – wie Suárez – *lex* und *ius* weitgehend synonym versteht, dazu Brieskorn: Lex und ius (s. Anm. 68).

**187** Zur Ausrichtung der Gesetze am Gemeinwohl bei Suárez vgl. den Beitrag von Dieter Hüning im vorliegenden Band. Siehe darüber hinaus den Beitrag von Franz Hespe im vorliegenden Band.

**188** Vgl. DL III. 11. 1, Bach, Brieskorn, Stiening III/1, S. 188–191; DL III. 11. 4, Bach, Brieskorn, Stiening III/1, S. 194/195.

**189** Immerhin nimmt Suárez die persönliche Integrität des Herrschers aus dem Kalkül. Sie ist grundsätzlich für die Forderung des Gesetzesgehorsams unbeachtlich, vgl. DL III. 10. 10, Bach, Brieskorn, Stiening III/1, S. 186–189, näher: Stiening: *Libertas* (s. Anm. 175), S. 218. Allerdings kann die tatsächliche Herrschafts*ausübung* im konkreten Fall den Ungehorsam gegenüber dem Gesetz, ja sogar regelrechten Widerstand gegenüber dem Herrscher bis hin zum Recht auf Tötung eines Tyrannen rechtfertigen; zum Widerstandsrecht bei Suárez im Überblick: Manfred Walther: Begründung und Beschränkung des Widerstandsrechts nach Suárez. In: Transformation des Gesetzesbegriffs im Übergang zur Moderne? Von Thomas von Aquin zu Francisco Suárez. Hg. von Manfred Walther, Norbert Brieskorn u. Kay Waechter. Stuttgart 2008, S. 161–176.

*Ungerechte* Gesetze sind selbstverständlich für Suárez unverbindlich, vgl. auch oben Anm. 54. Er schreibt in DL I. 9. 20. In: Tractatus de legibus (s. Anm. 20), p. 31:

menschlichen Handelns ersetzt dies kaum.[190] Vielmehr beginnt hier das weite Feld juristischer Dogmatik, die in vielfältige Verästelungen hinein die Gerechtigkeitsforderungen in konkrete Entscheidungen ummünzt. Das zeigt schon ein kurzer Blick auf die Verpflichtungskraft von Verträgen, wie sie sich im Prinzip *pacta sunt servanda* ausdrückt. Gilt das auch, wenn der Schuldner dadurch seine Handlungsfreiheit praktisch verliert? Gilt es, wenn der Preis überteuert, die Gegenleistung schlecht ist usw.? Solche Fragen bleiben in *De legibus* eher im Hintergrund – sehr im Unterschied etwa zum Summenkommentar des Vitoria oder dem Iustitia-Traktat des Luis de Molina (1535–1600),[191] auch wenn Suárez solchen Detailfragen nicht völlig ausweicht, wie etwa in unserem Text die Behandlung der Begrenzung der Erbenhaftung zeigte. Suárez geht es jedoch innerhalb seiner moraltheologischen Hauptfrage um eine systematische Antwort

---

| | |
|---|---|
| Est enim notanda differentia inter iniustitiam in materia, vel in modo legis: | Man muss eine Ungerechtigkeit im Inhalt von einer Ungerechtigkeit in der Art des Gesetzes unterscheiden. |
| in priori, si de iniustitia constet, nulla ex causa, etiam propter vitandum quodcumque detrimentum, vel scandalum obedire licet, quia malum facere nunquam licet propter ullum finem: | Im ersten Fall, wenn die [inhaltliche] Ungerechtigkeit feststeht, ist es aus keinem Grund erlaubt, dem Gesetz Folge zu leisten, auch nicht wegen irgendeines Nachteils oder eines [dadurch bewirkten] Anstoßes, weil man um keines Zieles willen etwas Schlechtes tun darf. |
| at vero in alio casu, licet lex de se non obliget, potest subditus illi parere, si vult, dummodo iniustitiae non cooperetur, quia potest cedere iuri suo. | Aber in dem anderen Fall ist es erlaubt, dem Gesetz zu gehorchen, wenn man will, auch wenn man durch dasselbe nicht verpflichtet wird, solange man nicht zu der Ungerechtigkeit beiträgt, weil man seine Rechte abtreten kann. |

Inhaltlich ungerechten Gesetzen darf man also nicht Folge leisten. Formal ungerechte Gesetze sind zwar nicht verbindlich, dürfen aber befolgt werden.

**190** Vgl. DL II. 6, 8. In: Tractatus de legibus (s. Anm. 20), S. 70:

| | |
|---|---|
| Ergo quamvis ratio naturalis indicet quid sit bonum vel malum rationali naturae, nihilominus Deus, ut auctor et gubernator talis naturae, praecipit id facere vel vetare, quod ratio dictat esse faciendum vel vetandum. | Auch wenn die natürliche Vernunft anzeigt, was nach vernünftiger Natur gut und schlecht ist, so schreibt Gott nichtsdestoweniger als Schöpfer und Lenker ebendieser Natur vor, das zu tun oder zu lassen, was die Vernunft sagt, dass es getan oder unterlassen werden muss. |

**191** Vgl. dazu Tilman Repgen: Juristisches Dogma in normativer Vielfalt. Eine Nahaufnahme aus der Zeit der Spätscholastik. In: Dogmatisierungsprozesse in Recht und Religion. Hg. von Georg Essen u. Nils Jansen. Tübingen 2011, S. 189–216.

auf die Verpflichtungskraft menschlicher Gesetze in deren Rückbindung an den Willen Gottes infolge der Bezogenheit menschlicher Gesetze auf die *lex aeterna*.[192]

### 3.2.4 Beziehung von Recht und Moral

Wenn die Beachtung menschlicher Gesetze zur Gewissenspflicht gehört, besitzt auch die juristische Beurteilung des Handelns aufgrund menschlicher Gesetze *moralische* Bedeutung. Das hatte schon Vitoria klar erkannt. Insofern gehören Recht und Moral zusammen. Das mag den Blick dafür öffnen, dass die im modernen Staat diskutierte Trennung beider Sphären meist ganz unvollständig nur aus der Perspektive des Rechts betrachtet wird. Rechtsindifferente Moral gibt es nicht.

Der Schlüssel zu einem kohärenten Verständnis von *De legibus ac Deo legislatore* ist die strikte Ausrichtung der Fragen an der moralischen Dimension menschlichen Handelns *sub specie aeternitatis*. Alles menschliche Handeln wird letztlich – trotz vieler Nebenzwecke – in erster Linie daraufhin untersucht, ob es zum Heil führt oder von diesem Weg abweicht. Das Seelenheil ist der gedankliche Angelpunkt bei Suárez.[193]

**192** DL III. 21. 7, Bach, Brieskorn, Stiening III/2, S. 30/31. Vgl. auch oben Anm. 67.
**193** Ähnlich Decock: From Law to Paradise (s. Anm. 24), S. 18.

Oliver Bach

# Zwischen Lebensgefahr und Todsünde

Zur Dimension der Verpflichtung menschlicher Gesetze bei Suárez (DL III. 28–30)

## 1 Einleitung: Determination vs. Definition

»[D]as bürgerliche Gesetz [ist] von rein natürlicher Ordnung hinsichtlich seines Ursprungs und seiner Macht«,[1] heißt es in der Vorrede zu Suárez' *Über das menschliche positive Gesetz*, dem dritten Teil seines Traktats *De legibus, ac Deo legislatore*. In der Hierarchie der verschiedenen Gesetzesformen hat das menschliche positive Gesetz seine Stellung unterhalb der göttlichen und natürlichen Gesetze nicht deshalb inne, weil es sich durch seine Positivität von diesen schlechthin unterschiede; vielmehr generiert unbeschadet des positiven Charakters des menschlichen Gesetzes sein Status als Gesetz überhaupt allererst aus der Abkünftigkeit bestimmter Elemente auch des positiven aus dem natürlichen und göttlichen Gesetz: Dabei handelt es sich vor allem um seine Verpflichtungswirkung. Soll diese nämlich auf guten Gründen dafür basieren, sich den ihrem Gegenstande nach positiven Gesetzen zu unterwerfen, so darf die Verpflichtungswirkung selbst nicht ebenso schlechterdings aus menschlicher Willkür resultieren. In vielerlei Hinsicht lassen sich positivrechtliche Bestimmungen relativ problemlos aus naturrechtlichen Pflichten ableiten; ein Beispiel ist das nicht erst positiv-, sondern schon naturrechtlich statthabende Tötungsverbot. Die Pflicht, den Mit*bürger* nicht zu töten, folgt mithin aus der Pflicht, den Mit*menschen* nicht zu töten, und neben der Verpflichtungswirkung durch die weltliche Obrigkeit und ihre immanente Strafandrohung steht für den Rechtstheologen allemal die Verpflichtungswirkung durch Gott und seine transzendente Strafandrohung. Das im menschlichen Gesetz formulierte Tötungsverbot ist nicht neu, sondern formuliert im *modus determinationis* lediglich Spezifika wie das Strafmaß.

1 DL III. prooe. 2, Bach, Brieskorn, Stiening III/1, S. 4/5: »[L]ex civilis est mere naturalis ordinis quoad suam originem et potestatem.«

https://doi.org/10.1515/9783110696738-011

So bedeutend für Suárez der *modus determinationis* als Grundzug des menschlichen positiven Gesetzes als einer *iusta lex* auch ist,[2] so belässt er es jedoch nicht dabei. Die hier darzustellenden Kapitel 28 bis 30 des dritten Buches verfolgen die Verpflichtungswirkung der *leges humanae* bis an ihren kritischen Punkt, nämlich dorthin, wo die Verpflichtung gegenüber dem Gemeinwesen – dem Feld des positiven Rechts – mit fundamentalen naturrechtlichen Pflichten und Pflichten gegenüber Gott augenscheinlich in Konflikt gerät. Dort scheint das Verhältnis des positiven menschlichen zum überpositiven natürlichen und göttlichen Recht sich weniger durch Ausformulierung (*Determination*) als durch Abgrenzung (*Definition*) auszuzeichnen.

Einleitend ist zu skizzieren, wie die genannten Kapitel 28 bis 30 im dritten Buch von *De legibus* einzuordnen sind. Suárez unterteilt den Themenkomplex der Verpflichtungsdimension: In den Kapiteln 28 und 29 fragt er nach der Dimension der Verpflichtungs*kraft* im Hinblick auf das *Subjekt* des menschlichen Gesetzes – es geht um Todsünde und Tugend. Im Kapitel 30 fragt Suárez nach der Dimension der Verpflichtungs*wirkung* im Hinblick auf das *Objekt* des menschlichen Gesetzes: Es geht darum, was dem Untertan qua menschlichem Gesetz abverlangt, ja zugemutet werden kann. Im Folgenden soll gezeigt werden, dass die Kapitel 28 bis 30 von eben besonderer staatsrechtlicher Relevanz im Gesamtzusammenhang der suárezischen Rechtslehre sind. Denn nachdem Suárez die innere Verpflichtung durch das menschliche Gesetz behandelt hat,[3] fragt er in der Folge in den Kapiteln 28 und 29, inwieweit eine solche innere Verpflichtung, so sie denn statthat, reicht: Wäre der Bruch positiven menschlichen Rechts eine Todsünde, und können die *leges positivae humanae* zur Tugendhaftigkeit verpflichten? Suárez unternimmt also eine heilsgeschichtliche und ethische Verortung seiner Lehre vom positiven menschlichen Recht. Es geht um die Frage, ob auch das positive Gesetz nicht nur Teil, sondern Ausdruck des allgemeinen Sittengesetzes ist und insofern nicht nur rechtliche, sondern auch moralische Verbindlichkeit innehat: Im Kapitel 28 fragt Suárez nach der *inneren* Verpflichtung mit Blick auf den Gesetzes*verstoß* (hier geht es

---

2 Siehe z. B. die dem Menschen freistehende Wahl der Regierungsform bei der *determinatio* der naturrechtlichen Vergemeinschaftungspflicht: DL III. 4. 1, Bach, Brieskorn, Stiening III/1, S. 50/51, oder die naturrechtliche Pflicht, Gott sowie Eltern zu ehren und Gleichheit beim Handel zu wahren: DL III. 12. 14, Bach, Brieskorn, Stiening III/1, S. 234/235: »Sic ergo in civilibus, quia ius naturae praecipit Dei cultum vel honorare parentes vel servare aequitatem in rebus. Lex humana determinat ut haec fiant tali tempore vel tali modo.« / »Das Naturrecht schreibt vor, Gott zu verehren, die Eltern zu ehren oder die Gleichheit beim Güteraustausch zu wahren. Das menschliche Gesetz bestimmt, wann und wie dies zu geschehen hat.«

3 Siehe den Beitrag von Tilman Repgen im vorliegenden Band.

um die Todsünde), im Kapitel 29 fragt er nach der *inneren* Verpflichtung bei der Gesetzes*einhaltung* (hier geht es um die Tugendhaftigkeit). Diese Kapitel sind deshalb so bedeutend, weil Suárez mit ihnen nicht allein den rechtstheoretischen und politischen *Status* des menschlichen Gesetzes behandelt, sondern auch den unmittelbar theologischen und allgemein-ethischen. Daraus erwächst auch die Relevanz des Kapitel 30, in dem Suárez noch einmal dem anthropologischen Status des menschlichen Gesetzes nachgeht.

## 2 Verpflichtet das menschliche Gesetz unter Todsünde?

Das 28. Kapitel widmet sich der Frage: »Verpflichtet das menschliche und bürgerliche Gesetz unter Todsünde, so dass es aus Verachtung nicht einmal in den kleinsten Angelegenheiten verletzt werden darf?«[4] Diese Spezifizierung führt Suárez umgehend im ersten Paragraphen ein: Denn mit Blick auf die bekannte *leges*-Hierarchie und insbesondere mit Blick auf die Positivität der menschlichen Gesetze verpflichten dieselben nicht unbedingt unter Todsünde, nämlich genau dann nicht, wenn sie dem vernünftigen natürlichen und göttlichen Recht widersprechen. Insofern wird Suárez' Fragestellung sofort in die Frage überführt, ob *Verachtung* (*contemptus*) beim *Übertreten* des menschlichen Rechts eine Todsünde bewirkt.

Führt Verachtung als solche selbst *immer* zum Todsündencharakter eines Übertretens menschlicher Gesetze? So bestimmte es immerhin der von Suárez angeführte Bernhard von Clairvaux.[5] Dieser wollte bei genauerem Hinsehen

4 DL III. 28. 1, Bach, Brieskorn, Stiening, III/2, S. 152/153: »Utrum lex humana et civilis obliget sub mortali ut ex contemptu non violetur, etiam in minimis.«

5 Suárez' Exzerpt lautet: DL III. 28. 2, Bach, Brieskorn, Stiening III/2, S. 154/155: »Fuitque aperta sententia divi Bernardi (lib. I *De praecepto et dispensatione*, cap. 11, 12 et sequentibus) ubi de levioribus praeceptis in primis ait ›non contemni sine crimine‹. Deinde subdit: ›Porro contemptus in omni specie mandatorum pari pondere gravis, et communiter damnabilis est‹; et iterum dicit de contemptu: ›Convertit in crimen gravis rebellionis culpam levis transgressionis‹« / »Es war auch die klare Meinung des hl. Bernhard im ersten Buch von *De praecepto et dispensatione*, Kapitel 11, 12 und folgende, der in Bezug auf die leichteren Anordnungen im Besonderem betont, dass ›man sie nicht ohne Vergehen verachten könne‹. Sodann fügt er hinzu: ›Zweifellos ist die Verachtung bei einer jeden Art von Geboten in gleicher Weise schwerwiegend, und gemeinhin auch verurteilungswürdig‹; und noch einmal äußert er sich zur Verachtung: ›Die Verachtung lässt die Schuld für eine leichte Übertretung zu einem Verbrechen schwerster Widersetzlichkeit werden.‹«

eigentlich eine Unterscheidung der Verachtung (*contemptus*) von der Achtlosigkeit (*neglectus*) vornehmen, die keine Todsünde ist: Auch für Bernhard ist folglich nicht jeder Verstoß gegen menschliche Gesetze eine Todsünde,[6] obgleich Suárez die clairvauxsche Distinktion von Verachtung und Achtlosigkeit hier vernachlässigt. Ihn interessiert die These Clairvauxs, dass Verstöße gegen das Gesetz aus Verachtung immer eine Todsünde darstellten: In diesem Falle nämlich müsse, so Suárez offensichtlich gemäß einem Prinzip des Aristoteles aus der *Analytica posteriora*, die Verachtung selbst immer Todsünde sein, denn »wenn etwas eine bestimmte Qualität durch eine bestimmte Ursache erhält, so kommt diese Qualität umso mehr der Ursache selbst zu«.[7] Ist mithin der Verstoß gegen menschliches Recht deshalb Todsünde, weil er aus Verachtung resultiert, so müsste Verachtung *a fortiori* umso mehr Todsünde sein. Diese implizite Prämisse Bernhards weist Suárez jedoch zurück, denn mit Blick auf den Sündenkatalog kann Verachtung nicht immer Todsünde sein, weil sie dort nicht als stärkere Sünde bestimmt ist als beispielsweise der Ungehorsam oder das Sakrileg, die gleichfalls nicht immer und unter allen Umständen als Todsünden gelten.[8] Das durch Bernhard von Clairvaux bemühte aristotelische Argument ist also weder mit Blick auf die Sündenlehre im Allgemeinen noch mit Blick auf den Gesetzesverstoß im Besonderen stichhaltig.

---

6 Bernardus Abbas Clarae-Vallensis: Liber de praecepto et dispensatione. In: Patrologia Latina. Tomus 182. Hg. von Jean-Paul Migne. Paris 1879, Sp. 857–894, hier Sp. 871 (cap. X, § 18): »[J]ussa vero, sine culpa non negligantur, sine crimine non contemnantur. Ubique enim et culpabilis neglectus, et contemptus damnabilis est. Differunt autem, quod neglectus quidem languor inertiae est, contemptus vero superbiae tumor.« / »Befehle werden nicht ohne Schuld missachtet, nicht ohne Verbrechen verachtet. Denn Achtlosigkeit führt immer zu Schuld, Verachtung immer zu Verdammung. Gleichwohl unterscheiden sie sich, denn Achtlosigkeit resultiert aus der Schwäche der Untüchtigkeit, Verachtung aber ist ein Geschwür des Hochmuts.« Übers. O. B.

7 DL III. 28. 3, Bach, Brieskorn, Stiening III/2, S. 154/155: »[Q]uia propter quod unumquodque tale et illud magis.« Siehe Aristoteles, Analytica posteriora I,2 72a30 / Aristoteles, Zweite Analytik. Griechisch-Deutsch. Übers., komm. u. hg. von Wolfgang Detel. Hamburg 2011, S. 10/11: »αἰεὶ γὰρ δι᾽ ὃ ὑπάρχει ἕκαστον, ἐκεῖνο μᾶλλον ὑπάρχει, οἷον δι᾽ ὃ φιλοῦμεν, ἐκεῖνο φίλον μᾶλλον.« / »Stets nämlich trifft jenes, aufgrund dessen ein jedes zutrifft, in höherem Grade zu, wie etwa: aufgrund dessen wir lieben, das ist liebenswert in höherem Grade.« Siehe eine der suárezischen Anwendung des aristotelischen Prinzips auf die praktische Philosophie ganz ähnliche Applikation bei Aegidius Romanus: Oliver Bach: Staat und Natur. Zu Bartolus' de Sassoferrato Bestimmungen von guter Regierung und Tyrannei. In: Natur und Herrschaft. Analysen zur Physik der Macht. Hg. von Kay Jankrift u. a. Berlin, Boston 2016, S. 115–136, hier S. 123.

8 DL III. 28. 3 / Bach, Brieskorn, Stiening III/2, S. 154/155.

Verachtung kann folglich nur die Quantität der Sünde steigern, nicht aber ihre Qualität als lässliche Sünde oder Todsünde ändern:

> Diese Mehrung und Steigerung wirkt sich jedoch niemals auf die Eigenart des Inhalts und des Gegenstands der Sünde in einer diese erschwerenden Weise aus. Folglich wird – genau genommen – niemals eine Sünde, die ansonsten an sich eine lässliche Sünde wäre, aus jenem ›Titel‹ zu einer Todsünde.[9]

Der Unterschied zwischen lässlicher und Todsünde ist für Suárez – zumindest zunächst bis hierher – kategorisch und nicht gradualisierbar. Es gibt zwar leichtere und schwerere lässliche Sünden; dadurch jedoch sind letztere noch nicht Todsünden. Maßgeblich ist für Suárez der Gegenstand (*materia*) der Sünde. Wenn aber die *materia peccati* aus der *materia legis* abgeleitet wird, gilt für Suárez: Solange beispielsweise der geringfügige Diebstahl der Sache nach ein geringfügiger Diebstahl bleibt, *kann* keine Todsünde bei diesem an sich nur lässlichen Vergehen begangen werden. Offensichtlich aber eignet gerade dem Beispiel des Diebstahls eine gewisse empirische Plausibilität, die einige Rechtsgelehrte – in Suárez' Augen vor allem Nicolaus de Tudeschis (Panormitanus) – zu der Meinung verleitet, dass doch immerhin die Gewohnheitstat, also die Häufung lässlicher Sünden, zumindest aber die Häufung von Vergehen gegen ein und dasselbe menschliche Gesetz dessen lässlichen Sündencharakter in Todsünde umschlagen ließe.[10] Dem schließt sich Suárez nicht an. *Weder* ist Gewohnheit selbst schon Verachtung;[11] *noch* könnten Rechtslehrer wie Panormitanus angeben, ab der wievielten Wiederholung eine lässliche Sünde zur Todsünde würde, zumal die einzelnen Handlungen hinsichtlich Tat und Motiv ähnlich sein müssen, um überhaupt von einer Wiederholung sprechen zu können;[12] *noch auch* hält das Gewohnheitsargument der rein vernünftigen, weil apriorischen Differenz von Quantität und Qualität stand:

---

**9** DL III. 28. 5 / Bach, Brieskorn, Stiening III/2, S. 158/159: »Hoc autem augmentum nunquam excedit capacitatem materiae et obiecti per se loquendo. Ergo nunquam ex illo capite praecise sumpto peccatum fit mortale, quod alias esset de se veniale.«

**10** DL III. 28. 7, Bach, Brieskorn, Stiening III/2, S. 160/161.

**11** DL III. 28, 8, Bach, Brieskorn, Stiening III/2, S. 160/161: »Et ratio est, quia consuetudo non est contemptus; ergo peccare ex consuetudine non est peccare ex contemptu.« / »Der Grund dafür besteht darin, dass Gewohnheit nicht mit Verachtung gleichzusetzen ist. Folglich ist Sündigen aus Gewohnheit nicht Sündigen aus Verachtung.«

**12** DL III. 28. 8, Bach, Brieskorn, Stiening III/2, S. 162/163: »Constat autem habitum non esse contemptum nec etiam multitudinem actuum, nam illi actus per se loquendo sunt similes. Unde sicut primus non est contemptus legis licet sit transgressio legis, ita nec secundus nec tertius; nec designari potest in quo actu incipiat contemptus ex vi consuetudinis..« / »Es steht

> Der Grund aber, der sich von der Vernunft herleitet, besteht darin, dass die Gewohnheit, lässliche Sünden zu begehen, aus sich heraus lediglich die Quantität, also die Zahl lässlicher Sünden und die Bereitschaft erhöht, weiter zu sündigen. Von keinem der beiden Argumente aus gelangt man zur Annahme einer Todsünde. Denn viele lässliche Sünden ergeben noch keine Todsünde.[13]

Suárez verfährt bei dieser Kritik auch begriffsanalytisch: Gewohnheit ist, an ihr selbst betrachtet, ein relationaler Begriff, d. h. Gewohnheit ist wesentlich Gewohnheit *zu etwas*. Wenn daher jemand regelmäßig lässliche Sünden begeht, so hat er allenfalls eine Gewohnheit eben zu lässlichen Sünden: »Wenn es im Laufe angewöhnten Verhaltens zu einer Todsünde kommt, so geschieht solches eben genau genommen und begrifflich exakt *nicht* aus Gewohnheit.«[14] Sobald man folglich eine Todsünde begeht, lässt sich jene Gewohnheit gerade nicht als deren Ursache angeben; denn hier handelt man gerade nicht mehr gewohnheitsmäßig. Eine Gewohnheit zur Todsünde müsste sich dann erst wieder herausbilden.

Gleichwohl räumt Suárez mit Blick auf den Diebstahl ein, dass sich zwar mehrere geringfügige Diebstähle nicht *ex post* zu einem schweren Diebstahl und damit mehrere lässliche zu einer Todsünde summieren könnten. Dennoch könne ein schwerer Diebstahl *ex ante*, d. h. planmäßig auf mehrere geringfügige Diebstähle aufgeteilt werden.[15] Was im Ergebnis also gleich aussieht, wäre für Suárez in diesem Falle also doch Todsünde. Vordergründig plausibel, so scheint Suárez hier doch seine vormals strikte Linie zu verlassen und den Unterschied von geringfügigem und schwerem Diebstahl doch selbst zu quantifizieren. Denn ob nun ex post *summiert* oder ex ante *dividiert*: In *beiden* Fällen setzt sich der schwere Diebstahl der Idee nach aus mehreren kleinen zusammen (Suárez diskutiert hier nämlich nicht etwa die Frage, ob sich der schwere Diebstahl durch

---

aber fest, dass diese Einstellung nicht Verachtung ist und auch durch die Vielzahl solcher Handlungen nicht wird. Denn jene Handlungen sind, streng begrifflich gesprochen, unter sich ähnliche Handlungen. Da die erste Handlung nicht eine Verachtung des Gesetzes ist, wenn auch eine Übertretung des Gesetzes, so ist es auch weder die zweite noch die dritte Handlung. Man kann nicht genau angeben, ab welchem Akt die Verachtung kraft der Gewohnheit einsetzt.«

**13** DL III. 28. 9, Bach, Brieskorn, Stiening III/2, S. 164/165: »Ratio vero a priori est, quia consuetudo peccandi venialiter per se solum auget extensive numerum peccatorum venialium et voluntarium in posterioribus peccatis. Ex neutro autem argumento potest colligi peccatum mortale. Quia multa peccata venialia non faciunt unum mortale [...].«

**14** DL III. 28. 10, Bach, Brieskorn, Stiening III/2, S. 166/167: »Item, si per illam consuetudinem pervenitur ad peccatum mortale, *non* est praecise ac formaliter ratione consuetudinis.« Hervorhebung O.B.

**15** DL III. 28. 11, Bach, Brieskorn, Stiening III/2, S. 166/167.

rein qualitative Merkmale auszeichnet, wie etwa bewaffneter Diebstahl oder Raubmord). Auch die Überlegung, ob Suárez hier implizit die Täterintention zum ausschlaggebenden Moment macht, änderte nichts an der Quantifizierung und ihren systematischen Mängeln.

*Grundsätzlich* anders ist Suárez' Position, wenn die *materia peccati* nicht aus der *materia legis* abgeleitet wird, d. h. etwas ganz anderes als die vom menschlichen Gesetz gebotene oder verbotene Handlung macht den möglichen Todsündencharakter aus. Hier kommt Suárez wieder verstärkt auf die Verachtung (*contemptus*) zurück. Allerdings bleibt es beim schon Gesagten, dass nämlich die Verachtung an ihr selbst nicht immer eine Todsünde ist und somit als Ursache einer gesetzeswidrigen Handlung dieser nicht notwendig Todsündencharakter verleiht. Es geht Suárez darum, dass ein Gesetzesübertritt, der weniger um des Vollzugs der verbotenen bzw. um des Unterlassens der gebotenen Handlung selbst willen geschieht, sondern allein um der Verachtung willen, dass ein solches Übertreten menschlicher Gesetze gerade doch eine Todsünde darstelle:

> Somit ist die Übertretung eines Gesetzes in einer äußerst gering einzuschätzenden Sache weder vom äußeren Akt noch im Willen, der jene Handlung als seinen Gegenstand betrachtet, als schlecht im Sinn einer Todsünde einzuordnen. Erhält die Übertretung jedoch ihre Schlechtigkeit aus dem Willen zur Verächtlichmachung, so deshalb, weil sie von einem inneren Akt veranlasst ist, der diese Schlechtigkeit der Todsünde in sich trägt.[16]

Ist folglich weniger der Regelungsgegenstand des menschlichen Gesetzes, d. h. die *materia legis*, als vielmehr die Verachtung als solche das unmittelbare Handlungsziel, so liegt doch eine Todsünde vor. Verachtung ist, wie gezeigt, an ihr selbst nicht notwendig eine Todsünde. Darum ist die Verachtung zwar Gegenstand der Handlung, sie ist aber nicht ihr eigener Beweggrund: Dieser ist *superbia*, Hochmut, und sie, die *superbia*, ist unter allen Umständen eine Todsünde.[17]

Insofern die *materia peccati* von der *materia legis* unterschieden wurde, läge die Vermutung nahe, dass damit die Behandlung der Sündenfrage abgeschlossen, mithin das 28. Kapitel beendet wäre. Schließlich befindet Suárez sich nicht mehr auf eigentlich gesetzestheoretischem Terrain. Er hat jedoch im Blick,

**16** DL III. 28. 12, Bach, Brieskorn, Stiening III/2, S. 168/169: »Sed transgressio legis in re minima neque in actu exteriori neque in voluntate, quae illum respicit ut obiectum, habet de se malitiam mortalem. Ergo si ex contemptu illam recipit, ideo est quia imperatur ab aliquo interiori actu habente malitiam mortalem..«

**17** DL III. 28. 13, Bach, Brieskorn, Stiening III/2, S. 168–171.

dass eine Verachtung menschlicher Gesetze aus Hochmut mögliche politische Probleme mit sich bringt, die *in* seinem Traktat zu behandeln er offenkundig nicht nur für opportun, sondern auch für notwendig erachtet. Wenn er daher erst an diesem Punkt eine Begriffsbestimmung der *Verachtung* unternimmt, so tut er dies deshalb, um die Probleme des Hochmuts für die Rechtswirklichkeit in den Blick zu bekommen. Suárez bestimmt Verachtung als ein *ungerechtfertigt* abschätziges Urteil. Die Abschätzigkeit dieses Urteils ist unangemessen. Hochmut wiederum ist nur gegenüber Personen, nicht aber gegenüber Dingen denkbar. Verachtung gegenüber dem Gesetz, ein bewusst geringschätzendes Urteil gegenüber dessen Vorschrift, ist also noch nicht Wirkung des Hochmuts:

> Ich sage also *erstens*: Ein Gesetz aus Verachtung der vorgeschriebenen Sache zu übertreten, ist nicht stets und für jede einzelne Person eine Todsünde. [...] Denn die verachtete Sache kann äußerst geringfügig sein oder sich auf eine geringfügige Tugend beziehen; deshalb erfolgt auch nicht durch ihn selbst die Verachtung des Gesetzgebers, diese wird auch nicht beabsichtigt. [...] Ich sage *zweitens*: Ein Gesetz aus Verachtung Gottes des Gesetzgebers zu übertreten ist immer eine Todsünde, auch im Einzelfall und ohne jeden Unterschied.[18]

Wirkung des Hochmuts und damit tatsächlich *abschätzig* ist die Verachtung eines Gesetzes im eigentlichen Sinne erst dann, wenn es sich auf die Person entweder des betreffenden Rechtssubjekts oder des Gesetzgebers richtet: Dies ist beispielsweise der Fall, wenn der Täter durch Diebstahl den Bestohlenen oder den Gesetzgeber als Stiftungs- und Geltungsinstanz des Diebstahlverbots abschätzig behandeln will.[19] In beiden Fällen ist die Geringschätzung des Diebstahlverbots im Speziellen nur ein kontingentes Mittel bei der Verfolgung eines hochmütigen Zwecks im Allgemeinen. Die Probleme, die sich hieraus ergeben, sind offensichtlich: Die hochmütige Absicht nämlich lässt sich am Taterfolg nicht ablesen, denn schließlich hatte Suárez sowohl die Verachtung als auch den Hochmut vom unmittelbaren Tatbestand scharf getrennt. Der Todsündencharakter von Verstößen wider positives menschliches Recht fällt also gleich in zweifacher Hinsicht in den Kompetenzbereich der Theologie: Denn erstens ist es selbstverständlich ausschließlich einem geweihten Priester – bei exkommunikationswürdigen Taten sogar nur Bischöfen und dem Heiligen Stuhl

18 DL III. 28. 22 f., Bach, Brieskorn, Stiening III/2, S. 180–183: »Dico ergo primo: Transgredi legem ex contemptu rei praeceptae non semper et in individuo est peccatum mortale. [...] Quia res contempta potest esse minima vel pertinens ad infimam aliquam virtutem, et quia tunc per se nec fit nec intenditur iniuria legislatoris. [...] Dico secundo: Transgredi legem ex contemptu Dei legislatoris semper est peccatum mortale, etiam in individuo et sine ulla distinctione.«
19 DL III. 28. 16–24, Bach, Brieskorn, Stiening III/2, S. 175–185.

(Reservatfälle) – erlaubt, von Todsünden zu *absolvieren*;[20] von diesen überhaupt zu *erfahren*, ist zweitens ebenso nur einem professionellen Beichtvater möglich, denn, wenn der hochmütige Charakter einer Straftat weder aus dem Tatererfolg noch aus den sichtbaren Tatumständen evident wird, kann er nur durch die *confessio* erkannt werden. Nun war allerdings spätestens seit dem *Decretum Gratiani* das Beicht*geheimnis* Gemeingut der katholischen Beichttheologie und seinerseits im kanonischen Recht strafbewehrt;[21] es stellt sich daher die Frage, welche Bedeutung Suárez dem Todsündencharakter in der Rechtswirklichkeit des positiven menschlichen Rechts zuschreibt, wenn die weltlichen Amtsträger diesen nicht erkennen *können*, die geistlichen Würdenträger ihn nicht verraten *dürfen*. Suárez verhält sich allerdings nicht zu dieser Frage. Der mittelbare Heilszweck der *leges positivae humanae* betrifft auch bei Suárez letztlich nur das Individuum: Durch hochmütige Verstöße gegen das menschliche positive Recht gefährdet es das politische Gemeinwohl nur in diesseitiger Perspektive; in jenseitiger Perspektive gefährdet es nur das Einzelwohl seiner Seele – es ist und bleibt Sache zwischen ihm und Gott. Inwiefern daraus noch eine politische oder positivrechtliche Relevanz abzuleiten ist – etwa insofern ein Mensch, dessen Seelenheil bedroht ist, mental und seelisch nicht mehr in der Lage wäre, seine Bürgerpflichten angemessen zu erfüllen –, erläutert Suárez in DL III nicht.

---

**20** Dies anerkannten auch diejenigen, die für Alltagssünden die Laienbeichte für ausreichend befanden; und so unterschiedlich auch Qualität und Rang von *erubescentia*, *contritio*, *confessio*, *absolutio* etc. bewertet wurden, so war man sich doch stets darüber einig, dass das *peccatum mortale* professionellen Klerus notwendig macht: Isnard W. Frank: Beichte II. Mittelalter. In: Theologische Realenzyklopädie. 36 Bde. Hg. von Horst Robert Balz u. a. Berlin, New York 1977–2007, Bd. 5 (1980), S. 414–421; Ernst Bezzel: Beichte III. Reformationszeit. In: ebd., S. 421–425, hier S. 425.

**21** D 6 c. 2 de poen: »Sacerdos ante omnia caueat, ne de his, qui ei confitentur peccata sua, recitet alicui quod ea confessus est, non propinquis, non extraneis, neque, quod absit, pro aliquo scandalo. Nam si hoc fecerit, deponatur, et omnibus diebus uitae suae ingominiosus peregrinando pergat.« / »Ein Priester hüte sich vor allem davor, über diejenigen, die ihm ihre Sünden bekannt haben, irgendjemandem etwas von ihren Bekenntnissen zu berichten, und zwar weder Bekannten noch Fremden, und auch nicht – was fern sei – für ein öffentliches Ärgernis. Denn wenn er dies tut, wird er abgesetzt und muss alle Tage seines Lebens in Schande auf Wanderschaft verbringen. (Decretum Magistri Gratiani. Hg. von Emil Friedberg u. Emil Ludwig Richter. Leipzig 1879, Sp. 1244) Umstritten war lediglich, inwiefern bei Reservatfällen die Berichtspflicht einfacher Priester gegenüber ihrem Bischof als Ausnahme vom Beichtgeheimnis zu denken sei: Frank: Beichte II (s. Anm. 20), S. 419.

## 3 Verpflichtet das menschliche Gesetz zu einer bestimmten Art von Tugend?

Sobald Suárez einmal den Diskurs über die Verpflichtungs*kraft* im Hinblick auf das Subjekt des menschlichen Gesetzes angestoßen und in Kapitel 28 zunächst nach ihrer *negativen* Bestimmung gefragt hat, nämlich ob Gesetzes*übertretung* eine *Verachtung* und damit Todsünde impliziere, so geht er danach folgerichtig zur Frage nach einer *positiven* Bestimmung der Verpflichtungskraft im Hinblick auf das Gesetzessubjekt über: Muss die Gesetzes*befolgung* durch eine besondere *Hochachtung* bzw. Tugend erfolgen?

Suárez konstatiert, dass eine Verpflichtung zur Tugendhaftigkeit – wenn überhaupt – im eigentlichen Sinne nur bei Gebotsgesetzen statthaben könne:

> [V]erneinend gehaltene Anordnungen führen gerade nicht zu Handlungen, sondern zu ihrer Unterlassung. Deshalb sind in diesem Fall nicht Handlungen zur Erfüllung des Gesetzes nötig, sondern Unterlassungen. In der Unterlassung als solcher trifft man jedoch keine bestimmte Art der Tugend an, auch wenn im positiven Willensakt, sich einer schlechten Handlung zu enthalten, eine tugendhafte Einstellung durchaus vorhanden sein kann. Von sich aus ist aber eine solche Willenseinstellung nicht nötig, um die negativ gehaltene Vorschrift einzuhalten.[22]

Verbotsgesetze schreiben nur eine Unterlassung vor und, um eine Handlung nicht zu vollziehen, bedarf es keiner besonderen Tugend, wie Suárez schon im zweiten Buch über das Naturrecht festhielt, denn gebietende und verbietende Vorschriften unterscheiden sich darin, dass die verneinenden Vorschriften ohne jedwedes Handeln verwirklicht werden können, wenn wir uns an den Buchstaben der Vorschrift halten. Schon mit dem bloßen Nicht-Ausführen des verbotenen Aktes verhält sich der Adressat vorschriftsgemäß. Daher bezieht sich die gestellte Frage nicht auf diese Vorschriften, es sei denn, man begreift die Unterlassung selbst als Handlung, die schon durch den Willen erfüllt werden kann, nichts von dem zu tun, was untersagt ist.[23]

---

22 DL III. 29. 1, Bach, Brieskorn, Stiening III/2, S. 186/187: »[N]egativa [praecepta; O.B.] non dantur de actibus sed de negatione actus, et ideo per se non requirunt actum sed omissionem ut impleantur. In omissione autem, ut sic, non invenitur modus virtutis, licet in positiva voluntate abstinendi ab actu pravo esse possit; per se autem necessaria non est ad implendum praeceptum negativum [...].«

23 Siehe die entsprechende Stelle in DL II. 10. 1–14, Bach, Brieskorn, Stiening II, S. 186/187: »Differunt vero quia praecepta negativa impleri possunt sine ullo actu, quantum est ex forma praecepti, quia per solam negationem actus prohibiti homo est conformis praecepto. Et ita in

Auf den ersten Blick möchte es so scheinen, als ob Suárez durch diese Distinktionen mit wirkmächtigen Traditionen bricht: Denn *zum einen* bestimmt beispielsweise Thomas von Aquin die Gerechtigkeit als Tugend[24] – und unter diese fallen im römischen Recht sowohl affirmative als auch negierende Aspekte, wenn es etwa in den Digesten heißt: »Wir dienen der Gerechtigkeit und lehren das Wissen vom Guten und Gerechten, indem wir Recht vom Unrecht trennen«.[25] *Zum anderen* bestimmt Thomas – um ein konkretes Beispiel zu nennen – das Maßhalten als Tugend, mithin auch das Unterlassen des Übermäßigen.[26] Ausschlaggebend ist also weniger das Verhältnis des Handlungseffekts zur Handlungsvorschrift als vielmehr die Einstellung des Handelnden zur Handlung; denn die positive Ausrichtung des Willens, das Übermäßige genau deshalb zu unterlassen, weil es übermäßig ist, ist deutlich unterscheidbar von der nur negativen Ausrichtung des Willens, das Übermäßige zu unterlassen, weil man entweder ohnehin keinen Zugang zum Übermaß hat oder ohnehin übersättigt ist. Suárez differenziert drei Arten der Einstellung zum Handeln: *erstens* zu wissen, was man tut (Wissentlichkeit); *zweitens* zu wollen, was man tut (Willentlichkeit); und *drittens* zu wollen was man tut, weil es gut ist (Sittlichkeit). Suárez unterscheidet zwischen pflichtgemäßem Handeln und Handeln aus Pflicht.[27] Seine Distinktion verläuft allerdings wie bei Samuel Pufendorf entlang der Unterscheidung von Handlungs*erfolg* (pflichtgemäßes Handeln) und Handlungs*absicht* (Handeln aus Pflicht).[28] Suárez' Distinktion folgt noch *nicht* der kantischen Unterscheidung von bloß pflichtgemäßem Handeln und Handeln aus Pflicht, insofern für Kant nämlich »eine Handlung aus Pflicht [...] ihren moralischen Werth *nicht* in der Absicht [hat], welche dadurch erreicht werden

---

his praeceptis vix habet locum proposita quaestio nisi fortasse quatenus haec praecepta impleri possunt per voluntatem non faciendi quod prohibitum est.«

**24** Jean Porter: Art. »Tugend«. In: Theologische Realenzyklopädie. Bd. 34. Hg. von Horst Balz u. a. Berlin, New York 2002, S. 184–197, hier S. 188 f.

**25** Dig. 1.1.1.1 / Corpus Iuris Civilis. Text und Übersetzung. Bd. II: Digesten 1–10. Übers. u. hg. von Okko Behrends u. a. Heidelberg 1995, S. 91: »[I]ustitiam namque colimus et boni et aequi notitiam profitemur, aequum ab iniquo separantes.«

**26** Porter: Art. »Tugend« (s. Anm. 24), S. 188.

**27** Siehe Katerina Mihaylova: Gewissen als Pflicht gegen sich selbst. Zur Entwicklung des forum internum von Pufendorf bis Kant. In: Gewissen. Interdisziplinäre Perspektiven auf das 18. Jahrhundert. Hg. von Simon Bunke u. Katerina Mihaylova. Würzburg 2015, S. 53–70, hier S. 59.

**28** Samuel Pufendorf: Gesammelte Werke. Bd. 4: De jure naturae et gentium. Hg. von Frank Böhling, Berlin 1998, lib. I, cap. 8, § 2: »[A]d actionis bonitatem requiratut non solum, ut fiat id quod lex jubet, sed etiam ut fiat ea intentione, quae eidem legi est conformis.«

soll, sondern in der Maxime, nach der sie beschlossen wird«.[29] Während für Kant weder Effekt noch Absicht die differenzbildende Eigenschaft von Handlungen aus Pflicht ist, insofern Absichten nicht zu Maximen taugen, ist dies bei Suárez noch anders.

Muss folglich ein menschliches Gesetz erfüllt werden, indem man will, was man tut, *weil* es sittlich gut ist? Ist mithin das menschliche Gesetz erst und nur dann erfüllt, wenn man nicht nur pflichtgemäß, sondern aus Pflicht handelt? Mit Blick auf Suárez' Bestimmungen des Gesetzesbegriffs aus Buch 1, des Begriffs des überpositiven Gesetzes aus Buch 2 und der bisherigen Bestimmungen des positiven Gesetzes in den ersten Kapiteln von Buch 3, kann der gesetzestheoretische Einwand schon an dieser Stelle lauten, dass die *honestas*, die sittliche Qualität des menschlichen Gesetzes, ohnehin nicht mit Notwendigkeit gegeben ist. Vor allem, wo die *lex humana* naturrechtlich Indifferentes ge- oder verbietet, ist an diesem dann allein positivrechtlichen Regelungsgegenstand selbst keine sittliche Güte vorhanden.

Im vorliegenden Kapitel 29 wird Suárez jedoch noch genauer: In direktem Anschluss an Thomas' Prima Secundae, Quaestio 96, führt Suárez aus, das menschliche

> Gesetz verpflichtet lediglich zu dem, was es vorschreibt. Es schreibt jedoch nur den Regelungsgegenstand vor, auf den es sich bezieht, und nicht den Zweck. Folglich verpflichtet es zum Regelungsgegenstand, nicht zu dem Zweck.[30]

Zunächst scheint es also, dass zumindest das positive Recht entteleologisiert würde: Das positive menschliche Gesetz schreibt nichts als einen sittlich guten Zweck vor. Deshalb kann man das positive menschliche Gesetz mit Blick auf diesen nicht vorhandenen menschlich-positiven Zweck weder tugendhaft erfüllen noch tugendlos übertreten. Jedoch mag es Suárez dabei nicht belassen. Die Vermutung liegt nahe, dass der Grund hierfür abermals bei Thomas zu suchen ist: Dieser nämlich stellt zum Schluss der genannten 96. Quaestio fest: »Es gibt keine Tugend, deren Akte nicht mittelbar oder unmittelbar auf das Gemeingut

---

**29** Immanuel Kant: Grundlegung zur Metaphysik der Sitten. Akademieausgabe von Kants Gesammelten Werken. Berlin 1900 ff., Bd. IV, 1911, AA IV, S. $399_{35-37}$. Hervorhebung O.B.

**30** DL III. 29. 7, Bach, Brieskorn, Stiening III/2, S. 196/196: »[L]ex solum obligat ad id quod praecipit. Solum autem praecipit materiam in quam cadit et non finem. Ergo obligat ad materiam, non ad finem.«

hingeordnet werden könnten.«[31] Dass der Staat also von der Tugendhaftigkeit profitieren kann, womöglich sogar auf sie angewiesen ist, will auch Suárez nicht bestreiten: Richtig verstanden nämlich »bedeutet dies nämlich nicht, einen inneren Akt unmittelbar vorzuschreiben, sondern es bedeutet, eine äußere Handlung vorzuschreiben, die aus einem solchen inneren Akt herrührt.«[32] Das menschliche Gesetz kann folglich äußere Handlungen vorschreiben, die durch einen bestimmten inneren Akt der Tugendhaftigkeit vollzogen werden können und die den sittlich guten Zweck zum Ziel haben. Das menschliche Gesetz kann und muss selbst gar nicht diese Tugendhaftigkeit vorschreiben. Dieser Zweck und seine sittliche Qualität sind aber nicht vom menschlichen Gesetz bestimmt, sondern vom göttlichen oder natürlichen Gesetz. Insofern, so muss man schlussfolgern, ist das Übertreten eines menschlichen Gesetzes lasterhaft gegenüber dem überpositiven Gesetz.

Daraus folgt aber auch: Das tugendlose Erfüllen eines menschlichen Gesetzes – und dieser Fall interessiert im Kapitel 29 – ist gegenüber dem menschlichen Gesetz selbst kein Makel, wie Suárez festhält: »Trotzdem dürfen wir nicht davon ausgehen, dass das menschliche Gesetz eine Handlung schlechterdings als sittliche vorschreibt und dass sie sittlich vollzogen werde«.[33] Das menschliche Gesetz, das allein äußere Handlungen vorschreiben kann, ist durch den Vollzug äußerer Handlungen hinreichend erfüllt – an dieser Tatsache möchte Suárez keinen Zweifel lassen:

> Wer nämlich alles das verrichtet, was das menschliche Gesetz ihm gebietet zu tun, und das bis in alle äußeren Details hinein, die das Gesetz verlangt, der handelt, *auch wenn er in niederträchtiger Absicht das Gesetz erfüllt*, doch nicht anders, als wenn er unter Bejahung der Verpflichtung jenes Gesetzes handeln würde. Deshalb sündigt er nicht gegen das menschliche Gesetz, mag er sich auch sonst versündigen.[34]

---

**31** STh I–II, q. 96, art. 3 ad 3 / DThA 13, S. 117: »Ad tertium dicendum quod non est aliqua virtus cujus actus non sint ordinabiles ad bonum commune, ut dictum est, vel mediate vel immediate.«

**32** DL III. 29. 8, Bach, Brieskorn, Stiening III/2, S. 198/199: »[I]llud non esset praecipere directe actum internum, sed externum ut manantem a tali interno.«

**33** DL III. 29. 12, Bach, Brieskorn, Stiening III/2, S. 204/205: »Non tamen inde fit vel lex humana praecipiat actum studiosum simpliciter et ut studiose fiat.«

**34** DL III. 29. 11, Bach, Brieskorn, Stiening III/2, S. 202/203: »Nam qui facit totum id quod lex humana praecipit et cum omnibus externis circumstantiis quas praecipit, licet prava intentione id faciat, non facit aliter quam debeat facere ex vi illius legis humanae; licet faciat aliter quam alia lex divina praecipiat. Et ideo non peccat contra legem humanam, licet alias peccet.« Hervorhebung O.B.

Das menschliche Gesetz und damit das Staatsrecht sind bereits durch pflichtgemäßes Handeln hinreichend erfüllt.[35] Gleichwohl ist Tugendhandeln, also Handeln aus Pflicht, dem Gemeinwohl nützlich, ohne dass der Staat zu demselben verpflichten könnte.[36] Bedenkt man schließlich, dass gemäß den Bestimmungen im ersten Buch jedwede Verpflichtung ein Hierarchieverhältnis zwischen Obrigkeit und Untertan voraussetzt,[37] so folgt für jenes Handeln aus Pflicht im Staate, dass diese Verpflichtung – so sie denn eine Verpflichtung im strengen suárezischen Sinne bleiben soll – ausschließlich gegenüber einer überstaatlichen, personalen Instanz, mithin Gott, statthaben kann. Für Suárez lebt der Staat in dieser Hinsicht auch von Voraussetzungen, die er selbst staatsrechtlich nicht gewährleisten kann.[38]

Gleichwohl erschöpft sich die Aufgabe der positiven menschlichen Gesetze nicht in der Realisierung äußerer Handlungen:

> [D]as menschliche Gesetz erlegt, indem es vorschreibt, nicht nur eine Gehorsamsverpflichtung auf, die allgemein ist und bei jedem Vorschreiben unabtrennbar mit auferlegt ist, sondern schreibt auch von sich aus Akte aus den einzelnen Tugenden vor.[39]

Suárez' Formulierung zufolge schreiben menschliche positive Gesetze nicht vor, ›dass Akte tugendhaft vollzogen würden‹, sondern sie bestimmen lediglich »Akte aus den einzelnen Tugenden«. Im unmittelbar folgenden Satz fügt Suárez noch hinzu: »Die menschlichen Gesetze verlangen danach, die Menschen in

35 Siehe den Beitrag von Stefan Schweighöfer im vorliegenden Band.

36 Insofern beschränkt sich zwar das »Ziel der politischen Herrschaftsgewalt« auf den Rechtsfrieden zwischen den Bürgern, das Ziel des Bürgers bei Suárez ist aber nach wie vor seine dem Staate allemal nützliche Tugendhaftigkeit: vgl. Ernst-Wolfgang Böckenförde: Gemeinwohlvorstellungen bei Klassikern der Rechts- und Staatsphilosophie. In: Gemeinwohl und Gemeinsinn im Recht. Konkretisierung und Realisierung öffentlicher Interessen. Hg. von Herfried Münkler u. Karsten Fischer. Berlin 2002, S. 43–66, hier S. 54 f.

37 DL I. 8. 3, Bach, Brieskorn, Stiening I, S. 184–187; siehe Tilmann Altwicker: Gesetz und Verpflichtung in Suárez' ›De Legibus‹. In: Transformation des Gesetzesbegriffs im Übergang zur Moderne? Von Thomas von Aquin zu Francisco Suárez. Hg. von Manfred Walther, Norbert Brieskorn u. Kay Waechter. Stuttgart 2008, S. 125–133, hier S. 130.

38 Diese Formulierung ist den staatsrechtlichen Überlegungen von Ernst-Wolfgang Böckenförde entlehnt: Ernst-Wolfgang Böckenförde: Die Entstehung des Staates als Vorgang der Säkularisation. In: Ders.: Staat, Gesellschaft, Freiheit. Studien zur Verfassungstheorie und zum Verfassungsrecht. Frankfurt am Main 1976, S. 42–64., hier S. 60.

39 DL III. 29. 12, Bach, Brieskorn, Stiening III/2, S. 204/205: »legem humanam, praecipiendo, non imponere solum obligationem obedientiae, quae generalis est et in omni praecepto includitur, sed etiam praecipere de se actus singularum virtutum.«

einer jeden Art von Tugend zu sittlich Handelnden werden zu lassen. Deshalb erlassen sie Vorschriften aus sämtlichen Tugendbereichen«.[40]

Diese Überlegungen des Suárez stehen am Schluss des 29. Kapitel und er verzichtet darauf, das nun erst entstandene Spannungsverhältnis zwischen Leistungs*anspruch* und Leistungs*vermögen* der positiven menschlichen Gesetze aufzulösen. Das positive menschliche Gesetz stellt sich bei Suárez als notwendige, wenn auch nicht hinreichende Erfolgsbedingung der sittlichen Erziehung des Menschen dar, insofern es ihm diejenigen äußeren Handlungen vorschreibt, die er aus höherer Warte als innere Akte der Sittlichkeit, d. h. tugendhaft, vollziehen soll. Es kann aber weder diese sittlichen Zwecke bestimmen noch kann es diesen sittlich-tugendhaften Vollzug im Inneren erkennen und belohnen bzw. bestrafen.

Ist das menschliche Gesetz *mit Blick auf seine Regelungsgegenstände* zumindest insofern selbstständig, als es vom Naturrecht erlaubte Handlungen gebieten oder verbieten darf, so ist das menschliche Gesetz *mit Blick auf Sittlichkeit und Tugend* Erfüllungsinstanz des natürlichen und göttlichen Rechts, die beide durchaus innere Akte vorschreiben können und diese im *forum internum* auch zu kontrollieren in der Lage sind.

Damit scheint allerdings der Schluss nahezuliegen, dass die menschlichen Gesetze im Hinblick auf ihre naturrechtliche Differenz bzw. Indifferenz in zwei Gruppen unterteilt werden können: Die *einen*, gegenüber den natürlichen und göttlichen Gesetzen konsequenten, menschlichen Gesetze sind Funktionsträger der sittlichen Erziehung des Menschen; sie dienen einer Moral, der gegenüber das Recht gar nicht indifferent sein kann. Die *anderen* menschlichen Gesetze, die naturrechtlich Indifferentes gebieten oder verbieten, haben nicht an diesem Zweck teil, sondern kommen durch vermehrt pragmatische Erwägungen zustande oder schlechterdings durch den juridisch ungebundenen Willen des weltlichen Gesetzgebers. Sittlichkeit fördern bzw. verlangen diese menschlichen Gesetze eben nur mit Blick auf den Gesetzgeber, dem *de iure naturae* Achtung gebührt, aber nicht mit Blick auf ihren *de iure naturae* eben indifferenten Regelungsgegenstand. Kurz: Es gibt sittlich gute und insofern heilsrelevante menschliche Gesetze und es gibt sittlich indifferente und damit nicht heilsrelevante menschliche Gesetze. Suárez' *leges*-Hierarchie ließe sich in dieser Hinsicht weiter ausdifferenzieren.

**40** DL III. 29. 12, Bach, Brieskorn, Stiening III/2, S. 204/205: »Quia, ut supra dixi, leges humanae intendunt facere homines honestos in omni genere virtutis, et ideo praecipiunt secundum omnes species virtutum.«

# 4 Kann das menschliche und weltliche Gesetz um seiner Beachtung willen unter Lebensgefahr verpflichten?

Das dreißigste Kapitel widmet sich der Frage, was das menschliche Gesetz zumuten darf. Bereits mit dieser Fragestellung steht fest: Sollten die Lebensgefahr und damit auch der Tod zumutbar sein, und zwar als (gebotene) Folge des menschlichen Gesetzes, dann liegt diesem Gesetz nicht der unbedingte Schutz des Lebens zugrunde. Das hieße für den staatsrechtlichen Aspekt bzw. für Suárez' politische Anthropologie, dass die *conservatio sui* der *socialitas* untergeordnet ist, statt ihr gleichgeordnet zu sein, wie dies im dritten Kapitel des dritten Buches zum Ausdruck kam: Dort nämlich hieß es von der menschlichen Ausstattung noch: »Gott hat in ausreichender Weise für das Menschengeschlecht gesorgt und ihm infolgedessen die Gewalt zu seiner Erhaltung *und* zu der geeigneten notwendigen Regierung verliehen.«[41]

In jedem Falle skizziert Suárez gleich zu Beginn die beiden ›Fronten‹ dieser Kontroverse: Die *eine* Position leugnet eine Pflicht, das eigene Leben für das menschliche Gesetz zu riskieren. Suárez weist sie als vornehmlich thomistische Position aus, dass das menschliche Gesetz nichts gegen das naturrechtliche Gebot, sein Leben zu erhalten gebieten dürfe.[42] Denn zwar, so Thomas von Aquin, muss der Mensch

> dem Menschen gehorchen in den Dingen, die nach außen hin mittels des Körpers zu tun sind. Doch auch hier darf der Mensch sich nicht dem Menschen, sondern nur Gott unterwerfen hinsichtlich dessen, was die Natur des Körpers betrifft; denn alle Menschen sind von Natur aus gleich. Dazu gehört z. B. das, was sich auf die Erhaltung des Körpers und die Erzeugung der Nachkommen bezieht.[43]

---

**41** DL III. 3. 5, Bach, Brieskorn, Stiening III/1, S. 42/43: »Deum sufficienter providisse humano generi et consequenter illi dedisse potestatem ad suam conservationem et convenientem gubernationem necessariam.« Siehe Gideon Stiening: *Libertas et potestas* – Zur Staatstheorie in *De legibus* (DL III). In: »Auctoritas omnium legum« Francisco Suárez' *De Legibus* zwischen Theologie, Philosophie und Rechtsgelehrtheit. Hg. von Oliver Bach, Norbert Brieskorn u. Gideon Stiening. Stuttgart-Bad Cannstatt 2013, S. 195–230.

**42** DL III. 30. 2, Bach, Brieskorn, Stiening III/2, S. 206/207.

**43** STh II–II, q. 104, art. 5 / DThA 20, S. 59f.: » Tenetur autem homo homini obedire in his quae exterius per corpus sunt agenda. In quibus tamen etiam, secundum ea quae ad naturam corporis pertinent, homo homini obedire non tenetur, sed solum Deo, quia omnes homines natura sunt pares: puta in his quae pertinent ad corporis sustentationem et prolis generationem.«

Die *andere* Position, die vor allem von Cajetan vertreten wird, lautet, dass »das menschliche Gesetz umfassend verpflichten dürfe, selbst wenn Todesgefahr besteht«.[44] Diese Position beruft sich auf Augustinus, dessen These Suárez wie folgt wiedergibt:

> Die Begründung dieser These lautet, dass das, was gegen das menschliche Gesetz verstößt, ein Übel und eine Sünde ist, wie aus dem oben Gesagten klar hervorgeht. Folglich darf man gegen dies nicht verstoßen, selbst nicht, um den Tod zu vermeiden, so Augustinus in *De civitate Dei*, Buch 1, Kapitel 18. Zum Beleg führt man *erstens* an, dass das Gemeinwohl dem Einzelwohl vorzuziehen und der Mensch gehalten ist, für das Gemeinwohl sein Leben hinzugeben.[45]

Unter der angegebenen Stelle spricht Augustinus selbst allerdings weniger vom Gemeinwohl als vielmehr davon, dass der Leib nicht durch irdisches Überlebenskalkül, sondern durch Tugend geheiligt werde. Dem Keuschheitsgelübde unter Lebensgefahr die Treue zu halten – die Rede ist von Vergewaltigung –, kann daher geboten sein: »Wenn die Keuschheit nur ein leibliches Gut ist, warum sollte man dann, um sie zu retten, sein Leben aufs Spiel setzen?«[46] Weder spricht Augustinus jedoch von der Keuschheit als einem menschlich-positiven Gebot noch vom Gemeinwohl. Als eigentliche Begründung führt Suárez an, »dass das Gemeinwohl dem Einzelwohl vorzuziehen und der Mensch folglich gehalten sei, für das Gemeinwohl sein Leben hinzugeben«.[47] Dies scheint eine bei näherem Hinsehen weniger augustinische als vielmehr genuin cajetanische Position zu sein, wobei die Prämisse in dessen Thomas-Kommentar schlicht lautet: »Man kann die Hingabe des Lebens jedes Einzelnen für das Gemeinwohl verfügen und sie anordnen, denn alles Gesetz dient dem Gemeinwohl, wie schon in Quaestio 90, Artikel 2, gesagt wurde.«[48]

---

44 DL III. 30. 3, Bach, Brieskorn, Stiening III/2, S. 206/207: »Altera sententia est legem humanam in universum obligare, non obstante quocumque periculo mortis.«

45 Ebd.: »Fundamentum est, quia quod est contra legem humanam, est malum et peccatum, ut ex supra dictis patet. Ergo etiam propter mortem vitandam faciendum non est (cap. *Ita ne*, 32, quaest. 5) ex Augustino. Confirmatur primo, quia bonum commune praeferendum est privato, et homo tenetur pro communi bono vitam perdere.«

46 Aurelius Augustinus: Vom Gottesstaat. Buch 1–10. Übers. von Wilhelm Thimme. Zürich, München ²1978, S. 32 / Aurelius Augustinus: De civitate Dei contra paganos. In: Patrologia Latina. Tomus 41. Hg. von Jean-Paul Migne. Paris 1845, Sp. 31 (lib. 1, cap. 18, § 1): »Quod si tale aliquid [bonum corporis; O.B.] est pudicitia, utquid pro illa, ne amittatur, etiam cum periculo corporis laboratur?«

47 DL III. 30. 3, Bach, Brieskorn, Stiening III.2, S. 207.

48 Thomas de Vio: Angelici Doctoris, diui Thomae Summae Theologiae Prima Secundae, Reverendissimi Doctoris Thomae de Vio [...] Cardinalis Caietani Commentarijs illustrata. Lyon

Suárez, dessen eigene Thomas-Bezüge umfangreicher sind als diejenigen auf Augustinus, gibt zunächst den ›Augustinisten‹ Recht. Es stellt sich mithin die Frage, unter welchen Einschränkungen er ihnen Recht gibt. Kann er diese Position gleichsam thomistisch auffangen? Liegen die Positionen der Thomisten und der Augustinisten in der Tat so weit auseinander, wie die Priorisierung des Gemeinwohls durch diese, die vordergründige Priorisierung der Selbsterhaltung durch jene auf den ersten Blick suggeriert? Schon ein kurzer zweiter Blick zeigt, dass die Positionen keineswegs unvermittelbar sein müssen, schließlich wurde das eigentlich wirksame Argument Cajetans – die Herkunft allen Gesetzes aus dem Gemeinwohl – nicht aus Augustinus' *De civitate Dei*, sondern aus Thomas' *Prima Secundae* gewonnen.

Suárez erwägt den möglichen Einwand, dass die Verpflichtung, das eigene Leben für das Gemeinwohl zu opfern, gar nicht menschlich-positivrechtlicher Natur, sondern von einem natürlichen Gesetz ausgeht:

> Der Grund für solche Macht [der Obrigkeit, unter Todesrisiko zu verpflichten] besteht darin, dass in dem Gemeinwesen eine Macht zu seiner Erhaltung und für das Gemeinwohl notwendig ist. Um dieser Zwecke willen ist ein Typ an Vorschriften moralisch notwendig, der dazu verpflichtet, etwas zu tun oder an einem bestimmten Ort auszuhalten, ohne Rücksicht darauf, ob der Tod drohe oder nicht. Folglich gehört eine solche Vollmacht zu der menschlichen Machtbefugnis.[49]

Es wäre nicht das erste und einzige Mal in Suárez' Traktat, dass moralische Notwendigkeit (»moraliter necessarium«) ein proprium naturrechtlicher Vorschriften ist.[50] Mit Blick auf diese Notwendigkeit stellt sich daher die Frage, ob das Staatsrecht im *engen* Sinne, das mit den Beziehungen zwischen dem Staat und den seinem Einflussbereich unterworfenen Personen befasst ist, weniger eine positivrechtliche als vielmehr eine Naturrechtsdisziplin ist. Suárez gibt diesem Einwand Recht, wobei er ihn spezifiziert:

---

1558, fol 135v (I–II, q. 96, art. 4): »[P]otest disponere et ordinare de expositione vitae cujusque pro communi bono pro quo sit omnis lex, ut in q. 90, articulo secundo dictum est.« Übers. O.B.

**49** DL III. 30. 4, Bach, Brieskorn, Stiening III/2, S. 208/209: »Ratio est quia in republica est potestas neccessaria ad suam conservationem et commune bonum. Sed ad hos fines est moraliter necessarium praeceptum obligans ad aliquid agendum vel ad perseverandum in aliquo loco, non obstante periculo mortis. Ergo cadit hoc sub humanam potestatem.«

**50** Vgl. beispielsweise DL II. 13. 2, Bach, Brieskorn, Stiening II, 242/243: »Prout est in homine mutari non potest, quia est intrinseca proprietas necessario fluens ex tali natura, quia talis est, vel (ut alii volunt) est ipsa rationalis natura. « / »So wie es [i. e. das Naturrecht; O.B.] im Menschen wirkt, kann es keine Änderung erfahren, weil es eine ihm wesentlich zugehörige Eigenschaft ist, die mit Notwendigkeit aus der Natur fließt, so wie sie ist, oder anders gesagt, welche die vernünftige Natur selbst ist.«

> Mag eine naturrechtliche Vorschrift in diesem Fall das Gemeinwesen oder die Bürger in ihrer Gesamtheit verpflichten, so verpflichtet sie jedoch nicht diesen oder jenen Bürger in einer bestimmten Weise. Somit ist es Sache der menschlichen Gewalt, die Verpflichtung auf diese oder jene Personen umzusetzen; und so kommt auf diese Weise das echte menschliche Gebot zum Tragen.[51]

*Einerseits* ist die Erhaltung des Gemeinwesens *im Allgemeinen* ein naturrechtliches Gebot; *andererseits* ist dessen Umsetzung als Verpflichtung *bestimmter* Personen – etwa von Soldaten – Sache des menschlichen Gesetzes. Auch mit dieser Spezifizierung des Suárez bleibt jedoch die Frage bestehen, ob die *vis obligationis* nicht eigentlich naturrechtlich ist und bleibt, und zwar auch mit Blick auf diesen *modus determinationis*, nach dem das menschliche Gesetz das Naturrecht spezifiziert. Darüber hinaus spricht Suárez von *applicare obligationem*: Das menschliche Gesetz wendet die Verpflichtungswirkung des Naturrechts nur an, ohne sie eigens zu generieren.

Suárez' eigene Überlegungen gehen über zu der Frage, wann eine solche Pflicht zur Todesgefahr genau statthat, sei sie nun mittelbar oder unmittelbar naturrechtlich und vom menschlichen Gesetz nur *per modum determinationis* ausbuchstabiert. Suárez schränkt dies wie folgt ein:

> Zweitens behaupte ich, dass das menschliche Gesetz in dem Falle am ehesten und aus seiner Kraft heraus unter Lebensgefahr verpflichten darf, wenn jene Gefahr engstens mit dem vorgeschriebenen Handeln verbunden und verknüpft ist. Selbstverständlich muss es sich um ein ansonsten gerechtes Gesetz handeln; dies ist aber zu unterstellen, solange das Gegenteil nicht feststeht.[52]

Von dieser an der Stelle noch zurückhaltend gradualisierenden Sprachregelung sollte man sich nicht beirren lassen: Schon im nächsten Absatz wird Suárez präziser:

> Man kann diese These durch Beispiele verifizieren, die dem Krieg entnommen sind, der gefährlichen Seefahrt, der Sorge für die Nächsten zur Pestzeit, und ähnlichen Lebensfeldern. Der Grund der Berechtigung liegt darin, dass in diesen Fällen die Lebensgefahr nicht

---

**51** DL III. 30. 4, Bach, Brieskorn, Stiening III/2, S. 208/209: »[L]icet fortasse praeceptum naturale tunc obliget rempublicam vel cives in communi, non tamen hunc vel illum determinate. Ergo applicare obligationem ad has vel illas personas, est potestatis humanae. Et ita ibi intervenit verum praeceptum humanum.«

**52** DL III. 30. 5, Bach, Brieskorn, Stiening III/2, S. 210/211: »Dico secundo legem humanam tunc maxime et quasi per se obligare cum periculo vitae, quando illud periculum per se est annexum seu coniunctum actui praecepto, si alioqui lex iusta sit, ut praesumi debet quando oppositum non constiterit.«

> gleichsam *zufällig* mit dem moralischen Akt verbunden ist, sondern gewissermaßen seine *Substanz* ausmacht. Außerdem kann man nicht behaupten, dass der Gesetzgeber nicht bewusst und absichtsvoll die Verpflichtung unter Lebensgefahr anordnete, gerade weil letztere unabtrennbar mit der Handlung verbunden ist.[53]

Die Pflicht zur Todesgefahr ist folglich dann rechtmäßig, wo sie nicht nur akzidentiell, sondern substanziell ist. Als eigentlichen Grund hierfür aber führt Suárez das folgende Argument an:

> Es haben weder die politische Gemeinschaft noch ihre Regierung eine Herrschaftsmacht über das Leben der Bürger inne, sondern dürfen von diesem Leben nur einen angemessenen *Gebrauch* machen. Deshalb darf die Gemeinschaft nicht aus geringfügigen oder als normal angesehenen Gründen die Bürger zwingen, ihr Leben zu verlieren.[54]

Die Befugnis des Gemeinwesens und seiner Obrigkeit über das Leben und die Selbsterhaltung seiner Bürger folgt nur genauso aus höheren Prinzipien wie die Verfügung des Bürgers über sein eigenes Leben.[55] Allerdings lässt Suárez *erstens* an dieser Stelle unbeantwortet, an wen der einzelne Bürger sein Lebensrecht abtritt bzw. verliert, wenn dies ausdrücklich nicht die politische Gemeinschaft oder ihr Herrscher ist. Dass er es eben an das Gemeinwohl abtrete, würde Suárez bestreiten; denn eine Sache kann nicht Inhaberin von Rechten sein; noch viel weniger kann sie ein Recht erwerben. *Zweitens* sagt Suárez im darauffolgenden Absatz das Gegenteil:

53 DL III. 30. 5, Bach, Brieskorn, Stiening III/2, S. 211: »Declarari poterit exemplis positis de bello, de periculosa navigatione, de curatione proximorum tempore pestis et similibus. Ratio autem est, quia tunc periculum non reputatur *accidentarium*, sed veluti *de substantia* actus moraliter considerati. Item non potest censeri praeter scientiam vel intentionem praecipientis, cum sit per se coniunctum actui.« Hervorhebung O.B.

54 DL III. 30. 5, Bach, Brieskorn, Stiening III/2 S. 211: »Quia respublica vel magistratus eius non habet dominium vitae civium sed convenientem usum. Et ideo non potest ex levibus vel ordinariis causis cogere cives ad perdendam vitam.« Hervorhebung O.B.

55 Schon ein Jahr nach Erscheinen von *De legibus* wird Suárez in seiner Schrift *Defensio fidei* (1613) den Schutz des Lebens wiederum als höchstes Rechtsgut bestimmen und gerade daraus ein Widerstandsrecht gegen Tyrannen ableiten: Manfred Walther: Begründung und Beschränkung des Widerstandsrechts nach Suárez. In: Transformation des Gesetzesbegriffes im Übergang zur Moderne? Von Thomas von Aquin zu Francisco Suárez. Hg. von Manfred Walther, Norbert Brieskorn u. Kay Waechter. Stuttgart 2008, S. 161–176, hier S. 167.

> Mag auch der Mensch ein Recht auf sein eigenes Leben haben, so steht dem Gemeinwesen dennoch ein höheres Recht auf dieses Leben zu, da der Bürger – wie Aristoteles im 5. Buch der *Politik* sagt – mehr dem Gemeinwesen gehört als sich selbst.[56]

Allerdings kommt Suárez auf die Diskussion seiner zuvor eingeführten Distinktion zurück, dass Lebensgefahr zur Norm*substanz* gehören muss, um von dieser Norm verpflichtend vorgeschrieben werden zu können. Dabei ist mit Blick auf den Gemeinwohlzweck kein Unterschied zwischen weltlichen positiven und kirchlichen positiven Gesetzen zu machen: Beide dienen dem Gemeinwohl. Denn bei dieser Bestimmung substanzieller und akzidentieller Lebensgefahr menschlich-positiver Gesetze gilt es

> abzuwägen, ob aus der Gesetzesverletzung ein schwerer Schaden für das Gemeinwohl folgte, wie es die Missachtung von Religion, Glaube oder der Gesetze selbst ist. Denn nur in diesen Fällen verpflichtet das menschliche Gesetz und es verpflichtet nicht über diese Fälle hinaus.[57]

Mit der Frage von Normsubstanz und akzidentieller Normfolge verhält es sich im Falle der kanonischen Gesetze anders als bei den weltlichen positiven Gesetzen: Zwar verpflichten beispielsweise auch das Fastengebot bzw. das Verbot, am Freitag Fleisch zu essen, eigentlich nicht, wenn dadurch der Fastende stürbe[58] – die Dispensregelungen etwa in den Dekretalen berücksichtigen genau dies.[59] Die Todesgefahr ist somit akzidentielle Folge und nicht eigentlich ver-

---

**56** DL III. 30. 5, Bach, Brieskorn, Stiening III/2, S. 210/211: »Et licet homo ius etiam habeat in vitam suam, tamen in eandem maius ius habet respublica. Quia (ut in V *Politicorum* dixit Philosophus) civis magis est reipublicae quam sui ipsius.«

**57** DL III. 30. 10, Bach, Brieskorn, Stiening III/2, S. 222/223: »Vel e converso [ponderandum est; O.B.], an ex transgressione legis grave damnum commune, quale est contemptus religionis, fidei aut ipsarum legum sequatur. In his enim tantum casibus obligat lex humana et ultra non extenditur.«

**58** DL III. 30. 6, Bach, Brieskorn, Stiening III/2, S. 213–15.

**59** Siehe beispielsweise X 3. 46. 2: »Quum autem quaesieris, quae sit illis poenitentia iniungenda, qui diebus quadragesimalibus, quo tempore tantae famis inedia ingruebat, quod magna pars populi propter inopiam annonae periret, carnes comedere sunt coacti, tibi breviter respondemus, quod in tali articulo illos non credimus puniendos, quos tam urgens necessitas excusavit.« / »Wenn Du aber fragst, ob die Buße [des Fastens] auch jenen zu verordnen ist, die in den vierzig Tagen gezwungen wären Fleisch zu essen, weil in dieser Zeit ihr Hungerleiden so stark anwüchse, dass ein Großteil der Bevölkerungen aus Mangel an Getreidevorräten sterben müsse, so antworte ich Dir kurz, dass wir glauben, dass in diesem Artikel nicht diejenigen bestraft werden sollen, die eine so dringende Notlage entschuldigt.« (Emil Ludwig Richter, Emil Friedberg [Hg.]: Corpus Iuris Canonici, Pars Secunda: Decretalium Collectiones Decretales Gregorii p. IX. Leipzig 1881) Übers. O.B.

pflichtende Substanz des Fastengebots. Allerdings ist für Suárez eine Situation denkbar, in der auch solche kanonischen Gesetze unter Lebensgefahr verpflichten: wenn nämlich ein Tyrann dazu zwingen will, sie zu brechen, d. h. – am Beispiel des Fastengebots – wenn ein Tyrann dazu zwingen will, am Freitag oder an Fastentagen Fleisch zu essen. An dieser Stelle heißt es:

> In einem solchen Fall genügt es auch nicht, lediglich die innere Einstellung zu haben, kein Ärgernis zu erregen und nicht die Gesetze verachten zu wollen, nach außen hin jedoch gegen das Gesetz zu verstoßen, um dem Tod zu entgehen. Dies, so sage ich, reicht nicht aus. Wir sind gehalten, nach außen hin dem Gesetz keine Verachtung entgegenzubringen, und weder dürfen wir uns in die Reihe der Verächter einreihen noch mit ihnen zusammenarbeiten.[60]

Anders also als der Hungertod scheint der Märtyrertod infolge des Fastengebotes keineswegs so akzidentiell zu sein: Nicht dem Fastengebot an ihm selbst, sondern in Konkurrenz zu einem tyrannischen Fasten*verbot* bis in den (Hunger)Tod hinein die Treue zu erweisen, wird zum Treuebeweis gegenüber dem göttlichen natürlichen Recht erhoben. Scheinbar verlässt Suárez an dieser Stelle die rechts*theoretische* Ebene und stellt stattdessen Überlegungen zu einer rechts*politischen* Verhaltensethik an, die das weltliche positive unter das kirchliche positive Recht stellt; und zwar weil nicht nur ersteres, sondern auch letzteres zu einem nicht allein weltlich bestimmten Gemeinwohl beiträgt.

Den Eindruck einer vermehrt rechts*politischen* Argumentation bestätigt Suárez im Folgenden. Zur Frage nämlich, *wie* man bei solchen Gesetzen, bei denen die Todesgefahr nicht zur Substanz gehört, diese dennoch als situativ angemessen bestimmt, heißt es: »Man kann hier keine allgemeine sichere Regel angeben, man muss vielmehr klug urteilen.«[61] Die später von Kant nachgewiesene Kriterienlosigkeit des juridischen Gemeinwohlzwecks[62] wird an dieser

**60** DL III. 30. 7, Bach, Brieskorn, Stiening III/2, S. 216/217: »Nec satis erit in huiusmodi casu habere interius intentionem non scandalizandi vel non contemnendi et exterius agere contra legem ad vitandam mortem. Hoc (inquam) non est satis, quia tenemur exterius non contemnere nec contemnentibus consentire vel cooperari.«

**61** DL III. 30. 9, Bach, Brieskorn, Stiening III/2 S. 218/219: »Respondeo vix posse certam aliquam regulam designari sed prudenti arbitrio utendum esse.«

**62** Immanuel Kant: Der Streit der Fakultäten. In: Kant's Gesammelte Schriften. Bd. VII. Hg. von der Königlich Preußischen Akademie der Wissenschaften. Berlin 1907, S. 1–115, hier S. 86, Anm. **: »Denn mit Freiheit begabten Wesen genügt nicht der Genuß der Lebensannehmlichkeit, die ihm auch von Anderen (und hier von der Regierung) zu Theil werden kann; sondern auf das Princip kommt es an, nach welchem es sich solche verschafft. Wohlfahrt aber hat kein Princip, weder für den, der sie empfängt, noch der sie austheilt (der eine setzt sie hierin, der andere darin): weil es dabei auf das Materiale des Willens ankommt, welches empirisch und so

Stelle von Suárez unumwunden eingestanden: Die Frage, wann ein Rechtsgesetz bis zum Tode verpflichtet, kann selbst nicht rechtlich beantwortet werden, und zwar weder natur- noch positivrechtlich, sondern allein *klug*.

Bei den weltlichen positiven Gesetzen sieht dies anders aus. Nicht nur verpflichten ausschließlich diejenigen weltlichen positiven Gesetze unter Todesgefahr, bei denen diese Gefahr zur Substanz der Norm gehört, und man hat

> nicht nur abzuwägen, ob das Gemeinwohl Vorrang vor dem Einzelwohl verdient, sondern auch, ob die Gefahr so groß ist, dass sie zu einem bedeutenden Nachteil für das Gemeinwohl führte. Oder man hat umgekehrt abzuwägen, ob aus der Gesetzesverletzung ein schwerer Schaden für das Gemeinwohl folgte, wie es die Missachtung von Religion, Glauben oder der Gesetze selbst ist. Denn nur in diesen Fällen verpflichtet das menschliche Gesetz und es verpflichtet nicht über diese Fälle hinaus. [63]

Das kirchliche positive Recht dient dem Gemeinwohl genauso wie das weltliche Recht. Anders als dieses kennt aber das kirchliche positive Recht Normen, die *im Konkurrenzfall* zu schlechtem weltlichen positiven Gesetz auch dann unter Todesgefahr verpflichten, wenn die Todesgefahr nicht substanzieller Teil dieser Normen ist. Für das Gemeinwohl unter weltlicher Perspektive gilt, dass ihm auch dann nicht immer das Einzelwohl geopfert werden muss, wenn die Norm es eigentlich vorsieht: Das Gemeinwohl hält einiges aus.

Allgemein aber gilt für all jene Gesetze, die eine Aufopferung für das Gemeinwohl fordern, seien es weltliche positive, seien es kirchliche positive Gesetze:

> Wir bestreiten, dass die Lebenshingabe für das Gemeinwesen ein Werk der Übererfüllung ist. Gelegentlich fällt die Lebenshingabe nämlich unter eine naturrechtliche Vorschrift

der Allgemeinheit einer Regel unfähig ist. Ein mit Freiheit begabtes Wesen kann und soll also im Bewußtsein dieses seines Vorzuges vor dem vernunftlosen Thier nach dem formalen Princip seiner Willkür keine andere Regierung für das Volk, wozu es gehört, verlangen, als eine solche, in welcher dieses mit gesetzgebend ist: d. i. das Recht der Menschen, welche gehorchen sollen, muß nothwendig vor aller Rücksicht auf Wohlbefinden vorhergehen, und dieses ist ein Heiligthum, das über allen Preis (der Nützlichkeit) erhaben ist, und welches keine Regierung, so wohlthätig sie auch immer sein mag, antasten darf.«

**63** DL III. 30. 10, Bach, Brieskorn, Stiening III/2, S. 222/223: »[N]on tantum ponderandum est an bonum commune tunc praeponderet vitae propriae, sed etiam an tale [periculum] sit ut redundet in extremam vel gravem necessitatem boni communis. Vel e converso, an ex transgressione legis grave damnum commune, quale est contemptus religionis, fidei aut ipsarum legum sequatur. In his enim tantum casibus obligat lex humana et ultra non extenditur.«

> und darf deshalb auch vom menschlichen Gesetz unter Umständen verpflichtend gemacht werden. Dem widerspricht nicht, dass ein solches Werk schwierig zu vollbringen ist.[64]

Wenn die Selbsterhaltung in dieser Weise dem Gemeinwohl untergeordnet wird, so wird deutlich, dass Suárez sowohl die Selbsterhaltung als auch die Freiheit des Menschen einschränkt, und dass er sie nicht etwa auf die bloßen Bedingungen ihrer selbst einschränkt, sondern auf einen Gemeinwohlzweck mit ihnen ganz äußerlichen Zweckelementen. In Kapitel 30 untersucht Suárez mithin ein zweites Mal nach dem ersten Kapitel den anthropologischen Status des menschlichen Gesetzes: Schon dort nämlich hatte Suárez herausgearbeitet, dass dem Menschen zwei ihm wesentliche Anthropologeme eigneten, nämlich Freiheit und Gemeinwohlstreben. Gideon Stiening hat den »tendenziell antinomischen« Charakter dieser anthropologischen Grundausstattung aufgezeigt und ihn durch die Gleichursprünglichkeit der beiden Anthropologeme nachgewiesen, d.h. dadurch, dass Suárez sowohl die Freiheit des Menschen als auch sein Gemeinwohlstreben aus je eigenen Gründen ableitet, sie aber nicht voneinander abhängig oder abkünftig ansieht.[65] In der zitierten Passage aus Kapitel 30 hingegen wird die menschliche Freiheit – zumindest in ihrer Dimension als Selbsterhaltungsrecht – unverkennbar dem Gemeinwohl untergeordnet.[66] Dem Interpreten von DL III begegnet also weniger das Problem, dass die politische Anthropologie des Suárez antinomisch ist, als vielmehr, dass diese Antinomik nicht durchgehalten wird. Denn zwar ist Suárez im Gegensatz zu solchen Positionen, die den Staat und seine Gesetze nur als dem postlapsaren Menschen notwendig ansehen, davon überzeugt, dass der Mensch *als Geschöpf* – sei er also sündig oder nicht – nur im Staate angemessen leben kann und muss;[67] gleichwohl folgert er daraus nicht, dass der Mensch dies nur in einem bestimmten Staate vermöchte und er sich folglich nicht auch in die Obhut einer anderen *civitas* begeben könne, sobald sein Heimatstaat ihm ein solches Opfer seines Lebens abverlangt. Aus Suárez' politischer Anthropologie folgt diese Unterordnung der *conservatio sui* unter das Gemeinwohl also nicht. Ihre Einordnung als »naturrechtliche Vorschrift« ist nur auf den ersten Blick plausibel, bringt aber

64 DL III. 30. 11, Bach, Brieskorn, Stiening III/2, S. 222/223: »Sic autem negamus dare vitam pro republica esse opus supererogationis; aliquando enim cadit sub praeceptum naturale. Et sic etiam potest interdum praecipi lege humana; nec refert quod sit difficile.«

65 So Stiening: *Libertas et potestas* (s. Anm. 41), S. 199.

66 Wihelm Schmidt-Biggemann: Die politische Philosophie der Jesuiten. Bellarmin und Suárez als Beispiel. In: Politischer Aristotelismus und Religion in Mittelalter und Früher Neuzeit. Hg. von Alexander Fidora u. a. Berlin 2007, S. 163–178, hier S. 170.

67 Stiening: *Libertas et potestas* (s. Anm. 41), S. 200.

problematische Verschiebungen mit sich. Denn als naturrechtliches Gebot macht diese »Lebenshingabe« eben nur Sinn, wenn es schon im Naturzustand so etwas wie Gemeinwohl-Interessen gibt, diese mithin nicht erst aus dem Eintritt in den *status civilis* generieren. Denn Suárez spricht hier *nicht* von einer naturrechtlichen Pflicht des einzelnen gegenüber seinen Mitbürgern als Mitmenschen, wie sie ihm auch im Naturzustand begegneten (und deren Schutz ihm durch die *lex charitatis* auferlegt ist); er spricht also *nicht* von der Unterordnung eines Einzelwohls gegenüber einer Mehrzahl von Einzelwohl, sondern von einer »naturrechtlichen Vorschrift« der Lebenshingabe mit Blick auf das »*Gemeinwesen*«. Woher diese Vorschrift genau generiert, bleibt Suárez zu erläutern schuldig.

## 5 Schluss: Natürliches Staatsrecht vs. Prudentialismus

Suárez vollzieht mit der teilweisen Befreiung des weltlichen positiven Gesetzes von Zwecken *einerseits* Distinktionen, die vorausweisend sind. Die Aufklärung wird von der Unterscheidung äußerer und innerer Handlungen enorm profitieren, denn namentlich Kant wird diese Unterscheidung zu dem Schluss führen, *Recht* als Mittel der Regelung äußerer, *inter*personaler Konflikte und *Moral* als Mittel innerer, *intra*personaler Zwecksetzung sind voneinander kategorisch getrennte Bereiche des allgemeinen Sittengesetzes.[68] Dass daher die Staatsgründung »auch für ein Volk von Teufeln möglich ist, sofern sie nur Verstand haben«,[69] gilt für Suárez *andererseits* nicht. Die Unmöglichkeit moralischer Zwecksetzung *durch* menschliche Legislativen berücksichtigt Suárez gerade unter der Annahme, dass solche Zwecksetzungen allemal harmonisiert werden können, aber nicht von der *lex humana* selbst. Dem Gemeinwesen sind mithin Zwecke gesetzt, die es selbst nicht positiv setzen, sondern allein verfolgen kann. Das menschliche positive Gesetz, dem ungerechte äußere Handlungen zu ver-

---

**68** Julius Ebbinghaus: Die Idee des Rechts. In: Julius Ebbinghaus. In: Ders. Gesammelte Schriften. Bd. 2: Praktische Philosophie 1955–1972. Hg. von Hariolf Oberer u. Georg Geismann. Bonn 1988, S. 141–198, hier S. 164–166; Georg Geismann: Politische Philosophie – hinter Kant zurück? Zur Kritik der ›klassischen‹ Politischen Philosophie. In: Jahrbuch für Politik 2 (1992), Hft. 2, S. 319–336, hier S. 330.

**69** Immanuel Kant: Zum ewigen Frieden. In: Ders.: Über den Gemeinspruch: Das mag in der Theorie richtig sein, taugt aber nicht für die Praxis. Zum ewigen Frieden. Hg. von Heiner Klemme. Hamburg 1992, S. 49–103, hier S. 79 (AA VIII, 366).

hindern und zu bestrafen aufgetragen, dem aber das Be- und Verurteilen *innerer* Handlungen an ihnen selbst unmöglich ist, ist daher zwar notwendige, aber nicht hinreichende Bedingung dafür, einen Zweck zu erfüllen, der sich *einerseits* nicht im Weltlichen erschöpft. Gerade das Beispiel von der Relevanz des Fastengebotes nicht nur für das Seelenheil, sondern auch für das Gemeinwohl, und seiner vorrangigen Geltung auch unter Lebensgefahr gegenüber weltlichen positiven Gesetzen weist auch das dritte Buch von *De legibus* bei allen als integralen Teil einer Rechts*theologie* aus. *Andererseits* gelingt es Suárez im Falle solcher Gesetze, bei denen die Todesgefahr nur akzidentiell statt substantiell ist, nicht, für deren Angemessenheit einen sichereren Maßstab als Klugheit anzugeben. Dem Säkularisierungsdruck seiner Zeit, der sich in der politischen Philosophie vor allem durch den von Machiavelli etablierten Prudentialismus auszeichnete, hält Suárez in diesem Moment seiner Staatsrechtslehre nicht stand.[70] »[D]as bürgerliche Gesetz [ist] von rein natürlicher Ordnung hinsichtlich seines Ursprungs und seiner Macht«?[71]: Diese These, mit der die *lex humana* in der Einleitung des dritten Buchs als allgemeines bzw. natürliches Staatsrecht angetreten war,[72] vermag Suárez nicht für alle Varianten seines positiven menschlichen Gesetzes zu belegen.

---

**70** Michael Stolleis: Arcana Imperii und Ratio Status. Bemerkungen zur politischen Theorie des frühen 17. Jahrhunderts. In: Ders.: Staat und Staatsräson in der frühen Neuzeit. Studien zur Geschichte des öffentlichen Rechts. Frankfurt am Main 1990, S. 37–72; vgl. Oliver Bach, Norbert Brieskorn, Gideon Stiening: »Auctoritas omnium legum«. Francisco Suárez' *De legibus* zwischen Theologie, Philosophie und Rechtsgelehrtheit. In: »Auctoritas omnium legum« Francisco Suárez' *De legibus* zwischen Theologie, Philosophie und Rechtsgelehrtheit. Hg. von Oliver Bach, Norbert Brieskorn u. Gideon Stiening. Stuttgart-Bad Cannstatt 2013, S. XI–XXV, hier S. XVI f. Dass eine echt säkulare, dabei aber nicht normativ ungebundene Politik und Staatslehre gerade nicht einem Primat der Klugheit folgt, sondern sich nur als »ausübende Rechtslehre« angemessen realisieren lässt (d. h. weder willkürlich noch heilsökonomisch), ist eine Errungenschaft nicht schon von Suárez' Zeitalter, sondern der kantischen Aufklärung: Volker Gerhardt: Ausübende Rechtslehre. Kants Begriff der Politik. In: Kant in der Diskussion der Moderne. Hg. von Gerhard Schönrich u. Yasushi Kato. Frankfurt am Main [2]1997, S. 464–488; Gideon Stiening: Empirische oder wahre Politik? Kants kritische Überlegungen zur Staatsklugheit. In: Kants Entwurf *Zum ewigen Frieden*. Hg. von Dieter Hüning, Stefan Klingner. Baden-Baden 2018, S. 259–276

**71** DL III. prooe. 2, Bach, Brieskorn, Stiening III/1, S. 4/5: »[L]ex civilis est mere naturalis ordinis quoad suam originem et potestatem.«

**72** Zur erst ab 1700 erstarkenden Disziplin des Allgemeinen bzw. Natürlichen Staatsrechts (*ius publicum universale*) siehe Michael Stolleis: Die Allgemeine Staatslehre im 19. Jahrhundert. In: Naturrecht im 19. Jahrhundert. Kontinuität, Inhalt, Funktion, Wirkung. Hg. von Diethelm Klippel. Goldbach 1997, S. 3–18.

Norbert Brieskorn

# Zur Dialektik der Klerikerexemption von staatlichen Gesetzen

## Suárez über Staat und Kirche (DL III. 34)[1]

Die folgenden Überlegungen sind in drei Teile gegliedert: Teil 1 bietet eine Einführung in die theoretischen Grundlagen des Themas, Teil 2 enthält den Hauptteil, gegliedert in drei Abteilungen, *erstens* der ordnenden Kraft, »vis directiva«, *zweitens* der zwingenden und strafenden Gewalt, »vis coactiva«, und *drittens* der päpstlichen Gewalt, »vis Summi Pontificis«. Der letzte Teil zieht ein systematisches Resümee aus der vorhergehenden Analyse.

## 1 Zur Einführung

### 1.1 Zum Aufbau von DL III. 34

Wie das gesamte Buch und sein Titel ankündigen, entwickelt Suárez die Lehre über die Zuständigkeiten des Gesetzes vorrangig aus der Sicht des Staates; nur soweit es zur Verdeutlichung nötig ist, beobachtet er die Rechtslage aus der Perspektive des kirchlichen Adressaten. Die Antwort auf die Titelfrage des Kapitels 34 erteilt Suárez ab dem § 4 in drei Gegenüberstellungen: Er stellt

1. dem bloß anordnenden Gesetz das Gesetz mit strafverhängendem Charakter,
2. dem Staat und seinen Bewohnern die Kleriker und
3. sämtliche Kirchenangehörige dem Papst

gegenüber.

Um diese Problemkonstellation aus anderer Perspektive inhaltlicher und grundsätzlicher zu verdeutlichen, füge ich hinzu: Unter 1.) geht Suárez von den Bedürfnissen der menschlichen Natur – vor und nach dem Sündenfall – aus

1 DL III. 34, Bach, Brieskorn, Stiening III/2, S. 280–323: »Utrum leges civiles iustae obligent ecclesiasticas personas?« Suárez geht es hierbei *nicht* um die Verpflichtungen der einfachen Kirchenmitglieder; deren Verpflichtetsein steht außer Frage. Das 34. Kapitel behandelt *nicht* Pflicht und Recht sämtlicher Kirchenangehöriger, sondern nur Pflicht und Recht der in der Verwaltung und Rechtspflege der Kirche tätigen Personen, der »ecclesiasticae personae«.

https://doi.org/10.1515/9783110696738-012

und behandelt die Frage, wie Regierende darauf antworten sollen; in 2.) zeigt er, wie die Kirche dazu institutionell Stellung nimmt; und unter 3.) legt er dar, wie ihr interner Aufbau sich demzufolge zu gestalten hat.

Betrachtet man die inhaltliche Gliederung des 34. Kapitels, so zeigt sich, dass die §§ 1 bis 4 bezwecken, die Fragestellung zu entfalten und dabei die zentrale These zu formulieren: »Dennoch steht fest, dass Kleriker nicht von den Königen oder weltlichen Richtern bestraft werden können, auch wenn sie die Gesetze der Welt nicht beachten.«[2] Der Hauptabschnitt dient der Verifikation dieser These und ist in zwei große Abschnitte gegliedert: Der *erste* Abschnitt, der sich von § 5 bis 14 erstreckt, ist der anordnenden und orientierenden Verpflichtungskraft, der *vis directiva* gewidmet, die durch die staatliche Gewalt ausgeübt wird. Ihr sind alle Kirchenangehörige, und zwar auch die Bischöfe und Kardinäle unterworfen; selbst der Papst wird nicht als von ihr befreit bezeichnet.[3]

Der *zweite* Abschnitt, der sich von § 15 bis 22 erstreckt, bespricht die staatliche Zwangs- und Strafgewalt, die *vis coactiva*. Diese »Kraft« begründet und vollzieht die oben genannte zweite Gegenüberstellung; sie bezieht sich auf Fehlverhalten, das zur Strafe berechtigt.

Für die Fälle, in denen das Gesetz nicht beachtet, also verletzt wird, und dessen Missachtung und Verletzung eine starke Bedrohung für das Gemeinschaftsleben darstellt, ist die oberste Gewalt zusätzlich zur dirigierenden Macht mit der zwingenden und strafenden, der *vis coactiva* und *punitiva*, ausgestattet. Mit ihr richtet sich der Staat auf die irdische Gerechtigkeit aus.[4] Mit der von ihr eigens für sich erarbeiteten *vis coactiva* ordnet die Kirche sich Gottes Ordnung unter. Die *vis coactiva* setzt im staatlichen wie kirchlichen Bereich die Strafe und den Strafrahmen fest und regelt den Strafprozess sowie den Strafvollzug bzw. die Begnadigung.

In diesem zweiten Abschnitt widmet sich Suárez der Zwangsgewalt nur unter dem Gesichtspunkt, dass ihr die Amtsträger der Kirche – einschließlich des Papstes – *nicht* unterstehen. Dadurch weiß Suárez Verständnis dafür zu wecken, dass die Kirche verpflichtet ist, ein ihr eigenes Strafrecht aufzubauen und zu handhaben. Im zusammenfassenden Schlussparagraphen 22 verdeutlicht

2 DL III. 34. 1, Bach, Brieskorn, Stiening III/2, S. 280/281: »At constat clericos non posse puniri a regibus vel saecularibus iudicibus, etiamsi leges saeculi non observent.«

3 Siehe allerdings unten die Erörterung zu DL III. 34. 22.

4 Vgl. hierzu auch Gideon Stiening: Libertas et potestas. Zur Staatsphilosophie in *De Legibus* (DL III). In: »Auctoritas omnium legum«. Francisco Suárez' *De Legibus* zwischen Theologie, Philosophie und Jurisprudenz. Hg. von Oliver Bach, Norbert Brieskorn u. Gideon Stiening. Stuttgart-Bad Cannstatt 2013, S. 195–230.

Suárez zudem die dritte Gegenüberstellung, die darin besteht, dass der Papst der kirchlichen Strafgewalt nicht unterworfen ist.

## 1.2 Zur Grundlegung: Die Differenz zwischen *vis directiva* und *vis coactiva*

Zur entscheidenden Problemlage des Verhältnisses des Klerikerstandes zu den staatlichen Gesetzen leitet Suárez dadurch über, dass er drei falsche Positionen erörtert:

1. Gesetze sind *ausschließlich* Zwangsgesetze,
2. Die rechtlich anerkannte Immunität kirchlicher Mitglieder drückt erschöpfend den Rechtszustand von Kirchenangehörigen gegenüber dem Staat aus, und
3. gibt es eine Position, die sich mit dem ungerechten staatlichen Gesetz beschäftigt, und zwar so, als wenn es nur dieses gäbe.

Diese Positionen werden anschließend kritisch erörtert:

*ad 1.*: Suárez betont, dass jeder informierte Leser wisse, dass das Gesetz nicht lediglich Zwangsgesetz ist; es hat auch orientierend-hinordnenden Charakter (*vis directiva*); Suárez erklärt, weshalb sich diese spezifische Form der Verpflichtung auf alle Untertanen eines Staates erstreckt.[5]

*ad 2.*: Suárez führt dazu aus, dass ein vernünftiger Leser akzeptiere, dass Inhaber kirchlicher Immunität in *dem* Bereich, der sie immun macht, von der staatlichen Gerichtshoheit befreit sind und wegen dieser Befreiung zu keinen Gerichtsverhandlungen gezwungen, noch verpflichtet werden können, Strafen auf sich zu nehmen.[6] Es könne jedoch eingewandt werden, dass von der besonderen auf die allgemeine Regelung hin zu blicken ist: Denn auch diese Personen unterstehen der *vis directiva*. Allerdings sind sie wie alle

5 Vgl. bspw. DL III. 34. 19, Bach, Brieskorn, Stiening III/2, S. 314: »Legibus civilibus relicta est directio necessaria etiam quoad personas clericorum in his, quae, secundum communem rationem civium, necessaria sunt ad commune bonum civitatis et omnibus civibus communia sunt.«

6 DL III. 34. 2, Bach, Brieskorn, Stiening III/2, S. 280: Unter Immunitätsinhabern verstehen wir »personas ecclesiasticas [...] exemptas [...] a potestate civili quoad iudicia seu tribunalia causarum«.

Kleriker – d. h. nicht erst aufgrund einer besonderen Immunität – von der *vis coactiva* befreit.[7]

*ad 3.:* Staatsbürger wie auch Kirchenangehörige werden notwendigerweise mit ungerechten staatlichen Gesetzen konfrontiert; sie leben jedoch grundsätzlich unter gerechten (göttlichen und kirchlichen) Gesetzen, von denen her man das ungerechte Gesetz als solches allererst erkennt. Auch in dieser Perspektive ist vom Besonderen zu seinem Grund, dem Allgemeinen, zurückzugehen. Deswegen soll sich jeder, der im Staat lebt – auch jeder Prälat – Kenntnis von der Gerechtigkeit und dem gerechten Gesetz als solchem verschaffen, u. a. für seine Bedeutung für das konkrete soziale Zusammenleben.

Wir erleben also auch in diesem Kapitel Francisco Suárez als Theologen und Philosophen, der vom Allgemeinen her das Besondere konstituiert, und zugleich das Besondere am Allgemeinen prüft.

## 2 Gewissen und Strafe – drei Gegenüberstellungen

Die erste Gegenüberstellung, ab § 5, besteht darin, dass sie die zwei Forderungen, die sich an den Gesetzgeber richten, vorstellt: Das Gesetz als Ausdruck der *vis directiva*, also als die im Gewissen das Außenverhalten verpflichtende, ordnende, ihm Richtung weisende und Verpflichtungen aussprechende Macht. Ab § 15 folgt sodann die *vis coactiva*, die den Gehorsam durch Zwang, Strafprozess und Verurteilung herstellen will. Der Gesetzgeber hat also für sich klar zu unterscheiden: Verpflichte ich bloß im Gewissen oder stelle ich Verletzungen der Gesetze unter Strafe? Ebenso hat der Gesetzesadressat scharf zu trennen: Bin ich lediglich im Gewissen verpflichtet? Oder droht meinem Verhalten Strafe? Die *vis Summi Pontificis* wird in ihrer Besonderheit abschließend eigens erörtert.

---

7 Ausführlich in DL IV (*De iure canonico*) und *Defensio fidei* behandelt. »Immunität« besagt, dass bestimmte Handlungen und Äußerungen des Klerikers von weltlich-strafrechtlicher, nicht von kirchlicher Würdigung ausgenommen sind; es steht jedoch die Person des Klerikers keineswegs außerhalb oder oberhalb der *vis directiva* des Staates.

## 2.1 Zur *vis directiva*

### 2.1.1 Zum Verhältnis von Kirche und Staat

Dem gesamten Kapitel legt Suárez den Gedanken zugrunde, dass inmitten der Schöpfung Gottes sich der Aufbau der Kirche vollzog und vollzieht. Sie verdankt sich nicht menschlichem Tun, sondern Gott, dem Erlöser. Maßgeblich bleibt somit das Wesen der von Gott gewollten Institution. Er hat sie gegründet und ausschließlich er verfügt seit der Gründung über sie, ausschlaggebend und endgültig, und zwar unter Mitwirkung der von Gott dazu berufenen Menschen. Die Kirche lebt inmitten der Welt, und auch wenn sie als Kirche der weltlichen Ordnung nicht untersteht, so bleiben doch – was Suárez betont – alle Kirchenangehörige in spezifischer Weise Staatsbürger; Menschen bleiben sie sowieso.

### 2.1.2 Der Staat und die *vis directiva*

Auf diese Kirchenangehörigen wirkt deshalb auch der weltliche Staat aufgrund seiner, ihm wesentlich von Gott auferlegten Aufgabe, den ihm zustehenden Teil der sozialen Welt zu ordnen. Dazu besitzt der Staat als Hilfsmittel eine *vis directiva*: Mit ihr darf der Staat auch jene Staatsbürger, die höhere Kirchenangehörige sind, verbindlich informieren, auf das für sie notwendige Handeln hinweisen und sie zu dessen Tun anleiten. Suárez drückt hiermit eine besondere Wertung des Zusammenwirkens der bloß durch die Schöpfungskraft entstandenen Institutionen mit der »Erlösungswelt« und der Kirche aus.

Der anschließende Paragraph 6 zeigt ausgiebig und klar, wie viele Autoren des kanonischen und weltlichen Rechts die Differenzierung in *vis directiva* und *vis coactiva* vornahmen, und betont bereits – wie dann § 7 umfangreich[8] begründet –, dass bürgerliche Gesetze mit der ihnen mitgegebenen *vis directiva*

---

**8** Suárez beweist seine These mit: Bartolomé de Medina, Gabriel Vásquez, Roberto Bellarminus, Francisco de Vitoria, Domingo de Soto, Juan de Medina, Alfonso de Castro, Francisco de Toledo, Sylvester Prieirias, Angelus de Clavasius, Gregorius Sayrus, Nicolaus de Tudeschis, Philippus Decius, Felinus Sandaeus, Francisco Zabarella, Juan Bernardo Díaz de Lugo, Diego de Covarrubias, Bartolus de Saxoferrato; er benutzt auch X 5. 32. 1 und X 1. 43. 12.

auch von kirchlichen Personen zu beachten sind.[9] Der Schlusssatz des § 12 drückt eine politische Antwort aus, die für Suárez unzutreffend ist.[10]

Die *vis directiva* stärkt die im Gesamt der Gesetze formulierte Ordnung und verpflichtet die Bezugsperson auf sie im Gewissen.[11] Diese Gewalt verleiht jedem gerechten Gesetz die Kraft, von den Adressaten zu fordern, wirklicher Teil der Gesamtordnung der Gemeinschaft zu werden.[12] Wer für sich diese wirkliche, also echte Forderung umsetzt, wird damit selbst echter, wirklicher Teil der Gesamtheit des Staatsvolkes. Dies ist der entscheidende Grund für die Behauptung: Alle »Kleriker sind im Gewissen verpflichtet, die staatlichen Gesetze zu beachten«.[13] Der Grund für die subjektive Affirmation der Gesetzesinhalte besteht darin, dass die Regel *allen* Adressaten günstig ist, sie dient darüber hinaus der gesamten politischen Gemeinschaft und widerstreitet auch den Kanones nicht.[14]

Die *vis directiva* auszuüben drückt die wesentliche Aktivität des Staates gegenüber den Kirchenangehörigen aus; sie fällt deshalb unter das unverzichtbare Staatshandeln. Der Staat darf diese seine orientierende Tätigkeit weder an jemanden Gleichberechtigten noch an eine staatsfremde Institution, wie die Kirche, abtreten. Ein Verzicht in diese beiden Richtungen würde den Staat zu Unrecht schwächen und sein Wesen leugnen. Ein Verzicht auf einen Teil würde vielleicht sogar den Staat spalten. Die *vis directiva* ordnet auf gemeinsame, von Staat und Kirche geteilte Ziele hin und eint und vereint somit die staatliche Gemeinschaft.

---

**9** DL III. 34. 6, Bach, Brieskorn, Stiening III/2, S. 286/287: »Clericos teneri in conscientia ad servandas leges civiles.«

**10** DL III. 34. 12 »Satius esse omnem ecclesiasticarum personarum obligationem ad potestatem ecclesiasticam revocare.« So drückt Suárez die ihm fremde Antwort aus, übersetzt: Es wäre »genügend, eine jede Verpflichtung über kirchliche Personen der kirchlichen Macht zu überlassen«. Suárez drängt hingegen dazu, den Satz, ›sämtliche Verpflichtungen der Kleriker bestehen bloß gegenüber der Kirche‹ zurückzunehmen (revocare). Sie sind nämlich durchaus auch der staatlichen *vis ordinata* verpflichtet.

**11** Daher die zweite Definition dieser vis: »Obligatio in conscientia«, so DL III. 34. 4, Bach, Brieskorn, Stiening III/2, S. 284.

**12** Vgl. hierzu auch den Beitrag von Tilman Repgen in diesem Band.

**13** DL III. 34. 6, Bach, Brieskorn, Stiening III/2, S. 286: »Clericos teneri in conscientia ad servandas huiusmodi leges civiles. Haec assertio communi consensu recepta est.«

**14** X 5. 32. 1 und X 1. 43. 12.

### 2.1.3 Die Kirche und die *vis directiva*

Kein Staatsbürger kann und darf sich als befreit von dieser richtungsanweisenden Kraft ansehen, keiner sich ihr daher entziehen. Diese *vis* stellt sich nämlich als eine der wirkmächtigen, von der Vernunft gebotenen Vereinigungskräfte der politischen Gemeinschaft dar,[15] der – so die Folge – sämtliche Angehörige der Römisch-Katholischen Kirche – vom Papst bis zum einfachsten Kaplan, jeden Kardinal und Bischof, mithin alle Kleriker – angehören. Jedes staatliche Gesetz wirkt also wegen seines und in diesem ordnenden Sinn von seinem Wesen her auf alle Adressaten, auf alle Staatsangehörigen.

Der Inhalt der gerechten und notwendigen bürgerlichen Gesetze, der *leges civiles iustae et necessariae*, soll »von allen Adressaten inklusive Kleriker, in gleicher Weise ohne jede sittliche Verunglimpfung oder ungerechte Beschwernis der Kleriker« beachtet werden.[16] Der Kleriker unterstellt sich damit dem Guten und der Gerechtigkeit, wodurch er nicht nur seine Würde, sondern ebenfalls die seiner Institution und die des ihr vorstehenden Papstes bekräftigt. Außerdem achtet und beachtet das Gesetz grundsätzlich die menschliche Freiheit aller Träger, also auch die des Klerikers. Und wenn sich der Staat auf seine ihm zustehenden, d. h. auf die weltlichen Belange beschränkt, beachtet und achtet er die Freiheit der Kirche.[17] Selbst wenn bloßer Informationsmangel den Staat nicht schwer verletzt, darf ihm natürlich auch die Kirche inhaltliche Anregung zukommen lassen – zur umfassenden und gerechten Ausgestaltung seiner *vis directiva*.[18]

Als gegenüber der staatlichen Strafgewalt selbständige politische Gemeinschaft besitzt die Kirche sowohl eine ihr eigene *vis directiva* wie auch eine ihr

---

**15** DL III. 34. 7, Bach, Brieskorn, Stiening III/2, S. 290: »Explicatur vis rationis: Quia membra reipublicae ratione naturali obligantur ad ea servanda quae ad convenientem ordinem et pacem reipublicae sunt necessaria. Sed clerici sunt membra reipublicae civilis.« Nicht ein kirchliches Gebot und die *lex divina* sind ausschlaggebend.

**16** DL III. 34. 4, Bach, Brieskorn, Stiening III/2, S. 282: »Sermo noster est de legibus civilibus iustis ac necessariis, quae pro tota communitate populi seu civitatis ponuntur, quarum materia communis est clericis cum aliis civibus, et aeque potest ab omnibus servari sine ulla indecentia, vel iniquo gravamine clericorum.«

**17** DL III. 34. 13, Bach, Brieskorn, Stiening III/2, S. 304/305: Wenn Gesetze »procedunt ex potestate gubernandi rempublicam in temporalibus«, so gilt, dass »libertas ecclesiastica non offenditur«.

**18** So in Suárez: Defensio fidei III: I Principatus politicus ó la soberanía popular. Hg. von Eleuterio Elorduy, Luciano Pereña. Madrid 1965, III. 5. 2 (S. 66).

eigene *vis puniens.*[19] Ihre Gewalt leitet sie allerdings nicht, wie der Staat, vom Volke her, sondern erhält sie von Christus, dem Gottessohn.

### 2.1.4 Erörterung der Thesen

Nachdem § 7 Inhalt, Appellationskraft und Bezugskreis der *vis directiva* behandelt hat[20] und Kleriker als unter diese *vis* gestellt auswies, diskutiert Suárez in den folgenden §§ 8 bis 12 verschiedene Einwände. So fragt er in § 8 nach der Angepasstheit, der »adaequatio«, dieser Rolle und Reichweite der *vis directiva*: Die natürliche Vernunft schreibt, so Suárez, nicht einschränkungslos vor, dass »jede Teilgruppe des politischen Körpers gehalten ist, sich dem ganzen Körper in allen Fragen, bzw. in der Beobachtung der gemeinsamen Gesetze anzugleichen, sondern nur unter bestimmten Bedingungen«.[21] Zu untersuchen ist folglich, ob ein Vergehen geschehe, falls der Kleriker sich nicht dieser *vis* unterordnet, und dennoch dabei nicht gegen die Liebe verstößt; er will und muss jeden Anreiz zur Sünde vermeiden, zudem nicht die gesetzliche Gerechtigkeit verletzen und keinen Schaden hervorrufen. Suárez antwortet, dass der Kleriker in diesem Fall keine schwere Schuld auf sich lädt.[22]

§ 9 liefert Beispiele dafür, dass eingeräumt wird, gegen die von der *vis directiva* geforderte Gerechtigkeit verstoßen zu haben. Dabei wird jedoch gefragt, wie es eigentlich überhaupt zu beurteilen sei, wenn ein Teil gegen das Ganze verstößt. Der bloße Verstoß gegen das Ganze reicht nicht aus, so Suárez, um die ansonsten anstößige Handlung ungültig zu machen.[23] § 10 legt Wert darauf, noch einmal hinzuzufügen, »dass die Kleriker, insoweit sie Bürger sind, den bürgerlichen Gesetzen direkt und durch sich verpflichtet werden, so wie andere

19 DL III. 34. 18, Bach, Brieskorn, Stiening III/2, S. 313–315 geht auf dieses Thema ein.

20 Jeder Mensch und jede Gruppe benötigen für ihr Handeln Information, Angaben der Richtung, des Maßes oder der Verträglichkeit zwischen Gruppen; Richtiges verpflichtet wie jedes Gerechte und Gute nicht nur zur inneren Bejahung, sondern auch zur Umsetzung nach außen.

21 DL III. 34. 8, Bach, Brieskorn, Stiening III/2, S. 290/291: »Ratio naturalis non absolute dicta partem corporis politici teneri conformari in omnibus seu in communium legum observatione, sed sub aliquibus conditionibus, nimirum nisi sit legitime excusata vel dispensata.«

22 DL III. 34. 8, Bach, Brieskorn, Stiening III/2, S. 292: »Transgressio illius legis in clerico non erit inoboedientia, quia non obligatur ex vi praecepti, et consequenter non est contra virtutem specialem in cuius materia versatur lex [...] neque etiam est contra charitatem, quia supponimus vitari scandalum. Nec est contra iustitiam legalem, quia nullum sequitur nocumentum commune. Ergo non est unde culpa illa sit grave.«

23 DL III. 34. 9, Bach, Brieskorn, Stiening III/2, S. 294: »Neque sola illa turpitudo quae in hoc reperitur quod pars non conformetur toti, sufficit ad irritandum actum.«

Bürger auch«.[24] Darüber hinaus geht § 10 noch einmal auf die Exemption der Kleriker ein und benutzt deren Freistellung von staatlicher Macht in gleichsam dialektischer Weise, um die allgemeine Abhängigkeit der Kleriker von der *vis directiva* zu verdeutlichen.[25]

§ 11 drückt eine nahezu enthusiastische Wertung der *vis directiva* aus, denn die natürliche Vernunft sieht es nicht als unangemessen an, Kleriker der Anordnungskraft staatlicher Gesetze zu unterwerfen. Folglich trage es Klerikern höhere Wertschätzung ein, wenn sie solchen Gesetzen die Treue erweisen.[26]

§ 12 unterscheidet noch einmal, dass es jedem Herrscher mit seiner *vis directiva* zufällt, den Klerikern Richtungen und Anweisungen per Gesetz zu geben, allerdings auch, dass ihm als Machthaber keineswegs Zwangsgewalt gegenüber den Klerikern zustehe. Dabei betont Suárez ausdrücklich, dass die weltliche *potestas* in ihrer *vis directiva* selbstverständlich begrifflich wie sachlich eine *vis coactiva*, also eine Zwangsgewalt, einschließe und ihn zu Strafen ermächtige.[27] Ebenso ist die Behauptung mancher weltlicher Herrscher unhaltbar, dass ihnen die Kirche in bestimmten Fällen eine Zwangsgewalt gegenüber Klerikern übertragen habe.[28] Es dem *Princeps* vielmehr untersagt, Zwangsgewalt gegen Kleriker auszuüben; dies unterstreiche und betone doch, so denkt Suárez dialektisch, welche Macht und Aufgabe der Herrscher mit dem Amtsantritt übernimmt, nämlich das Gemeinwesen im Zeitlichen mit ordnender, regieren-

---

**24** DL III. 34. 10, Bach, Brieskorn, Stiening III/2, S. 296–298: Leges clericos »obligare quoad vim directivam, licet non quoad coactivam.... clericos quoad hanc [primam] partem non esse exemptos, ut possint obligari his legibus«.

**25** DL. 34. 10, Bach, Brieskorn, Stiening III/2, S. 298: »Per se congruum est ut clerici quatenus cives sunt, [...] etiam [legibus] directe et per se obligentur, sicut alii cives.«

**26** DL III. 34. 11, Bach, Brieskorn, Stiening III/2, S. 298: »Quia nec ratio naturalis dictat esse indecens clericos subici potestati civili quoad has leges, cum potius dictet esse honestum ut eas servent.«

**27** DL III. 34. 12, Bach, Brieskorn, Stiening III/2, S. 300: »Est moralis practica ratio, quia principes et iudices temporales valde affectant et extendunt iurisdictionem in clericos. Et ideo si dicantur habere propriam et veram iurisdictionem in clericos ad obligandos eos suis legibus, facile illam extendent vel ad coactionem aliquam transgressorum talium legum [...] quam statui clericorum conveniat.«; DL III. 34. 19, Bach, Brieskorn, Stiening III/2, S. 314: »Die Folgerung wird verneint, die von der direkten Kraft auf die zwingende Kraft schließt und umgekehrt./ Negatur [...] sequela quae fit a vi directiva ad coactivam vel e contrario.«

**28** DL III. 34. 12, Bach, Brieskorn, Stiening III/2, S. 300: Oft drückt Suárez sich vorsichtig aus: »Non est verisimile Ecclesiam reliquisse seu permisisse laicis similem [vim coactivam] in clericos potestatem.« Es ist nicht leicht genau festzustellen, ob die Kirche in bestimmten Situationen dies tat oder nie tat. Häretiker und Schismatiker traten öfter jedoch energisch für eine Staatsgewalt ein, ermächtigt, gegen Papst und Bischöfe vorzugehen (Vgl. DL III. 34. 12, Bach, Brieskorn, Stiening III/2, S. 302).

der Gewalt zu lenken. Wer sich wirklich darauf beschränkt, greift die kirchliche Freiheit nicht an.[29]

In § 13 kommt auf die Gesetzgebung der mittlerweile unter Suárez als selbständig geltenden Königreiche kurz zu sprechen. Ausgehend vom Recht des Klerikerstandes merkt Suárez an, dass das Gesetz eines solchen Königreiches gerecht sein solle, der gesamten Bürgergemeinschaft eine Hilfe bedeuten müsse sowie »nichts von der Freiheit und dem guten Auftreten der Kleriker einschränken« dürfe.[30] Abschließend verdeutlicht Suárez in § 14 die Verpflichtungskraft der *vis directiva*, denn das bürgerliche Gesetz verpflichtet den Kleriker nicht direkt, sondern es »wird [...] erkennbar, dass die bürgerlichen Gesetze niemals aus eigener Kraft die Kleriker verpflichten, sondern dass diese gehalten sind, jene Gesetze auf Grund der Kraft der Kanones und der natürlichen Vernunft zu beachten«.[31] Zur Überleitung in das zweite Hauptkapitel mögen aus dessen Bereich noch zwei Stellen zitiert werden:

§ 19 betont *erstens*: »[D]en bürgerlichen Gesetzen ist es übertragen, die notwendige Weisung auch Klerikern in den Angelegenheiten zu erteilen, die gemäß der allgemeinen Lebensart der Bürger notwendig für das Gemeinwohl des Gemeinwesens und die allen Bürgern gemeinsam sind.«[32] Und *zweitens*: Gesetze, die unmittelbar und auf das öffentliche Wohl ausgerichtet sind, verpflichten auch Kleriker, »weil der betreffende Gesetzesinhalt allen Bürgern auferlegt ist, und ein gerechter sowie ehrenvoller Inhalt enthält nichts gegen die Würde oder die Ausnahmesituation des kirchlichen Standes, sondern begünstigt ihn vielmehr«.[33]

Halten wir fest, dass Suárez im Kapitelteil zur *vis directiva* vordringlich erkennen lässt, dass und wie der weltliche Gesetzgeber für die Kirche verantwortlich ist. Ebenso macht er klar, dass und wie der Klerus für die gerechten Hand-

29 DL III. 34. 13, Bach, Brieskorn, Stiening III/2, S. 304: Die »potestas laicorum« baut sich »ex potestate gubernandi rem publicam in temporalibus«.

30 Ebd,: »Lex regni [...] censetur approbata [...] sub illa conditione ut sit lex iusta et toti communitati civium conveniens et libertati ac decentiae clericorum nihil derogans.«.

31 DL III. 34. 14, Bach, Brieskorn, Stiening III/2, S. 306: »Sic [...] intelligitur leges civiles nunquam obligare clericos virtute sua, sed quoties clerici ad eas observandas tenentur, virtute canonum et rationis naturalis obligari.«

32 DL III. 34. 19, Bach, Brieskorn, Stiening III/2, S. 314: »Legibus civilibus relicta est directio necessaria etiam quoad personas clericorum in his quae, secundum communem rationem civium, necessaria sunt ad commune bonum civitatis et omnibus civibus communia sunt.«

33 DL III. 34. 20, Bach, Brieskorn, Stiening III/2, S. 306: »Quaedam (leges) respiciunt bonum publicum immediate et secundum se... (et obligant) clericos quando materia earum communis est omnibus civibus, ut tales sunt, et est iusta et honesta, et nihil continet contra decentiam vel exemptionem ecclesiastici status, sed potius illam fovet.«

lungen des Staates mitverantwortlich ist. Es wäre eine zumeist politisch motivierte Einseitigkeit, lediglich die Befreiung der Kleriker von staatlicher Zwangsgewalt zu Worte kommen zu lassen. Diese Befreiung ist nun allerdings zu verdeutlichen.

## 2.2 Die *vis coactiva* – die zweite Trennung zwischen staatlicher Strafgewalt und Klerus

### 2.2.1 Kleriker unterstehen nicht der *vis coactiva*

Begriff und Aufgabe der *vis coactiva*[34] verdeutlicht der entscheidenden Grundsatz, den Suárez aufstellt: »Kleriker unterstehen nicht der staatlichen Zwangsgewalt.«[35] Die *vis coactiva* ist eine einzige, doch teilt sie sich in zwei, höchst unterschiedliche, sie ausübenden Mächte auf: in die weltliche und in die kirchliche Macht. Man hat also die *vis coactiva* als einheitliche in ihrer Gesamtaufgabe zu bestätigen und bloß zu verneinen, dass sie der Staat gegen bestimmte Bewohner, die geistliche Macht bzw. die Kleriker, strafrechtlich ausüben dürfe.[36] Für diese Gruppe von Untertanen ist jene Macht nicht in der gleichen Weise erforderlich,[37] obwohl sie allerdings und selbstverständlich Übel, die verhängnisvoll für die Gesellschaft insgesamt sind, bekämpfen soll.[38] Der Grund dieser Befreiung von staatlicher Zwangsgewalt liegt jedoch weder im hohen Rang bzw. in der hohen Stellung des zu verklagenden Klerikers noch allgemein im Selbstverständnis dieses Standes noch gar in wirkmächtiger Verweigerung der Kirche,

34 DL III. 34. 18, Bach, Brieskorn, Stiening III/2, S. 312: »Punitio est moraliter necessaria ad commune bonum... ad illud expedit ne talia delicta maneant impunita; ergo per legitimam superiorem fieri potest.«

35 DL III. 34. 15, Bach, Brieskorn, Stiening III/2, S. 308: »Dicendum est de vi coactiva talium legum. In quo vera et certa resolutio est has leges non comprehendere clericos quoad vim cogendi illos.«

36 Ebd.: »Utrumque fundatur in potestate iurisdictionis coactiva, quam non habent principes vel iudices laici in ecclesiasticas personas« sowie DL III. 34. 18, Bach, Brieskorn, Stiening III/2, S. 312 Si »transgressio est delictum contrarium bono communi, ergo potest per potestatem aliquam puniri; non per civilem, ergo per ecclesiasticam«.

37 DL III. 34. 16, Bach, Brieskorn, Stiening III/2, S. 310: »Coactio [...] fit civibus ut delinquentes sunt, ideoque non est per se ita necessaria nec acceptatur per canones quoad clericos.«

38 DL III. 34. 19, Bach, Brieskorn, Stiening III/2, S. 316: »Coactio necessaria [...] reservata est ecclesiasticis iudicibus propter honorem et decentiam ecclesiastici status et ad maiora mala vitanda.«

Kleriker staatlich strafen zu lassen bzw. in einem geschichtlichen Ereignis, sondern im Wesen beider Institutionen, und zwar nach kirchlicher Auslegung.[39]

Denn ebenso wie die Institution Kirche allein aufgrund ihrer überirdischen Zielrichtung begrenzt ist, so gilt dies auch für die rein weltlich wirkende Institution des Staates.[40] Das Eigenrecht beider Institutionen, ihr »Status« sowie ihre Grundpflicht, Übel zu bestrafen, begründen das Strafrecht der Kirche für die Straftaten der »personae ecclesiasticae« sowie das Strafrecht des Staates gegen seine sonstigen Untertanen.[41] Auch der Staat erhält das Strafrecht gegenüber höchsten Beamten nicht von einer höheren Instanz übertragen, sondern legitimiert sich zum Strafvollzug durch sich und aus sich heraus.[42]

### 2.2.2 Qualität und Quantität der Exemption des Klerikerstandes

#### 2.2.2.1

Weder lässt sich also eine Rechtspolitik begründet führen, die festlegt, dass der Staat auch äußerst geringe Vergehen der Kleriker durchaus bestrafen darf, da sich doch die kirchliche Strafgesetzgebung zumeist auf erhebliche Missetaten bezieht. Denn Fragen der Schwere, also der Quantität, begründen nicht die Zurückweisung der staatlichen Kompetenz, die vielmehr durch die Qualität der Kirche ausgedrückt wird.[43]

---

**39** Vgl. hierzu auch Heinrich Ronnen: Die Staatlehre des Franz Suárez. M. Gladbach 1926, S. 235–269.

**40** Vgl. DL III. 34. 13, Bach, Brieskorn, Stiening III/2, S. 304: Leges »tantum procedunt ex potestate gubernandi rempublicam in temporalibus, in quo libertas ecclesiastica non offenditur«.

**41** DL III. 34. 1, Bach, Brieskorn, Stiening III/2, S. 280: Nur »leges civiles procedunt [...] a iurisdictione temporali«.

**42** Diese Macht ist der »communitas« von Gott zur eigenen Ausgestaltung übertragen; siehe z. B. Suárez: Defensio fidei III (s. Anm. 18), III. 2. 5 (S. 18): »Suprema potestas civilis [...] immediate [...] data est a Deo hominibus in civitatem seu perfectam communitatem politicam congregatis [...] per naturalem consecutionem ex vi primae creationis eius [...].«; DL III. 34. 13, Bach, Brieskorn, Stiening III/2, S. 304: Der *potestas temporalis* steht die gesamte »potestas gubernandi rempublicam in temporalibus« zu.

**43** DL III. 34. 15, Bach, Brieskorn, Stiening III/2, S. 308: »Neque propter delicta contra leges humanas, quaecumque illae sint.«

#### 2.2.2.2

Auch lassen sich so schwerwiegende Verbrechen gegen Staat und Allgemeinwohl nicht benennen, für die Kleriker, falls sie Täter oder Mittäter oder Beihelfer sind, nur vom Staat bestraft werden dürften. Die Befreiung der Kleriker von staatlichen Strafen erfolgt für *alle* Vergehen und somit ausnahmslos.[44]

#### 2.2.2.3

Ebenso ist nach Suárez abzulehnen, die *vis directiva* begrifflich so zu verstehen, dass aus sich ihr als orientierender, lenkender Gewalt mit ihrem Verwirklichungsstreben unmittelbar die Zwangsgewalt ergebe, so dass jene lediglich die logische Fortsetzung der Orientierung ist. Der *vis coactiva* kommt Eigenständigkeit zu.[45]

#### 2.2.2.4

Die staatliche Rechtsmacht könnte darauf verweisen, dass es Fälle gibt, in denen sich der Täter das Strafurteil nicht erst durch Gerichtsurteil, sondern sich unmittelbar durch die Tat selbst zuzieht, und so sich der Kleriker selbst und nicht erst der weltliche Richter verurteilte. Suárez begründet seine klare Ablehnung nicht nur damit, dass solche Urteile oft schwerer ausfallen als jene vom Gericht verhängten,[46] sondern dass ein solches Urteil nicht bloß vom »unzuständigen«, sondern von gar keinem Richter ergeht.[47] Letztlich gründet diese Aussage darauf, dass es die Menschenwürde verlangt, jede Tat eines Menschen eingehend-neutral durch Menschen zu prüfen und zu bewerten, und nicht automatisch das äußere Tun zu bestrafen.[48]

---

**44** DL III. 34. 16, Bach, Brieskorn, Stiening III/2, S. 310: Punitio »non potest ullo modo fieri a potestate laica circa clerici personam«.

**45** DL III. 34. 19, Bach, Brieskorn, Stiening III/2, S. 314: »Negatur [...] sequela quae fit a vi directiva ad coactivam vel e contrario.«

**46** DL III. 34. 17, Bach, Brieskorn, Stiening III/2, S. 312: »Maior coactio fit per sententiam legum latam; quia secum affert executionem, et non datur locus defensioni.«

**47** DL III. 34. 17, Bach, Brieskorn, Stiening III/2, S. 312: »Omnis sententia lata a non iudice nulla est; illa vero fertur a non iudice respectu clerici.«

**48** DL III. 34. 17, Bach, Brieskorn, Stiening III/2, S. 312: »Illa lex, prout fert poenam, continet sententiam eo ipso a legislatore latam contra delinquentem. Sed nulla potestas laica potest per sententiam punire clericum.«

#### 2.2.2.5

Der Staat darf seine Strafgewalt selbst dann nicht auf den eine Straftat begehenden Kleriker ausüben, wenn der ihr zustimmen würde oder ihm das Strafurteil objektiv nützen und eine Hilfe sein würde und könnte.[49]

#### 2.2.2.6

Der Staat, der seine Unzuständigkeit zugäbe, darf gleichwohl niemals kirchliche Richter dazu zwingen, weltlich-staatliches Recht anzuwenden.[50]

### 2.2.3 Die Zuständigkeit und Aufgabe des kirchlichen Richters

#### 2.2.3.1

Suárez zieht nun weitere Schlussfolgerungen aus der Konstellation von Bürger und Kleriker sowie richtungsweisender und zwingender Verpflichtung:

*Erstens* sind die *vis directiva* und die *vis coactiva* zur Wirksamkeit des Gesetzes notwendig; doch muss für die Ausübung beider Gewalten nicht ein und dieselbe Person zuständig sein.[51]

*Zweitens* ist grundsätzlich anzumerken, dass sich Strafgewalt lediglich gegen bestimmte Personen richten kann und darf.[52]

*Drittens* kann und darf man – so § 18 – nicht behaupten, dass auf die Bestrafung von Klerikern verzichtet werde, unabhängig von ihrer Straftat. Vielmehr sollen Kleriker durch kanonisches Strafrecht zur Verantwortung gezogen werden.[53] Ein Kleriker ist übrigens nicht erst, weil er Inhaber der Immunität ist, sondern als Kleriker überhaupt staatlicher Strafgewalt entzogen.

---

**49** Bereits in DL III. 34. 5 (Bach, Brieskorn, Stiening III/2, S. 284) stellt sich Suárez die Frage: Darf ein Gesetz Kleriker bestrafen, wenn sich in dem Strafgesetz ein ihnen letztlich günstiger oder ein allgemeingültiger Inhalt findet? Suárez verneint dies: »Non obligare [...] clericos, etiamsi (lex civilis) in materia favorabili vel generali et omnibus convenienti disponat.«

**50** DL III. 34. 18, Bach, Brieskorn, Stiening III/2, S. 314: »Iudices ecclesiastici non tenentur iudicare secundum leges civiles.«

**51** DL III. 34. 19, Bach, Brieskorn, Stiening III/2, S. 314: »Nam licet utraque potestas necessaria sit ad efficaciam legis, non est tamen necessarium ut semper utraque sit in eadem persona.«

**52** DL III. 34. 16, Bach, Brieskorn, Stiening III/2, S. 310: »Coactio non fit in communi, sicut fit dispositio legis, sed fit in particulari circa personas.«

**53** DL III. 34. 18, Bach, Brieskorn, Stiening III/2, S. 312: »Posse ecclesiasticas personas a suis praelatis puniri propter transgressiones talium legum.«

#### 2.2.3.2

Die Strafgewalt gegen Kleriker findet somit ihren Ausdruck in der ihren Prälaten zugeteilten Zwangsgewalt, die Gott *und* dem Gemeinwohl zu dienen haben.[54]

Damit wird deutlich, dass sich Kirche von Oben her gründet, d. h. sie gründet in Gott: Jene Prälaten sollen und dürfen aus dieser göttlichen Ermächtigung heraus im rein kirchlichen Strafverfahren die Strafe verhängen. Zugleich ist die Kirche berechtigt, ja verpflichtet, den hohen irdischen Werten, wie dem *bonum commune*, Unterstützung zu leisten. Deshalb berücksichtigt das kirchliche Strafrecht inhaltlich auch das weltliche Allgemeinwohl. Somit wird die Pflicht der Kirche deutlich: Nicht irgendeine, sondern eine ihrem Auftrag entsprechende kirchliche Rechtsordnung für diese Angelegenheiten zu erarbeiten, und Kleriker nicht dem Anspruch der Rechtsordnung zu entziehen, denn sie bleiben selbstverständlich Staatsbürger.

#### 2.2.3.3

Der Kirche als Kleriker anzugehören, führt nicht selbst schon zum sündenlosen Leben und berechtigt die Kirche daher, auch Kleriker während und aufgrund ihrer irdischen Existenz zu bestrafen. Die Kirche ist durch ihre Existenz weder von Sünde noch der Strafverfolgung frei.

#### 2.2.3.4

Die Kirche hat somit erstens außer der ihr eigenen *vis directiva* zweitens auch ihr eigenes Strafrecht mit eigenem Richterstand, mit eigenem Verfahren und in Freiheit für Verurteilung oder Freispruch u. a., das jedoch ausschließlich für Kirchenmitglieder gilt, also auch nur für Kleriker. Es kann kein Laie seinen Fall dem weltlichen Gericht entziehen und sich nur dem kirchlichen Gericht ausliefern. Die kirchlichen Richter dürfen allerdings in Anbetracht des Fehlens präziser kanonischer Strafbestimmungen nach ihrem eigenen Urteil vorgehen, und dieses darf weltliches Recht zur Entscheidung nutzen.[55]

---

54 DL III. 34. 19, Bach, Brieskorn, Stiening III/2, S. 316: »Coactio necessaria [...] reservata est ecclesiastiis iudicibus propter honorem et decentiam ecclesiastici status et ad maiora mala vitanda«, und DL III. 34. 18, Bach, Brieskorn, Stiening III/2, S. 312: »Quae facile probatur, quia illa transgressio est delictum contrarium bono communi, ergo potest per potestatem aliquam puniri, non per civile, ergo per ecclesiasticam.«

55 DL III. 34. 18, Bach, Brieskorn, Stiening III/2, S. 314: »Iudices ecclesiastici non tenentur iudicare secundum legem civilem, sed secundum canones. Et ubi illi desunt, possunt suo arbitrio uti, accommodando poenas canonicas et non civiles. Unde quia canones non ponunt determinata poenam pro tali delicto [...] arbitrio iudicis ecclesiasti imponenda erit.«

Die Befreiung der Kirche von staatlicher Strafgewalt schließt keineswegs die Bitte staatlicher Behörden um kirchliche Straftätigkeit aus.[56] Auch stehen dem Staat in begrenzter Form Rechte – mindestens Verweigerungen aus *charitas* – gegen die Institution Kirche zu.[57]

# 3 Die *vis papalis* – die dritte Gegenüberstellung

## 3.1 Der Papst als *princeps omnibus legibus solutus*[58]

### 3.1.1

Indem Suárez im letzten Paragraphen des Kapitels, dem § 22, von der Kraft der päpstlichen Würde, der *vis dignitatis spiritualis*, spricht, stellt er den beiden *vires*, der *vis directiva* und der *vis coactiva*, eine dritte Gewalt gegenüber, die impliziert, dass ihr Inhaber keiner der beiden Gewalten direkt untersteht. Er ist »nicht gebunden, sich den Statuten und Gesetzen der ihm Untergebenen anzupassen«.[59]

Ist er auch der *vis directiva* entzogen? Dafür spricht, dass Suárez die Papstrechte erst im Zusammenhang mit der strafenden Gewalt anspricht; auch ist sachlich kein Grund erkennbar, den Papst der *vis directiva* zu entziehen, benötigt er doch auch Information, Hinweise; auch ist er dem allgemeinen Leben der Gemeinschaft, in der lebt, verpflichtet.[60] Andererseits sprechen diese Zeilen von

**56** DL III. 34. 19, Bach, Brieskorn, Stiening III/2, S. 316/317: »Ad magistratus civiles pertinebit implorare auxilium praelatorum ecclesiae, ut cogant subditos suos iustas leges servare: quod ipsi pro sui muneris obligatione facere tenebuntur.« Es sei denn, man beziehe das »ipsi« auf den »magistratus civiles«, was nicht ausgeschlossen ist Dieser Satz würde die weltliche Pflicht des Magistrats betonen.

**57** De Censuris. Disp.XXIII.Sect.II.Nr.1: »Excommunicatio contra principes saeculares negligentes in sui officii functione« (Op.om. XXIII,1. Teil, 620a–621b); ebda., Nr. 4: Unterlassen »ex charitate« (621a); De Charitate. Disp. XIII: De Bello. Sect. IV. Nr. 8 (Op. Om. XII, 745b–746a).

**58** DL III. 34. 22, Bach, Brieskorn, Stiening III/2, S. 320: »Breviter dico excipiendam imprimis esse personam summi Pontificis [...]. Deinde excipiendae sunt ecclesiae seu communitates ecclesiasticae ac pia loca.«

**59** DL III. 34. 22, Bach, Brieskorn, Stiening III/2, S. 320: »Quia est persona adeo excellens, ut ex vi rationis non cogatur sese acccomodare statutis et legibus suorum inferiorum.« Siehe auch DL III. 35. 7, 12 und 14.

**60** DL III. 34. 19, Bach, Brieskorn, Stiening III/2, S. 316: »Propter honorem et decentiam ecclesiastici status et ad maiora mala vitanda.«

einer grundsätzlichen *Legibus Solutio*. Doch untersteht zweifellos auch der Papst der »obligatio in conscientia«.

### 3.1.2

Der Grund für das Befreitsein des Papstes besteht darin, dass er durch göttliches Recht von aller bürgerlichen Gewalt ausgenommen ist.[61] Auf göttlichem Recht beruhen jedoch außer seiner Würde und deshalb Immunität[62] ebenso seine Aufgabe, für die Einheit der Rechtsgemeinschaft Kirche zu sorgen. Und wer für eine Gemeinschaft sorgt, muss einerseits außerhalb ihrer stehen und darf ihren Gesetzen nicht unterworfen sein;[63] andererseits stärkt derjenige die Einheit mit einer Gemeinschaft am besten, der die der Gemeinschaft aufgegebene Ordnung bis ins Kleinste selbst beachtet. Dass der Papst wie jeder Mensch sich nach seinen Möglichkeiten für den anderen Menschen einzusetzen hat, und besonders, wenn dessen Rechte – nicht bloß Rechte religiösen Verhaltens – verletzt werden, betont die dem Papst zustehende *Potestas indirecta*.[64]

### 3.1.3

Treffend führt Suárez dazu am Schluss des Kapitels aus, dass für alle Teilhaber einer Rechtsgemeinschaft ausnahmslos die Norm gilt, dass ein Gesetz zu beachten, keine Person in Ungerechtigkeit fallen lassen darf, also weder die, die es

---

**61** DL III. 34. 22, Bach, Brieskorn, Stiening III/2, S. 320: »Persona summi Pontificis quae iure divino in omnibus et per omnia exempta est a potestate civili.«

**62** DL III. 34. 22, Bach, Brieskorn, Stiening III/2, S. 320: »Quia est persona adeo excellens, ut ex vi rationis non cogatur sese accomodare statutis et legibus suorum inferiorum.«

**63** Vgl. hierzu u. a. Dieter Wyduckel: Princeps legibus Solutus. Eine Untersuchung zur frühmodernen Rechts und Staatslehre. Berlin 1979.

**64** Deutlich verweist Suárez auf die päpstliche Pflicht in Suárez: Defensio fidei III (s. Anm. 18), III. 5. 2 (S. 66): »Quamvis temporalis princeps eiusque potestas in suis actibus directe non pendeat ab alia potestate eiusdem ordinis, et quae eundem finem tantum respiciat, nihilominus fieri potest ut necesse sit ipsum dirigi, adiuvari, vel corrigi in sua materia, a superiori potestate gubernante homines in ordine ad excellentiorem finem et aeternum, et tunc ila dependentia vocatur indirecta, quia illa superior potestas circa temporalia non per se aut propter se, sed quasi indirecte et propter aliud interdum versatur.«

ausführt; noch die, die es erfüllen soll. Ein Gesetz zu beachten, darf nie im Widerspruch zu Würde und Immunität eines jeden Status stehen.[65]

## 3.2 Über die Pflichten des Papstes

### 3.2.1

Immer nur von der Strafgewalt zu sprechen, wie es weitgehend aus meist nicht eben sachlichen Beweggründen geschieht, lenkt den Blick von einer hohen Verantwortung für Geltung und Verbindlichkeit des Rechts ab.

### 3.2.2

Indem Suárez mit der *vis directiva* eine Pflicht der weltlich-irdischen Macht gegenüber der Kirche betont, weist er sich wiederum als ein Autor aus, der die gegenseitigen Verpflichtungen von Staat und Kirche ausspricht: So ist der Kirche die Missionspflicht gegenüber den Bewohnern des Staates aufgegeben; dem Staat der Schutz der Kirche von äußerer Gewalt. Suárez untersucht damit drei ›Pflichtfelder‹, nämlich das der Kirche, das des irdischen Staates und das des Verhältnisses zwischen Staaten. Den Gesetzen der beiden zuletzt genannten ist der Papst nicht unterworfen; er untersteht auch sonst keinem Gebot, was einerseits mit seiner Würde zusammenhängt, andererseits mit der Pflicht, Einheit mit seiner eigenen politischen Gemeinschaft zu wahren.

Dass und wie Suárez Rolle, Rechte und Pflichten des Papstes überhaupt bearbeitet, würdigt die päpstliche Beziehung zur Gesamtkirche ebenso wie die des nationalen Fürsten, der der Papst ist, im Verhältnis zu den anderen Fürsten. Doch Befreiungen aufzuzeigen – wie Suárez es tut –, verdeutlicht m. E. die dem Papst auferlegten sittlichen Pflichten, derer er sich nicht entledigen kann.

**65** DL III. 34. 22, Bach, Brieskorn, Stiening III/2, S. 322: »De omnibus est aequalis ratio, servando proportionem et supponendo quod obervatio talis legis unicuique iusta sit, et non repugnet decentiae et immunitati uniuscuiusque status.«

# 4 Fazit

## 4.1 Zur funktionalen Distinktion von *vis directiva* und *vis coactiva*

Suárez arbeitet in DL III. 34 die Zweiteilung der staatlichen Gewalt heraus, in die bloß orientierende und das Verhalten ordnende, die *vis directiva*, und in die zwingend-strafende Gewalt, die *vis coactiva*:

### 4.1.1 Gründung

Was die Gründung betrifft, so gilt die *vis directiva* seit der Schöpfung und als Teil der Schöpfungsordnung; sie ist Gründung direkt durch Gott. Suárez verweist u. a. auch schon DL III. 1. 12 auf beide »Gewalten« hin. Was letztere betrifft, so betont er, dass die urmenschliche Gemeinschaft, die vor dem Sündenfall bestand, sich bewusst war, dass und weshalb es der *vis directiva* bedarf. Selbst vor dem Sündenfall hatten die menschlichen Wesen eine anleitende und lenkende Gewalt nötig, um das menschliche Gemeinschaftsleben zu gestalten. Die damals geltenden Gründe, so betont Suárez, gelten weiter, und daher bedürfen die Menschen bis ans Ende der Welt der Orientierung, der Hinweise sowie der Anleitungen und haben solche Gesetze und solchen Gesetzesinhalt für sich auszugestalten.[66]

Suárez erklärt des Weiteren, dass diese Gewalt sich nicht erst dadurch begründet, dass der Mensch in seiner Geschichte auch zum Sünder wurde, sondern weil die natürlichen Bedingungen menschlichen Daseins, eine solche »vis« erfordern.[67] Denn auch vor dem Sündenfall ließen sich nicht alle Formen des Zusammenlebens, deren genauere Ausgestaltungen und jeder notwendige Umgang miteinander von allen Beteiligten erkennen, waren also zu erfahren

66 DL III. 1. 12, Bach, Brieskorn, Stiening III/1, S. 24/25; dort verweist Suárez auf Gregor d. Gr. *Expositio moralis in Beatum Job*. Lib. XXI. cap. X und schreibt selbst: »Gregorius [...] loquitur de potestate gubernandi. Intelligendus autem est quoad potestatem coercivam et exercitium eius. Nam quoad directivam, probabilius videtur futuram fuisse in hominibus, etiam in statu innocentiae.«

67 DL III. 1. 12, Bach, Brieskorn, Stiening III/1, S. 24f: Vis directiva »non fundatur in peccato vel aliqua deordinatione sed in naturali hominis conditione, quae est esse animal sociale et naturaliter postulare modum vivendi in communitate, quae necessario debet regi per potestatem publicam«.

und mitzuteilen. Solche sozialen Bedürfnisse stellen sich auch nach dem Sündenfall ein. Erst durch ihn bedurfte es der *vis coactiva*.

Sobald also Gruppen von Menschen über Ehe, Familie, kleinere Gemeinschaften hin ihre *communitas publica*, den *principatus politicus* und die *res publica* gründen, so sehen sie sich veranlasst und fähig, die *vis directiva* zu verwirklichen; ihre immer begrenzte, nach gesellschaftlicher Ordnung suchende Vernunft bedarf der ordnenden Hilfe.[68] Die zwingend-strafende Gewalt entstand erst durch den Sündenfall.[69] Sie ist Gründung des Menschen.

### 4.1.2 Irdische Glückseligkeit

Da der sündige Mensch durch seine Sündhaftigkeit nicht gänzlich verändert worden ist, wohl aber in seinem Wollen und im Andenken und Fühlen verwundet und geschwächt wurde, will er auch als sündhaftes Wesen weiterhin das Gute; er weiß auch über es zu denken und vermag sein Fühlen auf es auszurichten. Deswegen behält, solange Menschen leben, die *vis directiva* weiterhin ihre Wirkkraft zum Guten.

In einem Teilbereich menschlichen Lebens ist die *vis coactiva* tätig. Sie hilft, die Gemeinschaft vor rechtswidrigen Handeln des Menschen zu bewahren, erfolgtes Handeln zu bestrafen und den Ersatz des Schadens zu veranlassen. Geht es also der *vis directiva* um Vertiefung der *felicitas temporalis*, so der *vis coactiva* um Beseitigung oder Linderung von deren Verletzung. Beide Gewalten werden bis zum Ende der Welt ihre Aufgabe behalten, auch wirken beide in allen politischen Räumen der Welt.

---

**68** Deutlich sprach Suárez diesen Weg in DL III. 2 an, in Suárez: Defensio fidei III (s. Anm. 18), III. 2 ff.; sowie in Francisco Suárez: De opere sex dierum, V. 7, Vivès 3, Sp. 413$^{b}$–419$^{a}$.

**69** Ebd., V. 11, Vivès 3, Sp. 416$^{a}$: »Dominium directivum seu gubernativum futurum fuisse inter homines in statu innocentiae«; und noch direkter zu unserem Thema ebd., V. 12, Vivès 3, Sp. 416$^{b}$: »Nec potestas illa posset coactiva, per quam subditi poenis subjicerentur, sed esset directiva ad majus bonum et pacem communitatis ordinata«; vgl. dazu Norbert Brieskorn: Charitas, Iustitia und libertas im dreifachen Auftrag an den Menschen. In: Die Naturrechtslehre des Francisco Suárez. Hg. von Oliver Bach, Norbert Brieskorn u. Gideon Stiening. Berlin, Boston 2017, S. 125–127.

### 4.1.3 Notwendigkeit vs. zureichender Grund

Die *vis coactiva* wird im Kampf gegen Vergehen und Verbrechen um Bestehen und Wohl der Gemeinschaft eingesetzt; sie wird eingesetzt in der Sorge um das gute Leben der Gemeinschaft, doch ebenso immer auch um die Weiterentwicklung eines jeden Menschen hin auf das Gerechte und Gute. Das Verhältnis beider Gewalten, der *vis directiva* und der *vis coactiva*, ist *nicht* das von »Grund« und »Begründetem«. Die *vis coactiva* ist nicht durch die *vis directiva* begründet worden. Wohl ist durch die Verletzung der geltenden Gesetze die *vis coactiva* notwendig geworden; doch »Notwendig-Sein« besagt etwas grundsätzlich Anderes als das »Begründet-Sein« es ausdrückt.

### 4.1.4 Wirksamkeit

Es gibt noch weitere Stellen des Traktats *De legibus*, die uns zeigen, wie Suárez das Verhältnis der beiden Gewalten auch bestimmte. Bereits in DL I. 8. 6 zitiert er den Satz des Aristoteles, dass dem Gesetz als solchem Zwangsgewalt zukomme. Auf diese Stelle verweist Suárez zu Beginn unseres Kapitels DL III. 34. 1.[70] Und was Suárez in DL III. 1. 9 betonte, dass eine bloß anweisende Gewalt, also die *vis directiva* allein, d. h. ohne Zwangsgewalt, unwirksam sei,[71] wiederholt er ebenfalls in DL III. 34. 12: »Die direkte Gewalt ist ohne Zwangsgewalt unwirksam.«[72]

DL III. 34. 1 vertieft Suárez jenes Verhältnis der beiden *vires* dadurch, dass eine bloß lenkende Kraft, die *vis directiva*, wenn sie ihr Anliegen ernst nimmt, es durchaus fordert, dass ihrem Anliegen die Zwangsgewalt zur Durchsetzung verhelfe: So wie es durchaus einleuchtet, dass derjenige, der ernsthaft etwas durchgesetzt haben will, dessen Verwirklichung vollauf bejaht. Es wäre gar sittlich verwerflich, etwas zu wollen und nicht auf den Willen dessen selbst massiv einzuwirken, von dem die Verwirklichung abhängt.

---

70 Wenn in DL III. 34. 1, Bach, Brieskorn, Stiening III/2, S. 280 gesagt wird: »Omnis lex secum affert vim cogendi, ut Aristoteles dixit«, so verweist Suárez dabei auf DL I. 8. 6, Bach, Brieskorn, Stiening I, S. 190–193: »Ex Aristotele, lib. 10, c. ult., dicente: ›Lex autem vim habet cogentem‹.«

71 DL III. 1. 9, Bach, Brieskorn, Stiening III/1, S. 18/19: »Vis directiva sine coerciva invalida est.«

72 DL III. 34. 12, Bach, Brieskorn, Stiening III/1, S. 300/301: »Teste Aristotele, potestas directa inefficax est sine coactiva.«

## 4.2 Zur zentralen Bedeutung der *vis directiva*

### 4.2.1 Gemeinwesen

Auch wenn der Titel des Kapitels die Zwangsgewalt zum Thema erklärt, so legt Suárez doch besonderen Wert darauf, den Blick auf die *vis directiva* zu lenken, wodurch er auch den Blick auf grundsätzliche Aufgaben des Gemeinwesens lenkt. Inhalt und Verpflichtung der orientierenden Gewalt sollen den Staat dazu veranlassen, den Gesetzen die Kraft menschenwürdiger Orientierung zu geben, die Sicht auf das Ziel, die *felicitas temporalis* offenzuhalten, die Wege zu ihr begehbar zu machen und den Gesetzesgehorsam als höchst vernünftig auszuweisen. Der staatliche Gesetzgeber hat wiederum darauf zu achten, »dass das Gesetz gerecht ist, der gesamten Kommunität eine Hilfe bedeutet sowie nicht den die Freiheit und die Ehre der Kleriker achtenden Umgang einschränkt«.[73]

### 4.2.2 Gemeinwohlzweckorientierung

Da die staatlichen Gesetze die notwendige Weisung hinsichtlich der Lebensart der Bürger um des Gemeinwohls willen an *alle* Bürger erteilen, sind auch die Kleriker verpflichtet, diese Gesetze zu befolgen. Denn auch Kleriker sollen sich dem Volk eingliedern und dem Gemeinwohl dienen,[74] bleiben somit der *vis directiva*, der ordnenden und anordnenden Gewalt verpflichtet.

### 4.2.3 Gemeinwohlordnung

Damit wendet Suárez auch den Blick auf die dem Gemeinwesen zustehende Ordnungskraft, die auch gegenüber Klerikern gilt. Insgesamt betont Suárez Rolle, Aufgabe und Pflicht des Staates auch für den Klerikerstand.

---

**73** DL III. 34. 13, Bach, Brieskorn, Stiening III/2, S. 304: »Lex regni [...] censetur iure canonico approbata [...] sub illa conditione ut sit lex iusta et toti communitati civium conveniens et libertati ac decentiae clericorum nihil derogans.« »Decentia« bedeutet hier »die den Klerikern gebührende ehrfurchtsvolle Behandlung«. Siehe diesen Begriff auch in letzter Zeile des Kapitels (Bach, Brieskorn, Stiening III/2, S. 322).

**74** Noch einmal dazu DL III. 34. 19, Bach, Brieskorn, Stiening III/2, S. 314: »Nam legibus civilibus relicta est directio necessaria etiam quoad personas clericorum in his quae, secundum communem rationem civium, necessaria sunt ad commune bonum civitatis et omnibus civibus communia sunt.«

## 4.3 Kirche und Staat

Suárez betont ausdrücklich, dass die Kirche die Kleriker nicht durch Rückgriff auf das Evangelium und die Worte Christi der *vis directiva* unterstellt, sondern sie aus den Postulaten der natürlichen Vernunft bereits und aufgrund der Gleichheit der Menschen als den weltlichen Gesetzen Verpflichtete ansieht: »naturalis ratio« und »aequitas« verpflichten die Kleriker, die weltlichen Gesetze zu beachten. Denn die Kirche achtet als Institution, die der Gottessohn zum Zwecke der übernatürlichen Erlösung gründete, sowohl die natürliche Vernunft als das Gleichheitsgebot.[75] Doch veranlassen weder Vernunft noch Gleichheit, dass Kleriker auch dem weltlichen Strafrecht unterstehen. Vielmehr sollen, dürfen und können sie ausschließlich durch kanonisches Strafrecht zur Verantwortung gezogen werden. Doch auch hier gilt: Befreiungen aufzuzeigen, verweist auch auf die dadurch sichtbar werdenden Pflichten.

---

75 DL III. 34. 14, Bach, Brieskorn, Stiening III/2, S. 306: »Quia naturalis ratio et aequitas, ob quam Ecclesia vult has leges a clericis servari.«

Gideon Stiening

# »Ipse autem princeps non est subditus«

## Suárez über den Grundsatz des *princeps legibus solutus* (DL III. 35)

Ist es gerecht, daß ihr, die uns Gesetze
Gegeben, selber Euch gesetzlos zeigt?
*Euripides, Ion, 442 f.*

## 1 Genesis und Geltung des Grundsatzes *princeps legibus solutus*

Das Verhältnis von Macht und Recht ist ein seit jeher schwieriges gewesen, denn es gibt zwischen beiden ein – wenngleich asymmetrisches – Bedingungsverhältnis. Spätestens mit Thomas von Aquin – der Sache nach schon seit Platon und Aristoteles[1] – ist nämlich *einerseits* die Legitimität von Herrschaft des Menschen über Menschen an ihre Realisation durch Gesetze gebunden: Nur Gesetze garantieren die Ausrichtung des herrscherlichen Handelns auf das Gemeinwohl und verhindern somit, dass ein Princeps sich des Staates zur Verfolgung von Partikularinteressen bedient, d. h. Gesetze verhindern die Tyrannis.[2] *Andererseits* tendiert politische Macht – insbesondere in Selbsterhaltungskämpfen – dazu, sich der Bindung an das Gesetz zu entledigen; noch unter den Bedingungen des modernen Rechtstaates. Zugleich sind Gesetze in ihrer Durchsetzung an eine machtvolle Instanz gebunden, die deren rationale Geltung mit Zwang durchzusetzen vermag und ihnen dergestalt Verbindlichkeit verschafft.[3]

Dabei gilt als ein besonderes Problem, ob und in welcher Weise sich ein weltlicher Herrscher an die von ihm selbst bzw. von seinen Vorgängern erlassenen Gesetze halten müsse. Schon der im Motto zitierte Euripides macht in seinem *Ion* deutlich, dass es zur Grundstruktur gesetzlicher Ordnung von menschlicher Gemeinschaft gehört, dass sich deren Gesetzgeber – hier die griechischen

1 Siehe hierzu Simon Weber: Recht und Herrschaft bei Aristoteles. Berlin, Boston 2015.

2 Vgl. Thomas von Aquin: Über die Herrschaft der Fürsten. Übersetzung von Friedrich Schreyvogl. Stuttgart 2004, S.13 ff.

3 Vgl. hierzu auch Jürgen Habermas: Faktizität und Recht. Beiträge zur Diskurstheorie des Rechts und des demokratischen Rechtsstaates. Frankfurt am Main 1992, S. 167.

https://doi.org/10.1515/9783110696738-013

Götter – der Geltung und/oder Verbindlichkeit der von ihnen gegebenen Gesetze entziehen und dass die von ihnen durch Gesetze Beherrschten im Namen einer mehr als juridischen Gerechtigkeit dieses Gebaren verurteilen. Das gilt insbesondere für theonome Gesetzesordnungen: Spätestens mit dem Voluntarismus musste sich der christliche Gott an keinerlei Gesetze mehr halten – selbst nicht an die von ihm unmittelbar oder mittelbare erlassenen.[4] Auch Francisco Suárez hat dieser voluntaristischen Lösung der Gottesinstanz von der Geltung der durch sie inaugurierten Gesetze Vorschub geleistet; im Zusammenhang der *lex aeterna* heißt es ausdrücklich:

> Wenn Gott ein Gesetz aufstellt, dass z. B. nach seinem Urteil auf ein bestimmtes gutes Werk eine bestimmte Belohnung und auf eine bestimmte Sünde eine bestimmte Strafe antworten solle, so bewirkt er, dass der gut Handelnde eine entsprechende Belohnung und der sündig Gewordene eine entsprechende Strafe verdient. Jenes Gesetz unterwirft sich bedingungslos diejenigen Gegenstände der Schöpfung, die Gegenstand der Lenkung sind. Gott untersteht jedoch jenem Gesetz in keiner Weise, vielmehr bleibt er dem Adressatenkreis der Gesetze grundsätzlich entzogen, so dass er in der Weise zu handeln vermag, wie er es wollte.[5]

Tatsächlich ist der Begriff der *omnipotentia Dei* mit dem Gedanken einer Unterordnung Gottes unter die von ihm *für den Menschen* gegebenen juridischen Normen nicht zu vermitteln. Mit dieser Gottesvorstellung werden jedoch entscheidende Grundlagen für einen theologischen wie politischen Absolutismus gelegt,[6] der des Prinzips des *Princeps legibus solutus* nachgerade bedurfte.

Denn auch weltliche Rechtssysteme hatten (und haben) stets mit der Tendenz ihrer Machthaber und damit ihrer Verbindlichkeitsgaranten zu kämpfen, sich in einen Status *supra legem* zu begeben; schon das römische Recht hat dieses Interesse kodifiziert: »Idem libro XIII ad legem Iuliam et Papiam Princeps legibus solutus est.«[7] Ausdrücklich aber wird noch im selben Paragraphen dieser Status der *legibus solutio* des Herrschers als ein *Privileg* bezeichnet und da-

---

4 Vgl. hierzu Ernst-Wolfgang Böckenförde: Geschichte der Rechts- und Staatsphilosophie. Antike und Mittelalter. Tübingen ²2006, S. 301 ff. sowie Ernst H. Kantorowicz: Die zwei Körper des Königs. Eine Studie zur politischen Theologie des Mittelalters. München ²1994, S. 159–178.

5 DL II. 2. 9, Bach, Brieskorn, Stiening II, S. 32/33: »[N]am Deus constituendo legem v. g. ut tali operi bono tale praemium et tali peccato talis poena in suo iudicio respondeat, consequenter facit ut bene operans sit dignus tali praemio et peccans reus talis poenae, et ita res ipase gubernandae statim subiciuntur illi legi. Deus autem non manet illi subiectus, sed semper manet solutus legibus, ut possit operari prout voluerit.«

6 Vgl. hierzu Hans Blumenberg: Die Legitimität der Neuzeit. Erneuerte Ausgabe. Frankfurt am Main 1988, S.139 ff.

7 Dig 1. 3. 31.

mit keineswegs als allgemeines Prinzips des Rechts[8] – Suárez wird eben hieran Änderungen vornehmen. Die historische Genese des Privilegs *princeps legibus solutus* während der frühen Kaiserzeit darf aber nicht darüber hinwegtäuschen, dass sich in diesem Privileg, also einer gesetzlich gefassten Ausnehmung der Gesetzesgeltung für Einzelne unter bestimmten Bedingungen, eine essentielle Tendenz des Verhältnisses zwischen Macht und Recht realisierte,[9] nach der sich die Inhaber der die allgemeine Rechtsverbindlichkeit garantierenden staatlichen *potestas* der Geltung und Verbindlichkeit jener durch sie für innere Ordnung, Frieden und Wohlfahrt erlassenen juridischen Normen zu entziehen suchten bzw. enthoben wurden. Die empirischen Begründungen für die Realisation dieser rationalen Tendenz im Verhältnis von Macht und Recht sind vielfältig: Apotheotisierung des Herrschers; Schutz der Herrschaft vor Umstürzen oder Korruption, aber auch – zumindest innertheoretisch – rechts- und legitimationslogische Deduktionserfordernisse. In jedem Fall nimmt diese Tendenz in Phasen ab, in denen es zu Lösungen der positiven Gesetze von der Gesetzeshierarchie[10] bzw. zu Formen der Gewaltenteilung kommt oder kam. Im ersteren Falle musste der Princeps – weil ohne Bindung an göttliche Gesetze oder an das Naturrecht – wenigstens durch die positiven Gesetze an Normen gebunden bleiben, um nicht gleichsam *a priori* zum Tyrannen gemacht zu werden; so bei Marsilius von Padua.[11] Im zweiten Falle konnte jeder Teil der Macht die anderen so kontrollieren, dass für alle drei Gewalten eine Stellung *supra legem* unnötig, aber auch unmöglich wurde.[12]

Bis zur Erkenntnis und Durchsetzung dieser der Idee des Rechts essentiell zukommenden Teilung der es setzenden und garantierenden Macht[13] – ein noch

**8** Zur historischen Genese und systematischen Geltungsausweitung vgl. die neuere Interpretation durch Okko Behrends: VIII. Princeps legibus solutus. In: Ders.: Zur römischen Verfassung. Ausgewählte Schriften. Hg. von Martin Avenarius u. Cosima Müller. Göttingen 2014, S. 493–512.

**9** Zu diesem Verhältnis von historischer Genese und systemtaischer Valenz jenes theoretischen und praktischen Problems vgl. Dieter Wyduckel: Princeps legibus Solutus. Eine Untersuchung zur frühmodernen Rechts und Staatslehre. Berlin 1979.

**10** Vgl. hierzu ebd., S. 186.

**11** Vgl. hierzu Masilius von Padua: Der Verteidiger des Friedens / Defensor Pacis. Auf Grund der Übersetzung von Walter Kunzmann bearbeitet und eingeleitet von Horst Kusch. Darmstadt 1958, S. 1147/115 f., (I. xi. 5).

**12** Vgl. hierzu u. a. Till Hanisch: Die richterliche Gewalt: *La puissance de juger* bei Montesquieu In: Commentationes historiae iuris helveticae 54 (2008), S. 54–81.

**13** Vgl. hierzu Julius Ebbinghaus : Sie Idee des Rechts. In: Ders.: Gesammelte Schriften. Hg. v. Georg Geismann u. Hariolf Oberer. 6 Bde. Bonn 1988, Bd. 2 [Philosophie der Freiheit], S. 141–198.

für Hobbes unvorstellbarer Gedanke[14] – gab es eine Fülle von Vorschlägen, mit den politischen Bedürfnissen, aber auch den rechtlichen Erfordernissen der *legibus solutio* umzugehen. In Zeiten des entstehenden und sich machtvoll entfaltenden Absolutismus, die bereits Jean Bodin dazu veranlassten, jeden Herrscher von der Macht der positiven Gesetze zu entbinden,[15] gab es erheblichen Bedarf an theoretischer Bestimmung und Einhegung des zugleich als unhintergehbar behandelten Grundsatzes des *princeps legibus solutus*. Francisco Suárez hat diesem zeitgenössisch drängenden Problem daher ein eigenes Kapitel seines Staatsrechts gewidmet, und zwar das letzte: »Utrum legislator suis legibus obligetur.«[16]

## 2 Kleriker und Herrscher als Adressaten der bedingten Befreiung von Gesetzen

Zunächst ist für eine angemessene Interpretation von DL III. 35 darauf hinzuweisen, dass Suárez seinen Gesetzestraktat – und dabei insbesondere das dritte Buch – für und im Hinblick auf eine ständisch ausdifferenzierte Gesellschaft entwirft. Diese Gesellschaft kennt kein allgemeines und gleiches weltlich-positives Recht, sondern geht wie selbstverständlich von unterschiedlichen Geltungsbereichen und -umfängen der Gesetze für unterschiedliche Stände aus:

> Das allgemein bekannte Beispiel dafür ist der Erlass eines Gesetzes, dass niemand nachts Waffen tragen darf. Jenes verpflichtet nicht den Fürsten, da ihm weder eine solche Rolle gebührt, noch Waffenlosigkeit seinem Rang angemessen ist. Deshalb wird ein solches Gesetz aus derjenigen Absicht des Fürsten und gleichsam aus der Natur eines solchen Gesetzes der Gemeinschaft auferlegt, die sich vom Fürsten unterscheidet. Daher verpflichtet dieses Gesetz ihn auch nicht. So kann auch ein Gesetz für das gemeine Volk erlassen werden, das Adlige nicht verpflichtet. Denn es ist ihnen gar nicht angemessen und angepasst, wie von sich aus feststeht.[17]

14 Vgl. u. a. Thomas Hobbes: De Cive. Vom Bürger. Lateinisch/deutsch. Übersetzt von Andree Hahmann. Unter Mitarbeit von Isabella Zühlke hg. von Andree Hahmann u. Dieter Hüning. Stuttgart 2017, S. 215–221 (VI, 5–9).

15 Jean Bodin: Sechs Bücher über den Staat. Übersetzt und mit Anmerkungen versehen von Bernd Wimmer. Eingeleitet und hg. von P. C. Mayer-Tasch. 2 Bde. München 1981, Bd. 1, S. 213 ff. (I, 8).

16 DL III. 35, Bach, Brieskorn, Stiening III/2, S.323–363.

17 DL III. 35. 2, Bach, Brieskorn, Stiening III/2, S. 323; vgl. auch DL III. 34. 8.

Natürlich gelten auch für Suárez – wie für Thomas oder auch Bodin – göttliche und natürliche Gesetze unabhängig von ständischen Differenzierungen; dies gilt aber nicht für staatliches Recht und daher verschärft sich das Problem, ob ein weltlicher Herrscher durch die von ihm erlassenen Gesetze verpflichtet werden kann.

Suárez hatte in den vorhergehenden Kapiteln des dritten Buches wiederholt auf den für ihn offenkundig selbstverständlichen Sachverhalt rekurriert, dass ein weltlicher Souverän *legibus solutus* sein müsse. So heißt es im Zusammenhang der umständlich reflektieren Frage, ob Frauen das höchste weltliche Amt innehaben dürften, was Suárez ausdrücklich befürwortet, gleichsam *en passant*:

> Denn in Bezug auf das Eheleben und das Sagen in der Familie ist die Ehefrau von Natur aus die im Verhältnis zum Mann untergeordnete und gehorchende. In Bezug aber auf die politische Herrschaft ist vom Naturgesetz nichts in dieser Richtung festgelegt worden, vielmehr kann das Gemeinwesen seine Macht auf eine Frau übertragen oder auf einen König unter der Bedingung, dass ihm eine Frau nachfolge. Dem stehen auch nicht die bürgerlich-weltlichen Gesetze bzw. die menschlichen Rechte entgegen, da sie sozusagen von Frauen im Allgemeinen sprechen bzw. von solchen, die keine eigene Rechtsetzungsgewalt haben. Anderes muss jedoch für Frauen gelten, die sich an herausragender Stelle befinden, und zumal für die höchsten Königinnen, die selbst über dem weltlichen Recht stehen. Man kann sie nicht unter jene Gesetze gestellt wissen, die mit ihrer Macht unverträglich sind.[18]

Die durch Natur festgelegte innerfamiliäre Unterordnung der Frau unter den Mann wird für den Rahmen des Staatsrechts für ungültig erklärt, und daher ist nicht nur die Frau als Souverän möglich, sondern dieser weibliche Souverän auch wie selbstverständlich von den Regeln der unvollkommenen Gemeinschaften (Familie) wie von allen weltlichen Rechtsnormen entbunden.

Gleichwohl beginnt Suárez das ausführliche letzte Kapitel von DL III mit einer Differenzierung, die es ihm in der Folge erlauben wird, zu begründen, dass und warum jeder Herrscher in bestimmter Hinsicht an die von ihm erlassenen Gesetze selbst gebunden ist. Suárez referiert nämlich auf die von Thomas inau-

---

**18** DL III. 9. 9, Bach. Brieskorn, Stiening III/1, S. 152/153: »[Q]uia in ordine ad usum matrimonii et regimen familiae mulier est naturaliter inferior ac subdita. In ordine autem ad regimen civile nihil est ex lege naturae statutum, sed respublica potuit transferre potestatem in feminam vel in regem cum ea conditione ut ei posset femina succedere. Nec denique obstant leges civiles seu iura humana, quia loquuntur de feminis communibus (ut ita dicam) seu non habentibus propriam iurisdictionem; secus vero esse de feminis praecellentibus et praesertim regnis supremis quae sunt supra ipsum civile ius; neque illas comprehendere potest in his quae illarum potestati repugnant.«

gurierte Unterscheidung zwischen einer *vis directiva* und einer *vis coactiva* der menschlichen Gesetze; mit Bezug auf Thomas hatte Suárez hierzu in DL 34 ausgeführt:

> Unsere Darstellung gilt den gerechten und notwendigen bürgerlichen Gesetzen, die für die gesamte Gemeinschaft des Volkes bzw. der Stadt erlassen werden, und deren Inhalt sowohl Kleriker als auch die anderen Bürger betrifft, und von allen in gleicher Weise ohne jede sittliche Verunglimpfung oder ungerechte Beschwernis der Kleriker zu beachten ist. In diesen Gesetzen können wir zwei Kräfte oder Ausdrucksarten unterscheiden: eine Richtung angebende bzw. im Gewissen zur Beachtung solcher Gesetze verpflichtende Kraft, und eine zwingende Kraft bzw. die Androhung der Strafandrohung, die die Übertreter des Gesetzes gewöhnlich auf sich ziehen, unabhängig davon, ob jene Strafe durch das Gesetz selbst auferlegt oder durch das Urteil aufzuerlegen ist.[19]

Suárez wird in der Folge des Kapitels deutlich machen, dass der Stand der Kleriker lediglich der *vis directiva* der staatlichen Gesetze ausgesetzt ist, von der Zwangsgewalt, der *vis coactiva* der weltlichen Herrschergewalt, jedoch ausgenommen werden müsse.[20] Dabei generiert die Kraft jener juridischen Richtungsanweisung bzw. Richtlinie aus der Rationalität der weltlichen Gesetze, die aus deren Grundlegung in der Gerechtigkeit aller Gesetze und der Widerspruchsfreiheit gegenüber der *lex naturalis* resultiert, sowie aus der auch den staatlichen Gesetzen zukommenden Gewissensverpflichtung. Die *vis coactiva* dagegen besteht ausschließlich in dem Recht und der Pflicht des Staates zur zwangsgewaltbewährten Durchsetzung von geltendem Recht, die sich vor allem des Instruments der Strafe verdankt.

Diese Distinktion in der *vis obligationis* der bürgerlichen Gesetze, die die Bedingtheit des suárezischen Verständnisses der *leges humanae* durch eine Ständeordnung dokumentiert, weil der Klerus zwar im Gewissen und durch seine Vernunftbefähigung zur Einhaltung der Gebote, Verbote und Erlaubnisse des Staatsrechts verpflichtet sei, nicht aber durch die Zwangsgewalt des Staates, findet nun auch im Hinblick auf die Frage der Stellung eines jeden Princeps zu den durch ihn erlassenen und garantierten Gesetze Anwendung:

---

**19** DL III. 34. 4, Bach, Brieskorn, Stiening III/2, S. 282–285: »[S]ermo noster est de legibus civilibus iustis ac necessariis, quae pro tota communitate populi seu civitatis ponuntur; quarum materia communis est clericis cum aliis civibus, et aeque potest ab omnibus servari sine ulla indecentia vel iniquo gravamine clericorum. In quibus legibus duo distinguere possumus: scilicet vim directivam seu obligationem in conscientia ad servandas tales leges, et vim coactivam seu reatum ad poenam, quem legis transgressores contrahere solent, sive illa sit per legem imposita sive arbitrio iudicis imponenda.«

**20** Vgl. hierzu auch den Beitrag von Norbert Brieskorn in diesem Band.

> *Drittens* sind [im Hinblick auf die Frage, ob ein weltlicher Herrscher durch seine eigenen Gesetze verpflichtet wird] in dem Gesetz drei Positionen zu unterscheiden: Zunächst die richtungweisende, sodann die zwingende und schließlich jene Kraft, die für ungültig erklärt, z. B. Verträgen und Urteilen eine gültige Form gibt. Diese einzelnen Formen sind im Folgenden abzuhandeln, auch wenn ich mich hauptsächlich auf die erste Form beziehe.[21]

Im Hinblick auf das Verhältnis des weltlichen Herrscher zu den durch ihn erlassenen Gesetzen gilt also neben der Wirksamkeit der *vis directiva* sowie der *vis coactiva* der Gesetze auch eine *vis irritans*, die es ihm ermöglicht, Gesetze für ungültig zu erklären, so u. a. bei Gesetzesänderungen oder -aufhebungen. Diese drei Dimensionen der *lex humana* und ihres Verhältnisses zum Princeps werden von Suárez in der Folge abgehandelt.

## 3 *vis directiva* – Über die Gesetzesbindung des Souveräns

Schon im Zusammenhang der Erörterung der Wirksamkeit der *vis directiva* eines weltlichen Gesetzes auf den Herrscher zeigt sich die Bedeutung des tradierten Prinzips einer *legibus solutio* für den Machthaber:

> In Bezug auf die richtungweisende Kraft besteht das Problem darin, ob der Fürst im Gewissen verpflichtet ist, das von ihm erlassene Gesetz zu beachten. Der Grund des Zweifels daran besteht darin, dass der Fürst als von jeder Gesetzeskraft gelöst bezeichnet wird, so in der Lex *Princeps* von ff. *De legibus*.[22]

Erkennbar entsteht die eigentliche Kraft dieser rechtlichen Richtungsweisung, mithin der Anzeige der Rationalität des Gesetzes, für Suárez vor allem durch die *obligatio in conscientia*, die allerdings aufgrund der explizit zitierten Festlegung in den Digesten in Frage steht. Neben dem drängenden Traditionsbezug auf das Römische Recht entwickelt Suárez ein systematisches Argument, das die Bindung des Herrschers an seine Gesetze in Frage stellt; im unmittelbaren Anschluss an das obige Zitat heißt es:

---

**21** DL III. 35. 2, Bach, Brieskorn, Stiening III/2, S. 324/325: »Tertio, distinguenda sunt in lege illa tria: scilicet vis directiva et coactiva et irritans seu dans formam contractibus et iudiciis. Et de singulis agendum est, licet prima sit praecipue intenta.«

**22** DL III. 35. 3, Bach, Brieskorn, Stiening III/2, S. /324/S. 325: »Quoad vim ergo directivam, difficultas est an teneatur princeps in conscientia servare legem a se latam. Et ratio dubitandi est, quia princeps dicitur esse solutus legibus (in lege *Princeps*, ff. *De legibus*).«

> Man kann auch den Grund anfügen, dass entweder der Fürst sich selbst verpflichtet oder er von einem anderen verpflichtet wird. *Ersteres* ist unmöglich, da niemand, wenn er eine rechtliche Verpflichtung auferlegt, sich selbst diese Verpflichtung auferlegen kann. Man kann sich zwar selbst durch Versprechen oder Gelübde verpflichten, nicht aber durch ein Rechtsgebot, das man sich selbst auferlegt, so die vorletzte Lex in ff. *De receptis arbitris*. Der Grund dafür ist klar, da diese Vorschrift Rechtsprechungsgewalt oder Herrschaft verlangt. Niemand aber kann Rechtsprechungsgewalt über sich selbst besitzen noch sich selbst unterworfen sein.[23]

Selbstverpflichtung – so das sachliche Substrat des Arguments – ist nicht und kann nicht rechtsförmig sein, weil sich der freie und vernünftige Mensch zwar durch inneren Zwang selbst verpflichten kann, nicht aber als und durch äußeren Rechtszwang. Mit diesem Argument steht Suárez in einem breiten Traditionsstrom, innerhalb dessen man sich dieser Begründung ebenfalls bediente; schon Thomas von Aquin hält in ähnlicher Weise fest:

> Der Herrscher heißt vom Gesetz ausgenommen hinsichtlich der Zwangsgewalt des Gesetzes; denn niemand wird eigentlich durch sich selbst gezwungen: das Gesetz hat aber nur aus der Macht des Herrschers Zwangsgewalt. Somit ist der Herrscher dem Gesetz enthoben, weil niemand ihn verurteilen kann, wenn er gegen das Gesetz handelt.[24]

Auf diese Betonung der *vis coactiva* ist im Folgenden zurückzukommen. Noch Bodin entwickelt allerdings mit Hilfe des Arguments, dass ein Souverän sich *als Souverän* nicht selber zwingen könne, die Gültigkeit des Grundsatzes *legibus solutio principis*:

> Ist also der souveräne Herrscher schon an die Gesetze seiner Vorgänger nicht gebunden, dann erst recht nicht an seine eigenen Gesetze und Anordnungen. Denn es ist zwar durchaus möglich, daß einem von jemandem anderen das Gesetz vorgeschrieben wird, sich selber aber das Gesetz vorzuschreiben, ist von Natur aus ebenso unmöglich, wie sich selbst

---

23 Ebd.: »Et adiungi potest ratio, quia vel princeps obligat seipsum sua lege vel obligatur ab alio. Non primum, quia nullus potest sibi ipsi praecipere inducendo obligationem. Per promissionem enim vel votum potest quis seipsum obligare, non autem per praeceptum quod sibi imponat (lege penultima, ff. *De receptis arbitris*). Et ratio est clara, quia praeceptum postulat iurisdictionem vel dominium. Nullus autem potest iurisdictionem in se habere, nec sibi ipsi esse subiectus.«

24 STh I-II, q. 96, art. 5, ad 3, DThA 13, S. 125: »[P]rinceps dicitur esse soltutus a lege, quantum ad vim coactivam legis: nullius enim proprie cogitur a seipso: lex autem non habet vim coactivam nisi ex principis potestate. Sic igitur princeps dicitur esse solutus a lege, quia nullus ipsum potest judicium condemnationis ferre, si contra legem agat.«

> etwas zu befehlen, was vom eigenen Willen abhängt. [...] Dies ist ein zwingender Beweis dafür, daß der König seinen eigenen Gesetzen nicht unterworfen ist.[25]

Referiert Thomas allerdings auf den Widerspruch im Begriff einer selbstreferenziellen Zwangsgewalt, so Bodin auf die Natur des menschlichen Willens, der sich selbst keine Befehle erteilen könne. Suárez scheint beide Konzeptionen zu vermitteln, indem er zunächst mit Thomas auf die Unmöglichkeit einer auf sich selbst gerichteten Zwangsgewalt Bezug nimmt und anschließend mit Bodin auf die Notwendigkeit einer Machthierarchie eingeht.

Im Hintergrund des zweiten Arguments steht die für Suárez evidente – voluntaristische – Prämisse, dass Gesetze nur dort Verbindlichkeit erhalten, wo es eine klare und wirksame Hierarchie zwischen Herrscher und Untertanen gibt:

> Um aber auch an den menschlichen Gesetzen diese Wahrheit zu erklären und aufzuzeigen, gehen wir zuerst davon aus, dass eine Vorschrift als solche notwendigerweise eine höhere Gewalt erfordert, die im Befehlenden vorliegt und sich an den richtet, dem er befiehlt. [...] Nicht jeder Mensch kann jedem anderen Menschen etwas vorschreiben, denn Gleich und Gleich kann sich, um mich so auszudrücken, nicht verpflichten.[26]

Bei dieser Bestimmung der notwendigen Über- und Unterordnung von Instanzen, die das Gesetz selbst nicht sind, mithin um die »Anordnung eines Oberen im Bereich seiner Befehlsgewalt an die Adresse der Untergebenen«,[27] handelt es sich um ein Moment des *allgemeinen* Gesetzesbegriffs, was Suárez auch in der folgenden Formel fasst: »Es hat ja doch der Wille des Vorgesetzten diese moralische Wirkkraft, dass er die ihm Untergebenen verpflichten und eine von sich her nicht notwendige Handlungsweise verpflichtend machen kann.«[28] Explizit weist Suárez im Übrigen die intellektualistische These des Thomas zurück, der Befehl sei ein Akt des Verstandes.[29] Die Wirkmacht aller – und damit auch der positiv-weltlichen – Gesetze generiert aus ihrer praktischen Fundierung im

---

**25** Bodin: Sechs Bücher (s. Anm. 15), Bd. I, S. 214 (I. 8).

**26** DL I. 8. 3, Bach, Brieskorn, Stiening I, S 184/185: »Ut autem in legibus humanis hanc veritatem declaremus et ostendamus, supponimus primo praeceptum, ut tale est, necessario postulare aliquam superiorem potestatem in praecipiente respectu eius cui praecipit [...]. Item non omnis homo potest alteri praecipere, nec aequalis (ut sic dicam) potest aequalem obligare.«

**27** DL II. 2. 9, Bach, Brieskorn, Stiening II. S. 32/33: »Denique lex, si proprie sumatur, est ordinatio superioris circa inferiorem per proprium imperium [...].«

**28** DL I. 4. 9, Bach, Brieskorn, Stiening I, S. 86/87: » Habet enim voluntas superioris hanc moralem efficacitatem, ut posit obligare subsitos et ut posit facere materiam necessariam virtutis eam quae de se non erat necessaria [...].«

**29** DL I. 4. 10 f., Bach, Brieskorn, Stiening I, S. 86–89.

freien Willensakt eines den Gesetzen übergeordneten Herrschers, der als Souverän notwendigerweise »kein Untertan ist«.[30]

Gleichwohl zielt Suárez' Argumentation darauf ab, jeden Herrscher als eine – in bestimmter Hinsicht – seinen eigenen Gesetzen durchaus verpflichtete Instanz zu bestimmen, und damit das Prinzip des *Princeps legibus solutus* einzuschränken; ausdrücklich heißt es dazu:

> Nichtsdestoweniger lautet die allgemeine und in der Zeit sehr bewährte These, dass der Fürst bzw. der Gesetzgeber, unabhängig davon, ob bürgerlich oder kirchlich, zur Beachtung seiner Gesetze verpflichtet ist, wenn der Inhalt allgemein und von demselben Wirkungsgrund für ihn wie für die anderen ist.[31]

Zur Begründung wird zunächst eine Fülle von Autoritäten aufgeführt, von Thomas über Vitoria und Covarrubias bis zur Heiligen Schrift und den Festlegungen beider Rechte. Dabei steht im Zentrum der Erörterung allerdings zunächst nur die Frage, ob ein Souverän durch die *vis directiva* zur Einhaltung seiner Gesetze verpflichtet werden kann:

> Ich bin der Ansicht, dass man darauf reflektieren muss, ob der Fürst unmittelbar vom Gesetz selbst und aus dessen Tugendkraft sowie dessen Wirksamkeit zur Beachtung seines Gesetzes verpflichtet wird. Diese Behauptung wird so erklärt, dass er durch Übertreten jenes Gesetzes eine Sünde von derselben Art wie die Untergebenen begeht, die gegen das Gesetz sündigen.[32]

Erneut führt diese Argumentationsbewegung ins Zentrum der Rechtstheologie des Conimbricenser Gelehrten. Suárez' These lautet nämlich, dass jeder souveräne Herrscher zur Einhaltung der durch ihn erlassenen Gesetze, und zwar durch deren *vis directiva*, im Gewissen verpflichtet wird, weil ein Gesetzesbruch auch des Princeps als Sünde zu werten ist, mithin als Vergehen gegen die Gebote Gottes. Mit Augustinus nämlich gilt auch Suárez die Sünde als ein Handeln wider die Vorschriften der Gottesinstanz, und er wird in DL V einige Anstren-

---

**30** DL III. 35. 3, Bach, Brieskorn, Stiening III/2, S. 324/325.

**31** DL III. 35. 4, Bach, Brieskorn, Stiening III/2, S. 324–327: »Nihilominus communis et constans sententia est teneri principem seu legislatorem tam civilem quam ecclesiasticum ad servandas suas leges, quando materia communis et eiusdem rationis est in ipso et in aliis.«

**32** DL III. 35. 8, Bach, Brieskorn, Stiening III/2, S. 332/333: »Dicendum igitur censeo principem obligari ad servandam suam legem proxime ab ipsamet lege et ex virtute et efficacia eius. Quod ita explicatur, quia transgrediendo illam committit peccatum eiusdem speciei cum subditis peccantibus contra illam.«

gung darauf verwenden, das Verhältnis von weltlicher und göttlicher Strafe zu bestimmen.[33]

Gleichwohl folgt die Argumentation zur Begründung der Gesetzesverpflichtung des Herrscher einer besonderen Bewegung: Nach dem erneuten Aufbieten einer Fülle von Autoritäten, die seine Position legitimieren, einschließlich der Erfahrung, die zu belegen vermöge, dass der Herrscher bei bestimmten Gesetzesbrüchen gegen die Gerechtigkeit oder Mäßigung verstoße, mithin gegen Kardinaltugenden, die nach DL III. 12 zu legitimen und notwendigen Gesetzesinhalten gehören, geht Suárez zur Darlegung einer rationalen Begründung über:

> Ausgehend von dieser Ansicht schließt man auf den Grund, den Soto angegeben hat. Denn das positive Gesetz beinhaltet die Wirkkraft, seinen Inhalt in einer solchen Art der Tugend zu bestimmen und das Mittel vorzuschreiben, das notwendig ist, um selbst ehren- und tugendhaft eine solche Tugend uneingeschränkt zu verwirklichen. Geht man von einem solchen Gesetz aus, so ist der Fürst als Sünder zu beurteilen, wenn er jenes Gesetz nicht einhält, da er nicht das Mittel zur Tugend achtet und bewahrt. Nachdem jenes Mittel festgelegt ist, wirkt in ihm uneingeschränkt die Tugend; von ihr abzuweichen, ist daher Sünde. Folglich entsteht der nächste Grund jener Verpflichtung aus dem Gesetz selbst, und dies gilt auch für den Fürsten.[34]

Es ist also die in DL III. 12 begründete Notwendigkeit der Erhebung von Tugenden in den Rang von Regelungsgegenständen der positiven staatlichen Gesetze, die die Bindung des Princeps an seine Gesetze ermöglicht und erfordert, insofern ein Bruch dieser Tugend-Gesetze als Sünde zu beurteilen ist, und zwar *unabhängig* vom Stand des Delinquenten. Dass die *vis directiva* der positiven staatlichen Gesetze überhaupt eine *vis* ist, verdankt sie der moraltheologischen Grundlegung des Gesetzestraktats, nach der der Bruch mit den weltlichen Normen über deren Vermittlung mit Tugendgesetzen zu einer Sünde erklärt werden kann (und muss), und somit ihre Kraft unmittelbar aus der Geltung der Gebote Gottes erhält.

---

**33** Vgl. hierzu demnächst Francisco Suárez: De legibus ac Deo legislatore. Liber V / Über die Gesetze und Gott den Gesetzgeber. Buch V. Hg., eingeleitet und ins Deutsche übersetzt von Oliver Bach, Norbert Brieskorn u. Gideon Stiening. 2 Bde. Stuttgart-Bad Cannstatt 2020/21.

**34** DL III. 35. 8, Bach, Brieskorn, Stiening III/2, S. 332–335: »Atque hinc tandem concluditur ratio quam indicavit Soto. Nam lex positiva habet efficaciam constituendi materiam suam in tali specie virtutis et praescribendi medium necessarium ad honestatem talis virtutis. Ergo, positiva lege, princeps ideo censetur peccare non servando illam, quia non servat medium virtutis. Postquam enim illud medium constitutum est, absolute in illo consistit virtus, et ideo ab illo recedere peccatum est. Ergo proxima ratio illius obligationis, etiam respectu principis, nascitur ex ipsa lege.«

So ist der Princeps nicht vollends *legibus solutus*, doch in diesem Status *supra legem* nur einzuschränken, weil auch er an die Wirkmacht Gottes auf Erden durch das *forum internum* glaubt. Konsequenter kann eine Rechtstheologie, die zugleich die Sonderstellung des Souveräns begründen will, nicht ausfallen. Dennoch ist das Problem mit dieser moraltheologischen Volte noch nicht vollends gelöst; Suárez hält vielmehr fest:

> Es bleibt allerdings die Schwierigkeit, dass das menschliche Gesetz das Mittel zur Tugend nicht uneingeschränkt und schlichtweg mit Rücksicht aller Menschen festsetzt, sondern nur mit Blick auf die Untergebenen. Der Fürst ist allerdings selbst nicht Untergebener.[35]

»Ipse autem princeps non est subditus«: Die für den voluntaristischen Gesetzesbegriff erforderliche Hierarchisierung der durch die juridischen Normen organisierten menschlichen Gemeinschaft nötigt Suárez zur strengen Trennung zwischen Herrscher und Untertan, damit aber auch dazu, den Princeps aus der Wirksamkeit selbst der zu positiven Gesetzen erhobenen Tugenden notwendig auszunehmen, weil *alle* Gesetze nur auf die Disziplinierung der Untertanen abzielen, nicht aber auf die des Souveräns.

Nachdem Suárez erneut einige Einwände diskutiert hat, die u. a. dem normativen Charakter der den Herrscher betreffenden Regeln herabstuften oder seine Machtstellung aus einer Art von Gesellschaftsvertrag ableiten, womit er an die ihn konstituierende Macht gebunden sei – ein Argument, das sich erkennbar gegen Marsilius von Padua richtet[36] –, geht der Autor zur eigentlichen Begründung dafür über, dass jeder Herrscher qua *vis directicva* an die von ihm erlassenen Gesetze gebunden ist; erneut steht im Zentrum dieser Begründung die suárezische Theologie des Rechts:

> Darauf antworte ich, dass Gott, der der vorrangige Inaugurator einer solchen Macht ist, sie unter der genannten Bedingung zuteilt, und nicht anders vorgeht. Die Begründung wird aus der natürlichen Vernunft selbst abgeleitet, ohne Rückgriff auf die Offenbarung oder einen Vertrag von Menschen. Dies wird auf folgende Weise erklärt: Jede gesetzgeberische Macht stammt *entweder* hauptsächlich und unmittelbar von Gott, so die kirchliche Macht, *oder* mittelbar durch das Gemeinwesen so die weltliche Macht. Wenn daher der Mensch unmittelbar ein Gesetz erlässt, so führt er sich in diesem Handeln wie ein Diener Gottes und Verwalter von dessen Anliegen auf, wie wir bereits in vorher zitierten Werken des Paulus sahen. Folglich müssen sich Absicht und Wille des Fürsten, der ein Gesetz erlässt, der Absicht Gottes angleichen, welcher die Macht gibt. Ja, die Wirksamkeit des Gesetzes

35 DL III. 35. 9, Bach, Brieskorn, Stiening III/2, S. 334/335: »Adhuc vero manet difficultas, quia lex humana non constituit medium virtutis absolute et simpliciter respectu omnium sed respectu subditorum; ipse autem princeps non est subditus.«

36 Vgl. hierzu Marsilius von Padua: Defensor pacis (s. Anm. 11), S. 84/85 ff. (I. ix. 5 ff.).

> zur Verpflichtung hängt mehr von der Absicht Gottes als von der des besonderen Gesetzgebers ab. Gott aber will nicht nur als Urheber der Gnade, sondern auch als Schöpfer der Natur, dass der menschliche Gesetzgeber keine andere Gewalt zum Erlass von Gesetzen innehat, außer diesen eine allgemeine Verpflichtung zu geben, als deren Empfänger er das gesamte Gemeinwesen verstehen soll, das aus Körper und Haupt besteht. Also ...[37]

Schon die berühmte Körpermetapher am Ende dieser Passage macht deutlich, dass nach Suárez der Herrscher keineswegs anderen Gesetzen unterworfen ist, als seine Untertanen, weil Haupt und Körper als *ein* Organismus denselben Normen ausgesetzt sind.[38] Vor allem aber macht die Referenz auf Röm 13,1 deutlich, dass noch die Besonderheiten und Probleme frühneuzeitlicher Souveränitäts- und Herrschaftstheorie mit Bezug auf die Heilige Schrift und damit auf rechtstheologischem Wege gelöst werden. Es ist die Tatsache, dass jeder weltliche Herrscher letztlich nur als Sachwalter, ja als Diener der göttlichen Macht seine *potestas* innehat und daher an die mittelbar von Gott gegebenen, weil – zwar von Menschen erlassen, aber – nur durch ihn Verbindlichkeit erlangenden staatlichen Gesetze selbst auch gebunden ist, und zwar an alle. Allerdings gilt diese Bindung aller weltlichen Herrscher an die von ihnen erlassenen Gesetze aufgrund ihrer Abhängigkeit von der Gottesinstanz nur für die *vis directiva*, d. h. die richtungsanweisende Kraft der *leges* im Gewissen. Zusammenfassend kann Suárez folglich festhalten:

> Dass es aber zum Gemeinwohl dieser Art gehört, diese Macht dem Fürsten auf jene Weise zu verleihen, dass es in seinem Willen ist, ein Gesetz zu erlassen, und es, wenn es erlassen ist, allgemein ist und ihn selbst miteinbezieht, dies alles erklären in genügender Weise

**37** DL III. 35. 11, Bach, Brieskorn, Stiening III/2, S. 336/337: »Respondeo igitur Deum, qui est principalis auctor huius potestatis, illam conferre sub conditione praedicta et non aliter. Et hoc ipsum colligi ex ipsamet ratione naturali, absque alia revelatione vel pacto humano. Declaratur in hunc modum: nam omnis potestas legislativa est a Deo principaliter vel immediate ut in potestate ecclesiastica vel mediante republica, ut in civili. Unde licet homo immediate legem ferat, in eo actu se gerit ut minister et dispensator Dei, ut ex Paulo in superioribus attulimus. Ergo intentio et voluntas principis ferentis legem debet conformari intentioni Dei dantis potestatem. Immo efficacia legis ad obligandum magis pendet ex intentione Dei quam particularis legislatoris. Deus autem non solum ut auctor gratiae sed etiam ut auctor naturae vult legislatorem humanum non habere potestatem ad ferendas leges nisi cum universali obligatione illarum, qua totam rempublicam ut constantem ex corpore et capite comprehendat. Ergo...«

**38** Zur Bedeutung der Organismus-Metapher für die Relativierung der legibus solutio vgl. Wyduckel: Princeps legibus solutus (s. Anm. 9), S. 107f u. S. 114 ff.

> Zeugnisse der Heiligen Schrift, die angeführten Gründe sowie die allgemeine Zustimmung dazu, nicht nur der Väter, sondern auch der Philosophen.[39]

Gott hat den Souveränen der weltlichen Staaten die Macht lediglich zur Sicherung und Mehrung des Gemeinwohls verliehen, auf das alle Gesetze gerichtet sein müssen, sollen sie denn gerecht sein. Allein aus diesem Grund müssen sich auch die Herrscher an die eigenen Gesetze halten, weil sie bei Abweichungen ungerecht, also gegen die Interesse des Gemeinwohls, handelten sowie den in ihrem Gewissen enthaltenen Tugendwerten widersprächen. Die nach Suárez erforderliche Unterordnung des Herrschers unter die *vis directiva*, also die Rationalität der Gesetze, ist uneingeschränkt; insofern ist – wie noch zu zeigen sein wird – von einem Privileg des Herrschers im Hinblick auf den Grundsatz des *princeps legibus solutus* nicht zu sprechen. Gleichwohl gibt es auch nach Suárez eine Sonderstellung des Souveräns in Bezug auf seine Gesetze, die aus der zweiten Kraft der weltlichen Gesetze entsteht.

## 4 *vis coactiva* – Der Kern der *legibus solutio prinicpis*

Suárez betont nämlich mit allem Nachdruck, dass die *vis coactiva* der weltlichen Gesetze nicht auf den Souverän anzuwenden ist:

> In Bezug auf den *zweiten* Punkt, die Zwangsgewalt, gibt es den allgemeinen Beschluss, dass das Gesetz mit seiner Zwangsgewalt den Fürsten nicht verpflichtet. So lehrt es der göttliche Thomas in der erwähnten Solutio ad 3, und stellt dort das oben zitierte Gesetz *Princeps* heraus sowie andere Gesetze, die besagen, dass der Fürst nicht durch die Gesetze verpflichtet wird, d. h. nicht durch deren Zwangsgewalt. Diesem Urteil und seiner Auslegung folgen andere.[40]

39 DL III. 35. 11, Bach, Brieskorn, Stiening III.2, S. 338/339: »Quod autem ad huiusmodi bonum commune pertineat potestatem hanc ita esse datam principi, ut licet in voluntate eius sit legem ferre, si tamen feratur, universalis sit et ipsum comprehendat, declarant sufficienter testimonia Scripturae et rationes adductae et communis consensus non solum patrum sed etiam philosophorum.«

40 DL III. 35. 15, Bach, Brieskorn, Stiening III/2, S. 342/343: » Circa secundum punctum de vi coactiva, communis resolutio est legem non obligare principem quoad vim coactivam. Ita docet divus Thomas (dicta solutione ad 3) et ita exponit legem *Princeps* supra citatam et alias quae dicunt principem non ligari legibus, scilicet quoad vim coactivam. Quam sententiam et interpretationem alii sequuntur.«

Zwangsgewalt, also die polizeiliche oder militärische Exekutive, aber auch die richterliche Judikative soll auf die Entscheidungen eines Princeps keinen Zugriff haben, weil dies dem allgemeinen Konsens sowie der Meinung des Thomas entspricht; tatsächlich hatte vor allem Thomas diesen Vorschlag auf der Grundlage einer Differenzierung in *vis directiva* und *vis coactiva* der Gesetze[41] an der angegebenen Stelle der *Summa theologiae* gemacht:

> Der Herrscher heißt vom Gesetze ausgenommen hinsichtlich der Zwangsgewalt des Gesetzes; denn niemand wird eigentlich durch sich selbst gezwungen; das Gesetze hat aber nur aus der Macht des Herrschers Zwangsgewalt. Somit ist der Herrscher dem Gesetze enthoben, weil niemand ihn verurteilen kann, wenn er gegen das Gesetze handelt. [...] Hinsichtlich der richtungsweisenden Kraft des Gesetzes hingegen untersteht der Herrscher kraft eigenen Willensentscheids dem Gesetze [...]. Vor dem Urteil Gottes ist deswegen der Herrscher hinsichtlich der richtungsweisenden Kraft nicht vom Gesetz ausgenommen; er muß das Gesetz vielmehr freiwillig, nicht aber gezwungen, erfüllen.[42]

Diese ›freiwillige Notwendigkeit‹ bzw. ›notwendige Freiwilligkeit‹ in der Gesetzeskonformität des herrscherlichen Handelns formuliert keinen Widerspruch, sondern ist nur zu verstehen durch die aspektuelle Differenzierung der *vis obligationis* der staatlichen Gesetze sowie der buchstäblich theonomen Grundlegung der Gewissensverpflichtung des Princeps durch die *vis directiva*: Es ist Gott, der die Transgression des Herrschers zum Tyrannen verhindert, und zwar durch die Identität von *forum internum* und *forum dei*[43] sowie durch die Garantie der jenseitigen Bestrafung des Herrschers bei Abweichungen und Gesetzesbrüchen. Sowohl die spezifisch begrenzte Bindung des Princeps an seine Gesetze (durch die *vis directiva*) als auch die eingegrenzte Lösung von ihnen (von der *vis coactiva* nämlich) basiert auf der unmittelbaren Einwirkung der Gottesinstanz auf den Herrschaftsprozess und deren Legitimation und Begründung durch die Heilige Schrift sowie weitere bedeutende theologische Instanzen. Suárez liefert

---

**41** Vgl. hierzu auch Wyduckel: Princeps legibus solutus (s. Anm. 9), S. 131 f.

**42** Vgl. STh I-II, q. 96, art. 5, ad 3, DThA 13, S. 125: »Ad tertium dicendum quod princeps dicitur esse solutus a lege, quantum ad vim coactivam legis, nullus enim proprie cogitur a seipso; lex autem non habet vim coactivam nisi ex principis potestate. Sic igitur princeps dicitur esse solutus a lege, quia nullus in ipsum potest iudicium condemnationis ferre, si contra legem agat. [...] Sed quantum ad vim directivam legis, princeps subditur legi propria voluntate; [...] Unde quantum ad Dei iudicium, princeps non est solutus a lege, quantum ad vim directivam eius; sed debet voluntarius, non coactus, legem implere. Est etiam princeps supra legem, inquantum, si expediens fuerit, potest legem mutare, et in ea dispensare, pro loco et tempore.«

**43** DL III. 21. 2, Bach, Brieskorn, Stiening III/2, S. 20: »Ratio autem dubitandi esse potest, quia forum conscientiae est forum Dei; sed homo non potest obligare in foro Dei; ergo nec in foro conscientiae.«

also zunächst eine typisch scholastische Argumentation durch Autoritätsreferenz; gleichwohl schließt er auch eine rationale Begründung an, die ihre wesentlichen Argumente von Thomas und Bodin entlehnt:

> Der Grund dafür besteht darin, dass der Zwang aus innerem Grund fordert, von außen her zu kommen, wie aus der Philosophie feststeht. Folglich kann der Fürst nicht sich selbst durch sein Gesetz zwingen. Auch kann er nicht durch Untergebene gezwungen werden, da kein Niedriggestellter mit zur Gewalt bereiten Händen den Oberen ergreifen darf. Ebenso kann ihn ein Gleichgestellter nicht zwingen, da er über jenen keine Rechtsprechungsgewalt besitzt. Zudem kann ihn auch kein Höhergestellter zwingen, denn wir sprechen vom Fürsten, der keinen Oberen mehr über sich hat.[44]

Die für die Argumentation essentielle Bestimmung des Zwangs als einer den Individuen äußeren Wirkmacht übernimmt Suárez »aus der Philosophie«, d. h. hier der *Nikomachischen Ethik* des Aristoteles.[45] Auf der Grundlage dieser Bestimmung der *coactio* kann sich ein Herrscher – wie bei Thomas oder Bodin[46] – nicht durch Rechtszwang selber verpflichten; er könnte folglich nur von einer ihm äußerlichen Instanz gezwungen werden, die von ihm erlassenen Gesetze einzuhalten. Dies widerspricht jedoch dem Begriff der Souveränität, die als oberste Macht im Staate durch *niemanden* gezwungen werden kann, um ihrem Begriff und damit ihrer Funktion gerecht zu werden. Trotz des ausdrücklichen Bezuges auf Aristoteles stehen im Hintergrund die voluntaristischen Reflexionen auf den Gesetzesbegriff, nach dem es – wie schon erwähnt – reale Hierarchien geben muss, um ein Gesetz wirksam werden zu lassen.

Trotz dieses gleichzeitigen Bezuges auf Aristoteles (Zwang ist immer ein äußerer) *und* den Voluntarismus (Gesetze sind nur in sozialen Hierarchien wirksam) ist diese Argumentationsbewegung als eine in sich kohärente Überlegung zu werten, die einen souveränen Herrscher vom Rechts*zwang* ausschließen

---

**44** DL III. 35. 15, Bach, Brieskorn, Stiening III/2, S. 342/343: »Ratio vero est, quia coactio ex intrinseca ratione sua postulat ut ab extrinseco proveniat, ut constat ex philosophia. Ergo princeps non potest cogere seipsum per suam legem. Nec etiam cogi potest a subditis, quia nullus inferior potest violentas manus inicere in superiorem. Nec etiam potest cogi ab aequali, quia non habet in illo iurisdictionem. Nec denique a superiore, quia agimus de principe qui superiorem non habet.«

**45** Vgl. Aristoteles: Nikomachische Ethik. Auf der Grundlage der Übersetzung von Eugen Rolfes hg. von Günther Bien. Hamburg $^{4}$1985, S. 44 (III. 1): »Unfreiwillig scheint zu sein was aus Zwang oder Unwissenheit (1110a) geschieht. Erzwungen oder gewaltsam ist dasjenige, dessen Prinzip außen liegt, und wo der Handelnde oder der Gewalt Leidende nichts dazu tut, z. B. wenn ihn der Wind oder Menschen, in deren Gewalt er ist, irgendwohin führen.«

**46** Vgl. erneut STh I-II, q. 96, art. 5, ad 3, DThA 13, S. 125 sowie Bodin: Sechs Bücher (s. Anm. 15), S. 213 ff.

muss. Diese Grundlegung der *legibus solutio* hat eine gewichtige herrschafts- und rechtspolitische Konsequenz, die Suárez auch umgehend ausführt:

> Dieser Grund lässt sich weiterhin dadurch bestätigen, dass die Zwangsgewalt zur Auferlegung und Zufügung von Strafe gehört. Strafe aber richtet sich von ihrer eigenen Anlage her und aus ihrem eigenen Grund gegen jeden, der sie ablehnt; deshalb kann Strafe nur von dem verhängt werden, der eine höhere Gewalt auf einen, gewissermaßen ihm Untergebenen ausübt. Folglich kann der Gesetzgeber sie nicht auch sich selbst, sondern nur den ihm Untergebenen auferlegen.[47]

Damit hat Suárez den politischen Kernbestand der *legibus solutio*-Festlegung erfasst: Staatlicher Zwang realisiert sich – wie DL V ausführlich gezeigt werden wird[48] – durch die Verhängung und Durchführung von Strafe; von diesem Zwang ist der Princeps als Souverän aber notwendig ausgenommen, so dass für ihn – auch bei Handlungen *contra legem positivam* – Straffreiheit garantiert ist und sein muss, weil sich Rechtszwang nicht als Selbstzwang realisieren kann und darf.

Suárez macht zudem deutlich, dass diese ›Freiheit‹ nicht nur für den je aktuellen Souverän gilt. Ausdrücklich wird die Auffassung zurückgewiesen, dass die Person des Souveräns staatlicher wie kirchlicher Institutionen *nach* Ab- bzw. Aufgabe des Amtes eine Strafe für im Amt begangenes Unrecht ereilen könnte:

> Meine Antwort verneint die erste Annahme. Denn der Gesetzgeber ist von der Zwangsgewalt seines Gesetzes ausgenommen, sodass er nicht gezwungen ist, die in jenem festgesetzte Strafe auf sich zu nehmen. Mag er auch der Strafe schuldig sein – freilich vor Gott, denn solche Strafbarkeit folgt notwendigerweise aus der Schuld –, so wird jener Zustand nur hinsichtlich der von Gott festgesetzten Strafe gelten, nicht aber von der Strafe, die vom Gesetzgeber selbst festgelegt ist.[49]

**47** DL III. 35. 15, Bach, Brieskorn, Stiening III/2, S. 342/343: »Confirmatur haec ratio, quia vis coactiva pertinet ad poenae impositionem et inflictionem. Poena autem per se et ex ratione sua fertur in invitum, et ideo ferri non potest nisi ab habente superiorem potestatem in alium tanquam sibi subditum. Ergo non potest imponi a legislatore respectu sui ipsius, sed tantum respectu subditorum.«

**48** Vgl. hierzu die Skizze bei Frank Grunert: Strafe als Pflicht – Zur Strafrechtslehre von Francisco Suárez. In: »Auctoritas omnium legum«. Francisco Suárez' *De Legibus* zwischen Theologie, Philosophie und Jurisprudenz. Hg. von Oliver Bach, Norbert Brieskorn u. Gideon Stiening. Stuttgart-Bad Cannstatt 2013, S. 255–266.

**49** DL III. 35. 17, Bach, Brieskorn, Stiening III/2, S. 344/345: »Respondetur negando primum assumptum. Nam legislator ita est exemptus a vi coactiva suae legis, ut non teneatur sustinere poenam in illa statutam. Quia licet simpliciter sit reus poenae, saltem apud Deum (quia hic

Im unmittelbar anschließenden Absatz fügt Suárez hinzu, dass der Herrscher zu dieser weltlichen Strafe »weder durch Gott selbst noch durch das natürliche Gesetz« gezwungen werden könne, wenngleich beide Instanzen seinen Bruch der positiven Gesetze auf andere Weise ahnden können.

Suárez befasst sich in der Folge mit einigen weiteren Einwänden gegen die schon von Thomas vorgetragene und von ihm selbst weitgehend übernommene Konzeption, nach der jeder weltliche Herrscher von der *vis coactiva* der staatlichen Gesetze und damit vom Strafzwang ausgenommen werden müsse, so mit der These, diese Ausnehmung gelte nicht für Tatstrafen, die unmittelbar aus dem Gesetzestext erfolgten und daher keines Richterspruches, mithin keiner Gerichtsverhandlung, bedürften. Dem hält er entgegen, dass zwar nicht die Geltung der Strafe, wohl aber deren Ausführung einem Untertanen des Herrscher übertragen werden müsse, durch den er aber a priori nicht gezwungen werden dürfe, weil es dem Begriff der Souveränität widerspräche, von einem Untertanen genötigt zu werden. Gleiches gilt für die These, die *vis directiva* sei zu schwach, um Geltung und Verbindlichkeit weltlich-staatlicher Gesetze zu garantieren, weshalb beide Kräfte nur gemeinsam auftreten könnten. Auch in diesem Zusammenhang hält Suárez fest, dass die beiden Kräfte der *vis obligationis* durchaus getrennt werden könnten und im Hinblick auf den Souverän auch unterschieden werden müssten; zudem gelte entschieden: »Es reicht aus, dass er von Gott eine Strafe fürchten kann und fürchten soll.«[50]

Selbst im Hinblick auf Eigentumsdelikte durch einen Princeps, die aufgrund ihrer substanziellen Bedeutung für das Privatrecht jeden Untertan immerhin zu einer Klage gegen den Fürsten berechtigten, wird die Grundordnung des vorgestellten *legibus solutus*-Argumentes reproduziert:

> Wenn die Klage allein danach verlangt, dass durch das Urteil des Richters das Recht des Gläubigers gegen den Fürsten erkannt und festgelegt wird, damit gerichtlich feststeht, dass dieser selbst zur Wahrung dieses Rechts verpflichtet ist und er dies nicht ohne Ungerechtigkeit zu leugnen vermag, so kann auch eine Klage selbst gegen den Fürsten gestattet werden, und zwar in der Weise, dass er im Gewissen verpflichtet ist, jene Klage zu erlauben bzw. zuzulassen. In diesem Sinn ist er bürgerlich-rechtlich ohne Rechtszwang verpflichtet.[51]

reatus necessario sequitur ex culpa), tamen illud erit respectu poenae statutae a Deo, non vero de poena posita ab ipsomet legislatore.«

**50** DL III. 35. 21, Bach, Brieskorn, Stiening III/2, S. 350/351: »Satis ergo est quod apud Deum possit et debeat timere poenam.«

**51** DL III. 35. 23, Bach, Brieskorn, Stiening III/2, S. 355: »Si vero tendat solum ut per iudicis sententiam declaretur ius creditionis adversus principem, ut iuridice constet ipsum teneri ad

Gleiches gilt für die mehr den Charakter eines Appendix tragenden Überlegungen zur *vis irritans*, die in ihrer Wirkungsweise der *vis directiva* zugeordnet wird.[52]

## 5 *minister Dei* – die ›zwanglose‹ Verpflichtung des Herrschers

Suárez hat unter Anwendung der von Thomas übernommenen Distinktion zwischen der *vis directiva* und der *vis coactiva* als Momenten der allgemeinen *vis obligationis* der weltlichen Gesetze die Leistungen und Grenzen des Grundsatzes *Princeps legibus solutus* entwickelt, begründet und gegen Einwände verteidigt. Zusammenfassend hält er vor diesem Hintergrund fest:

> Auf den Grund der Frage, die sich am Beginn stellte, gibt es aus dem Gesagten die folgende Antwort. Es ist nämlich bereits erklärt worden, dass der Gesetzgeber durch sein eigenes Gesetz verpflichtet wird, da er als Diener Gottes das Gesetz erließ, dessen Autorität in jener Verpflichtung auftritt. Obwohl der Fürst durch sein Gesetz nicht so verpflichtet werden kann, als ob es ein ihm direkt auferlegtes Gebot wäre, so kann er nichtsdestoweniger durch das von ihm für die gesamte Rechtsgemeinschaft erlassene Gebot verpflichtet werden, deren Teil er selbst ist. Denn durch ein solches Gebot wird die sichere Regel derjenigen Kraft bindend aufgenommen, der zu folgen er selbst aus der Kraft der natürlichen Vernunft gehalten ist. Denn eine solche Vorschrift stammt vom Urheber jener Gewalt, wie erklärt wurde.[53]

Nach der Zurückweisung aller Argumente für eine zwangsgewaltbewehrte und damit strafrechtliche Bindung eines weltlichen Herrschers an die von ihm erlassenen Gesetze betont Suárez abschließend die Tatsache, dass jeder weltliche Princeps gleichwohl durch die *vis directiva* und deren göttlichen Geltungsgaran-

---

servandum illud nec possit sine iniustitia illud negare, sic dari etiam potest actio contra principem, ita ut in conscientia teneatur illam permittere seu admittere. Atque in hoc etiam sensu civiliter obligatur sine coactione.«

52 DL III. 35. 24, Bach, Brieskorn, Stiening III/2, S. 357.

53 DL III. 35. 26, Bach, Brieskorn, Stiening III/2, S. 358/359: »Ad rationem ergo dubitandi in principio positam ex dictis patet solutio. Iam enim declaratum est posse legislatorem sua lege obligari, quia fert legem ut minister Dei, cuius auctoritas in illa obligatione intervenit. Et quamvis non possit princeps obligari lege sua tanquam praecepto directe sibi imposito, potest nihilominus obligari praecepto a se lato pro tota communitate cuius ipse est pars. Quia per tale praeceptum constituitur certa regula virtutis, quam ipse ex vi rationis naturalis sequi tenetur, quia ita praescriptum est ab auctore talis potestatis, ut declaratum est.«

ten zur Einhaltung seiner Gesetze verpflichtet ist. Es sind also substanziell rechtstheologische Begründungen, die nach Suárez zu einer spezifischen Einschränkung der *legibus solutio* eines weltlichen Herrschers führen.[54] Ausdrücklich wendet er sich mit dieser konkludierenden Argumentation gegen »neuere« Thesen, die *einerseits* den zuständigen Digestentitel streng historisieren und somit auf die dort formulierten besonderen Bestimmungen zu beschränken suchen; *andererseits* richtet sich Suárez gegen die Behauptung, jeder weltliche Herrscher sei grundsätzlich und *vollständig* von allen *leges humanae* befreit, womit offensichtlich die Position Bodins aufgespießt werden soll.[55]

Der Sache nach traf Suárez spezifisch rechtstheologische Einschränkung des Prinzips *legibus solutus* aber auch den Staatsräson-Theoretiker Arnold Clapmarius oder den Rechts- und Staatsphilosophen Thomas Hobbes; Clapmarius hatte 1604 seine Souveränitätslehre im Anschluss an Bodin wie folgt entwickelt:

> Ich definiere dieses Herrschaftsrecht als oberste Gewalt und das höchste Recht über all das, was sich auf die Hoheit im Königsreich oder in den Gemeinwesen bezieht. [...] Im Übrigen beruht Hoheit vornehmlich auf zwei Grundlagen: erstens, dass der Princeps frei von den Gesetzen sei, ferner, dass er den Bürgern und Untertanen Gesetze auferlege. Was beides aus der praktischen Erfahrung im Gemeinwesen stammt.[56]

Mit dieser rein prudentiellen, weil aus der Erfahrung entwickelten Geltung des *legibus solutio*-Prinzips sind aber alle Gesetze in all ihren Verpflichtungsdimensionen gemeint; Clapmarius behauptet gar ein Recht des Herrschers auf diese Rechtlosigkeit, das er aber aufgrund der rein empirischen, legitimationstheoriefreien Argumentation nicht zu begründen vermag.[57]

---

**54** Für den Papst allerdings gelten nach Suárez eigene Regeln, nur er ist in jeder Hinsicht *Princeps legibus solutus*; vgl. hierzu DL III. 34. 22, Bach, Brieskorn Stiening III/2, S. 321 ff.; vgl. hierzu erneut den Beitrag von Norbert Brieskorn im vorliegenden Band.

**55** Zu Bodins Stellung innerhalb der Debatte über die Stellung des Herrschers zu den positiven Gesetzen vgl. Wyduckel: Princeps legibus solutus (s. Anm. 9), S. 109 f. u. ö.

**56** Arnold Clapmarius: De Arcanis Rerumpublicarum libri sex. Hg., übersetzt und eingeleitet von Ursula Wehner. 2 Bde. Stuttgart-Bad Cannstatt 2014, Bd. I, S. 44–47: »Ius hoc Imperii definio, potestatem absolutam atque extremum Ius omnium earum, quae ad maiestatem Regni, et Reipublicae pertinent. [...] Ceterum maiestas potissimum in duobus consistiut. Primum, ut priceps legibus sit solutus, deinde ut civibus et subditis leges ponat.Quod utrumque fieri ex usu est Reipublicae.«

**57** Vgl. hierzu auch Gideon Stiening: Das Recht auf Rechtlosigkeit. Arnold Clapmarius' *De Arcanis rerumpublicarum* zwischen politischer Philosophie und Klugheitslehre. In: Nürnbergs Hochschule in Altdorf. Beiträge zur frühneuzeitlichen Wissenschafts- und Bildungsgeschichte. Hg. von Hanspeter Marti u. Karin Marti-Weissenbach. Wien, Köln, Weimar 2014, S. 191–211.

Das leistet allerdings Thomas Hobbes in seinem 30 Jahre nach Suárez' *De legibus* erschienenen *De Cive* (1642). Hier heißt es zu dem für jeden Staat erforderlichen *Imperium absolutum*:

> Aus dem Gesagten wird höchst klar, dass in jedem vollkommenen Staat [d. h. wo kein Bürger das *Recht* hat, seine Kräfte für seine Erhaltung nach seinem Belieben zu gebrauchen, oder wo der einzelne Bürger vom *Recht des Schwertes ausgeschlossen* ist] irgendjemand die oberste *Staatsgewalt* haben muss, eine Herrschaft wie sie größer von Menschen mit recht nicht übertragen werden kann und auch größer als jede Herrschaft, die ein Sterblicher über sich selbst haben kann. Wir nennen aber die größte Befehlsgewalt, die Menschen auf einen einzelnen Menschen übertragen können, die absolute Befehlsgewalt. Denn jeder, der seinen Willen dem Willen des Staates zu den Bedingungen unterworfen hat, dass der Staat alles beliebige *ungestraft tun* kann – *Gesetze geben, über Streitigkeiten urteilen, Sanktionen verhängen*, und nach dem eigenen Belieben über jedermanns *Kraft* und *Vermögen* verfügen – und all dies mit Recht tut, der hat ihm fürwahr die größtmögliche Befehlsgewalt zugestanden, die überhaupt zugestanden werden kann.[58]

Ausdrücklich hatte Hobbes im vorherigen Kapitel diesen Souverän mit absoluter Befehlsgewalt als in jeder Hinsicht straffrei bezeichnet. Begründet wird dieser Status aber weder mit der Erfahrung wie bei Clapmarius noch mit dem Widerspruch im Gedanken eines Zwangs gegen die *summa potestas*, sondern mit der Notwendigkeit der vollständigen Übertragung des je eigenen Willens der Untertanen auf den Souverän im Akt der Staatsgründung, die allein die Geltung und Verbindlichkeit des Rechts garantieren könne. Gerade weil es für Hobbes keine theonome Legitimation und Begrenzung der weltlichen Macht gibt – und damit eine Gewissensverpflichtung des Princeps leer ist[59] –, muss seine Variante des *legibus solutus*-Prinzips uneingeschränkt sein und kann prinzipientheoretisch als *Recht* (und nicht nur als kluge Macht) begründet werden.[60]

---

**58** Hobbes: De Cive (s. Anm. 14), S. 227 (VI, 13): »Ex his quae dicta iam sunt, manifestissimum est, in omni civitate perfecta, (hoc est, ubi nulli civium *Ius* est, viribus suis ad propriam conservationem suo arbitrio utendi, sive ubi *gladij privati ius* excluditur) esse *summum* in aliquo *Imperium*, quo maius ab hominibus iure conferri non potest, sive quo amius nemo motrtalium habere potest in seipsum. Imperium autem quo maius ab hominibus in hominem transferrinon potest, vocamus ABSOLUTUM. Quicunque enim voluntatem suam ita voluntati civitatis subiecit, ut quidlibet possit *impunè facere, leges condere, lites iudicare, poenas sumere, viribus & opibus* omnium suo arbitrio uti, atque haec omnia iure; sanè imperium ei maximum quod condit potest, concessit.«

**59** Vgl. hierzu Dietrich Schotte: Die Entmachtung Gottes durch den Leviathan. Thomas Hobbes über Religion. Stuttgart-Bad Cannstatt 2013.

**60** Vgl. auch Thomas Hobbes: Leviathan, oder Stoff, Form und Gewalt eines kirchlichen und bürgerlichen Staates. Hg. von Iring Fetscher. Frankfurt am Main 1984, S. 204 (26.2); hier wird die willenstheoretische Grundlegung der *legibus solutio* des Souveräns noch präziser ausge-

An einem Vergleich zwischen Suárez' und Hobbes' Varianten der Grundsatzes *legibus solutus* zeigen sich folglich die Entwicklungsbewegungen und Sollbruchstellen absolutistischer Herrschaftstheorien der Frühen Neuzeit: *Einerseits* wird um die Ausweitung des Geltungsumfangs der Rechts- und Straffreiheit der Souveräns mit allen Mittel gerungen, und muss gerungen werden, weil die Auffassung herrscht, nur der von den Gesetze befreite Herrscher könne Gesetzgeber sein und bleiben; *andererseits* ist die Frage der Verpflichtungsqualität des Prinzeps ein Kampfplatz der Auseinandersetzung zwischen konfessionell divergierender Rechtstheologie und säkularer Rechtsphilosophie. Auch an dieser Stelle zeigt sich das Interesse bzw. die Interesselosigkeit an einer Bindung des weltlichen Rechts an theomone oder säkulare Begründungsleistungen. Die Entscheidung über Leistungen und Grenzen dieser Grundlagenkontroverse werden die Rechts- und Politiklehren aber ins 18. Jahrhundert verlagern.[61]

Dabei muss für eine ideen- und philosophiegeschichtliche Bewertung der Kontroverse über das Prinzip des *legibus solutus* berücksichtigt werden, dass Suárez in begründungstheoretischer Hinsicht auf der Ebene des Thomas Hobbes argumentiert, anders als der gegen beide Rechtstheoretiker abkünftige Politempiriker Arnold Clapmarius. Denn wie Hobbes so sieht auch Suárez die Befreiung des Herrschers von den Fesseln des weltlichen Rechts nicht als politisch erforderliches, also staatkluges *Privileg*, sondern als aus der Idee und dem Begriff des Rechts notwendig folgende, mithin selbst rechtsförmige Bestimmung; ausdrücklich heißt es,

> dass der Kaiser verstanden habe, dass er von den Gesetzen *nicht durch Privileg* oder durch Wohltat des Senats befreit sei, sondern *durch sein eigenes Recht* und aus der Kraft seiner höchsten Gewalt. Auch schließe ich, dass man die Stellungnahme des Ulpians über den höchsten Machtinhaber entsprechend zu begreifen habe, von dem man einsieht, dass er von sich aus und ohne Privileg von den Gesetzen befreit sei.[62]

Die Befreiung vom Zwangscharakter des weltlichen Rechts hat folglich nach Suárez nicht mehr den Status einer Ausnahme von der Gesetzesgeltung, son-

---

führt. Klar wird hier aber auch, dass diesem Souverän, weil ohne Kontrolle durch eine Gottesinstanz, eine Freiheit zugeschrieben wird, die mit hemmungsloser Willkür identisch ist.

**61** Vgl. hierzu u. a. Martin Reulecke: Gleichheit und Strafrecht im deutschen Naturrecht des 18. und 19. Jahrhunderts. Tübingen 2007, S. 23 ff. u. ö.

**62** DL III. 35. 27, Bach, Brieskorn, Stiening III/2, S. 360/361: »Deinde colligo imperatorem intellexisse se esse solutum legibus non privilegio aut beneficio senatus sed suo iure et ex vi supremae potestatis suae; aut subinde sententiam illam Ulpiani intelligendam esse de supremo principe, qui ex se et sine privilegio solutus legibus esse dicitur.«

dern ist selbst Gesetz. Die *legibus solutio* ist selbst Recht – ein Recht mithin auf bedingte Wirkungslosigkeit des Rechts.

In methodischer Hinsicht hatte Suárez diese Statusänderung zu Beginn des Kapitels angekündigt:

> Aber diese und ähnliche Grundaussagen [die zur Beantwortung der gestellten Fragen nach dem Verhältnis des Gesetzgebers zu seinen Gesetzen führen] verlangen entweder nach einem Prinzip oder sie werden nicht richtig angewandt.[63]

Diesem methodischen Postulat hatte Suárez mit der Begründung und Einschränkung der Geltung des *legibus solutus*-Prinzips Rechnung getragen – allerdings um den Preis der Begrenzung der Leistungsfähigkeiten weltlicher Gesetze. Denn der Gesetzgeber, der notwendig zugleich uneingeschränkter Herrscher und oberster Richter sein muss, kann der von ihm ausgehenden Zwangsgewalt nicht unterworfen werden und darf daher jenen Strafen nicht ausgesetzt werden, die auf einen Bruch der Gesetze an sich erfolgen müssten. Damit aber ist der Gesetzgeber seinen Gesetzen nur durch subjektive Überzeugung des *forum internum* ›unterworfen‹: Weder kann er zu deren Einhaltung von Staats wegen gezwungen, noch für einen Rechtsbruch bestraft werden. Zwangsgewalt, Strafandrohung und deren Ausführung hatte Suárez aber als ebenso gegenüber deren Inhalten selbstständige, wie notwendig Momente des weltlichen Rechts bezeichnet,[64] weil sie eine gleichsam synthetische Einheit eingehen müssten, um ein Gesetz zum Gesetz zu machen. Für jeden weltlichen Herrscher gilt dies aber nicht, weil er als Herrscher ›kein Untertan‹ sein kann.

---

**63** DL III. 35. 7, Bach, Brieskorn, Stiening III/2, S. 330/331: »Verumtamen haec et similia axiomata aut petunt principium aut non recte accommodantur.«

**64** Vgl. hierzu u. a. DL III. 31, Bach, Brieskorn, Stiening III/2, S. 231ff.; vgl. hierzu u. a. Gideon Stiening: Libertas et potestas. Zur Staatsphilosophie in *De Legibus* (DL III). In: »Auctoritas omnium legum«. Francisco Suárez' *De Legibus* zwischen Theologie, Philosophie und Jurisprudenz. Hg. von Oliver Bach, Norbert Brieskorn u. Gideon Stiening. Stuttgart-Bad Cannstatt 2013, S. 195–230 sowie jetzt Philip Waldner: Kommt alle Macht von Gott? Zum Stellenwert staatlicher Gewalt in Suárez Rechtsphilosophie. In: Menschenrechte und Metaphysik. Beiträge zu Francisco Suárez. Hg. von Cornelius Zehetner. Göttingen 2019, S. 115–128.

# 5 Suárez' Staatstheorie im zeitgenössischen Kontext

Mariano Delgado

# Volkssouveränität und Widerstandsrecht bei Bartolomé de Las Casas und Francisco Suárez

## Konvergenzen und Divergenzen

Im Spanien der Frühen Neuzeit blüht die politische Literatur. Staatsdiener, Philosophen, Humanisten, Theologen und Schriftsteller verfassen verschiedene Werke über die gute Regierung, Ursprung und Aufgabe des Staates, die Legitimation und die Grenzen der politischen Gewalt – und auch das Volk denkt darüber nach. Im ersten Kapitel des zweiten Teils des *Don Quijote*, erschienen 1615, finden wir eine Anspielung darauf: Als der Pfarrer und der Barbier Don Quijote besuchten,

> kamen sie auf jene Dinge zu sprechen, die man Politik und Regierungsformen [razón de estado] nennt, wobei sie den einen Missbrauch verbesserten und den andern gänzlich verurteilten, eine Sitte umgestalteten und eine andre aus dem Lande verbannten und jeder von den dreien einen neuen Gesetzgeber, einen zeitgemäßen Lykurg, einen neugebackenen Solon spielte. Und dergestalt schufen sie das Gemeinwesen um, dass es geradeso aussah, als hätten sie es in ein Schmiedefeuer gelegt und es in ganz anderm Zustand als vorher wieder herausgeholt.[1]

Im Schatten seines Hegemonieanspruchs werden in Spanien zwischen 1500 und 1700 etwa mehr als hundert Werke geschrieben, die als Fürstenspiegel im engen oder weiten Sinne des Wortes betrachtet werden können. Viele davon werden gedruckt und finden über Spanien hinaus Beachtung. Zur Einordnung dieser Literatur sind in der Forschung auch Typologien bemüht worden. Man spricht von ›eticistas‹ (Moralisten oder kompromissloser Primat der christlichen Ethik), ›tacitistas‹ (Autoren, die unter Rekurs auf den wiederentdeckten Tacitus durchaus machiavellistische Theorien vertreten, ohne Machiavelli zu nennen) und schließlich von solchen Autoren, die sich als radikale Antimachiavellisten ausgeben und sich vom Florentiner explizit distanzieren, aber zu einer von der katholischen Staatsräson geprägten Politik mit quasi-machiavellistischen Zügen

1 Miguel de Cervantes Saavedra: Der sinnreiche Junker Don Quijote von der Mancha. Mit 24 Illustrationen von Grandville zu der Ausgabe von 1848. München 2006, S. 548 (II,1).

https://doi.org/10.1515/9783110696738-014

neigen,[2] wozu viele Jesuiten gehören werden, angefangen mit Pedro de Ribadeneyra (1527–1611) mit seinem 1595 erschienenen Werk *Tratado de la religión y virtudes que debe tener el príncipe cristiano para gobernar y conservar sus Estados. Contra lo que Nicolás Machiavelo y los políticos de este tiempo enseñan.*[3]

Gewiss, die Werke des Bartolomé de Las Casas (1484–1566) und Francisco Suárez (1548–1617) sind keine Fürstenspiegel im eigentlichen Sinne, aber sie können und sollten auch im Rahmen der Fürstenspiegelliteratur ihrer Zeit gelesen und kontextualisiert werden[4] – was ich in diesem Beitrag allerdings nicht leisten kann.[5] Ich möchte eher zeigen, dass Las Casas und Suárez mit ihrem Iusnaturalismus einen Weg zur modernen Theorie der Volkssouveränität eröffnet haben, der u. a. bei der Emanzipation Spanisch-Amerikas eine wichtige Rolle spielte und in manchen Aspekten heute noch anschlussfähig ist.

## 1 Die Volkssouveränität bei Bartolomé de Las Casas und Francisco Suárez

Die Autoren der Renaissance gingen von der antiken ›*translatio imperii a populo in principem*‹ aus. Sie fragten sich, wer das Subjekt dieser *translatio* war, und sie mussten dabei auch den biblischen Befund bedenken, wonach es keine Gewalt

---

2 Vgl. dazu José Antonio Maravall: Estudios de historia del pensamiento español. Serie tercera: Siglo XVII. Madrid 1975, darin: Maquiavelo y Maquiavelismo en España (1972), S. 41–76; La corriente doctrinal del tacitismo político en España (1969), S. 79–105; La cuestión del maquiavelismo y el significado de la voz »estadista« (1971), S. 109–123; Mario Prades Vilar: La teoría de la simulación de Pedro de Ribadeneyra y el »maquiavelismo de los antimaquiavelicos«. In: Ingenium. Revista de hisoria del pensamiento moderno 5 (2001), S. 133–165.

3 Vgl. dazu u. a. Antonio Rivera García: La política del cielo. Clericalismo jesuita y estado moderno. Hildesheim 1999.

4 Vgl. dazu u. a. José Antonio Maravall: La philosophie politique espagnole au XVII$^{e}$ Siècle dans ses rapports avec l'esprit de la Contre-réforme. Paris 1955; ders.: Estudios de historia (s. Anm. 2).

5 Anderswo habe ich mich mit der Zustimmung des Volkes und der Volkssouveränität bei diesen Autoren befasst. Vgl. dazu Mariano Delgado: Die Zustimmung des Volkes in der politischen Theorie von Francisco de Vitoria, Bartolomé de Las Casas und Francisco Suárez. In: Die Ordnung der Praxis. Neue Studien zur Spanischen Spätscholastik. Hg. von Frank Grunert u. Kurt Seelmann. Tübingen 2001, S. 157–181; ders.: Theologie und Volkssouveränität. Oder vom Nutzen der Theologie für die Politik. In: Innsbrucker Diskussionspapiere zu Weltordnung, Religion und Gewalt (IDWRG) 11 (2006): https://diglib.uibk.ac.at/ulbtiroloa/download/pdf/771873?originalFilename=true, abgerufen am 6.8.2019.

gibt, die nicht von Gott stammt (Röm 13,1) und alle Könige und Herrscher – also auch die Tyrannen – durch ihn regieren (Spr 8,15).[6] Sie mussten versuchen, eine Translationslehre zu begründen, die sowohl Gott als auch dem Volk, dem göttlichen, dem natürlichen und dem positiven Recht gerecht würde.

Bei den spanischen Autoren lassen sich zwei Tendenzen ausfindig machen, die im 16. Jahrhundert etwa durch den Juristen Martín de Azpilcueta (auch Dr. Navarrus genannt; 1492–1586) und seinen Schüler Diego de Covarrubias y Leyva (1512–1577) vertreten werden. Beide stimmen darin überein, dass die politische Gewalt von Gott auf die politische Gemeinschaft (d. i. das Volk im staatsrechtlichen Sinne) kommt, die jene auf den Herrscher überträgt. Gott ist also der Souverän 0, die Quelle der Gewalt, das Volk der Souverän 1 und der Fürst der Souverän 2. Diese Sicht wird auch von den meisten politischen Autoren ab der Mitte des 16. Jahrhunderts geteilt. Während Azpilcueta aber meint, dass das Volk bei der Herrschaftsübertragung seine souveräne Gewalt nicht gänzlich veräußert, sondern nur delegiert und *in habitu* behält, spricht Covarrubias von einer absoluten Veräußerung der ganzen Gewalt, die nur bei offenkundiger Tyrannei oder einem Ende der legitimen dynastischen Nachfolge auf das Volk zurückginge.

Mit einigen Nuancen werden diese zwei Grundpositionen von Bartolomé de Las Casas und Francisco Suárez verkörpert. Wenn wir ihre Lehre von der Volkssouveränität und dem Widerstandsrecht miteinander vergleichen, so darf nicht vergessen werden, dass Las Casas als politischer Autor zugleich Anwalt der Indianer und Pamphletist war, der die imperialistischen Thesen seines Kontrahenten Juan Ginés de Sepúlveda über die *encomienda*, eine quasi-feudale Veräußerung der königlichen Jurisdiktion über die Indianer auf die spanischen Eroberer, zu widerlegen versuchte. Suárez war hingegen ein systematisch denkender Theologe, Philosoph und Jurist, der letzte große Scholastiker in der Tradition der Schule von Salamanca, bevor in Spanien – wie Ignaz von Döllinger in München 1863 übertreibend sagte – »Nacht und Dunkel« folgte, weil die Wissenschaft »an der Inquisition« zu Grunde ging.[7] In der Spätphase seines Lebens präzisiert Suárez seine Staatslehre im Streit mit dem absolutistischen Jakob I. von England und muss dabei der päpstlichen ›*potestas indirecta in temporalibus*‹ besondere Rechnung tragen. Beide Kontroversen, die zwischen Las Casas und Sepúlveda wie die zwischen Suárez und Jakob I., gehören zu jenen geistigen Höhenflügen europäischer Geschichte, die wir nicht vergessen sollten.

---

6 Vgl. dazu Werner Goez: Translatio imperii. Ein Beitrag zur Geschichte des Geschichtsdenkens und der politischen Theorien im Mittelalter und in der frühen Neuzeit. Tübingen 1958.

7 Ignaz von Döllinger: Die Vergangenheit und Gegenwart der katholischen Theologie. Regensburg 1863, S. 12. Siehe auch Johann Finsterhölzl: Ignaz von Döllinger. Graz 1969, S. 238.

## 1.1 Bartolomé de Las Casas

In seinem Traktat *De regia potestate*,[8] 1571 in Frankfurt am Main unter bisher nicht geklärten Umständen posthum erschienen, aber um 1554 vor dem unausgesprochenen Hintergrund des Problems der *encomienda* in Spanisch-Amerika im Wesentlichen geschrieben, hat Las Casas demokratische Organisationsprinzipien entschieden formuliert, die zwei Jahrhunderte später zum gemeinsamen Erbe des europäischen politischen Denkens werden sollten.[9] Um die Bedeutung dieses Werkes für die Entwicklung der Theorie der Volkssouveränität zu ermessen, müsste man bedenken, dass Johannes Althusius (1563–1638) und die Monarchomachen – Theodor Beza (1519–1605), François Hotman (1524–1590), Jean Boucher (1548–1644) – erst nach der Bartholomäusnacht vom 24. August 1572 und den damit verbundenen Religionskriegen über die Volkssouveränität intensiv nachdenken. Auch *Les six livres de la République* Jean Bodins, die als Meilenstein in der Entwicklung der Theorie des Souveränitätsbegriffs gelten, aber dem Zeitgeist folgend den monarchischen Absolutismus stärken wollen, sind erst 1576 erschienen. Der Stil von Las Casas ist sehr spröde, und die Argumentation geht kaum über die deduktive Figur des Syllogismus hinaus, d. h. es werden naturrechtliche und positiv-rechtliche Prinzipien aufgestellt, aus denen z. B. die nie verjährende Freiheit und die nie gänzlich zu veräußernde Souveränität des Volkes oder die Notwendigkeit seiner freien Zustimmung abgeleitet werden.

### 1.1.1 Freiheitsvorbehalt

Las Casas geht davon aus, dass »gemäß dem Natur- und Völkerrecht« vom Beginn der Menschheit an jeder Mensch »ursprünglich frei und allodial« war, »das heißt, abgabefrei und nicht der Sklaverei unterworfen«.[10] Wie für die abendländischen Rechtstraditionen ist die Freiheit für Las Casas »kostbarer und un-

8 Vgl. lateinischer Text mit spanischer Übersetzung in: Bartolomé de Las Casas: Obras completas. Hg. von Paulino Castañeda Delgado. Madrid 1988–1998, im Folgenden abgekürzt: OC mit Band- und Seitenangabe, hier OC 12, S. 12–223. Deutsche Übersetzung in: Ders.: Werkauswahl. 4 Bde. Hg. von Mariano Delgado. Paderborn 1994–1997, im Folgenden abgekürzt: WA mit Band- und Seitenangabe, hier WA 3/2, S. 187–248.

9 Vgl. Ernesto Garzón Valdés: Einführung. In: Spanische Studien zur Rechtstheorie und Rechtsphilosophie. Hg. von dems. Berlin 1990, S. 7–46, hier S. 8.

10 Las Casas: WA 3/2, S. 197.

schätzbarer als alle anderen Güter, die ein freies Volk haben kann«,[11] sie kann »zu keiner Zeit verjähren«,[12] und sie ist immer zu vermuten, so dass im Zweifelsfalle zugunsten der Freiheit zu entscheiden sei: ›*in dubio pro libertate*‹;[13] gestandene Männer gäben sie nur mit dem letzten Atemzuge auf.[14] Im *Quijote* finden wir ein Echo darauf, wenn der Ritter von der traurigen Gestalt zu Sancho sagt:

> Die Freiheit, Sancho, ist eine der köstlichsten Gaben, die der Himmel dem Menschen verliehen; mit ihr können sich nicht die Schätze vergleichen, welche die Erde in sich schließt, noch die das Meer bedeckt. Für die Freiheit wie für die Ehre darf und muss man das Leben wagen.[15]

Demgegenüber ist die Sklaverei für Las Casas »akzidentiell, Menschen zufällig und schicksalhaft aufgebürdet«.[16] Sie kann nicht vermutet werden, »es sei denn, dass derjenige, der es behauptet, den Beweis erbringt«, und zu deren Verjährung genügt »die bloße Nachlässigkeit der Nichtbeanspruchung«. [17] Die Gewalt oder Jurisdiktion der Könige wird so verstanden, dass sie sich »auf die Sorge für den gemeinsamen Nutzen der Völker« erstreckt, also auf das Gemeinwohl, »und für die Freiheit kein Hindernis und keinen Nachteil« darstellt.[18]

### 1.1.2 Volkssouveränität

Das Volk ist für Las Casas »erste Quelle und Ursprung aller Gewalten und Jurisdiktionen«,[19] daher auch »Wirkursache der Könige«, denn die Rechtsgewalt ist »unmittelbar aus dem Volke hervorgegangen«. Ausdrücklich bezieht sich Las Casas auf die antike demokratische Tradition der ›*translatio imperii a populo in principem*‹, wenn er sagt: »das römische Volk übertrug dem Fürsten jede Gewalt, ihm Lasten aufzuerlegen« (»Et populus romanus omnem potestatem in principem transtulit quoad onus«).[20]

11 Ebd., S. 213.
12 Ebd., S. 200.
13 Ebd., S. 198 mit Bezug auf die Rechtsregel »Quotiens dubia« aus den Digesta. Vgl. auch Las Casas' Traktat über die Indiosklaverei. In: Las Casas: WA 3/1, S. 59–114.
14 Las Casas: WA 3/2, S. 198.
15 Cervantes: Don Quijote (s. Anm. 1), S. 984 (II, 58).
16 Las Casas: WA 3/2, S. 197.
17 Ebd., S. 199 und 200.
18 Ebd., S. 207.
19 Ebd., S. 218.
20 Ebd., S. 205.

Aufgrund seines Freiheitsvorbehalts versteht Las Casas diese Translationsformel nicht als Ermöglichung absolutistischer Machtausübung: Jede Gewalt kommt zwar vom Volk, aber nicht die »ganze« Gewalt wird auf den Herrscher übertragen. Denn bei der Wahl wurde zugleich ein Herrschaftsvertrag abgeschlossen und ausdrücklich festgehalten, etwa mit welchen Tributen und Abgaben das Volk freiwillig zustimmte. Ein solcher Vertrag ist ein gegenseitiger Vertrag, der dem Willen beider Teile entspringt und beide Teile verpflichtet (»Ecce contractus ultro citroque aut ex utraque parte obligatio, ex uoluntate partium consurgens. Ideo dicimus quod pasciscendo diuersas in unum trahimus uoluntates«).[21]

Außerdem hat das Volk mit Königswahl und Herrschaftsvertrag auf seine Freiheit nicht verzichtet und dem Fürsten »keine Gewalt delegiert oder übertragen, ihm nach Belieben Lasten aufzuerlegen, sich gewaltsam einzumischen oder etwas anderes zum Nachteil des ganzen Volkes oder der Gemeinschaft zu tun noch zu bestimmen«.[22] Das Volk hat sich nämlich nicht dem Herrscher, »sondern dem Gesetz«, dem Herrschaftsvertrag, unterworfen, dem auch der König als Verwalter (*administrator*) des Gemeinwesens und »Diener des Gesetzes« (*minister legis*) zu gehorchen hat: »Von daher ›herrscht‹ er nicht im eigentlichen Sinne, sondern verwaltet das Volk durch die Gesetze, so *Codex* (De legibus: 1.Digna vox) [...] Und so bleiben die Bürger frei, da sie nicht dem Menschen, sondern dem Gesetz gehorchen. «[23] Nach dem Naturrecht, fügt Las Casas hinzu, bestand das Volk vor seinen Königen und schuf oder erließ die königlichen Rechte, die es auf die Fürsten übertragen wollte.[24]

### 1.1.3 Immerwährende freie Zustimmung

Für Las Casas kann »keine Unterwerfung, keine Sklaverei und keine Last« auferlegt werden, »ohne dass das Volk, dem jene Last aufgebürdet werden sollte, freiwillig einer solchen Auflage zustimme. Vielmehr vereinbarte von Anfang an das Volk selbst dies mit seinem Fürsten«.[25] Will dieser also über das im Herrschaftsvertrag Vereinbarte hinaus – etwa durch Veräußerung der Jurisdiktion, durch die Einführung von neuen Tributen oder einer neuen minderwertigeren

21 Ebd., S. 308 f.
22 Ebd., S. 206.
23 Ebd., S. 213.
24 Vgl. ebd., S. 206.
25 Ebd., S. 205.

Geldwährung – die Freiheit des Volkes beeinträchtigen, so muss er immer wieder die freiwillige Zustimmung aller Betroffenen einholen, »damit das Volk nicht nach Belieben beladen, seiner Freiheit nicht beraubt, und der ganzen Gemeinschaft nicht Gewalt zugefügt wird«.[26] Dieses immerwährende Zustimmungsprinzip im Herrschaftsvertrag ausdrücklich festzuhalten, sei nicht nötig gewesen, denn, so Las Casas, mit dem Gesetz »*Blanditus*« aus dem *Codex*, »was implizit dazu gehört, obgleich es nicht ausdrücklich und deutlich gesagt wurde, ändert nichts und fügt nichts hinzu«.[27] Und mit einem weiteren Gesetz aus dem *Codex*, das er allerdings etwas eigenmächtig interpretiert, untermauert Las Casas die Notwendigkeit der Zustimmung aller freien Menschen, d. h. das Zusammenrufen des ganzen Volkes, wenn der Herrscher die Freiheit des Volkes beeinträchtigen möchte: »Was allen nutzen soll, ist mit der Zustimmung aller zu tun«, heißt es im Gesetz ›*Quicumque*‹. Las Casas formuliert es nun so: »Was allen nutzen soll, *aber auch schaden kann*, ist mit der Zustimmung aller zu tun.«[28] Las Casas denkt also auch an ein Vetorecht der Minderheiten, die durch Mehrheitsbeschlüsse einen Nachteil erleiden könnten.[29] Unter Bezug auf das Gesetz ›*Si unus*‹ aus dem Sklavenrecht in den *Digesten* gibt er zu verstehen, dass die Zustimmung nicht gegeben sein kann, solange sich ein einziger in seinem Recht verletzt fühlt: »Wenn mehrere etwa gemeinsam ein Landgut besitzen und alle außer einem darin Knechte halten wollen, so ist die Zustimmung aller herbeizuführen; ansonsten macht das Fehlen des einen die Einrichtung ungültig. «[30]

Wenn der König in Angelegenheiten, die allen nutzen oder schaden können, ohne die freie Zustimmung bzw. mit »erzwungener Zustimmung« seiner Untertanen handelt, so handelt er gegen das Naturrecht und gegen das göttliche Recht.[31] Dann sind die Anordnungen des Königs für Las Casas »absolut null und

**26** Ebd., S. 206.

**27** Ebd., S. 206; vgl. Cod. 8, 30 (31), 12 (Paul Krueger, Theodor Mommsen [Hg.]: Corpus Iuris Civilis. Volumen secundum: Codex Justinianus. Dublin-Zürich [14]1967, S. 352).

**28** Las Casas: WA 3/2, S. 206; vgl. Cod. 11, 59, 7, 2 (Krueger / Mommsen [Hg.]: Corpus Iuris Civilis 2 [s. Anm. 27], S. 446).

**29** Mit der Zustimmung »aller Betroffenen« meint Las Casas »alle, deren Recht man beschneidet oder denen man einen Schaden zufügt, alle, die aufgrund des Naturrechts, des göttlichen und menschlichen Rechtes die Macht haben, zuzustimmen oder abzulehnen«. Las Casas: WA 3/2, S. 302.

**30** Las Casas: WA 3/1, S. 284 f. Vgl. Dig. 8, 3, 19 (Paul Krueger, Theodor Mommsen [Hg.]: Corpus Iuris Civilis. Volumen primum: Institutiones, Digesta. Dublin-Zürich [14]1967, S. 148).

**31** Las Casas: WA 3/1, S. 213 f.

nichtig«.[32] So ist das Einholen der Zustimmung aller Betroffenen für Las Casas eine immerwährende Bedingung für eine gute Regierung.

Um diese Grundprinzipien seiner politischen Theorie zu begründen, akkumuliert Las Casas vor allem Belege aus beiden Rechten und den einschlägigen Kommentaren der Legisten und Kanonisten. Er muss sie aber oft gegen den Strich bürsten, um sie in seinem Sinne interpretieren zu können.[33]

## *1.2* Francisco Suárez

Von Suárez wollen wir nun das dritte Buch aus *De legibus* (cap. 2–4, 15, 19) zum Vergleich nehmen, eine solide akademische Studie, die nach vielen Vorlesungen und Disputationen zwischen 1607 und 1612 für den Druck überarbeitet wurde, und das dritte Buch aus *Defensio fidei* (cap. 2–3), eine zwischen 1610 und 1613 in päpstlichem Auftrag – jedenfalls im Auftrag des päpstlichen Nuntius in Spanien und des Ordensgenerals der Jesuiten – verfasste theologisch-politische Apologie der indirekten Gewalt des Papstes im Zeitlichen als Antwort auf die in zeitlicher wie in geistlicher Hinsicht absolutistischen Ansprüche Jakobs I. von England.[34] In der ersten Schrift begegnet uns die politische Theorie von Suárez

---

32 Ebd., S. 212.

33 Vgl. dazu Norbert Brieskorn: Las Casas und das römische Recht. In: Las Casas: WA 3/1, S. 14–32.

34 Zur politischen Theorie Suárez' vgl.: Francisco Suárez: De legibus. Bd. V (lib. III. 1–16): De civili potestate. Hg. von Luciano Pereña u. Vidal Abril. Madrid 1975; ders.: De legibus. Bd. VI (lib. III. 17–35): De politica obligatione. Hg. von Luciano Pereña, Vidal Abril u. Carlos Baciero. Madrid 1977; ders.: Defensio fidei III: I Principatus politicus ó la soberanía popular. Hg. von Eleuterio Elorduy u. Luciano Pereña. Madrid 1965; ders.: Defensio fidei IV: De iuramento fidelitatis. Documentación fundamental. Hg. von Luciano Pereña u. a.. Madrid 1978; Eleuterio Elorduy: La soberanía popular según Francisco Suárez. In: Francisco Suárez: Defensio fidei III: I Principatus politicus ó la soberanía popular. Hg. von Eleuterio Elorduy u. Luciano Pereña. Madrid 1965, S. XIII–CCI; J. A. Fernández Santamaría: The political Thought of Francisco Suárez. In: Ders.: Natural Law, Constitutionalism, Reason of State, and war. Counter-Reformation Spanish Political Thought. Vol. I. New York 2005, S. 175–225; Luciano Pereña: Génesis suareciana de la democracia. In: Francisco Suárez: De legibus. Bd. V (lib. III. 1–16): De civili potestate. Hg. von Luciano Pereña u. Vidal Abril. Madrid 1975, S. XVII–LXXVIII; ders.: La obligación política en Francisco Suárez. In: Francisco Suárez: De legibus. Bd. VI (lib. III. 17–35): De politica obligatione. Hg. von Luciano Pereña, Vidal Abril u. Carlos Baciero. Madrid 1977, S. XVII–LXIX; Vidal Abril: Juramento de fidelidad y derechos humanos. In: Francisco Suárez: Defensio fidei IV: De iuramento fidelitatis. Documentación fundamental. Hg. von Luciano Pereña u. a. Madrid 1978, S. 219–340. Deutsche Übersetzungen und Literatur: Francisco Suárez: Abhandlung über die Gesetze und Gott den Gesetzgeber. Übers., hg. und mit einem Anhang

in reiner Form, in der zweiten erfährt sie einige Präzisierungen angesichts der englischen Situation. Bei der Lektüre hat man zuweilen den Eindruck, dass der *Doctor eximius* durch die Neigung zu Casuistik und Probabilismus sowie zur akribischen Unterscheidung der Geister, um den Dingen auf den Grund zu gehen, manchmal die bei einem Scholastiker zu erwartende Klarheit vermissen lässt. Nicht zuletzt deswegen werfen seine Texte viele Fragen auf und sind nicht einfach zu interpretieren.

### 1.2.1 Freiheitsvorbehalt und Volkssouveränität

Die Menschen sind von Natur aus frei; wenn eine Menge (*multitudo*) von ihnen sich durch einen besonderen freien Willensentschluss oder eine allgemeine Zustimmung (*speciali voluntate seu communi consensu*) zusammenschließt, um politisch zu leben, entsteht das politische Gemeinwesen »als Ursprung und Träger der staatlichen Organisation«.[35] Die politische Gewalt fällt dem Gemeinwesen als »communitas perfecta« aufgrund der Natur der Dinge und aus der Vorsehung des Schöpfers heraus (*ex natura rei et ex providentia auctoris naturae*) zu, kommt also in diesem Sinne formaliter von Gott, bleibt vermittelbar aber durch den freien Zusammenschluss der Menschen im Gemeinwesen und ist positiv-rechtlicher Natur. Damit steht Suárez' Staatslehre der absolutistischen Theorie vom unmittelbaren göttlichen Ursprung des Königreiches und der Staatsgewalt diametral entgegen. Er bekennt sich entschieden »zur Souveränität des Volkes« im Sinne der »Fülle der Gewalt«.[36] Gemeint ist aber die zeitliche Gewalt, die sich nur auf »das Wohlergehen und das zeitliche Glück des menschlichen Staates in diesem Leben« erstreckt,[37] während für das seelische Wohl die Kirche zuständig sei, die die geistliche Gewalt direkt von Christus erhalten habe. Der christliche Staatsführer ist von der Kirche indirekt abhängig: Staatliche Souveränität in christlichen Ländern bedeutet also für Suárez, »dass die weltli-

vers. von Norbert Brieskorn. Freiburg u. a. 2002; Oliver Bach, Norbert Brieskorn, Gideon Stiening (Hg.): »Auctoritas omnium legum«. Francisco Suárez' *De legibus* zwischen Theologie, Philosophie und Jurisprudenz. Stuttgart-Bad Cannstatt 2013; Francisco Suárez: Ausgewählte Texte zum Völkerrecht. Lateinischer Text nebst deutscher Übersetzung. Hg. von Josef de Vries, eingel. von Josef Soder. Tübingen 1965; Josef Soder: Francisco Suárez und das Völkerrecht. Grundgedanken zu Staat, Recht und internationalen Beziehungen. Frankfurt am Main 1973; Heinrich Rommen: Die Staatslehre des Franz Suárez. Mönchengladbach 1926.

**35** Soder: Francisco Suárez (s. Anm. 34), S. 95.

**36** Ebd., S. 81.

**37** Ebd., S. 82.

che Gewalt in zeitlichen Dingen niemand direkt untergeordnet ist«.[38] Diese Auffassung war damals Konsens unter katholischen Theologen.

Diese Gewalt kann das Gemeinwesen kraft Zustimmung (*ex consensu communitatis, per consensum communitatis*), aber auch kraft einer anderen legitimen Form[39] positiv-rechtlicher Natur an andere Träger, etwa an Könige, übertragen.[40] Gott verleiht den Königen diese Gewalt mittelbar: erstens, weil er sie zuerst unmittelbar dem Volk verliehen hat, das sie seinerseits an den König übertrug; zweitens, weil Gott als erste und universale Ursache zustimmend auch an dieser Übertragung beteiligt ist, die das Volk direkt vornahm; und schließlich, weil er sie approbiert und will, dass sie respektiert wird.[41] Daher kann Suárez apodiktisch sagen:

**38** Ebd., S. 83.

**39** Suárez denkt in DL III. 4. 2–4 (Pereña V, 40 ff.) an eine direkte Einsetzung durch Gott, wie etwa bei Saul und David, was ein außerordentlicher und übernatürlicher Vorgang war. In *Defensio fidei* III (s. Anm. 34) 3. 7–8 (S. 38 f.) sagt er allerdings unter dem Einfluss Bellarmins, dass Saul und David nach der göttlichen Einsetzung die Zustimmung des Volkes brauchten und einholten. Suárez denkt auch an die dynastische Erbfolge, die nur gilt, wenn der erste in der Reihe die Gewalt legitimer Weise übertragen bekam; an ungerechte Kriege, die mit der Zeit durch die eventuelle Zustimmung des Volkes eine Herrschaft legitimieren können; und schließlich auch an gerechte Kriege, wobei das Volk dann gezwungen ist, der neuen Herrschaft zuzustimmen. In *Defensio fidei* III (s. Anm. 34) 2. 19–20 (S. 31 f.) werden nur die freiwillige Zustimmung des Volkes (eine langsam mit dem Volkswerdungsprozess wachsende, wie in den patriarchalischen Anfängen des Volkes, oder eine, die sich in der freien Königswahl durch die bereits mit allen Rechten bestehende politische Gemeinschaft ausdrückt, ein für allemal geschieht und durch die Herrschaftsfolge implizit weitergegeben wird, diese wäre dann die vernünftigste Form der Zustimmung) und das Kriegsrecht (durch einen gerechten Krieg oder, wie es öfter geschehe, durch einen ungerechten, der aber im Verlauf der Zeit durch die Zustimmung des Volkes legitimiert wird) als Wege zur Herrschaftserlangung genannt.

**40** DL III. 2. 3, Pereña V, S. 22; DL III. 3. 6, Pereña V, S. 32 f.; DL III. 3. 7, Pereña V, S. 33; DL III. 4. 2, Pereña V, S. 39 f. Suárez: Defensio fidei III (s. Anm. 34) 2. 13, S. 27.

**41** Suárez: Defensio fidei III (s. Anm. 34), 2. 13, S. 27: »Mediate autem dicitur Deus dare hanc potestatem regibus, tum quia immediate dedit illam populo, qui in regem illam transtulit; tum quia Deus huic etiam translationi, proxime a populo factae, consentit et cooperatur, tanquam prima et universalis causa; tum denique quia illam approbat et servari vult.« Vgl. auch u. a. ders.: Defensio fidei III (s. Anm. 34) 2. 14, S. 28: »Deus est qui distribuit regna et principatus politicos, sed per homines seu consensus populorum, vel aliam similem institutionem humanam.«

> Die politische Gewalt, sofern sie auf einen Menschen oder Fürsten legitimer- und ordentlicherweise übertragen wurde, ist immer direkt oder indirekt dem Volk oder der Gemeinschaft entsprungen – und es kann gar nicht anders sein, wenn es gerecht zugehen soll.[42]

Die Formel »Populus in principem transtulit potestatem«,[43] die uns schon bei Las Casas gar mit der Bemerkung begegnete, das Volk sei »Wirkursache« der Könige, wird von Suárez in den genannten zwei Schriften bis zum Überdruss dekliniert. Aber wie viel zeitliche Gewalt wird dabei übertragen?

Suárez spricht von einer »translatio potestatis«, »largitio potestatis« oder »donatio potestatis«, die keine zeitlich begrenzte oder vorläufige Delegation sei, sondern eine definitive: »Das Volk ›hat die Gewalt veräußert‹, und es kann sich ›nicht mehr auf sie berufen, denn sie gehört ihm nicht mehr‹.«[44] In *Defensio fidei*, aus der das letzte Zitat stammt, verweist er auf Augustins Rede von einem allgemeinen Vertrag (*pactum*) am Ursprung der Monarchie;[45] auch interpretiert er Ulpianus' Sicht der *Lex regia*, wonach das Volk seine ganze Gewalt (»omne suum imperium et potestatem transtulerit«) übertrug, dahingehend, dass das Volk dem Fürsten zugleich implizit aufbürdete, gut zu regieren und Gerechtigkeit zu üben; der Fürst konnte also die Herrschaftsübertragung nur unter solchen Bedingungen annehmen.[46]

Manchmal kann der Vertrag weitere einschränkende Klauseln ausdrücklich enthalten. Suárez spricht von verschiedenen Vertragsformen (*contractus expressus vel tacitus*) und verschiedenen Modi der Zustimmung des Volkes zu diesem Vertrag, je nachdem, ob sie freiwillig oder infolge einer kriegerischen Eroberung geschah. Ist die Herrschaft nach ungerechten Eroberungskriegen als Usurpation entstanden, so könne sie mit der Zeit legitim werden, etwa dadurch, dass das Volk sich damit einverstanden erkläre oder wegen Verjährung durch

---

42 DL III. 4. 2, Pereña V, S. 39: »[S]equitur ex dictis potestatem civilem, quoties in uno homine vel principe reperitur, legitimo ac ordinario iure a populo et communitate manasse vel proxime vel remote, nec posse aliter haberi, ut iusta sit.« In *Defensio fidei* III (s. Anm. 34) 2. 10, S. 22 wird diese Denkform im Zusammenhang mit den absolutistischen Ansprüchen Jakobs I. wiederholt: »Nullum regem vel monarcham habere vel habuisse (secundum ordinariam legem) immediate a Deo vel ex divina institutione, politicum principatum, sed mediante humana voluntate et institutione.«

43 Suárez: Defensio fidei III (s. Anm. 34) 2. 13, S. 26.

44 Soder: Francisco Suárez (s. Anm. 34), S. 90; Suárez: Defensio fidei III (s. Anm. 34) 3. 2.

45 Suárez: Defensio fidei III (s. Anm. 34) 2. 11, S. 26.

46 Suárez: Defensio fidei III (s. Anm. 34) 2. 12, S. 26: »Ergo intelligi debet constitua per modu pacti, quo populus in principem transtulit potestatem sub onere et obligatione gerendi curam reipublicae et iustitiam administrandi, et princeps tam potestatem quam conditionem acceptavit.«

guten Glauben. Im Vertrag sieht Suárez einen weiteren Beleg dafür, dass die monarchische Institution selbst von den Menschen stammt, denn die ihr übertragene Gewalt kann kleiner oder größer sein, je nachdem wie der Vertrag oder die Vereinbarung war, die zwischen dem Königreich und dem König geschlossen wurde.[47]

Wird darin aber keine ausdrückliche Einschränkung der übertragenen Gewalt festgehalten oder liegt ein solcher Herrschaftsvertrag gar nicht vor, so ist davon auszugehen, dass der König, wie in den absoluten Monarchien, die Gewalt »absolute et simpliciter« bekommen hat, abgesehen von der genannten impliziten Verpflichtung zur guten Regierung und Gerechtigkeit:

> Das Volk hat ihm dann die Gewalt absoluterweise und bedingungslos übertragen, wie aus der Regierungsweise solcher Könige hervorgeht, und man könne etwas anderes nicht wahrhaftig behaupten, wenn es aus der Gewohnheit nicht hervorgehe.[48]

Anders als Bellarmin oder Azpilcueta spricht Suárez nicht davon, dass das Volk nach der Übertragung die Gewalt »in habitu« behalte. Aber er ist davon überzeugt, dass es in seiner Konstruktion auf dasselbe hinaus komme. Dem Volk, sagt Suárez, bleibe als Restgewalt seine »naturalis potestas«, die es niemals abgelegt habe. Und kraft dieser *potestas* zur Selbstverteidigung könne es sich gegen den Tyrannen zur Wehr setzen. Es ist nicht der einzige Widerspruch in seiner Übertragungslehre, denn Suárez sagt auch, das Naturrecht verlange, dass das Volk die absolute Gewaltschenkung weder gänzlich noch teilweise zurücknehmen kann (»donationem absolutam semel valide factam revocari non posse, neque in totum neque ex parte«).[49] Kurzum:

> Für Suárez geht folglich ›alle Gewalt vom Volke aus‹. Nach der Übertragung ist sie nicht mehr im Volke vorhanden, es sei denn im Rahmen ausdrücklicher oder stillschweigender Klauseln des Vertrages zwischen Herrscher und Volk oder in extremen Fällen, wie sie in der Frage des Widerstandsrechts auftauchen.[50]

---

**47** DL III. 4. 5, Pereña V, S. 43: »Cuius etiam signum est quia iuxta pactum vel conventionem factam inter regnum et regem, eius potestas maior vel minor existit. Ergo est ab hominibus, simpliciter locuendo«. Vgl. auch Suárez: Defensio fidei III (s. Anm. 34) 3. 13, S. 43.

**48** Suárez: De legibus III (s. Anm. 34) 19. 6, S. 43: »Nam in illum transtulit populus suam potestatem absolute et simpliciter, ut ex ordinario modo regiminis constat, nec aliud verisimiliter affirmari potest nisi ubi ex consuetudine constiterit.«

**49** Suárez: Defensio fidei III (s. Anm. 34) 3. 4.

**50** Soder: Francisco Suárez (s. Anm. 34), S. 96.

### 1.2.2 Freie Zustimmung

Welche Art von Zustimmung des Volkes für eine legitime Herrschaftsübertragung nötig sei, sagt uns Suárez allerdings nicht. Wir können annehmen, dass er eine qualifizierte Mehrheit für ausreichend hält, denn so versteht er die allgemeine Zustimmung im Falle der kollegial-parlamentarischen, nicht monarchischen Regierungsform, wenn er von der Rechtmäßigkeit von Gesetzen spricht. Mit *Codex* und *Digestum* sagt er, allgemeine Zustimmung (*unus consensus*) sei schon gegeben, wenn zumindest zwei Drittel der Stimmberechtigten anwesend seien und die Mehrheit für ein bestimmtes Gesetz stimme.[51] Im Falle einer Monarchie genüge aber der Wille des Herrschers für die Rechtmäßigkeit von Gesetzen.[52] Dies hängt damit zusammen, dass für Suárez die Herrschaftsübertragung an einen König im Prinzip eine absolute ist.

## 1.3 Konvergenzen und Divergenzen zwischen Las Casas und Suárez

Von der Volkssouveränität wird in den Lexika-Artikeln zumeist geschrieben – übrigens auch im Staatslexikon der »Görres-Gesellschaft« –, dass es zwar Vorformen moderner Volkssouveränität bei Marsilius von Padua und den Konziliaristen gab, aber erst mit Althusius und den Monarchomachen »die Gesamtheit aller Bürger als politische Letztinstanz begriffen« wurde.[53] Man sollte dieses Urteil wohl differenzieren und die katholischen Vordenker der Volkssouveränität im Schatten der Schule von Salamanca stärker beachten.

---

**51** DL III. 15. 4, Pereña V, S. 219): »Non vero oportet ut omnes consentiant, sed quod maior pars curiae fecerit, perinde habetur ac si ab omnibus factum fuisset (iuxta legem Quod maior, ff. Ad municipalem).«

**52** Ebd.: »[V]oluntas principis sufficit«.

**53** Karl H. L. Welker: Volkssouveränität. In: Handwörterbuch zur Deutschen Rechtsgeschichte. Bd. 5. Hg. von Wolfgang Stammler, Adalbert Erler u. Ekkehard Kaufmann. Berlin 1998, S. 1006–1010, hier S. 1008. Vgl. dazu auch Horst Dreier: Souveränität. In: Staatslexikon. Bd. 4. Hg. von der Görres-Gesellschaft. Freiburg im Breisgau [7]1988, S. 1203–1209; Ernst Reibstein: Volkssouveränität und Freiheitsrechte. Texte und Studien zur politischen Theorie des 14.–18. Jahrhunderts. 2 Bde. Hg. von Clausdieter Schott. Freiburg im Breisgau, München 1972; Friedrich Hermann Schubert: Volkssouveränität und Heiliges Reich. In: Die geschichtlichen Grundlagen der modernen Volksvertretung. Die Entwicklung von den mittelalterlichen Korporationen zu den modernen Parlamenten. Bd. 2: Reichsstände und Landstände. Hg. von Heinz Rausch. Darmstadt 1974, S. 279–314.

Die zwei größten Unterschiede zwischen Suárez und Las Casas sind, hoffe ich, deutlich geworden. Erstens spricht Suárez nirgendwo von der Notwendigkeit einer Zustimmung »aller Betroffenen« beim Zustandekommen des Herrschaftsvertrags, sondern nur von einer nicht näher definierten Zustimmung des Gemeinwesens. Und zweitens interpretiert Suárez den Herrschaftsvertrag im Zweifelsfalle als eine absolute Abdankung der Freiheit oder Jurisdiktionsveräußerung des Volkes zugunsten des Königs: »Daher ist die Übertragung dieser Gewalt durch das Volk an den Fürsten keine Delegation, sondern quasi eine Veräußerung oder vollkommene Übertragung der ganzen Gewalt, die die Gemeinschaft besaß. «[54] Las Casas interpretierte hingegen diese Übertragung – oft gegen den Wortlaut der von ihm zitierten lateinischen Belege aus den Rechtsquellen – immer mit dem Vorbehalt, dass unter gewissen Umständen die Zustimmung des Volkes im Sinne der Zustimmung aller Betroffenen erneut eingeholt werden müsste, weil das Volk seine Freiheit behält.

## 2 Das Widerstandsrecht nach Bartolomé de Las Casas und Francisco Suárez

Die wichtigsten Bezugspunkte der Lehre vom Widerstandsrecht, von der die Autoren des 16. und 17. Jahrhunderts ausgehen, sind markiert durch Thomas von Aquin und das Konzil von Konstanz. Thomas von Aquin unterschied zwischen einem Usurpator oder Tyrannen im Ursprung, der ohne Rechtstitel Länder und Herrschaften gewaltsam an sich gerissen hat (*tyrannus ex defectu tituli*), und einem legitimen Herrscher, der später tyrannisch herrschte (*tyrannus quo ad exercitium*). Im ersten Falle ist der Widerstand bis zum offenen Tyrannenmord erlaubt, auch durch eine Privatperson, da es sich um einen durch und durch gerechten Krieg gegen einen Feind des Gemeinwesens handle; aber auch hier muss es gut überlegt sein, um Unruhen und Gefahren für das Gemeinwesen zu vermeiden; ebenso müsse bedacht werden, ob ein Treueversprechen oder Bündnis vorhanden war. Im zweiten Falle ist der Widerstand schwieriger und könne nicht von Privatpersonen, sondern nur vom Gemeinwesen selbst oder

54 DL III. 4. 11, Pereña V, S. 49: »Quocirca translatio huius potestatis a republica in principem non est delegatio, sed quasi alienatio seu perfecta largitio totius potestatis quae erat in communitate.«

vom Papst beschlossen werden, das bzw. der darüber zu urteilen hätte – und ebenso vorbehaltlich eines Treueversprechens oder Bündnisses.[55]

Das Konzil von Konstanz verurteilte in der 15. Sitzung vom 6. Juli 1415 (Dekret *Quilibet tyrannus*) die extreme Position des Jean Petits als irrig, weil darin scheinbar für beide Tyranneiformen der Widerstand gegen den Usurpator durch Privatpersonen befürwortet wurde, und dies auch noch in einer extremen, über das von Thomas von Aquin Erlaubte hinausgehenden Art, »trotz irgendeines geleisteten Eides oder eines mit ihm abgeschlossenen Bündnisses, ohne dass das Urteil oder der Auftrag irgendeines Richters abgewartet würde«.[56] In einer späteren Erklärung heißt es, dass das Konzil die Person des Papstes im Falle der Häresie oder das Reich die Person des Kaisers bei schweren Verfehlungen absetzen könne usw., aber die Menschen aus dem Volk ihre Herren nicht züchtigen dürften.[57] Mit dieser zweiten Erklärung sprach sich das Konzil für eine sehr restriktive Handhabung des Widerstandsrechts bei den legitimen Herrschern, die tyrannisch regierten, aus.

Diese Tradition wird von Francisco de Vitoria in seinem *Dubium de Tyranno* in Erinnerung gebracht und in der Absicht, das Tyrannicidium als etwas Außerordentliches und Gefährliches darzustellen, das eher vermieden werden sollte. In beiden Fällen von Tyrannei müsse man den Widerstand gut überlegen, um Unruhen und Gefahren für das Gemeinwesen zu vermeiden.[58] Und im Falle der tyrannisch gewordenen legitimen Herrscher ist Vitoria eher geneigt, den Widerstand nicht zu befürworten. Denn der Fürst, nachdem er von der politischen Gemeinschaft die Gewalt erhalten hat, kann nicht von Privatpersonen zur Rechenschaft gezogen werden, sondern nur vom Gemeinwesen selbst. Dabei hat der Fürst das Recht, vor dem Urteil gehört zu werden. De facto bedeutet dies die Unmöglichkeit, den Machtmissbrauch eines Fürsten zu verhindern. Denn die Versammlung des gesamten Gemeinwesens zum Gericht über den König ist unter den Bedingungen des Ancien Régime kaum durchführbar[59] – wie nicht

55 Vgl. Thomas von Aquin: STh II–II q. 42, a. 2, ad 3.

56 Heinrich Denzinger: Kompendium der Glaubensbekenntnisse und kirchlichen Lehrentscheidungen. Lat.-Dt. Hg. von Peter Hünermann. Freiburg im Breisgau [37]1991, Nr. 1235.

57 Sacrorum Conciliorum nova et amplissima collectio [...]. Hg. von Ioannes Dominicus Mansi. Bd. 28. Graz 1960 (Neudruck), col. 107 f.

58 Vgl. Francisco de Vitoria: Dubium de Tyranno. In: Ders.: Relectio de iure belli. Hg. von Luciaco Pereña u. a. Madrid 1981, S. 279–285.

59 Vgl. Francisco Castilla Urbano: El pensamiento de Francisco de Vitoria. Filosofía política e Indio americano. Barcelona 1992, S. 125, ähnlich Maravall: Philosophie politique (s. Anm. 4), S. 319.

zuletzt das Problem des Konziliarismus in der Kirche zeigt. Und auch bei den modernen Totalitarismen ist es so gut wie ein Ding der Unmöglichkeit.

## 2.1 Das Widerstandsrecht bei Las Casas

Für Las Casas ist klar, dass wir es in Westindien von Anfang an mit Usurpation zu tun haben, also mit Tyrannei im Ursprung mangels legitimer Rechtstitel. Dies betrifft zunächst den *ingressus* durch Eroberungskriege. In *Zwölf peruanische Zweifelsfälle*, als letztes Werk 1564 geschrieben, untermauert Las Casas dies mit allerlei Rechtsbelegen, u. a. mit dem Kommentar des Baldus zu *Codex* (De sacrosanctis ecclesiis: l. Decernimus):[60]

> Provinzen, die gewohnt sind, von Fürsten und Königen regiert zu werden, müssen unter ihrer natürlichen Herrschaft bleiben, dies entspricht dem Völkerrecht: so *Digesta* (De iustitia et iure: l. Ex hoc iure).[61] Und wenn ein anderer dort die Herrschaft gegen den Willen des Königs oder Fürsten an sich reißt, ist er ein Tyrann. Eine solche usurpatorische Herrschaft wird Tyrannei genannt.[62]

Und dies betrifft für Las Casas auch den *progressus*, der durch die Sklaverei ähnliche Institution der *encomienda* ebenso »gewaltsam, tyrannisch, ungerecht und höchst grausam« war, wie er immer wieder sagt.[63] Mit Tyrannen sind für Las Casas die Conquistadores und die Encomenderos gemeint, die von Anfang an ohne jede königliche Vollmacht handelten: »Obwohl ihnen von den Königen gerade das Gegenteil aufgetragen worden war, verhielten sie sich unaufhörlich wie Tyrannen und verstießen gegen das Naturrecht und das göttliche Recht.«[64] Von diesen Tyrannen ohne Rechtstitel sagt Las Casas mit Thomas von Aquin, dass sie von jedem einzelnen Indianer aus dem Volk getötet werden können:

> Dies gilt, auf welche Art und Weise auch immer die günstige Gelegenheit, dies zu tun, sich ergibt, – gleich, ob tags oder nachts, sei es dass man irgendwie die Gelegenheit dazu herbeiführt oder dass sich ein günstiger Zeitpunkt von selbst ergibt. Der Grund dafür besteht darin, dass in diesem Fall alles erlaubt ist, da ein permanenter Zustand des gerechten Krieges besteht, es sei denn, dass die unterworfene Menge größeren Schaden aus der fol-

60 Cod. 1, 2, 16 (Corpus Iuris Civilis 2 [s. Anm. 27], S. 14).

61 Dig. 1, 1, 5 (Corpus Iuris Civilis 1 [s. Anm. 30], S. 29).

62 Baldus de Ubaldis: Commentaria [...]. Lyon 1585, Bd. 3/1, fol. 31.

63 Las Casas: WA 3/2, S. 316.

64 Ebd., S. 333.

> genden Erschütterung erfährt als aus der Tyrannei; und es sei denn, dass ein Treueversprechen gebrochen würde, das auch Feinden gegenüber eingehalten werden muss.[65]

Las Casas verbleibt also im Rahmen der Tradition, auch wenn seine Sprache manchmal sehr radikal anmutet und dem Individualterror Tür und Tor zu öffnen scheint. Aufgrund der Tyrannei im Ursprung haben die indianischen Völker, so Las Casas weiter, bis zum Tag des Gerichtes ständig und permanent das Recht, »uns den Krieg zu erklären«, wenn dieser Kriegszustand nicht durch einen Waffenstillstand, einen Friedensschluss, eine Wiedergutmachung des erlittenen Unrechts oder ein Gesuch um Vergebung unterbrochen wird.[66]

Schwieriger ist die Frage zu beantworten, inwieweit Las Casas von einer Mitverantwortung der spanischen Könige für die Tyrannei der Conquistadores und Encomenderos ausging. Las Casas wird sich hüten, die Könige anzugreifen, vielmehr versucht er immer wieder, sie daran zu erinnern, dass sie als gute Hirten und Väter ihrer Völker für eine gute Regierung, d. h. für Gerechtigkeit und Recht gegenüber den Indianern sorgen sollten, etwa indem sie Conquistadores und Encomenderos zur Rechenschaft ziehen und die natürlichen Herren der Indianer wieder einsetzen. Las Casas hat auch von Karl V. erreicht, dass 1542 mit den *Leyes Nuevas* die Institution der *encomienda* verboten wird. Aber diese Gesetze konnten in Amerika nicht durchgesetzt werden, und die spanischen Könige paktierten letztlich mit den Encomenderos – was bei Las Casas zu einer zunehmenden Enttäuschung und Radikalisierung führte. Als guter Jurist wusste er, dass Bartolus auch von einer impliziten oder versteckten Tyrannei spricht, die darin besteht, dass ein guter und integrer Herrscher, den Missbrauch einiger Untertanen duldet.[67] Es handelt sich um eine Tyrannei durch Verzicht auf die Machtausübung oder Vernachlässigung der Regierungspflichten. Viele spanische Autoren des 17. Jahrhunderts werden davon reden, da die Könige sich ab Philipp III. daran gewöhnten, die Regierungsgeschäfte den »Validos« zu überlassen. Las Casas hat diese Amtsnachlässigkeit den spanischen Königen nie offen vorgehalten, aber einige Stellen in seinem Testament deuten darauf hin. Er spricht von der Blindheit bei denjenigen, »die sich für so geist-

---

**65** Ebd., S. 354. Sieht man die Autoren und Belege, die Las Casas zitiert (römisches und kirchliches Recht, Thomas, Lucas de Penna, Baldus und Jason: es ist erstaunlich, dass er den Kommentar des Bartolus zu Dig. 1, 2, 2 nicht zitiert), so besteht kein Zweifel, dass er sich im Hauptstrom des legitimen Widerstandsrechts bewegt. Zur »Tyrannis in der politischen Theorie« vgl. die aufschlussreichen Studien von Reibstein: Volkssouveränität und Freiheitsrechte (s. Anm. 53), S. 125–191 (freilich ist hier wie so oft von Las Casas nicht die Rede).

**66** Las Casas: WA 3/2, S. 359.

**67** Vgl. Maravall: Philosophie politique (s. Anm. 4), S. 316.

reich und weise halten und Anspruch darauf erheben, die ganze Welt zu beherrschen«. Er wusste aber, dass der legitime Widerstand in solchen Fällen kaum möglich ist und rechnete mit dem Eingreifen Gottes. Er fürchtete daher, dass Gott »wegen dieser frevelhaften, schlimmen und schändlichen Werke, die so ungerecht, verbrecherisch und barbarisch gegen sie [die Indianer] begangen worden sind, über Spanien seine Wut und seinen Zorn ausgießen« wird.[68]

## 2.2 Das Widerstandsrecht bei Suárez

Bei seiner Auseinandersetzung mit dem Widerstandsrecht[69] stellt sich Suárez nicht die Frage nach der Legitimität des indianischen Widerstandes gegen die Spanier; ja, er entledigt sich derselben in einer kryptischen Nebenbemerkung, wenn er in *Defensio fidei* sagt, es sei jetzt nicht die Zeit, der Frage nachzugehen, ob die Juden von den Römern gerechter- und legitimerweise oder ungerechter- und tyrannischerweise unterworfen und zur Entrichtung von Tributen an den Kaiser gezwungen wurden, denn eine solche Frage sei nicht mehr aktuell.[70] Und

---

**68** Las Casas: WA 3/1, S. 518.

**69** Zum Widerstandsrecht und Tyrannenmord bei Suárez vgl. den gut dokumentierten Beitrag von Norbert Brieskorn: Francisco Suárez und die Lehre vom Tyrannenmord. In: Ignatianisch. Eigenart und Methode der Gesellschaft Jesu. Hg. von Michael Sievernich u. Günter Switek. Freiburg im Breisgau u. a. 1990, S. 323–339. Brieskorn kommt zum folgenden Urteil : »Während Thomas von Aquin im 6. Kapitel des 1. Buches von *De Regimine principum* nach einer Reihe von Differenzierungen bald auf die sittliche Pflicht zu sprechen kommt, die Tyrannei zu ertragen, fällt dieses Wort nicht bei Suárez, noch behandelt er so sein Thema. Er erlegt sich und anderen die schwierige Aufgabe der Unterscheidung und des Abwägens auf. Nicht das Annehmen von Zuständen, sondern die ›Unterscheidung der Geister‹, also eine Methode, ist beherrschend geworden. Ohne ihr zu folgen und nach ihr die Handlungsschritte zu bestimmen, ist mündiges, reifes, menschliches Leben nicht möglich. Das Zitat aus dem Buch der Sprichwörter ›durch mich regieren die Tyrannen‹ (Spr 8,15) benutzte Suárez nicht zur Begründung der Passivität und auch nicht, um darauf hinzuweisen, dass Gott wie in allen Dingen, eben auch in der Tyrannei gefunden werden könne und dürfe. Alle Betonung ist auf die Pflicht des Menschen gelegt, sein Gewissen zu informieren, sich an den Maßstäben des ›bonum universalius‹, der ›Unio‹ und der ›Veritas‹ auszurichten und diese Werte mit denen der ›Securitas‹ und der Vermeidung von ›Perturbatio‹ zu vermitteln. Bereits in der Entscheidungsfindung selbst, nicht erst im Annehmen oder Ablehnen jenes Zustandes wird Gott gefunden.« (ebd., S. 339) Wie schwierig es letztlich ist, nach Suárez' Unterscheidung der Geister wirklich zum aktiven Widerstand gegen die Tyrannei zu gelangen, belegt m. E. die Haltung der deutschen Katholiken (nicht zuletzt der zum Widerstand neigenden Jesuiten) im Drittem Reich. Vgl. dazu Elorduy: Soberanía popular (s. Anm. 34), S. XVI.

**70** Suárez: Defensio fidei III (s. Anm. 34) 1. 8, S. 13. *Iudios* und *Indios* schreibt sich im Spanischen ja fast gleich.

er hat vermutlich auch an den kolonialen Kontext gedacht, als er vermerkt, der ungerechte Krieg sei zwar der häufigste Weg, auf dem Großreiche entstünden, aber im Verlauf der Zeit trete ein, dass das Volk seine freie Zustimmung dazu gebe *oder* die Nachfolger in der Herrschaft guten Glaubens regieren; dann höre die Tyrannei auf und beginne die gute Regierung und königliche Gewalt. Suárez lässt sich anschließend gar zur Schlussfolgerung verleiten, dass die königliche Gewalt so oder so – also durch freie »translatio« oder Verjährung der gewaltsamen »usurpatio« – immer kraft eines menschlichen Rechtstitels oder kraft des menschlichen Willens unmittelbar erlangt werde (»Atque ita semper potestas haec aliquo humano titulo seu per voluntatem humanam immediate obtinetur«).[71]

Am ausführlichsten setzt sich Suárez mit dem Widerstandsrecht im IV. Kapitel seiner *Defensio fidei* auseinander. Der Kontext ist markiert durch das *Juramentum fidelitatis*, das Jakob I. von seinen katholischen Untertanen forderte, besonders von der dritten Formel, nach der nicht nur die Legitimität Jakobs anerkannt werden musste, sondern auch dass der Papst über keinerlei Recht oder Gewalt verfüge, den König abzusetzen, andere Könige zu einem gerechten Krieg gegen ihn zu ermächtigen, seine Vasallen vom Treueid zu entbinden oder ihnen zu erlauben, das Volk aufzuwiegeln und einen Aufstand gegen ihn anzufangen.[72]

Bei der Behandlung des Themas musste Suárez auch den Skandal bedenken, den sein Ordensbruder Juan de Mariana mit seinem Werk *De rege et regis institutione* (1599)[73] verursacht hatte. Denn dieser brachte die Jesuiten in Frankreich und England in Verruf, Befürworter des Tyrannicidiums zu sein. Mariana verstand, dass ein Unrechtsregime alle Institutionen auszuschalten pflegt und zum Schweigen bringt, von denen öffentlich Widerstand ausgehen könnte:

> Was also, wenn Opposition sich nicht öffentlich artikulieren kann, wenn also jene ›Beauftragung durch das Volk‹, die gewaltsamem Widerstand überhaupt erst die Legitimität verleiht, nicht eingeholt werden kann? In diesem Falle genügt der vernünftigerweise ›präsumierte‹ Volksauftrag, soweit dieser durch Beratung mit kompetenten und urteilsfähigen Männern ermittelt werden kann. Dann handelt auch ein Privatmann im Auftrage des Volkes. Letzte Instanz ist dann nicht das ›privatum arbitrium‹ (der private Wille), sondern der

71 Suárez: Defensio fidei III (s. Anm. 34) 2.20, S. 32.
72 Suárez: Defensio fidei IV (s. Anm. 34) 23.
73 Juan de Mariana: De rege et regis instititione. Aalen 1969 (ND der Ausgabe Toledo 1599).

> Volkswille, aber als vernünftig präsumierter. Dies ist also das Spezifische und Umstrittene der Theorie Marianas.[74]

Sein Werk galt als anstößig – nicht zuletzt weil er darin die Ermordung des mit dem Protestantismus sympathisierenden Heinrich III. am 1. August 1589 durch den jungen Dominikaner Jacques Clément als Tyrannenmord guthieß.

Nach dieser Ausgangslage ist es klar, dass die Überlegungen Suárez' zum Tyrannenmord zu einer Apologie der päpstlichen ›*potestas indirecta in temporalibus*‹ als Letztinstanz für die Legitimation eines katholischen Widerstandes führen werden, denn nicht der präsumierte Volkswille ist nun das Entscheidende, sondern der Wille des Papstes, der nicht so eindeutig zu präsumieren ist, wenn er sich nicht explizit äußert. Durchaus differenzierend, in einer sehr jesuitischen Mischung von Kasuistik, Probabilismus und Unterscheidung der Geister setzt er sich mit dem Konzil von Konstanz und mit der herkömmlichen Meinung über die zwei Formen der Tyrannei auseinander, eher zu der vorsichtigen Art von Vitoria als zu der Theorie von Mariana neigend. Im Endergebnis können wir seine Position so zusammenfassen:

> Den Tyrannen mit legitimem Rechtstitel (der seine Herrschaft tyrannisch ausübte) kann niemand kraft seiner eigenen und privaten Autorität gerechterweise töten – weder wegen seiner tyrannischen Herrschaft noch wegen Verbrechen anderer Art. Diese allgemeine Norm kennt nur im Falle der legitimen Selbstverteidigung zwei Ausnahmen: Erstens ist es legitim, diesen Tyrannen zu töten, um das eigene Leben zu verteidigen, und zweitens im Falle der legitimen Verteidigung des Gemeinwesens, wenn der König dabei ist, dieses anzugreifen in der ungerechten Absicht, es zu zerstören und seine Mitglieder zu töten.[75]

Den Usurpator ohne Rechtstitel kann hingegen jede Privatperson töten, die seine Tyrannei erleidet. Es müssen jedoch sechs Bedingungen gegeben sein:

> Erstens, dass der Rekurs bei einer höheren Instanz, die über den Usurpator richtet, nicht möglich ist; zweitens dass die Tyrannei und die Ungerechtigkeit publik und notorisch seien; drittens dass der Tod des Tyrannen unentbehrlich sei, um das Gemeinwesen von einer solchen Unterdrückung zu befreien; viertens dass zwischen dem Tyrannen und dem Volk

74 Klaus Schatz: Tyrannenmord, potestas indirecta und Staatssouveränität – Widerstandsrecht und Gallikanismus-Problematik Anfang des 17. Jahrhunderts. In: Suche nach Frieden: Politische Ethik in der Frühen Neuzeit I. Hg. von Norbert Brieskorn u. Markus Riedenauer. Stuttgart 2000, S. 245–257, hier S. 248; vgl. auch Fernández Santamaría: Castilian Constitutionalism. In: Ders.: Natural Law, Constitutionalism, Reason of State, and war. Counter-Reformation Spanish Political Thought. Vol. I. New York 2005, S. 349–392.

75 Pablo Font Oporto: El núcelo de la doctrina de Francisco Suárez sobre la resistencia y el tiranicidio. In: Pensamiento 69 (2013), nr. 260, S. 493–521, hier S. 513.

> kein mit einem Schwur ratifizierter Waffenstillstand oder Vertrag existiere; fünftens dass man nicht zu befürchten habe, dass aus dem Tod des Tyrannen für das Gemeinwesen dieselben oder noch größere Übel als unter der Tyrannei folgen werden; sechstens dass das Gemeinwesen sich nicht ausdrücklich gegen den Tyrannenmord ausgesprochen habe.[76]

Das Widerstandsrecht hängt also von vielerlei Umständen und einer so gut wie nie endenden Unterscheidung der Geister ab – vor allem aber vom Willen des Papstes, denn die christlichen Reiche sind in dieser Frage dem Summus Pontifex unterstellt, von dem behauptet wird, dass er aufgrund der *potestas indirecta* die oberste Jurisdiktionsgewalt über die christlichen Könige und ihre Untertanen besitzt.[77] Nicht zuletzt deswegen spricht Klaus Schatz in Bezug auf Suárez von einer »hierokratischen« Lehre vom Tyrannenmord.[78] Durch diese Verbindung mit der *potestas indirecta* machte Suárez die Widerstandslehre nun auch in Spanien »zum brisanten politischen Stoff«[79] – nicht nur im gallikanischen Frankreich, wo die *Defensio fidei* 1615 »vom Parlament verurteilt und durch Henkershand verbrannt« wurde.[80]

## 2.3 Konvergenzen und Divergenzen zwischen Las Casas und Suárez

Man hat den Eindruck, dass Suárez, der nach dem Konzil von Trient schreibt und den von Mariana verursachten Skandal bedenken muss, in all den brisanten Fragen, die er behandelt, für ein »Sicherheitsdenken« optiert. Las Casas ist sprachlich viel erfrischender, manchmal auch schärfer im Ton, auch wenn er bedacht sein musste, den König selbst nicht direkt für die Tyrannei in Westindien verantwortlich zu machen.

Die größte Konvergenz ist die Unterscheidung zwischen den zwei Formen der Tyrannei und die deutliche, prinzipielle Bejahung des legitimen Widerstands gegen den Usurpator, wobei Suárez hierfür mehr Bedingungen als Las

---

**76** Ebd., S. 513.
**77** Suárez: Defensio fidei IV (s. Anm. 34) 4. 17, S. 88: »Immo addendum ulterius, licet respublica seu regnum hominum, ex sola rei natura spectatum, prout fuit inter gentiles et nunc est inter ethnicos, habeat potestatem, quam disimus, se defendendi a tyranno rege et illum deponendi in eum finem, si necessarium fuerit, nihilominus regna christiana quo ad hoc habere aliquam dependentiam et subordinationem ad Pontificem Summum.«
**78** Schatz: Tyrannenmord (s. Anm. 74), S. 255–257.
**79** Ebd., S. 256.
**80** Ebd.

Casas und die Tradition nennt – und zudem das Papsttum als Schiedsinstanz ins Spiel bringt.

Noch wichtiger scheint mir die Divergenz in Sachen Verjährung der ursprünglichen Tyrannei eines Usurpators zu sein. Nach Las Casas wären antikoloniale Emanzipationskämpfe auch nach Jahrhunderten kolonialer Herrschaft sicherlich legitim, nach Suárez auf den ersten Blick nicht – und dennoch ist es ein Paradoxon, dass beide bei der Emanzipation Spanisch-Amerikas eine wichtige Rolle spielten.

# 3 Las Casas und Suárez als Kronzeugen der Unabhängigkeit Spanisch-Amerikas

Dass die Theorien von Las Casas und Suárez über Volkssouveränität und Widerstandsrecht Sprengstoff enthalten, zeigt deren Wirkungsgeschichte. Las Casas bekam 1559 ein generelles Publikationsverbot in Spanien, und nach seinem Tode wurden seine Handschriften von der Krone konfisziert. Bis zur Abschaffung der Inquisition 1835 blieben sie unter Verschluss. Manches aus seinem Gedankengut war ohnehin bekannt, vor allem durch die kleinen Traktate, die er 1552 in Sevilla drucken ließ und die bald in die Sprachen der europäischen Feinde Spaniens übersetzt wurden. Zudem erschien *De regia potestate* 1571 in Frankfurt, außerhalb der Reichweite der spanischen Zensur.

Suárez' *Defensio fidei* mit dem für den monarchischen Absolutismus unerträglichen Anspruch auf päpstliche Oberherrschaft über die christlichen Gemeinwesen aufgrund der *potestas indirecta* machte seine politische Theorie, die an den Universitäten und Jesuitenkollegien Spanisch-Amerikas gelehrt wurde, für den Regalismus der spanischen Bourbonen im 18. Jahrhundert suspekt. Das vierte Kapitel des *Dictamen fiscal de expulsión de los jesuitas de España* (1766–1767),[81] mit dem Pedro Rodríguez de Campomanes, Staatsanwalt in Zivilangelegenheiten, die Vertreibung der Jesuiten aus den spanischen Territorien legitimiert, handelt von den schädlichen Lehren der Gesellschaft Jesu, dem Probabilismus[82] und dem Tyrannicidium.[83]

81 Ich zitiere nach folgender Ausgabe: Pedro R. de Campomanes: Dictamen fiscal de expulsión de los jesuitas de España (1766–1767). Hg. von Jorge Cejudo u. Teófanes Egido. Madrid 1977.
82 Vgl. ebd., S. 141–146.
83 Vgl. ebd., S. 147–151.

Seit etwa 70 Jahren wird in der hispanischen Welt immer wieder gesagt, dass die Emanzipationskämpfe Spanisch-Amerikas nicht nur durch Rousseau, die Amerikanische und die Französische Revolution oder die napoleonischen Reformen – kurzum durch die französisch-angelsächsische Aufklärung – beeinflusst wurden, sondern auch durch die Lehre von Volkssouveränität und Widerstandsrecht spanischer Autoren wie Las Casas und Suárez. Manche heben besonders den Einfluss Suárez' (»populismo suareciano«) hervor, weil er eben an den Universitäten und Jesuitenkollegien Spanisch-Amerikas gelehrt wurde, während Las Casas eine solche akademische Wirkung nicht hatte und eher Lektüre für Eingeweihte war.

Der Aufstand von 1810 – als Spanien mit Ausnahme von Cádiz im Süden durch Napoleons Truppen besetzt war, mit seinem eigenen Bruder Josef seit 1808 als König und dem legitimen spanischen König Ferdinand VII. als Gefangener in Frankreich, wo er zur Abdankung gezwungen wurde – wurde nicht zuletzt mit der Rechtsfigur begründet, dass mit der Abdankung des spanischen Königs das *pactum translationis* nicht mehr existierte und die Gewalt auf das Volk zurückging. Zur selben Zeit trafen in Cádiz Vertreter aller spanischen Territorien zusammen, auch aus Übersee, und proklamierten die Volkssouveränität mit der Definition Spaniens als einer Nation von freien und gleichen Bürgern. Diesen Geist atmet die Verfassung von Cádiz, die am 19. März 1812 verabschiedet wurde und mit der das Wort ›liberal‹ Eingang in das politische Vokabular fand.

Diese gemeinsame Verfassung aller spanischen Territorien vermochte das Feuer der Emanzipation Spanisch-Amerikas nicht zu erlöschen. Aus dem Manifest des mexikanischen Priesters und Unabhängigkeitshelden José María Morelos vom 6. November 1813 geht deutlich hervor, dass der Iusnaturalismus und der Konstitutionalismus der Schule von Salamanca in der Neuen Welt weit verbreitet war, obwohl dies der Krone nicht passte: Er spricht von gewissen wichtigen Wahrheiten, die in Amerika nicht unbekannt waren, aber der spanische Despotismus zu verbergen versuchte; diese Wahrheiten bestehen darin,

> [d]ass die Völker die wesentlichen Träger der Souveränität sind; dass diese nach ihrer Übertragung auf die Könige durch Abwesenheit, Tod oder Gefangenschaft derselben auf die Völker zurückgeht [...]. Dass die Völker immer frei sind, ihre politischen Institutionen nach ihrem Nutzen zu ändern [...]. Dass kein Volk das Recht hat, ein anderes zu unterjochen, wenn es von diesem zuvor kein Unrecht erlitten hat.[84]

84 Manuel Giménez Fernández: Las doctrinas populistas en la independencia de Hispano-América. Sevilla 1947, S. 94. Vgl. dazu auch: Otto Carlos Stoetzer: Las raíces escolásticas de la

Sehen wir aber genauer hin, so kann einiges bei der Begründung der Emanzipation Spanisch-Amerikas eindeutig nicht von Suárez oder den akademischen Salmantinern kommen. Es genüge als Stichprobe ein Blick auf den *Catecismo ó instrucción popular* (1814) des kolumbianischen Priesters (nach der Unabhängigkeit dann Bischof) Juan Fernández de Sotomayor. Darin wettert er eingangs gegen die Ignoranz früherer Zeiten, als man den Päpsten das Recht zusprach, sogar Könige abzusetzen oder die Untertanen vom Treueeid zu entbinden. Es ist zwar von der Auflösung des *pactum translationis* mit der Abdankung von König Ferdinand 1808 die Rede, aber auch davon, dass der Aufstand im Namen der Freiheit des Volkes stattfand, die niemals verjähre, da die Amerikaner immer freie Menschen gewesen seien. Die Evangelisierung als Rechtstitel für die spanische Herrschaft ins Feld zu führen, sei eine besondere Beleidigung Christi, da die Evangelisierung unter Soldatenschutz, spanischer Unterwerfung und Depotenzierung der natürlichen und legitimen Herren der indianischen Völker stattgefunden habe, und Jesus Christus nicht wollte, »dass irgendjemand zur Annahme seiner Religion gezwungen werde«.[85] Kurzum: Ein solcher Katechismus mit seiner Kritik der *potestas indirecta* und der Evangelisierung unter Soldatenschutz sowie mit seiner Verteidigung der nie verjährenden Freiheit verweist eher auf Las Casas als wichtige Quelle für die Emanzipation Spanisch-Amerikas.

---

emancipación de la América Española. Madrid 1982; Luciano Pereña Vicente: Francisco Suárez y la independencia de América. Un proyecto de investigación científica. In: Cuadernos salmantinos de filosofía 7 (1980), S. 53–63; Darío Dawyd: Las independencias hispanoamericanas y las tesis de la influencia de las doctrinas populistas. In: Temas de historia argentina y americana 16 (2010), Hft. 1, S. 99–128.

**85** Juan Fernández de Sotomayor: Catecismo o instrucción popular. Cartagena de Indias 1814, S. 10.

# Ausgewählte Forschungsliteratur


Abril Castello, V.: L'obligation politique chez Suárez. Bilan et perspectives. In: Archives de philosophie 42 (1979), S. 179–203.

Abril Castelló, Vidal: La obligación política según Suárez. In: Miscelánea Comillas 67 (1977), S. 229–296.

Alluntis, Félix: El tiranicidio según Francisco Suárez. In: Verdad y Vida 88 (1964), S. 667–682.

Alvarez de Linera, Antonio: La democracia en la doctrina de Suárez. In: Suárez: En el cuarto centenario de su nacimiento (1548–1948). Hg. von Jesús Iturrioz. Madrid 1948, S. 509–530.

Amezúa Amezúa, Luis-Carlos: Francisco Suárez y la posibilidad de intervención pública. In: Francisco Suárez (1548–1617). Jesuits and the Complexities of Modernity. Hg. von Robert Aleksander Maryks u. Juan Antonio Senent de Frutos. Leiden, Boston 2019, S. 205–229.

Baciero Ruiz, Francisco T: Francisco Suárez como gozne entre la filosofía política medieval y John Locke. In: El pensamiento político en la Edad Media. Hg. von Pedro Roche Arnas. Madrid 2010, S. 263–274.

Bataglia, F.: Societé civile ed autoritá nel pensiero di Francesco Suárez. In: Actas del IV Centenario del nacimiento de Francisco Suárez 1548–1948. 2 Bde. Madrid 1949–50, Bd. 2 (1950), S. 295–315.

Bertolis, Ottavio de: Libro III del principatus politicus di F. Suárez: Il potere del Pontefici Romano sui re temporali. In: Periodica de re canonica 97 (2008), S. 667–691.

Birr, Christiane u. Wim Decock: Recht und Moral in der Scholastik der frühen Neuzeit 1500–1750. Berlin 2016, S. 77–87.

Bosca, Roberto: Suárez y Rousseau. La controversia sobre la legitimidad de una paternidad revolucionaria. In: La gravitación moral de la ley según Francisco Suárez. Hg. von Juan Cruz Cruz. Pamplona 2009, S. 201–212.

Brett, Annabel: Individual and Community in the »Second Scholastic«. Subjective Rights in Domingo de Soto and Francisco Suárez. In: Philosophy in the Sixteenth and Seventeenth Centuries. Conversations with Aristotle. Hg. von Constance Blackwell, Sachiko Kusukawa. Brookfield, VT 1999, S. 146–168.

Brett, Annabel: Scholastic Political Thought and the Modern Concept of the State. In: Rethinking the Foundations of Modern Political Thought. Hg. von Annabel Brett, James Tully. Cambridge 2006, S. 130–148.

Brieskorn, Norbert: Abwägungen durch Legislative und Judikative in *De legibus ac Deo Legislatore* von Francisco Suárez. In: Abwägende Vernunft: Praktische Rationalität in historischer, systematischer, und religionsphilosophischer Perspektive. Hg. von Christian Shroer, Franz-Josef Bormann. Berlin 2004, S. 181–202.

Burlando, Giannina: Virtud política y método histórico rupturista en Francisco Suárez. In: Veritas 32 (2015), S. 59–78.

Calafate, Pedro: A ideia de soberania em Francisco Suárez. In: Francisco Suárez (1548–1617). Tradição e modernidade. Hg. von Adelino Cardoso, António Manuel Martins, Leonel Ribeiro dos Santos. Lisbon 1999, S. 251–264.

Campa, Riccardo: Il principio politico di Francisco Suárez'. In: ders.: I trattatisti spagnoli del diritto delle gente. Madrid 1992, S. 96–209.


https://doi.org/10.1515/9783110696738-015

Carreras y Artau, Joaquin: La doctrina de Francisco Suárez sobre el origen de la potestad civil. In: Conmemoración del tercer centenario del eximio doctor español Francisco Suárez en la ciudad de Barcelona 1617–1917. [o. Hg.] Barcelona 1923, S. 181–196.

Castaño, Sergio Raúl: La interpretación del poder en Vitoria y Suárez. Pamplona 2011.

Castaño, Sergio Raúl: Legitimidad y títulos del poder. In: La gravitación moral de la ley según Francisco Suárez. Hg. von Juan Cruz Cruz. Pamplona 2009, S. 123–136.

Castaño, Sergio Raúl: Souveräne Staatsgewalt nach der Lehre Hermann Hellers und *potestas superiorem non recognoscens* bei Vitoria und Suárez im Vergleich. In: Archiv für Rechts- und Sozialphilosphie 100 (2014), Hft. 1, S. 77–93.

Castaño, Sergio Raúl: ¿Traslada el pueblo su poder al gobernante, tal como sostiene la teoría de Suárez? Cotejo con un caso histórico paradigmático en el contexto de los principios del orden político. In: Studium: Filosofía y Teología 20 (2017), Hft. 40, S. 27–54.

Catry, Joseph: La doctrine du droit public et du droit internatinal d'après Suárez'. In: Revue Apologétique 53 (1931), S. 296–312.

Centenera Sánchez-Seco, Fernando: El lenguaje de la ley humana en el pensamiento de Francisco Suárez. In: Pensamiento 74, (2018), Hft. 279, S. 123–146.

Coujou, Jean-Paul: Droit, anthropologie & politique chez Suárez. Perpignan 2012.

Coujou, Jean-Paul: Maquiavelo y Suárez o un encuentro inesperado-esperado. In: Revista Jurídica Digital 2 (2018), Hft. 1, S. 1–14.

Coujou, Jean-Paul: Pensée De L'être Et Théorie Politique. Le Moment Suarézien. 3 Bde. Louvain 2012.

Coujou, Jean-Paul: Political Thought and Legal Theory in Suárez. In: A Companion to Francisco Suárez. Hg. von Victor Salas, Robert Fastiggi. Leiden 2015., S. 29–71.

Courtine, Jean-François: Nature et empire de la loi. Études suaréziennes. Paris 1999.

Courtine, Jean-François: Théologie morale et conception du politique chez Suárez. In: Les Jésuites à l'âge baroque (1540–1640). Hg. von Luce Giard, Louis de Vaucelles. Grenoble 1996, S. 261–278.

Decock, Wim: Counter-Reformation Diplomacy Behind Francisco Suárez's Constitutionalist Theory. In Ambiente Juridico 11 (2009), S. 68–92.

Decock, Wim: Jesuit Freedom of Contract. In: Tijdschrift voor Rechtsgeschiedenis 77 (2009), S. 423–458.

Delgado, Mariano: Die Zustimmung des Volkes in der politischen Theorie von Francisco de Vitoria, Bartolomé de Las Casas und Francisco Suarez. In: Die Ordnung der Praxis: Neue Studien zur spanischen Spätscholastik. Hg. von Frank Grunert, Kurt Seelmann. Tübingen 2001, S. 157–183.

Faraco, Cintia: Between wisdom and political realism. Machiavelisms by Francisco Suárez. In: Rechtsphilosophie: Zeitschrift für Grundlagen des Rechts 3 (2016), S. 305–317.

Faraco, Cintia: Francisco Suárez (1548–1617). In: Heliopolis: Culture Civiltà Politica 12 (2014), Hft. 2, S. 163–169.

Faraco, Cintia: Il concetto di lex come vincolo politico nel *Tractatus de legibus* di Francisco Suárez. In: Isonomia. Online philosophical journal of the University of Urbino, 16. Mai 2018; URL: https://isonomia.uniurb.it/il-concetto-di-lex-come-vincolo-politico-nel-tractatus-de-legibus-di-francisco-suarez/ [zuletzt aufgerufen am 26.07.2019].

Faraco, Cintia: La comunità politica suareziana e il diritto di resistenza. In: Simboli, politica e potere. Scritti in onore di Claudio Bonvecchio. Hg. von Paolo Bellini, Fabrizio Sciacca, Erasmo Silvio Storace. Milan 2018, S. 173–181.

Faraco, Cintia: Obbligo politico e libertà nel pensiero di Francisco Suárez. Milan 2013.

Faraco, Cintia: Puntualizzazione sul concetto di dominium in Francisco Suárez. In: Heliopolis: Culture Civiltà Politica 13 (2015), Hft. 1, S. 33–41.

Faraco, Cintia: Suárez versus Machiavelli? Un confronto sul concetto di prudentia politica. In: La filosofia politica di Machiavelli. Hg. von Giulio M. Chiodo, Roberto Gatt. Milan 2014, S. 254–262.

Faraco, Cintia: Tra saggezza e realismo politico: machiavellismi di Suárez. In: Heliopolis: Culture Civiltà Politica 12 (2014), Hft. 2, S. 119–133.

Ferreiro López, Antonio: La naturaleza de la propiedad privada en las doctrinas de Suárez. In: Suárez: En el cuarto centenario de su nacimiento (1548–1948). Hg. von Jesús Iturrioz. Madrid 1948, S. 449–492

Font Oporto, Pablo: El derecho de resistencia civil en Francisco Suárez. Virtualidades actuales. Granada 2018.

Font Oporto, Pablo: El núcleo de la doctrina de Francisco Suárez sobre la resistencia y el tiranicidio. In: Pensamiento: Revista de investigación e información filosófica 69 (2013), Hft. 260, S. 493–521.

Font Oporto, Pablo: El sistema de límites del poder político en Francisco Suárez. La resistencia civil como instrumento fáctico de oposición al poder. In: Proyección: Teología y Mundo Actual 267 (2017), S. 439–454.

Font Oporto, Pablo: Entrega del poder al gobernante y esclavitud voluntaria de la comunidad política en Francisco Suárez. Una interpretación desde los límites fácticos al poder. In: Francisco Suárez (1548–1617). Jesuits and the Complexities of Modernity. Hg. von Robert Aleksander Maryks u. Juan Antonio Senent de Frutos. Leiden, Boston 2019, S. 253–271.

Font Oporto, Pablo: La facticidad de la filosofía política de Francisco Suárez: un camino hacia otra Modernidad. In: Pensamiento 74 (2018), Hft. 279, S. 179-200.

Font Oporto, Pablo: Legítima defensa vs. pacto con tirano en Francisco Suárez. Los supuestos de juicio de deposición y tiranicidio. In: Studium: Filosofía y Teología 20 (2017), Hft. 40, S. 85–98.

Font Oporto, Pablo: Obediencia y desobediencia a reyes herejes y no cristianos en Francisco Suárez. Potestad del papa al respecto. In: Gregorianum 98 (2017), Hft. 1, S. 61–74.

Font Oporto, Pablo: Suárez, Mariana y el tiranicidio. Convergencias, divergencias y silencios estratégicos. In: Cuadernos Salmantinos de Filosofía 44 (2017), S. 11–34.

Font Oporto, Pablo: Tipos de tirano y resistencia en Francisco Suárez. In: Anales de la Cátedra Francisco Suárez 51 (2017), S. 183–207.

Forteza, Bartomeu: La influencia de Francisco Suárez sobre Thomas Hobbes. In: Convivium: Revista de filosofía 11 (1998), S. 40–79.

García de Bertolacci, Ángela: Origen y naturaleza del poder político en la Defensio fidei. In: La gravitación moral de la ley según Francisco Suárez. Hg. von Cruz Cruz, Juan. Pamplona 2009, S. 173–186.

Gómez Robledo, Ignacio: Doctrina de Suárez sobre el origen y el sujeto de la autoridad civil. In: Suárez: En el cuarto centenario de su nacimiento (1548–1948). Hg. von Jesús Iturrioz. Madrid 1948, S. 531–581.

González, Pena u. Miguel Anxo: ›Defensio fidei‹ de Francisco Suárez y su conflicto con Jacobo I. In: Revista Jurídica Digital 2 (2018), Hft. 1, S. 42–58.

Hernández Fradejas, Fernando: Derecho de propiedad privada y fiscalidad en Francisco Suárez. In: Anuario Filosofico 50 (2017), Hft. 2, S. 269–296.

Höpfl, Harro: Jesuit Political Thought. The Society of Jesus and the State, c. 1540–1630. Cambridge 2004, passim.

Ibáñez Ruiz del Portal, Eduardo: Francisco Suárez y los derechos Humanos. Corrientes historiográficas y perspectivas críticas actuales. In: Pensamiento 74 (2018), Hft. 279, S. 221–236.

Iglesias, Eduardo: El problema social contemporáneo y los principios de la filosofía social de Suárez. In: Actas del Congreso Internacional de Filosofía, Barcelona, 4–10 octubre 1948, con motivo del Centenario de los filósofos Francisco Suárez y Jaime Balmes. Madrid 1949, Bd. 3, S. 197–211.

Jarlot, Georges: Les idées politiques de Suárez et le pouvoir absolu. In: Archives de philosophie 18 (1949), S. 64–107.

Jarlot, Georges: Suarez, la démocratie et le pouvoir absolu. In: Actas del Congreso Internacional de Filosofía, Barcelona, 4–10 octubre 1948, con motivo del Centenario de los filósofos Francisco Suárez y Jaime Balmes. Madrid 1949, Bd. 3, S. 213–221.

Kincaid, Elisabeth Rain: Settling Law: Francisco Suárez's Theory of Costum for Contemporary Contexts. In: Francisco Suárez (1548–1617). Jesuits and the Complexities of Modernity. Hg. von Robert Aleksander Maryks u. Juan Antonio Senent de Frutos. Leiden, Boston 2019, S. 178–201.

Kremer, Markus: Den Frieden verantworten. Politische Ethik bei Francisco Suárez (1548–1617). Stuttgart 2008.

Kremer, Markus: Tugend und Gesetz bei Francisco Suárez. In: Francisco Suárez, Der ist der Mann: Libro Homenaje as Prof. Salvador Castellote Cubells. Hg. von Jacob Schmutz et. al. Valencia 2004, S. 253–273.

Kuiper, Catherine Sims: Francisco Suárez and John Locke on Rights and Alienability. A Critical Conversation. In: Francisco Suárez (1548–1617). Jesuits and the Complexities of Modernity. Hg. von Robert Aleksander Maryks u. Juan Antonio Senent de Frutos. Leiden, Boston 2019, S. 439–467.

Lecón, Mauricio: ¿Es Francisco Suárez un defensor de la propiedad comunitaria? Una revisión de la interpretación de Eduardo Nicol. In: Diánoia 72 (2017), Hft. 78, S. 183–201.

Lecón, Mauricio: Naturaleza humana, ley y obligación en Francisco Suárez. In: Revista Jurídica Digital 2 (2018), Hft. 1, S. 70–78.

Leocata, Francisco: Libertad y ley. In: La gravitación moral de la ley según Francisco Suárez. Hg. von Cruz Cruz, Juan. Pamplona 2009, S. 43–60.

Luis Dalbosco, Hugo: Los elementos del pacto en Suárez y Hobbes: una comparación. In: Proyecciones sistemáticas e históricas de la teoría suareciana de la ley. Hg. von María Idoya Zorroza. Pamplona 2009, S. 83–92.

Manzanero, Delia: El fundamento democrático de la soberanía en Francisco Giner, según el Corpus Mysticum de Francisco Suárez. In: Isegoría 53 (2015), S. 571–592.

Marquer, Éric: La controverse entre Francisco Suárez et Jacques 1er d'Angleterre. In: Les jésuites en Espagne et en Amérique: Jeux et enjeux du pouvoir (XVIe–XVIIIe siècles). Hg. von Annie Molinié-Bertrand, Alexandra Merle, Araceli Guillaume-Alonso. Paris 2007, S. 161–178.

Oïffer-Bomsel, Alicia: Système politico-juridique, philosophie et théologie dans le Tractatus de legibus ac Deo legislatore de Francisco Suárez. In: Les jésuites en Espagne et en Amérique: Jeux et enjeux du pouvoir (XVIe–XVIIIe siècles). Hg. von Annie Molinié-Bertrand, Alexandra Merle, Araceli Guillaume-Alonso. Paris 2007, S. 179–203.

Onclin, Willy: La souveraineté de la l'état selon Suárez. In: Actas del IV Centenario del nacimiento de Francisco Suárez 1548–1948. 2 Bde. Madrid 1949–50, Bd. 2 (1950), S. 281–294.

Pace, Paul: Francisco Suarez and Justice. A Common Good Perspective. In: Gregorianum 93 (2012), Hft. 3, S. 497–525.

Pace, Paul: Los límites de la obediencia civil en el Siglo de Oro: Francisco Suárez. In: Ética y Teología ante el Nuevo Mundo, Valencia y América. Valencia 1993, S. 341–350.

Pena Búa, Pilar: Francisco Suárez y la propaganda político-apocalíptica en la Inglaterra de Jacobo I. El libro V de la *Defensio fidei; El Anticristo*. In: Francisco Suárez (1548–1617). Jesuits and the Complexities of Modernity. Hg. von Robert Aleksander Maryks u. Juan Antonio Senent de Frutos. Leiden, Boston 2019, S. 272–299.

Pérez Modesto, Lewis: The common good as a fundamental principle of the law according to Suárez. Rome 1994.

Pink, Thomas: Reason and Obligation in Suárez. In: The Philosophy of Francisco Suárez. Hg. von Benjamin Hill, Henrik Lagerlund. Oxford 2012, S. 175–208.

Pink, Thomas: Suárez, Hobbes and the Scholastic Tradition in Action Theory. In: The Will and Human Action. From Antiquity to the Present Day. Hg. von Thomas Pink, Martin W. F. Stone. London 2004, S. 127–153.

Prieto López, Leopoldo: La noción de ley en Suárez y Locke. In: Daimon: Revista internacional de Filosofía 71 (2017), S. 137–156.

Reyes, Liam de los: Beyond Cosmopolitanism and Nationalism. Finding Resourses in Francisco Suárez's Political Theology. In: Francisco Suárez (1548–1617). Jesuits and the Complexities of Modernity. Hg. von Robert Aleksander Maryks u. Juan Antonio Senent de Frutos. Leiden, Boston 2019, S. 230–252.

Rivera de Ventosa, A.: El agustinismo politico en Suarez. In: Cuadernos salmantinos de filosofia 7 (1980), S. 107–121.

Romeyer, Blaise: La théorie suarézienne d'un état de nature pure. In: Archives de philosophie 18 (1949), S. 37–63.

Rommen, Heinrich: Die Staatslehre des Franz Suárez SJ. Mönchengladbach 1926.

Rommen, Heinrich: Gesetz und Freiheit in der Rechts- und Staatslehre von Suárez. In: Actas del IV Centenario del nacimiento de Francisco Suárez 1548–1948. 2 Bde. Madrid 1949–1950, Bd. 2 (1950), S. 243–267.

Rustighi, Lorenzo: La imposible teología política. Gobierno y justicia en Francisco Suárez. In: Francisco Suárez (1548–1617). Jesuits and the Complexities of Modernity. Hg. von Robert Aleksander Maryks u. Juan Antonio Senent de Frutos. Leiden, Boston 2019, S. 468–495.

Salamone Savona, Maria Antonietta: Desde el republicanismo clásico hasta el contractualismo moderno: El De principatu de M. Salamone y el Principatus politicus de F. Suárez. In: Ingenium: Revista electrónica de pensamiento moderno y metodología en historia de las ideas 5 (2011), S. 189–207.

Salmon, John H.M.: Catholic Resistance Theory, Ultramontanism, and the Royalist Response 1580–1620. In: The Cambridge History of Political Thought 1450–1700. Hg. von James Henderson Burns, Mark Goldie. Cambridge 1991, S. 219–253.

Sánchez Garrido, Pablo: El contractualismo político suareciano: ¿antecedente premoderno o alternativa tardomedieval? In: En la frontera de la modernidad. Francisco Suárez y la ley natural. Hg. von Fernández de la Cigoña Cantero, Carmen, Francisco Javier López Atanes. Madrid 2010, S. 127–138.

Sanz Santacruz, Víctor und María Idoya Zorroza: Francisco Suárez (1548–1617). Escolástica y mundo moderno. In: Anuario Filosofico 50 (2017), Hft. 2, S. 259–266.

Saralegui, Miguel: La conciliación de lo político y lo religioso. Suárez y Hobbes sobre la potestad indirecta. In: Anuario Filosofico 50 (2017), Hft. 2, S. 297–321.

Schmidt-Biggemann, Wilhelm: Die politische Philosophie der Jesuiten: Bellarmin und Suárez als Beispiel. In: Politischer Aristotelismus und Religion in Mittelalter und Früher Neuzeit. Hg. von Luise Schorn-Schütte, Matthias Lutz-Bachmann, Johannes Fried, Alexander Fidora. Berlin 2007, S. 163–178.

Schoder, Raymond V.: Suarez on the Temporal Power of the Pope. In: Studies. An Irish Quarterly Review 30 (1941), Hft. 119, S. 425–438.

Schwartz, Daniel: Francisco Suárez on Consent and Political Obligation. In: Vivarium 46 (2008), S. 59–81.

Schwartz, Daniel: Francisco Suárez y la tradicion del Contrato Social. In: Contrastes. Revista Internacional de Filosofia 10 (2005), S. 119–138.

Schwartz, Daniel: The Political Morality of the Late Scholastics. Civic Life, War and Conscience. Cambridge 2019.

Sepúlveda-del-Río, Ignacio: El Bien Común en los inicios de la Compañía de Jesús: desde los primeros años hasta el pensamiento de Francisco Suárez. In: Pensamiento 74 (2018), Hft. 279, S. 163–178.

Sibert, Marcel: Paralléle entre Francisco Suárez et Jean Bodin (spécialement d'après le »De legibus« et les »Six livres de la République«) en matière de droit de la paix. Rommen, Heinrich: Gesetz und Freiheit in der Rechts- und Staatslehre von Suárez. In: Actas del IV Centenario del nacimiento de Francisco Suárez 1548–1948. 2 Bde. Madrid 1949–50, Bd. 2 (1950), S. 211–224.

Skinner, Quentin: The Foundations of Modern Political Thought. 2 Bde. Cambridge 1978, S. 137–184.

Slingo, Benjamin: Salas contra Suárez on the Origins of Political Power. In: The Concept of Law (lex) in the Moral and Political Thought of the ›School of Salamanca‹. Hg. von Kirstin Bunge, Marko J. Fuchs, Danaë Simmermacher, Anselm Spindler. Leiden 2016, S. 58–80.

Stiening, Gideon: Libertas et potestas. Zur Staatstheorie in *De legibus* (DL III). In: »Auctoritas omnium legum«. Francisco Suárez' *De legibus* zwischen Theologie, Philosophie und Jurisprudenz. Hg. von Oliver Bach, Norbert Brieskorn, Gideon Stiening. Stuttgart-Bad Cannstatt 2013, S. 195–230.

Stiening, Gideon: Suprema potestas [...] obligandi: Der Verbindlichkeitsbegriff in Francisco Suárez' *Tractatus de Legibus*. In: *Kontroversen um das Recht: Beiträge zur Rechtsbegründung von Vitoria bis Suárez*. Hg. von Kirstin Bunge, Stefan Schweighöfer, Anselm Spindler, Andreas Wagner. Stuttgart-Bad Cannstatt 2013, S. 341–367.

Szilárd, Tattay: The Subjective Concept of Right in Francisco Suárez. In: Legal and Political Theory in the Post-National Age. Hg. von Péter Cserne, Miklós Könczöl. Bern 2011, S. 7–17.

Tattay, Szilárd: Francisco Suárez. Absolutist or Constitutionalist? In: Francisco Suárez (1548–1617). Jesuits and the Complexities of Modernity. Hg. von Robert Aleksander Maryks u. Juan Antonio Senent de Frutos. Leiden, Boston 2019, S. 300–321.

Tolédano, André D.: La conception de la souveraineté dans la philosophie politique de Francisco Suarez. In: Actas del Congreso Internacional de Filosofía, Barcelona, 4–10 octubre 1948, con motivo del Centenario de los filósofos Francisco Suárez y Jaime Balmes. Madrid 1949, Bd. 3, S. 293–300.

Vieira, Mónica Brito: Francisco Suárez and the Principatus Politicus. In: History of Political Thought 29 (2008), Hft. 2, S. 272–294.

Waldner, Philip: Kommt alle Macht von Gott? Zum Stellenwert staatlicher Gewalt in Suárez' Rechtsphilosophie. In: Menschenrechte und Metaphysik. Beiträge zu Francisco Suárez. Hg. von Cornelius Zehetner. Göttingen 2020, S. 115–128.

Walther, Manfred: Begründung und Beschränkung des Widerstandsrecht nach Suárez. In: Transformation des Gesetzesbegriffs im Übergang zur Moderne? Von Thomas von Aquin zu Francisco Suárez. Hg. von Manfred Walther, Norbert Brieskorn, Kay Waechter. Stuttgart 2008, S. 161–175.

Walther, Manfred: Facultas Moralis. Die Destruktion der Leges-Hierarchie und die Ausarbeitung des Begriffs des subjektiven Rechts durch Suárez – Ein Versuch. In: Transformation des Gesetzesbegriffes im Übergang zur Moderne? Von Thomas von Aquin zu Francisco Suárez. Hg. von Manfred Walther, Norbert Brieskorn u. Kay Waechter. Stuttgart 2008, S. 135–160.

Walther, Manfred: *Potestas multitudinis* bei Suarez und *potentia multitudinis* bei Spinoza. Zur Transformation der Demokratietheorie zu Beginn der Neuzeit. In: Die Ordnung der Praxis. Neue Studien zur spanischen Spätscholastik. Hg. von Frank Grunert, Kurt Seelmann. Tübingen 2001, S. 281–298.

Wilenius, Reijo: The Social and Political Theory of Francisco Suárez. Helsinki 1963.

Zerolo Durán, Armando: La ley natural en Suárez: El Estaticidio o el anacronismo de la tiranía. In: En la frontera de la modernidad. Francisco Suárez y la ley natural. Hg. von Fernández de la Cigoña Cantero, Carmen, Francisco Javier López Atanes. Madrid 2010, S. 139–152.

# Index


Achenwall, Gottfried 101
Alfonso de Castro 140, 143, 198, 210
Almain, Jacques 196 f.
Althusius, Johannes 312, 321
Angelus de Clavasius
Aquin, Thomas von → Thomas von Aquin
Aristoteles 27, 30 f., 37, 57, 59, 83, 121, 140, 144, 146, 150, 158–160, 167, 171, 174, 176–180, 236, 253, 279, 283, 298
Augustinus von Hippo 13, 18, 80–82, 103, 120, 140 f., 151, 161, 178, 195, 207, 210, 216 f., 249 f., 293, 319
Azpilcueta, Martín de 197, 221, 311, 320

Baldus de Ubaldis 215, 224, 324 f.
Bartolus von Sassoferrato 20, 169, 182, 220, 263, 325
Bellarmin, Robert 39, 198, 262, 318, 320
Bentham, Jeremy 94
Bernhard von Clairvaux 235 f.
Beza, Theodor 312
Bodin, Jean 4, 79, 110 f., 117–119, 286 f., 290 f., 298, 302, 312
Boucher, Jean 312

Cajetan, Tommaso de Vio 223, 249 f.
Castro, Alfonso de → Alfonso de Castro
Cervantes, Miguel de 187–189, 309 f.
Christus 34, 46, 60 f., 67, 162, 171, 173, 175 f., 199, 206, 217 f., 266, 281, 317, 332
Chrysippos aus Soloi 161
Chrysostomus, Ioannes → Ioannes Chrysostomus
Cicero, Marcus Tullius 82, 96, 124, 160, 178
Clairvaux, Bernhard von → Bernhard von Clairvaux
Clapmarius, Arnold 17, 101, 111 f., 114 f., 117–124, 302–304
Clavasius, Angelus de → Angelus de Clavasius
Clément, Jacques 328
Covarrubias y Leyva, Diego de 199, 263, 292, 311
Cyprianus, Thascius Caecilius 217 f.

David 24, 27, 318
Dávila, Juan Roa 167
Decius, Philippus 263
Demosthenes 161
Díaz de Lugo, Juan Bernardo 263
Driedo, Jean 140

Ebbinghaus, Julius 17, 89–98

Ferdinand VII. (König von Spanien) 331

Garcia, Fortunius 75, 161
Gerson, Jean 87, 196–198, 203
Gratianus, Flavius (Gratian) 145 f., 195, 210, 217 f., 241
Grotius, Hugo 5, 69, 89, 91

Heinrich III. (König von Frankreich) 114, 328
Helvétius, Claude Adrien 94
Hessels, Jean 209
Hidalgo y Costilla, Miguel 5
Hobbes, Thomas 5, 8, 48, 53–58, 69, 89, 91 f., 102, 112, 166, 170, 285 f., 302–304
Hotman, François 312

Ignatius von Loyola 190
Ioannes Chrysostomus 46, 94, 159, 199
Isidor von Sevilla 145, 195

James I. (König von England und Irland; als James VI. König von Schottland) 28, 39, 51 f., 59, 66, 169, 311, 316, 319, 327
Jason de Mayno 220
Jefferson, Thomas 5
Justinian I. (Imperium Romanum) 143, 182


https://doi.org/10.1515/9783110696738-016

Karl V. (Kaiser HRR) 163, 325
Kant, Immanuel 8, 17, 36, 92, 94, 97, 101, 107, 115–117, 119, 121, 166, 243 f., 254 f., 257 f.
Konstantin I. (Imperium Romanum) 175

Lainez, Jakob 190 f.
Las Casas, Bartolomé de 20, 310–316, 319, 321 f., 324 f., 329–332
Leibniz, Gottfried Wilhelm 178
L'Hôpital, Michel de 4, 110
Locke, John 5, 46, 91
Luther, Martin 120, 160

Machiavelli, Niccolò 4, 17, 79–81, 99–102, 105 f., 108–114, 116 f., 119–121, 123 f., 178, 258, 309
Mair, John 140
Mariana, Juan de 327–329
Marsilius von Padua 143 f., 285, 294, 321
Mayno, Jason de → Jason de Mayno
Mazzolini de Prieras, Silvestro 209
Medina, Bartolomé de 133, 263
Medina, Juan de 140, 263
Melanchthon, Philipp 13
Molina, Luis de 16, 23, 27 f., 30–33, 36, 164, 166 f., 230
Montesquieu, Charles 5
Morelos, José María 331
Morgues, Mathieu des 99

Napoleon I. (Kaiser der Franzosen) 331
Navarrus → Azpilcueta, Martín de
Nicolaus de Tudeschis 219, 223, 237, 263

Oldendorp, Johann 13

Padua, Marsilius von → Marsilius von Padua
Panormitanus → Nicolaus de Tudeschis
Petrus 46, 60–62, 67, 176, 249
Philipp II. (König von Spanien) 7
Philipp III. (König von Spanien) 325
Platon 174, 283
Pole, Reginald 111
Prieras, Silvestro Mazzolini de → Mazzolini de Prieras, Silvestro

Pufendorf, Samuel 12, 69, 192, 243
Richelieu, Armand-Jean du Plessis, duc de 99–101, 113
Ribadeneyra, Pedro de 310
Rodríguez de Campomanes, Pedro 330
Rousseau, Jean-Jacques 5, 92, 331

Sandeus, Felinus 139, 263
Sassoferrato, Bartolus von → Bartolus von Sassoferrato
Saul 24, 318
Sayrus, Gregorius 263
Schelle, Augustin 101
Sepúlveda, Juan Ginés de 311
Sevilla, Isidor von → Isidor von Sevilla
Soto, Domingo de 16, 23, 26–28, 30 f., 33, 143, 145 f., 198 f., 209, 263, 293
Sotomayor, Juan Fernández de 332
Stephni, Joachim 68

Thomas von Aquin 19 f., 30, 34, 76 f., 83, 94, 96, 98, 124, 126, 135, 141, 143, 145, 151, 157–159, 170, 176, 198, 200, 202 f., 207, 209–211, 222, 243–245, 248–250, 283, 287 f., 290–292, 296–298, 300–303, 322–324, 326
Thomasius, Christian 101, 192
Toledo, Francisco de 263
Tudeschis, Nicolaus de → Nicolaus de Tudeschis
Turrecremata, Ioannes de 140

Ubaldis, Baldus de → Baldus de Ubaldis
Ulpianus, Dolmitius (Ulpian) 93, 143, 149, 304, 319

Vásquez, Gabriel 41, 263
Vázquez de Menchaca, Fernando 146 f.
Velasco de Gouveia, Francisco 5
Vitoria, Francisco de 16, 23, 25–27, 30, 33, 36 f., 111, 145, 148, 159, 189 f., 227, 230 f., 263, 292, 323, 328

Weigel, Erhard 12

Zabarella, Francesco 263

www.ingramcontent.com/pod-product-compliance
Lightning Source LLC
LaVergne TN
LVHW102104300926
849161LV00001B/16
*9783110696684*